项目资助：

贵州省哲学社会科学 2017 年创新团队"认知科学与民族地区贫困治理研究"

差等正义及其批判研究

A Study of Differential
Justice and Related Criticism

谢治菊 / 著

中国社会科学出版社

图书在版编目（CIP）数据

差等正义及其批判研究／谢治菊著 . —北京：中国社会
科学出版社，2018.3
ISBN 978 - 7 - 5203 - 1340 - 7

Ⅰ.①差…　Ⅱ.①谢…　Ⅲ.①公共管理—正义—研究
Ⅳ.①D0350

中国版本图书馆 CIP 数据核字（2017）第 273469 号

出 版 人	赵剑英
责任编辑	赵　丽
责任校对	王桂荣
责任印制	王　超

出　　　版	中国社会科学出版社
社　　　址	北京鼓楼西大街甲 158 号
邮　　　编	100720
网　　　址	http://www.csspw.cn
发 行 部	010 - 84083685
门 市 部	010 - 84029450
经　　　销	新华书店及其他书店

印　　　刷	北京明恒达印务有限公司
装　　　订	廊坊市广阳区广增装订厂
版　　　次	2018 年 3 月第 1 版
印　　　次	2018 年 3 月第 1 次印刷

开　　　本	710×1000　1/16
印　　　张	24.25
插　　　页	2
字　　　数	398 千字
定　　　价	99.00 元

序　言

促进公平正义必须破除差等正义

人类文明的发展史揭示，"所有文明的标志都是对人的尊严和自由赋予的尊重。"①人类文明的所有进步，都体现为人的自由、尊严与权利之状态得到改善。这是远比经济与科技的发展更重要和更本质的社会进步。换言之，本质而言，人类社会文明的进步过程，即是人类社会促进公平正义的过程，促进社会成员权利平等的过程。

公平是正义的基石。人类社会的成员所获得的正义应当是平等的，而不是有差异的。公平正义比太阳更光辉。千百年来，人类社会不同时代不同国度的统治者，无不向臣民标榜其是正义的化身，是社会正义的合法代表者和维护者。然而，他们堂而皇之自诩的正义大都不是真正的正义，而是有差别的正义。即不是平等的正义，甚至是极不平等的正义，是一种差等正义。

差等正义论是前工业社会维系等级制度与专制制度的重要理论支撑。在当今世界的国家管理运行中，差等正义之底色仍远未彻底祛除。在政治发展比较滞后的国家，这种状况尤为突出。人类社会公共生活中的差等正义，是公权力的掌控者，在其制定和施行的国家制度、法律和公共政策，在管理国家的政治、经济与社会的运行过程中，背离公权力应恪守的公共性、公正性与公平性，在同一公共事务或政策问题上对不同人群，即不同的群体、族群、阶层或不同地区实行双重或多重标准，从而使一部分人无法获得公平的机会或权利，无法得到公平正义的庇护。这是对社会公平正

---

① 联合国开发计划署：《2000年人类发展报告：人权与人类发展》，中国财政经济出版社2001年版，第1页。

义的践踏，与现代政治文明背道而驰。

任何一种意识形态在其生成之后，都不会随着它所曾依附的居于支配地位的社会形态和政治体制的崩溃而风流云散，而是往往能够独立地长期存在并在不同程度上产生影响，甚至是带有很大韧性的难以清除的影响。这种深度滞后性不仅是由于这些意识本身的强大惯性使然，更是因其具有能满足各时代那些既得利益者需求的强劲功用。差等正义在现代社会国家管理运行中远未完全褪色，在许多公共生活领域甚至表现突出，就是体现了这种思想观念的极大惯性和利用价值。

进一步揭破差等正义的谎言，祛除其对社会公共生活的影响，铲除其得以滋生繁衍的土壤，是促进政治文明发展和社会持续进步的重要前提。因此，我们需要对差等正义进行深入研究和批判。

在前工业社会，虽然统治者都以军事力量为基础构建和强化暴力统治机器为迫使民众服从提供强势保障，但这样仅依靠暴力系统来维持其权力不仅需要消耗大量资源，而且极具风险。换言之，仅依赖于赤裸裸的暴力难以维系他们的长治久安。因此，除了通过强制方式包括人身的压迫与惩罚实施对被统治者的政治压迫与经济榨取，统治者还需要竭其所能对后者进行精神奴役。这就是通过意识形态的灌输教化为自己的统治辩护，以唤起被统治者对其统治权力合法性的尊崇。正如马克斯·韦伯所指出，"一切经验表明，没有任何一种统治自愿地满足于仅仅以物质的动机或者仅仅以情绪的动机，或者仅仅以价值合乎合理的动机，作为其继续存在的机会。毋宁说，任何统治都企图唤起并维持对它的'合法性'的信仰。"① 差等正义论即是前工业社会的统治者为神化、美化、固化与强化其统治，以增强其合法性的三种主要支撑理论之一。其他的两种理论分别是君权神授论与国家至上论或王权至上论。

差等正义论的核心理念是：人世间有等级之区分；人的等级区分与生俱来，不可改变；位居各等级的人皆各守其序尽其责乃为正义。差等正义的理念和理论源远流长。在古希腊罗马时代，人与人之间的不平等被视为理所当然和合乎正义。恩格斯指出，"在希腊人和罗马人那里，人们的不

---

① 〔德〕马克斯·韦伯：《经济与社会》（上卷），林荣远译，商务印书馆1997年版，第239页。

平等的作用比任何平等要大得多。如果认为希腊人和野蛮人、自由民和奴隶、公民和被保护民、罗马的公民和罗马的臣民（该词是在广义上使用的），都可以要求平等的政治地位，那么这在古代人看来必定是发了疯。"① 那个时代的思想家和政治学者对这一理念进行了系统的阐发，建构了为不平等统治辩护为合法合理的理论基础。对差等正义思想做出最具权威性和系统性阐释者，当以柏拉图和亚里士多德为代表。

柏拉图从天意所定与灵魂构成两个维度论证人类划分为三个等级的合理性，认为人们社会地位的不平等乃命中所注定，是上天所安排。② 柏拉图指出，建立国家（或城邦）的目的是为了"善"（即正义）。③ 而正义就是每个人根据上天赋予自己的自然特性，做好自己分内的事。当各人能这样做时，国家就实现了正义。只要这三个等级各司其职，各守其序，各尽其责，分工互助，国家的正义就能得到最好的保证。④

亚里士多德通过对人的本性之阐释来论证奴隶制度以及政治等级制度的合理性。他认为，主与奴、统治者与被统治者的这种人的关系形式天然存在于世上。⑤ 而决定这天然的因素就是人的灵魂和身体。人与人之间在理智在身体素质方面都存在差异。⑥ 在亚里士多德看来，奴隶制和等级制既是社会分工的必然，也是维护城邦生活所必需。只有让部分人从事粗鄙的体力劳动，提供物质生活资料，才能使自由人（主人）有闲暇从事政治、军事和文化活动。可以说，古希腊社会流行的阶级、等级、种族、性别歧视，在亚里士多德那里都得到了充分体现。

进入中世纪，神学思想家进一步用基督教神学来为基于社会不平等的统治秩序辩护。奥古斯丁提出，人生来便带有"原罪"，原罪存在于人们的灵魂之中。奴隶制并没有超越上帝的指导，而是依从上帝的最高指示，在上帝那里没有不公正。他要求奴隶要服从主人，并且要愉快地、善意地

① 《马克思恩格斯选集》第 3 卷，人民出版社 1995 年版，第 444—445 页。
② 参见［古希腊］柏拉图《理想国》，郭斌和、张竹明译，商务印书馆 1986 年版，第 128 页。
③ 同上书，第 133 页。
④ 同上书，第 154—157 页。
⑤ ［古希腊］亚里士多德：《政治学》，吴寿彭译，商务印书馆 1981 年版，第 10—14 页。
⑥ 同上书，第 14—16 页。

服从主人；家庭成员要绝对服从一家之长，臣民要无条件服从国王。如果所有被奴役的人都这么做，不公正就会消失，暴力和国家也将被废除，剩下的就将是信奉上帝了。①

阿奎那同奥古斯丁一样，用"原罪说"为奴役制度和等级制度辩护。他指出，整个社会都是上帝创造的，一切现存的事物都是由神安排的，天意要对一切事物贯彻一种秩序。这种秩序就是封建的奴役制度和等级制度。阿奎那认为等级秩序是神圣不可侵犯的，谁要是破坏这种秩序，便是违背上帝的旨意，要受到上帝的惩罚。②

在封建时代的中国，差等正义的思想也趋向进一步发展和强化。肇始于西汉武帝时期的以三纲五常为核心的封建伦常与形成于魏晋时期以正名分为中心的名教思想，更是从建构封建伦理规范与封建礼教的维度，把源于奴隶制时代的差等正义论发展到登峰造极的地步。这样的体现封建人伦等级序列与主从尊卑关系的原则，被奉为统治者的治世圭臬，不仅行于庙堂之高，播于江湖之远，而且渗入作为社会细胞的家庭之中，为维护和加强封建等级制度与专制制度起到极为重要的作用。其对中国社会荼毒之深，桎梏之强，为害之烈，远超出今人所能想象的程度。例如，依据君臣名分的规定，君主对臣属有生杀予夺的权力。君要臣死臣不得不死。这样依据君主个人意志直接从肉体消灭臣属的残忍方式却被堂而皇之地称为赐死，被赐死者仍要对君主叩谢天恩，这是何等的残虐荒诞！在现实生活中，这种主从尊卑关系的原则也体现在父子、夫妻及其他社会关系上。

随着时代的发展，差等正义论在理论上的荒谬性与在实践上的虚伪性日愈被无情揭穿。资产阶级革命之所以能在不同国家和地区以摧枯拉朽之势推翻封建制度及其统治，其根本的原因正是在于其价值理念引领文明发展潮流的先进性：以人权、人性、民主和法治的理念反对神权、神性、专制和人治，认可通过竞争对社会财富和地位追求的平等空间及其结果。1776年破茧而出的美国独立宣言，更是明确宣示如下不言而喻的真理：人人生而平等，造物者赋予他们若干不可剥夺的权利，其中包括生命权、自由权和追求幸福的权利。这些理念，为现代政治文明的成长兴盛设定了

---

① 参见马啸原《西方政治思想史纲》，高等教育出版社1997年版，第108—109页。

② 参见徐大同主编《西方政治思想史》，天津教育出版社2005年版，第102—103页。

蕴含淋漓元气的底色。

虽然，近代以来在思想启蒙运动与资产阶级革命的不断冲击下，在前工业社会形成和发展的差等正义论已日渐式微，但差等正义的元素还会经常在不同的语境中以不同的色调泛起，自觉或不自觉地表现出来。譬如，洛克的政治平等论掩盖下的经济不平等，边沁与密尔等人的功利主义思想中所体现的不平等观念对个人权利和自由的侵犯。新自由主义思想中的差等正义亦有诸多反映，例如罗尔斯的差别原则背后所体现的不平等，主张持有正义论的诺齐克的机会平等论中的自由优先的实质差等，德沃金的资源平等论中的结果差等。此外，当代社群主义思想中亦有差等正义影子，如沃尔泽复合平等论中的不平等，麦金太尔美德正义论中的德性差等。这些，都应当引起人们的关注，并予以辨析针砭。

在漫长的前工业社会中，差等正义论起到了统治者所冀求的精神鸦片的极大作用，为统治者愚化、钝化和抚慰被压迫者心灵，迫使他们顺从命运的安排忍受命运的主宰，从而安于现状放弃抗争推波助虐。毫无疑问，差等正义论有极大悖谬性与欺骗性，但其在产生上述作用的同时，也在客观上有利于在特定历史时期内稳定社会分工与社会秩序，从而在一定程度上有利于促进经济社会、思想文化与科学技术的发展。对此，人们在考察和反思历史之时也应予注意和辨析。

差等正义论在前工业社会中得以产生且日愈备受推崇，是因为它能有效服务于专制统治者，为其宣示社会成员之权利与社会地位差异的合理性，为维护其所需要的等级秩序与特权利益提供理论支撑。这样的所谓理论与说教以极端唯心的方式划分人的禀赋能力的差别，并据此确定和固化社会尊卑等级，是阻滞社会发展的巨大障碍。其根本之危害，一是否定人类社会成员与生俱来的平等权利，愚化被压迫者；二是封闭被压迫者争取实现自身幸福与价值的通道，奴化被压迫者；三是束缚和压抑被压迫者在经济社会生活中的积极性与创造性，锁闭和消解被压迫者才智发展的空间。

在当代世界，差等正义在社会的不同层面都有表现。在国际层面，体现为某些国家，依据双重或多重标准，对其他不同的国家予以不同的政治、经贸待遇和文化政策；或是某些国际组织，依据自己的利益需要，对不同的国家或地区实行不同的政策。

在国家或地区层面，差等正义同样表现在政治、经济、文化和社会生活诸多领域。公共生活中所体现的差等正义现象成因复杂涉及面广，对经济社会的发展运行产生了许多不利的影响，在不少方面甚至危害甚烈。然而，对于这样一个重大问题，较长时期以来人们的关注和研究仅限于零散地从权利不均的层面切入，却未能从国家管理体制和公共政策本源揭示与清除差等正义遗毒的层面来认知问题和寻求破解之道，因而影响对此问题研究的深度和进行根本性治理。从摒除差等正义的维度遏止和治理公共事务和公共政策双重标准和多重标准，及其导致的权利不平等，需要从如下五个方面进行努力。

第一，必须转变观念，从政府指导思想上摒弃差等正义论余毒的影响。罗尔斯指出，"正义是社会制度的首要价值，正像真理是思想体系的首要价值。一种理论，无论它是多么精致和简洁，只要它不真实，就必须加以拒绝或修正；同样，某些法律或制度，不管它们如有效率和条理，只要它们不正义，就必须加以改造或废除。"① 推进中国的政治文明建设和优化公共管理，都必须从观念上彻底清除差等正义余毒的影响。执政党和政府是制度法规与公共政策制定和执行的主导者，必须从根本上厘清和强化公平正义的理念。在这方面，罗尔斯所提出的"作为公平的正义"理论具有重要的借鉴意义。这一理论蕴含两个基本的正义原则，第一是平等自由的原则，第二是机会的公正平等原则与差别原则的结合。其关系是，第一原则优于第二原则，而第二原则中的机会公正平等原则优先于差别原则。关于差别原则，罗尔斯特别强调只允许那种能给最少受惠者带来补偿利益的不平等分配。②从这些理念及其逻辑关系可以看到，平等和公平是正义的起点和旨归。起点的平等，机会的平等，过程的平等与结果的平等皆为实现正义所必需。

第二，必须改善政府决策，从优化政府决策能力路径遏止国家管理和公策共政中的差等正义。政府决策能力是政府领导能力的核心要素，对能否正确制定和执行制度法规与公共政策至关重要。政府决策能力体现在其

① ［美］约翰·罗尔斯：《正义论》，何怀宏、何包钢、廖申白译，中国社会科学出版社1988年版，第3页。

② 同上书，第60—67页。

决策价值取向与民意和时代的吻合度、决策资源拥有量及配置效度、决策方式与决策机制建构运行之效度等方面。从优化政府决策能力路径遏止公共政策差等正义，应从如下方面发力。第一，必须紧紧抓住以人为本与公民为本这一核心。特别是要破除政府决策中的政绩导向、个人功业欲望导向、部门利益导向、地方利益导向和群体利益导向，抵御和遏止政府决策中的公权力异化。第二，优化政府决策能力各要素及其配置，其中特别是要以法律保障的措施提升政府的决策能见度、决策可监控性与可问责性。第三，建构适应中国经济社会转型发展所需的科学理性的决策方式和决策机制，从根本上提升政府决策的民主性与科学性。第四，优化中国决策资源配置效度，从而全面提升中国政府决策能力，以利于从源头上遏止和治理国家管理与公共政策之差等正义。

第三，必须加强法治建设，从法治路径防范和遏止国家管理运行的差等正义。以公平的正义观作为国家管理运行的价值取向、考量基准和制定原则必须以法治为保障，包括三个方面的含义。其一，是通过立法途径清除国家管理运行体制中有可能导致差等正义的因素，包括观念意识，以及权力、财力、物力等资源的配置方式。其二，是通过加强法治政府建设来防范和遏止国家管理运行中的差等正义。法治是宪政的基础与核心。加强法治建设的主要目标就是为了有效监督、规范和约束政府行为。法治是对人治的否定；国家管理依循法治轨道运行要求公共决策过程公开透明，保证政策运行的充分能见度。推进法治建设不仅是要防范和遏止政府借用政策工具与民争利与社会争利的不当行为，更是要防范和遏止政策制定者被"俘获"而服务于特定利益群体。这两种行为都势必会扩大和加剧国家管理中的差等正义。其三，通过加强法治建设来遏止国家管理运行的差等正义，还指向以法治的力量制约并严厉惩处蓄意制造和扩大政策差别和权利差别者，以儆效尤。

第四，必须强化公权力监督制约，从体制内外的双重维度阻击公权力运行的差等正义。公权力是人类为了实现其共同利益而设置的社会建构。权力所具有的强制性、扩张性、渗透性、可交换性、不对称性与易腐性的特点，在公权力上表现得更为淋漓尽致。作为现代社会公权力主要的执掌者以及制度法规与公共政策的主要制定者与执行者，执政党、政府及公务员具有易腐与异化的高危性。因此，任何时候对执政党与政府的监督制约都不能稍有松懈疏忽。遏止和治理国家管理运行差等正义，必须强化对公权力监督制约，防范与遏止公权力异化。必须从体制内外两重维度，包括运用法律制约、媒体制约、社会制约和道义制约的力量，防范公权力运行偏离公共性、公正性和正义性，全方位遏止和治理导致包括政治歧视、所有制歧视、地域歧视、教育歧视、人权歧视、性别歧视、宗教歧视和文化歧视等各种体现差等正义的国家行为。

第五，必须建设和完善政策救济方式，从政策救济路径治理国家管理运行中的差等正义。对国家管理差等正义现象的分析表明，差等正义在政治、经济、社会、教育等诸多领域都有突出表现，利益受损者范围大数量多。必须通过制定相应政策逐步予以补偿救济。政府必须建构法律保障的公共管理沟通平台，广开言路，广开沟通渠道，让利益受损者得到充分申诉。在此基础上分轻重缓急，通过制定法规政策等不同方式，以集体或个体为对象，配置国家资源予以有效救济补偿，以利于减轻或缓解受损者之困顿，抚慰受损者之心灵。从政策救济路径治理国家管理运行中的差等正义，是推动社会文明进步的必然要求，也是推动现代政治文明建设和政治发展的必然要求。

公平正义比太阳更光辉。从理论与现实的维度开展对差等正义的研究，揭示等正义在国家管理运行中的表现、成因及其危害，并积极探求治理之对策，从而促进社会公平正义，促进中国政治文明的发展，是政治学、公共管理学与公共政策学界的一项重要的任务。然而，这方面的研究工作在当下中国远未得到应有的关注。国内学界鲜有进行相关研究者。五年前，当我的 2010 级博士生谢治菊开始考虑她的博士论文选题时，我建议她进入这个领域做一番努力。我向她阐明这项工作的前沿性和重要意义，并明确指出如果进行此项研究，将是这个课题在国内领先的工作，具有特别的创新价值。谢治菊是一位资质优卓，学术探索精神很强，而且勤奋过人的青年学者。她接受了我的建议，完成她的博士学位论文并顺利通过毕业答辩。中国社会科学出版社即将出版的学术专著《差等正义及其批判研究》，就是她在博士论文的基础上深化研究，进一步开掘创新，拓展完善的作品。

在这一部很有学术分量的研究差等正义的专著中，谢治菊博士基于对差等正义概念的厘清与对差等正义理论谱系及其嬗变的梳理，探讨差等正义形成机理并对差等正义的类型进行考察，进而探讨对差等正义现象进行矫正的路径与方式，最后提出超越差等正义，走向承认差异的平等正义的路向。著作的总体研究思路清晰，学术视野开阔，对论题的分析有很强的学理性和逻辑性，对许多问题的见解可圈可点。著作中所体现的创新精神和思考深度令人赞赏，例如对于差等正义发生机理，作者从差等正义的孕育、发生、强化、扩散与传递五个方面进行立论剖析，抽丝剥茧，言之成理。又如，对于破除差等正义和超越差等正义问题的论述，也很有特色。这项工作的完成是对该课题的一次勇敢的尝试和积极的探索，不仅为她日后进一步的研究奠定扎实的基础，也为其他学者跟进这一领域，拓展深化相关研究开辟了通道，同时也会对推动国家管理实务界人士深入思考这一问题，从而对推进国家治理体系和公共政策的改善起到应有的作用。

相信这部专著出版后，将受到学界相关学科的关注并产生积极的影响。

黄健荣

2017 年 12 月 5 日

于英国纽卡斯尔

自 序

　　追求平等、倡导自由是古今中外正义思想的主导潮流。但是，追寻历史可以发现，人的身份和等级对平等与自由构成较大的限制，这一现象在封闭性与同质性较强、等级森严的古代社会尤为突出。正是由于古代的统治者将平等、自由与人的身份和等级联系起来，因而被他们所称颂、用以维护其统治的正义必是差等正义。差等正义的核心理念是：人是有等级的，人的等级是与生俱来的，人们必须按其与生俱来的等级各行其是、各司其责才合乎正义。

　　差等正义，是指公共管理的制度规范及其运行方式背离其必须恪守的公共性、公正性与公平性铁律，以管理决策者或执行者的价值偏好为依归，对不同人群、不同阶层、不同地区采用双重或多重标准而引发的不正义。差等正义是正义标准双重性或多重性的必然结果，即对不同社会身份、社会等级或社会地位的人适用不同的正义标准，设置不同的道德规范；或者同样的行为因其行为者的社会身份、社会等级或社会地位不同而有不同的评价。

　　由于知识、能力和可利用资源的局限，古代社会将人的等级化辩称为自然界等级演进的结果，因而当时的差等正义思想得到统治者和一些民众的认可，并被他们当作具有正当性、合法性的价值原则予以接受。然而，虽然古代社会的差等正义在一定程度上与当时的等级社会结构是契合的，客观上起到推动社会发展、维护社会稳定的作用。但是，这种依附贵族社会结构、带有权贵取向的差等正义具有明显的等级烙印，其本质是对社会不平等的维护，必须予以批判。在批判的过程中，平等正义的理念渐渐浮出水面，人们在追寻平等思想的同时也开展了大量的平等运动，这些思想和运动对改善社会不平等现象起到了积极作用。在中国，政府和社会各界同样一直致力于消除不平等现象。现在看来，成效比较显著，社会公平正义有了很大提升。与此同时，也要看到，一些基于人的身份和等级的事实上的不平等还不同程度地存在着，甚至出现了新的表现形式。比如，妇女、残疾人等群体的话语权不足，收入分配中的"同工不同酬"，经济赔偿中的"同命不同价"，劳动就业中的两性不平等，高考中的地域歧视，以及原户籍制度带来的城乡二元格局，等等。

造成上述差等正义现象的原因很多，是政治、经济、文化、组织、政策等各要素共同作用的结果。其中，古代的等级制度与等级思想孕育着差等正义，部分公权力的异化及其支配性加速了差等正义的扩散，经济不平等及其渗透性增加了差等正义的积累。这里尤其要注意的是公共政策负向排斥对差等正义的影响。公共政策本来是维护社会公平正义的有效武器，但它们有一定的范围和具体的条件限制，超出这个范围或者随着历史发展，如果缺乏相应的调整，一些公共政策就有可能导致社会差等现象出现，比如，贫富分化问题。

近几年，中国经济在高速发展，但经济分配问题却受到诸多诟病，而从许多发展中国家的经验来看，严重的社会危机往往都发生在经济繁荣期。而经济繁荣期之所以容易发生社会动荡，其主要原因在于经济分配不公以及由此引发的民众公平正义感缺失。一段时间以来，中国社会的贫富差距迅速扩大，甚至已达到国际警戒线。这种扩大被越来越多的民众所感知，也有越来越多的人认为缩小贫富差距的主要责任在政府管理部门。但事实是，尽管中国各级政府采取了一系列行之有效的措施，却仍有一些人对政府缩小贫富差距的措施和效果感到不满，由此滋长出"被边缘""被剥夺"的焦虑心态和怨恨心理，这就要求有关部门在这方面有更多的作为，为此，破除差等正义是当代中国实现社会公平正义的关键。

在人们的出身和禀赋存在事实上不平等的社会，在人们的机会、权利、财富和收入难以绝对平等地分配的情境下，需要理性看待并反思差等正义现象。对于由个人原因引发的差等正义，可通过宣教、劝解、提供机会、能力提升等方式解决；对于由公共政策负向排斥引发的差等正义，可通过以下手段来矫正：一是在价值选择上，以法治矫正公权力的任意性，以伦理激发行政人员的道德自主性，通过法治与德治的交融实现公平正义的社会建构；二是在政治场域中，以多种途径制约公权力的支配性，以平等参与保证弱势群体的代表权，通过构建公共能量场倡导平等的对话；三是在经济维度上，以再分配平衡收入差距，以成果共享实现经济平等；四是在文化向路上，以包容性政策矫正社会排斥，形成积极健康的文化环境。通过这些方面，逐渐构建分配公正、参与平等、文化包容的全面结合的公平正义社会。

目　录

第 一 章

研究的缘起及思路

　　罗尔斯认为，公平正义是社会制度的首要价值。显然，罗尔斯所指的公平正义是应然层面的价值选择，关涉社会规范的一致性，这种一致性意味着每个人的价值都是平等的，每个人的权利和利益都必须予以平等的对待，没有任何一个人在人格、人权等本质问题上优于其他人。然而，事实是，尽管在过去几个世纪里一些群体的平等诉求被制度和行为不断地强化，但当今社会仍有一些群体如妇女、少数族群、发展中国家和欠发达国家的农民等并没有完全享受平等的公民资格，他们常常被排除在政治之外，也时不时受到经济方面的歧视和文化上的排斥。这些排斥和歧视是正义标准双重性或多重性的必然结果，由此带来的必将是有差等的"正义"。

第一节　研究缘起：背景与价值

　　罗伯特·达尔指出："从道义上讲，人类从根本上是平等的，没有人天生优于其他人，每个人的要求和利益都应该被平等地思考，每个人都有平等参与决策的权利，决策的结果也会对每个人都产生影响。但是从描述性、事实性或者经验性的角度看，内在的平等、牢固的平等、政治平等、民主平等从来都没有完全达到过，也就是说人类至今从未完全平等过。对于我们大部分人来说，道德含义上的平等只是一个目标、一个目的、一种理想、一种期望、一种志向、一种义务。这个目标永远不能完全达到，也难以实现。"① 既然道德含义上的平等只是一种理想，从一定意义上说，

---

① 　［美］罗伯特·A. 达尔：《论政治平等》，谢岳译，上海世纪出版集团 2010 年版，第 78—79 页。

寓意不平等的差等正义实际上会一直存在。差等正义产生的背景是什么？
分析它的目的何在？解决它的价值意义到底有多大？这是本节要解决的三
个核心问题。

一 提出问题：背景与契机

人为什么要追求平等与正义，这个问题就像问人为什么要吃饭一样，
既简单又复杂。在达尔看来，追求平等与正义是人类的天性使然，是人类
情感的反映。当这些情感成为常识性问题的时候，政治上的平等论证似乎
也没什么必要。[①]"僧帽猴"[②] 的试验表明，当人们受到不公平对待的时
候，他通常会有语言上的反映。在极端不平等的情况下，人们还经常试图
通过行动来谋求公平的待遇。在政治生活领域，经常看到的罢工、社会运
动、革命等集体行动，很大程度上都是人们在行动上对政治或社会不平等
的回应。通常情况下，社会不平等来源于制度上的褊狭：一种情况是制度
排斥，另一种情况是滥用制度来制造不平等。历史上，严重的社会不平等
大都来源于制度性强加。如果某个政治制度公开地排斥某个群体，不平等
就会大面积且持久地发生。美国历史上对黑人的排斥就是一个经典的案
例。另一种情况发生在那些公开倡导平等的国度里，在那里，政策制定者
利用特权或恐怖手段，强行地或含蓄地剥夺公民权利，将国家或宪法变成
少数精英谋求私利的工具。在这些国家里，政治家经常以人民的名义行使
统治权。尽管前者公开倡导平等而后者打着"平等"的旗号，但是，无
论形式是什么，对公民来说，结论只有一个，即"不平等"[③]。这些不平
等就是本书所指称的差等正义。

本书之所以要系统诠释差等正义这一较新的课题，主要基于以下五点
原因：第一，从理论基础来看，差等正义思想源远流长，古今中外的一些

---

① 〔美〕罗伯特·A. 达尔：《论政治平等》，谢岳译，上海世纪出版集团 2010 年版，译者
序第 4—5 页。

② 指人们允许小猴以花岗岩小石头为硬币换取葡萄或黄瓜。实验人员观察到，如果一个猴
子用花岗岩换到一条黄瓜但是看到另一只猴子得到更多的葡萄，它经常要么拒绝交出花岗岩，要
么选择不吃黄瓜。

③ 〔美〕罗伯特·A. 达尔：《论政治平等》，谢岳译，上海世纪出版集团 2010 年版，译者
序第 5 页。

正义思想与平等思想处处透露出承认社会差等合理性的痕迹，这为本书奠定了理论基础；第二，从公共管理的角度来看，由制度排斥和制度歧视引发的社会排斥和社会歧视现象大量存在；第三，在现实生活中，社会不平等、不公平事件层出不穷，这对人们的公平正义感造成了巨大冲击；第四，从形式上看，社会中存在大量双重或多重标准行为，这些行为是对平等正义的漠视；第五，差等正义的危害十分严重，不仅会损害公共管理的公共性，还会削弱政府运行的合法性。正如黄健荣所指出的："滥觞于奴隶制时代的差等正义论，在封建社会仍然是维护社会等级制和专制制度的主要理论基础之一。当日之中国，与封建时代作别仅过百年，差等正义论的影响远未彻底消除。"[1] 为此，祛除社会公共生活中差等正义的幽灵，铲除其得以生长繁殖的土壤，对于优化公共管理，促进社会公平正义尤为重要。

正义是社会的最高道德规范和社会制度的首要价值。然而，在全球化的当下，一些人在感叹正义的重要性和必要性的同时，却又时而践踏着正义的基本底线和原则。这一看似矛盾的表述源于下列事实：他们呼唤德性却鄙薄有德之人，他们捍卫主权却践踏主权的捍卫者，他们倡导和平却诟病和平的维护者，他们渴望自由却恐慌争取自由的行动，他们追求平等却鞭笞平等者的言论，他们喜欢财富却仇视财富的掌握者，他们享受权力却憎恨权力的拥有者……那么，造成这些现象的原因有哪些呢？造成上述现象的原因很多，其中的原因之一是作为道德层面的正义没有发挥应有的作用，作为交换规则的正义却大量地支配着生活空间。为什么作为道德层面的正义不发挥作用、作为交换规则的正义支配了空间就可能导致上述现象呢？慈继伟认为，"正义有两个相反相成的侧面：一方面，作为利益交换的规则，正义是有条件的；另一方面，作为道德命令，正义又是无条件的。无条件的意思是指，不论作为制度还是作为个人品德，正义都必须是无条件的，否则，社会的正义局面就难以维持。有条件的意思是说，具有正义愿望的人能否实际遵守正义规范取决于其他人是否也这样做"[2]。由于社会中违反正义行为的团体和个人在一定范围内存在，这对人们自己是

---

① 黄健荣：《当下中国公共政策差等正义批判》，《社会科学》2013 年第 1 期。
② 慈继伟：《正义的两面》，生活·读书·新知三联书店 2001 年版，第 1—2 页。

否要遵守正义规则会产生负面影响，这种影响与作为道德层面的正义规则发生冲突，冲突的结果是人们使用双重或多重正义标准对人对己：衡量他人用道德层面的正义标准，衡量自己则用交换规则层面的正义标准。正义标准在他人与自己身上的分离必然导致社会矛盾和社会冲突，影响社会和谐与稳定。这意味着，要解释现代社会的诸多矛盾与冲突，正义的标准及核心问题就成为绕不开的话题。

那么正义的标准和核心问题是什么呢？尽管诸多学者讨论了几千年，但还是得出了分歧较大的结论。总体而言，正义的标准不是一成不变的，存在因时因地的差别，但大多与"自由、平等、博爱"等字眼有关；而正义的核心在于弄清楚"什么样的社会才是好的社会？应以什么样的方式和手段去建立一个好的社会？"而要弄清这些问题，就要从社会获得稳定性的四个条件着手。这四个条件是：有大家公认的正义原则，有能为正义原则的践行提供保障的社会制度，有坚持正义原则的人，有大多数人都能接受的正义标准。用这四个标准来衡量，被古代统治者所称颂的正义无论从形式还是实质来看都具有很大的不正义性。如果非要用"正义"一词来表述，这种正义更准确地是"建立在身份和等级基础上的，基于个人先天禀赋的有差等的正义"。作为统治者眼中合理性、正当性的价值原则，这种有差等的"正义"一直为统治者的统治提供形式上和实质上的支撑，客观上起到维护政治稳定和促进经济发展的作用。但是，这种依附贵族社会结构、带有明显权贵取向的差等正义毕竟带有明显的等级烙印，对社会的消极意义更是不可忽视，应该予以批判。在批判的过程中，呼唤平等的正义运动慢慢拉开帷幕，人们在鞭笞差等正义的同时也积极寻找"平等正义"的伦理视角和实现途径，罗尔斯、德沃金、尼尔森就是其典型代表。罗尔斯认为，只有具有平等的自由、平等的机会的社会才是正义的社会。当然，如果社会的不平等分配向最少受惠者倾斜，这种分配也是正义的，这一原则被罗尔斯称为"差别原则"。德沃金则认为，自由是平等的产物，平等是正义诸标准的统领者，平等就意味着正义。尼尔森更是激进地认为每个人在基本的自由和各种机会面前都应享受平等的权利，一个共同体在除去维持其运转的基本费用后，所有的财富和收入都应该平等分配。在这些理念的影响下，人们展开了风起云涌的捍卫平等的运动，这些运动对遏制社会不平等现象有重要的作用。例如，妇女的地位有了大幅度的提升，黑人的权利得到一定程度的维护，低收入者有了更高的福利保障，艾滋病患者、同性恋等特殊群体的身份得到一定程度的认可……但是，当人们为平等运动引发的社会变化而欢欣鼓舞时，每一个国家、每一个阶层、每一个领域、每一个群体都还存在一些事实上的不平等。在当代中国，这些不平等主要表现为：第一，户籍制度造成农村居民与城市居民的身份区隔，使其在政治、经济、文化和社会权利方面与城市居民有较大的差异；第二，不同地域的学生在高考中面临大相径庭的升学机会；第三，与国有企业相比，私营企业在发展过程中常常面临种种制约和歧视；第四，社会中存在大量"同命不同价"现象，这对公民的生命权是一种严重的歧视；第五，在劳动就业、职务晋升中，还存在一些性别排斥、民族歧视、地域歧视和残疾人歧视等不公平现象；第六，在收入分配中，地域之间、城乡之间、阶层之间和行业之间"同工不同酬"现象也大量存在。

造成当代中国上述不平等现象的原因有很多，而最主要的则来自公共管理制度排斥。公共管理制度本是维护社会公平正义的有效武器，但受利益分配、决策者价值偏好、制度环境等因素的影响，当代中国的一些公共管理制度如原户籍制度不仅没有消除原有的社会差等，反而固化、强化了社会差等；而另外一些公共管理制度如所有制制度、高考制度虽然减少了社会差等，但仍然有歧视和排斥。也就是说，滥觞于奴隶制时代、主要源自制度排斥的差等正义对当代中国的影响仍未彻底消除，这对公共管理的公共性和政府运行的合法性产生严重的负面影响。

如此看来，寓意不平等的"社会差等"现象似乎是每一个社会、每一个时代、每一个领域、每一个阶层不可避免且必然存在的，那么，到底什么是差等呢？差等是指人在社会化过程中产生的基于身份和等级基础的差别。社会差等会引发差等正义。差等正义是指建立在人的身份与等级基础上的行为规范。在一定程度上可以说，差等正义是古代政治哲学的核心，或者说在整个农业社会，差等正义一直是正义的常态，是被自然法和实体法所承认的"正义"。因为，在古代社会这种差等的分配正义虽然实质上不平等，但是符合人们所追寻的自然平等的意蕴，因而被一些人尤其是统治者认为是平等的。对此，柏拉图和亚里士多德曾有过精辟的论述。柏拉图认为，国家正义是建立在统治者、护卫者和生产者（或笼统地称为生产者，柏拉图有时候又将其称为生意人）三个等级划分的前提之上的，这三个等级的划分是基于人的自然禀赋的差异，因而柏拉图认为，"只有统治者智慧和护卫者勇敢的国家才可能是正义的。所以，国家正义就是智慧者的统治、勇敢者的辅助和既不智慧又不勇敢者的服从的关系格局，以及各个等级对这种格局的遵从。①"亚里士多德秉承其老师柏拉图的观点，认为建立在对国家贡献大小基础上的分配才是正义的，即"平等的人应享受平等的待遇，不平等的人应享受不平等的待遇"。那么，在亚里士多德眼中，哪种人是平等的人，哪种人是不平等的人呢？公民如奴隶主、贵族、哲学家等是平等的人，享有参与城邦公共生活的权利，而奴隶、外邦人、妇女是不平等的人，因而应该享受不平等的待遇，甚至沦落为公民的工具。其实，雅典人只将公民看作"人"，奴隶、外邦人乃至女人都只是某种事物，是公民可资利用的某种工具。如果我们接受了雅典人关于"人"的观念，或者说仅仅看到它的作为公民的"人"的一方面，就不仅可以在城邦问题上使用"公共"一词，还可以把城邦生活视作最理想的"公共生活"②。可以说，古代社会的差等正义就像一辆招摇过市的彩车，张扬而跋扈，不仅统治者承认其形式上的合理性，一些生产者也认可这种仿佛是与生俱来的等级观念的合理性。为此，随着民主、自由思想的启蒙，人们对实质平等的诉求越来越多，西方各个阶层和领域也兴起了相应的倡导平等的运动，如女权主义运动、种族抗争、艾滋病患者的呐喊……在风起云涌的斗争中，一种呼唤"承认差异"的声音渐渐传来，金里卡、霍耐特和弗雷泽的"承认政治"应运而生。承认政治要求从尊严政治走向差异政治、从一元合理性走向多元承认，主张平等参与权的实现是多元承认的主要路径，这为破除差等正义提供了重要的理论支撑和思路借鉴。

二　分析问题：目的与宗旨

经过改革开放30多年的洗礼，中国经济创造了前所未有的繁荣，人

① 申林：《柏拉图正义思想研究》，博士学位论文，中央民族大学，2008年，第21页。
② 张康之、张乾友：《变形的镜像：学术界对古希腊城邦生活的误读》，《学术月刊》2009年第4期。

民生活水平得到了极大的提升。但与此同时，贫富差距悬殊、社会道德滑坡、食品安全缺位、环境污染严重、贪污腐败泛滥等问题层出不穷，这些问题不仅会激化社会矛盾，加深民众的社会不公正感，而且也会使一些民众滋长出"被边缘""被剥夺"的焦虑心态和怨恨心理，这再次引发人们对社会公平的关注。按照慈继伟的描述，社会不公正有两种原因：一是存在不公正的规范，二是虽然有公正的规范，但却无法落实。而产生后一种情况的原因是人们对于相关问题虽有正确的认识，但是实践这些公正规范的动机却不足。"这样，问题就从涉及公共规范的道德变为涉及人生观的伦理，而由于以下两个原因，伦理危机发生的可能性就会进一步增大：一是中国人的道德认同往往受到为政者的道德榜样的影响，二是人们要公正相待就必须有效祛除或遏制机会主义，满足正义相互性的条件，而这一要求也远未满足。结果，人们在社会公正问题上就陷入了某种恶性循环。"① 如何摆脱这一困境，成为摆在人们面前的一道难题。

差等正义是建立在社会身份和社会等级基础上的不正义，其主要表现形式是用双重或多重标准来分配社会物品。这种建立在身份和等级基础上的差别对待是一种典型的身份歧视，违背公序良俗的原则和公共管理的公共性，必须予以批判与矫正。但是，引发差等正义的原因比较多，本书要批判和矫正的是由公共管理制度排斥所引发的社会差等以及由此带来的非正义行为。本书的思路是通过良善的公共管理制度安排来消除差等正义，并从民主与参与、再分配与共享、包容与承认等政治、经济、文化手段入手，通过公民社会的培育、公共场域的建构、协商民主的施行、公民权利意识的觉醒、公共责任的担当、包容性政策的制定、经济再分配和成果共享等措施来矫正公共管理中的差等正义。为此，本书的总目的是：在对差等正义概念进行建构、公共管理中差等正义行为进行翔实描述与分析的基础上，试图通过良善的公共管理制度来遏制差等正义，倡导社会平等，维护社会公正，为破除差等正义、实现社会公平正义提供决策参考。具体目的是：第一，从政治哲学的层面对差等正义概念进行建构。虽然已有一些学者零散地提出了差等正义概念，但鲜有学者从学理层面对差等正义概念进行系统的建构。而要建构差等正义，就必须在厘清正义思想的历史流

---

① 梁治平编：《转型期的社会公正》，生活·读书·新知三联书店2010年版，序言第9页。

变、社会不平等思想的发展历程的基础上，提炼出古今中外差等正义思想的发展脉络，从政治、经济和社会三个角度对差等正义内涵进行全面建构。第二，指出公共管理中差等正义行为的表现及危害。众所周知，社会领域存在大量的差等正义现象，但是，社会领域过于宏大，不是一篇博士学位论文能说清楚的。因此，本书主要以制度引发的典型差等正义事件为契机，从政治、经济、社会三个角度，将公共管理领域中的差等正义现象归纳为政治失语型、经济歧视型和社会排斥型三种类型，并以户籍、高考、所有制、劳动就业、经济赔偿、职务晋升等制度中的差等正义行为为个案，对公共管理视域中的差等正义行为进行全方位的剖析，进而归纳出公共管理视域中差等正义的特征。第三，对公共管理中差等正义行为的发生机制及危害进行剖析。差等正义形成的原因是复杂多样的，在当代中国，最根本的是公共管理制度排斥所引发的。当然，等级制度和等级思想、官僚制等级的异化、公权力的异化及支配性、社会财富的渗透性与制度排斥一起共同构成差等正义的发生机制。差等正义的明显危害是违背公共管理的公共性、降低政府的公信力，差等正义的深层危害是民主的没落、合法性危机和代表权扭曲。第四，对公共管理中差等正义行为的治理路径进行政治、经济、文化等多视域建构。第五，通过良善的公共管理制度安排来构建承认差异的平等正义。

三 解决问题：价值与意义

自启蒙运动以来，正义就成为不同领域不同群体有关什么是优良生活这一现代性困境的制度前提。因此，正义犹如太阳的光辉一样光芒万丈，以致怎么称赞它也不过分：正义是航向标，指引社会前进方向；正义是灯塔，用光芒照亮社会前程；正义是"常青藤"，是"播种机"，任何时候对它的研究都具有重要的理论价值和现实意义。

中国古代社会是典型的金字塔结构的社会。在这种社会中，人与人之间都具有严格的等级关系和身份区隔，享受的是差等之爱，穿的是差等之服，行的是差等之礼，吃的是差等之食……总之，在这个社会中，不同身份的人有不同的行为规范，不同的言行举止、服饰礼仪适合不同的社会等级，超越身份和等级的语言、行为、服饰和礼仪等被称为"大不敬"，有杀头甚至"诛九族"之嫌。这种具有明显等级的社会结构延续了几千年，由此产生的被统治者所称颂的正义必将是差等正义。

其实，中国古代森严的等级制度也是古希腊、古罗马时期的社会制度形式。在雅典（古希腊早期）社会中，奴隶被当作"会说话的工具"，氏族贵族享有种种特权。也就是说，不仅奴隶与自由民、奴隶与贵族、自由民与贵族之间是等级森严的，而且自由民和贵族内部也是等级森严的。虽然公元前621年的德拉古立法试图缓解下层自由民和贵族的等级矛盾，但该法案维护的仍然是贵族的利益。梭伦改革虽然废除了农民债务和德古拉制定的残酷法律，禁止对农民进行债务奴役，恢复公民大会并规定各等级公民都可参加公民大会，有无财产的公民都可参加公民陪审法庭。但是，梭伦仍按财产的多少将公民分为四个等级，并且规定只有前三等公民可以参加四百人会议管理国家，第一等公民才能担任最高官职。在古罗马早期，哪怕以维护市民利益著称的市民法也具有强烈的等级性，其适用范围也仅限于罗马公民。比如，它规定贵族与平民之间、罗马市民与从事卑贱的职业者之间不得通婚，家长、丈夫分别拥有对子女、妻子的合法支配权，就连居住在罗马的其他民族的自由民也没有选举权和被选举权。[①] 根据张康之的描述，人类社会可分为农业社会、工业社会和后工业社会，农业社会以分配正义为基本的正义类型，交换正义只是作为"修正的正义"而发挥作用。农业社会的分配正义虽然实质上不平等，但是符合人们所追寻的自然平等意蕴，因而被统治者和一些民众认为是平等的。随着交换关系与竞争关系成了主导性的社会关系，"公平的正义"成了基本正义，而分配正义则成了"修正的正义"或"补偿的正义"。交换的前提是承认差异，结果是追求公平，因而工业社会是一个存在差异的社会。不承认差异，交换的结果不公平，公平的正义也就难以实现。由于竞争关系不断地制造着不平等，以竞争关系为主的后工业社会一方面需要分配正义的复兴，另一方面具有呼吁"承认差异"的承认政治的主张，承认政治运动应运而生。承认政治认为只有人们的身份与尊严得到承认的制度才是正义的制度。但是，怎样才能承认人的身份与尊严、政府要为承认人的身份与尊严提供什么样的制度保障和正义标准，承认政治则概莫能外。这说明，

---

① 何勤华：《中国古代等级法观念的渊源及其流变——兼评西方法的等级观和平等观》，《法学》1992年第9期。

承认政治仍然不能为现代的正义困境提供有效的出路。为此，张康之提出通过合作治理去重建正义的方案。合作治理是当下实现社会正义的有效途径。既然合作治理是实现社会正义的有效途径，而合作的基础是公平与平等，要实现合作治理，就必须实现社会的公平与平等。

近几年，中国经济在高速发展，但经济分配问题却受到诸多诟病，而从许多发展中国家的经验来看，严重的社会危机往往都发生在经济繁荣期，暴力、动乱和极端行为在富裕国家发生的可能性更大。① 而经济繁荣期之所以容易发生社会动荡，其主要原因在于经济分配不公以及由此引发的民众公平正义感缺失。改革开放以后，倡导的"允许一部分人先富起来"的政策，使中国社会的贫富差距在迅速扩大，甚至已达到国际警戒线。这种扩大被越来越多的民众所感知，也有越来越多的中国人认为政府有责任缩小贫富差距，但对政府缩小贫富差距采取的措施明显感到不满，这就要求政府在此方面有更多的作为，政府维护社会公平正义的压力前所未有的增大。② 为此，破除差等正义是当代中国实现平等正义的关键。

目前，影响中国和谐社会建设的障碍之一是利益分配问题，这一问题与公平正义息息相关。因此，破除差等正义、实现公平正义是排除建立和谐社会障碍的主要途径。此外，破除差等正义、实现公平正义也是维持社会稳定的需要。不公正会产生非公正感，而非公正感会影响社会稳定。为了维护社会稳定，政府就必须采取强有力的措施，扩大社会的包容度、缓解贫富差距和民众的激进情绪，使社会平稳发展。

当然，与过去相比，当代中国公共管理视域中的差等正义已大大减少。但不可否认的是，当代社会仍然是一个事实上不平等的社会，社会差等现象还较大程度地弥漫在人与人、阶层与阶层、民族与民族之间。为此，对被掌权者贴上"正义"标签的差等正义的探讨，不仅有利于对中西方古代社会的正义内涵、正义原则、正义标准、正义范围进行理性反思，揭示出古代社会的正义实质，而且还能运用这一概念分析当代中国社会的诸多矛盾及其产生的根源，对消除社会中的性别歧视、种族歧视、文化歧视、

---

① ［美］塞缪尔·亨廷顿：《变动社会的政治秩序》，张岱云等译，上海译文出版社1989年版，第34页。

② 杜凡：《转型期社会公正问题研究》，复旦大学出版社2012年版，第2页。

就业歧视、地域歧视、阶层歧视等不公平现象有重要的帮助。同时，由于本书是从公共管理的视角探讨差等正义。因此，本书将对增强公共管理的公共性、提升政府运行的合法性、增强公众对政府的信任度有重要的现实意义，对缓解甚至消除当代社会的差等现象提供有益的借鉴，为完善有中国特色的公平正义体系和构建差等正义理论体系奠定坚实的基础。

第二节　研究述评：回顾与展望

差等正义翻译成英文为 differential justice，当以此为关键词在国外几大数据库进行搜索时，却没有发现一篇与此相关的文献，其主要原因是这是一个较新的研究领域，国内外直接使用此概念的学者还寥寥无几，直接以此命名的研究成果更是凤毛麟角。但是，从词义上理解，差等正义由"差等"和"正义"两部分组成。所谓"差等"是指建立在身份与等级基础上的差别。本来，差别本无不平等之质，但是如果一种差别嵌入在等级关系之中，并且意味着人身依附与人身支配关系，这样的差别就是差等。也就是说，差等的本质意蕴是不平等，站在这个角度，社会差等思想蕴含在不平等思想中。为此，本节拟从直接研究差等正义的几个文献着手，同时从不平等思想的角度综述社会差等思想，并在对正义思想的历史流变中完善对差等正义研究现状的描述。

一　研究回顾：差等正义及相关主题

从现有的研究文献来看，国内明确提出差等正义概念的学者主要有钱宁、黄健荣、褚添有、钱洁、蒋励佳、方劲与谢治菊。这其中，除黄健荣、钱宁、褚添有对差等正义进行了详细的阐释之外，其余学者仅仅将其作为一个解释古代等级制度下正义形态的概念，在文中一笔带过，没有做任何描述。[①] 为此，接下来主要对黄健荣、钱宁和褚添有对差等正义的研

---

① 包括钱洁的论文《公共管理模式嬗变的反思——基于公民性的变迁与重塑》，《理论与改革》2010 年第 3 期；蒋励佳的论文《公共管理模式嬗变过程中正义观念发展进路》，《社会科学家》2012 年第 4 期；方劲的论文《罗尔斯正义原则的论证逻辑及其对社会福利的启示》，《广西大学学报》（哲社版）2011 年第 3 期。其中，方劲的论文虽对差等正义进行了 300 多字的描述，但该描述主要转引的是钱宁书中的观点，在此不再综述。

究情况进行综述。

（一）差等正义研究回顾

钱宁是在中国较早提出差等正义概念的人，他于 2007 年在《社会正义、公民权利和集体主义：论社会福利的政治和道德基础》一书中指出，无论在中国还是西方，传统政治伦理思想都把正义看作某种等级社会的秩序与规范，在一种"礼仪差等"[①] 的观念下进行阐述。也就是说，传统政治伦理思想设定了不同等级的人群应遵守的道德规范或应具有的德性，这些规范或德性规定了各个等级的权利或义务，他们必须各司其职、各尽其能、各负其责，整个社会才能和谐有序地运行。[②] 那么，什么是差等正义呢？钱宁指出，差等正义是指以社会等级秩序的合理性为前提，通过对不同等级利益群体行为的协调，兼顾各方利益，从而防止各利益集团为了私利而侵害他人权利，或进行争夺而导致社会的毁灭。[③] 在钱宁看来，差等正义是传统社会协调不同等级群体利益冲突的一种手段和工具。这一点，中国古代的荀子是这样描述的："人之生，不能无群；群无分则争，争则乱，乱则穷矣。故无分者，人之大害也；有分者，天下之本利也。"[④] 荀子的意思很明了，认为差等正义是避免群体纷争和冲突的政治依据。同样，在古希腊的政治哲学中，差等正义也是作为基于社会的自然本性的德性而被人们所认同。在此背景下，正义应理解为自然的自发秩序所确定的差别和等级制度的合理性，是按照自然形成的等级差别来协调社会关系，人们的行为也必须符合这种自然秩序要求的政治道德规范，即让人们做他们该做的事情，所谓"正义对每一个阶层来说都是必要的，但是是有差等之分的"。在柏拉图看来，国家是由金、银、铜、铁等天赋秉性不同的公民自然形成的等级社会构成的。亚里士多德也认为，按比例分配就是正义，即"相等的东西给予相等的人，不相等的东西给予不相等的人"。但是，虽然亚里士多德强调平等是正义的尺度，但是他却愿意容许社会中广泛存在的不平等现象，不仅认为统治者在人格与尊严上高人一等，还认为

---

① 包利民：《礼仪差等与契约平等》，《社会科学战线》2001 年第 3 期。

② 钱宁：《社会正义、公民权利和集体主义：论社会福利的政治和道德基础》，社会科学文献出版社 2007 年版，第 82 页。

③ 同上书，第 82 页。

④ 《荀子·富国》。

家庭中女人被支配的地位是合理且必要的,甚至认可奴隶制度的合理性。因此,他关于比例平等的观念与承认社会等级的观点是一致的。

黄健荣在 2009 年刊发的论文《论现代社会之根本性和谐》中指出,在统治型公共管理中,统治者通过各种方式竭力向社会宣扬和灌输君权神授、王权至上与差等正义等说教,以维系和强化其统治的正统性、权威性与合法性。[①] 虽然在该文中黄健荣没有单独解释什么是差等正义,但从其表述可知,差等正义是统治型公共管理模式的主要特征和权力来源,而依据差等正义进行的管理必将维系等级、奴役与专制秩序,强调臣民的绝对效忠与服从。此处的差等正义应理解为建立在等级制度基础上的非正义。后来,黄健荣在《当下中国公共政策差等正义批判》一文中指出:"差等正义论是前工业社会维系等级制度与专制制度的重要理论支撑。当下公共政策领域的差等正义之底色远未彻底祛除,在一些政策范围甚至有很大的影响。公共政策的差等正义,是指决策者或执行者在制定、执行公共政策时背离其应恪守之公共性、公正性和公平性铁律,对不同群体或阶层、不同地区实行双重或多重标准。差等正义是对社会公平正义的践踏与对现代政治文明的玷污。"[②] 接下来,黄健荣对当代中国城乡二元户籍制、所有制歧视、官民权利反差中的政策差等正义进行了深入批判,对教育政策、社会保障政策和个人所得税中的差等正义现象进行了抨击。

褚添有在《嬗变与重构:当代中国公共管理模式转型研究》一书中也指出,差等正义论是统治型政府管理运行的支撑理论之一。该理论认为,人与人尤其是公民与非公民之间的不平等是理所当然、符合正义的。这种基本的理念在古代政治家和思想家那里得到系统的阐发,他们竭力论证不平等统治的合法性,极力维护不公平、不自由的合理性,并将其贴上平等和正义的标签,把不平等视为平等、不公正视为公正、不自由视为自由,这就是差等正义。[③]

尽管国内的几位学者对差等正义的描述和阐释不尽一致,但在以下三

① 黄健荣:《论现代社会之根本性和谐》,《社会科学》2009 年第 11 期。

② 黄健荣:《当下中国公共政策差等正义批判》,《社会科学》2013 年第 1 期。

③ 褚添有:《嬗变与重构:当代中国公共管理模式转型研究》,广西师范大学出版社 2008 年版,第 65 页。

个问题上基本达成了共识：一是认为差等正义是不正义的，二是认为差等正义是建立在个人身份和社会等级基础之上的，三是认为差等正义都源于古代以柏拉图和亚里士多德为主的政治哲学思想，其思想的核心是"人是有等级的，人的等级是与生俱来的，人们必须按其与生俱来的等级各行其是、各负其责"。然而，由于目前国内外学界关于差等正义的研究成果寥寥无几，虽然上述学者进行了一些描述，但描述均比较零散、琐碎，因而本书拟通过对社会差等思想和正义思想的综述来进一步补充学界对差等正义的研究。

（二）社会差等思想综述

搜索现有文献发现，国内外直接以"社会差等"命名的研究成果少之又少，几乎是一片空白。但是，社会差等思想却源远流长，可以追溯到远古时期。根据自然秩序论——"万物皆有定分"的道理，社会差等被赋予更多的自然色彩。例如，卡利克里斯认为，强者比弱者得到更多符合人的自然本性，也只有这样做才是公正的。为此，在卡利克里斯看来，优者对劣者的统治和占有才是公正的基本意蕴。[①] 在梭伦立法里，奴隶的"自然身份"也决定了其非人的地位。柏拉图认为世间的正义是宇宙理念的体现，它运用于一切人和事，每个人要依照它的安排各守本分。因此，在柏拉图看来，正义意味着"一个人应当做他的能力与他所处的生活地位相符的工作。[②]"柏拉图指出，社会生活中的每一个成员都有其具体的职责，而每个人都应该将其行动的范围限制在职责界限内。例如，一些人有命令他人的权力，有统治他人的资格；另外一些人的能力则可能表现为辅助统治者完成目标；而其他的人也许适合当士兵、手艺人或商人。为此，柏拉图认为，人生来就是不平等的，这种不平等是确立当时等级制度的依据。那么，柏拉图眼中的人们是如何不平等的呢？柏拉图将人分为金、银、铜、铁四种类型，并且认为"人间执统治权而有高贵之荣誉者称其为金质；为辅弼者，称之以银者；其余工匠农人等，则称之以铜或铁

---

① ［美］E. 博登海默：《法理学：法律哲学与法律方法》，邓正来译，中国政法大学出版社1999 年版，第 299 页。

② 同上书，第 7 页。

质。而此种阶级，分际必不容紊。①"在柏拉图的理想国中，金质的人是统治者，银质的人是保卫祖国的军人，铜质与铁质的人将组成生产阶层。柏拉图说，每个公民对于政府按其特殊能力与资格而分配给他的任务必须恪尽职守，即"各守本分、各司其职，就是正义。②"柏拉图认为，国家所依靠的是最出色的人的自由智慧而不是依靠法治来管理的，正义的执行应当是不依据法律。"因为法律不可能发布一种既约束所有人同时又对每个人都真正最有利的命令。法律在任何时候都不可能完全准确地给社会的每个成员做出何为善德、何谓正当的规定。人的个性的差异、活动的多样性以及人类事务无休止的变化使得人们无论拥有什么技术都无法制定出在任何时候都可能绝对适用于各种问题的规则。"③ 因此，在柏拉图眼中，"最简单的方法不是给予法律以最高的权威，而是给予明晓统治艺术、具有大智大慧的人以最高的权威。④"

　　不仅如此，这种人与人之间的差等正义观还泛化至民族关系、性别关系、家庭关系上。柏拉图曾经提出雅典人不准奴役雅典人，由于血统和情感相同，希腊诸城邦之间也不得发生战争，但柏拉图却肯定对异族的战争和掠夺，并承认把对方变成自己奴隶的合理性。亚里士多德也持有同样思想，他假定一些人生来便注定是主人，而另一些人生来便注定是奴隶，认为天赋高的人统治天赋低的人是正当的，因而他得出结论说："对于奴隶来讲，奴役状况既是有助益的也是正当的。"⑤ 在性别关系方面，"男尊女卑"和"男女异德"观念一直占据着统治地位。这一点，亚里士多德论述得比较明显。在亚里士多德看来，妇女实际上是介乎于自由人（男人）和奴隶之间的人，绝不能享有与男人平等的政治地位和社会地位。男女之间的道德也是不同的，男性主导和女性服从的道德地位是由社会的等级制以及人类灵魂的性质和构成决定的。⑥ 正因为如此，在家庭关系上，男人

---

①　*The Republic*, transl. A. D. Lindsay, BK. Ⅲ, 1950, p. 415.

②　*The Republic*, transl. A. D. Lindsay, BK. Ⅳ, 1950, p. 433.

③　*The Statesman*, transl. J. B. Skemp, New York, 1957, 294b.

④　［美］E. 博登海默：《法理学：法律哲学与法律方法》，邓正来译，中国政法大学出版社 1999 年版，第 9 页。

⑤　*The Politics*, transl. E. Barker Oxford Bk. I, 1946, 1255a.

⑥　谢嗣胜：《劳动力市场歧视研究：西方理论与中国问题》，博士学位论文，浙江大学，2005 年，第 11—12 页。

也享有对女人的支配权与统治权。由是观之，这种生而差等的自然正义观主张的是天赋特权，而不是天赋的平等权利。对此，卢梭进行了严厉的批判。

卢梭在《社会契约论》中振聋发聩的名言"人是生而自由的，但却无所不在枷锁之中①"表明，对社会不平等的批判与对社会平等的追求在他的观点中占有重要的地位。卢梭认为，由于自然状态不具有不平等的原因和条件，因而人类在自然状态下是不存在不平等的。不平等起源于私有制，私有制的确立使不平等变得根深蒂固且合法化了。私有制给人类带来的不平等主要有两类：一是人与人在年龄、健康、体力和智力等方面的不平等，二是由富人与穷人、命令者和服从者造成的不平等。②为了解决社会中的这些不平等，卢梭认为可通过契约的方式捍卫和保障契约缔结者的利益。看来，卢梭认为的人类平等只有在最初的自然状态之中，一旦进入社会，平等便没有了。卢梭的这一思想遭到了伏尔泰的抨击，伏尔泰指出："从没有人用过这么大的智慧企图把我们变成畜生，读了你（卢梭）的书，真的令人渴慕用四只脚走路了。"③

在中国，能体现社会差等思想的主要是人与人之间的"差序格局"关系。费孝通对差序格局的基本定义如下：人与人之间的关系就如把一块石头丢在水面上所产生的一圈一圈的波纹，被波纹所推及的就发生联系，波纹与中心的距离决定了人与人之间的亲疏远近，由此形成了人际关系的差序格局。差序格局有四个要点：以自己为中心，个人的社会影响对差序格局的大小有重要影响；差序格局随时空的变化而变化，差序格局意味着亲疏远近。阎云翔对费孝通的差序格局概念进行了重新审视后认为，费孝通所讲的差序格局是个立体的结构，既包含有纵向的刚性的等级化的"序"，也包含有横向的弹性的以自我为中心的"差"。多数学者都只看到"差"而忽略了"序"，这是有关差序格局的学术话语中的一个误区。④

---

① [法]让·雅克·卢梭：《社会契约论》，何兆武译，商务印书馆1982年版，第8页。

② [法]让·雅克·卢梭：《论人类不平等的起源和基础》，李常山译，商务印书馆1982年版，第149页。

③ 同上书，第31页。

④ [美]阎云翔：《差序格局与中国文化的等级观》，《社会学研究》1996年第4期。

尊卑有别的等级差异的再生产是维系差序格局的重要手段，等级差异再生产的实现则依赖于资源配置、伦理规范和社会流动等制度的有效运转。也就是说，差序格局不认可权利和义务的对等，否定人格平等，承认差序人格的合理性，这种差序人格对中国文化有决定性影响。①

由上可知，社会差等思想早已出现，且源远流长，但由于知识、能力与可利用资源的限制，人们将人的等级化理解为自然界等级演进的必然结果，因而等级划分在大多数时候被古代统治者和一些民众认为是合理的，只有等级剥削到了不可忍受的程度人们才会揭竿而起，推翻旧朝代建立新王朝。然而，哪怕是新建立的王朝，也存在"君君臣臣、父父子子"等严密的等级划分，皇帝依然是最高的等级阶层，拥有一切特权。因此，当追求平等的钟声敲响时，人们"摒弃差等"的呼声越来越高。但是，虽然经过几次思想启蒙和解放，人们在政治上的平等取得了较大的进步，但经济上的平等却没有多大的改观。因此，"在马克思的视野中，他看到了由于经济上的不平等而使得劳动者全面异化的现象；在福柯的后现代主义镜像里，显现出所谓平等下的不平等；罗尔斯则明确指出，因为财富和收入的分配不公，社会的不平等差距越来越大。②"这说明，平等是相对的，不平等却是绝对的。正因为如此，只要社会的平等不彻底，社会差等便会一直存在。从这个角度来说，追求平等的历史也是人类鞭笞差等的历史。

二　研究评价：文献述评及理性反思

由上述可知，对于正义及正义的标准是什么，几千年来的政治家、哲学家、伦理学家都存在较大的争议，但是，大多数时候，自由与平等都是人们所称颂的主要正义标准。当然，作为正义的基本内容，自由在正义中占有重要的地位。然而，随着社会的发展，平等的观念逐渐深入人心，人们发现平等更是人类的终极追求，因而平等主义正义观应运而生，卢梭提出"人生而平等"的思想，罗尔斯提出实现平等的"差别原则"，德沃金在《认真对待权利》中认为平等优于并能推导出自由，尼尔森更是极端地认为平等就是一切，只有实现所有领域的平等才是真正的平等。

---

① 梁漱溟：《中国文化要义》，上海人民出版社 2005 年版，第 93—102 页。
② 王立：《平等的范式》，博士学位论文，吉林大学，2006 年，第 114 页。

其实，在历史长河中，平等的重要性与自由的重要性常常是对照的。激进的自由主义者认为人们应该拥有自由这点才是重要的。但假如这一逻辑成立的话，则诸如"谁应该拥有自由？应该拥有多少自由？该怎样分配自由？"等问题会时时困扰着人们，"平等程度到底有多大"的问题也会接踵而至。事实上，激进的自由主义者对自由的诉求包含了"平等的自由权"这一隐含的前提，这样看来，激进自由主义者对自由的追求未必与平等相冲突。但是，那些主张在某个评价变量如收入、财富和福利等方面的平等而不是自由的人才会与只主张平等的自由的人发生冲突。因此，如果不考虑分配状况而不分场合地一味坚持自由的人的自由才会与平等相冲突。

由是观之，尽管目前直接研究差等正义的成果少之又少，但社会差等和正义思想都是特别宏大的领域，涉及社会生活的方方面面，古往今来一直都有旺盛的生命力，由此产生的丰富成果对本书的价值在于：一方面，现有的研究成果为本书提供了理论支持；另一方面，一些学者富有洞见的观点为本书提供了思路借鉴。再者，正义理论的本土化研究，以及学界前辈所讨论的中国社会不平等案例为本书提供了大量的素材。然而，尽管如此，现有的研究仍然存在以下五个有待改进之处。

（一）研究比较零散和琐碎，不够系统和深入

上述表明，目前学界已对差等正义进行了零星的研究，但是，这些研究比较零散、琐碎，不够系统和深入，其表现是现有研究主要对差等正义的缘起进行了阐释，而对差等正义的学理建构、类型划分、当代表现、发生机制和深层危害等鲜有提及，对古今中外差等正义的特征和破除差等正义的政府责任也沉默不言。这在社会矛盾激化、社会裂痕扩大、社会不公平感增加、社会信任度下降的当下，显得尤为滞后。

（二）研究的理论深度不够，有待进一步提升

学界关于社会不平等的研究成果可谓汗牛充栋，关于制度排斥的研究成果也相当丰富，但几乎没有学者将它们提升到差等正义的理论高度。目前，中国社会中存在大量的不平等现象，学界也从政治学、社会学、公共管理学、伦理学、经济学、哲学等层面对这些现象予以讨论，并产生丰硕的研究成果。但是，这些探讨没有找到好的理论视角。差等正义是解释社会不平等、社会不公平或社会歧视的有效理论武器，由此引发的社会不平

等特征是：一个人所处的社会地位而不是他的努力程度决定他能够拥有什么，一个人并不因其拥有的物品而成为相应的阶层。

（三）将差等与不平等概念等同，混淆了读者的视线

在现有关于正义的研究文献中，学界往往忽视甚至混淆了一对概念：差等与不平等，很多时候将差等与不平等混用，认为差等就是不平等，不平等就是差等，概念使用比较模糊。一般认为，差等是自然界的差异在社会化过程中经由不平等制度过滤的必然结果，所以差等与不平等不一样，差等是社会自然外化的产物，而不平等则是人类文明发展的结果。同时，差等并不一定意味着不平等。① 正是由于差等概念的模糊性，几千年来人们更愿意用不平等来代替差等，以致人们在批判不同的社会结构时，没有对社会结构"不平等"的属性加以区分，因而得出有分歧的结论。当然，从理论上来看，差等可能意味着实质平等，如少数民族享有加分特权，但更多地意味着不平等。而不平等自古以来就是被人们所鞭挞的。因此，差等与不平等所表示的意蕴有一定的差别。然而，现有的研究几乎统一用"不平等"代替"差等"，这凸显出现有研究成果概念上的模糊性。

（四）研究视角狭窄，急需进一步拓展

现有研究成果大多是从政治哲学的层面探讨正义与不平等，很少从公共管理的视角探讨。尽管有两篇硕士学位论文讨论了公共行政中的正义和公共政策制定过程中的正义问题，但是，他们的探讨又过于微观，没有与中观和宏观层面结合起来。总之，现有的研究要么集中于政治哲学层面的抽象研究，要么从公共行政的具体角度进行探讨，将抽象的政治哲学与具体的公共管理实践，将宏观的政治理论、中观的公共管理制度与微观的社会现实结合起来的研究成果凤毛麟角，这凸显出现有成果研究视角的狭隘性。

（五）思维的发散性不够，研究内容需要整合

现有研究虽然对古代社会的不平等、不正义现象进行了一些探讨，但却没有对古代社会等级结构中的差等现象及其存在的必然性进行详细的分析。古代社会是农业社会，农业社会的共同体是家元共同体，这种共同体具有同质性、稳定性和封闭性的特征，共同体中人与人之间是习俗型信任

---

① 二者的关系见第四章第一节的概念辨析。

关系，共同体的秩序由具有等级关系的社会结构维护，由此引发大量的社会差等现象，但人们却有意无意地忽视这些差等关系。"有意"的意思是指面对无处不在的差等现象，农业社会的人们没有产生出根据这些差等去进行社会建构和政治建构的要求，久而久之就认可了社会差等存在的必然性和合法性。"无意"的意思是指农业社会的人们对社会差等的认识和解释能力有限，认为它既然是自然界差等现象的映射，那么，这种映射就是自然意志的安排，是"上天注定"的"平衡状态"，没有必要去打破。再加上农业社会是一个典型的血缘关系社会，这使成员们的潜意识中有一种想象的同质性，想象自己处在一个血亲关系的同质网络中，从而拒绝承认差等。也就是说，哪怕农业社会的人们意识到了社会差等的存在，但却没有对差等进行自觉的建构，因而大多数时候认为这些差等是合理的，认同统治者用制度的形式将其固定下来，而认同本身就是一个去差异化的过程。一旦将差等加上"认同"的特征，就能够把客观上的差等转化为主观上的差等，进而对等级间的等级认同和等级中的共性认同予以确认，其结果必然将等级间的差异看作命中注定的自然现象加以接受，从主观上对差异进行祛除。"正如在一个家庭之中存在着父子之差、兄弟之异却有着血肉相连、手足之亲的同质性一样，家元共同体作为扩大了的家庭虽然有着不同的等级，却在等级认同中感受到同质性而不是差异。"①

概而言之，虽然学界对差等正义进行了些许研究，对正义、社会不平等、社会不公平、社会排斥、社会歧视等现象进行了大量研究，但是，由于没有对差等正义进行深入、系统、完整的分析，或没有明确将差等正义作为专题进行研究，这些研究的深度、广度、宽度、维度有限，研究的系统性、深入性、整体性也有待进一步提升。正是基于此，本书才具有较高的理论价值和实践意义，具有较强的理论性、原创性和前瞻性。

三 研究展望：进一步拓展的空间

一般而言，不论在何种社会形态下，平等或不平等的问题对社会政治的发展都具有重要的经济意义和政治意义。"因为在利益多元、重组、分化和冲突的过程中，社会主要矛盾必然由社会生产领域的经济矛盾逐渐向

---

① 张康之、张乾友：《在差异与普遍性的矛盾中看权利》，《江海学刊》2011 年第 1 期。

社会分配领域的政治矛盾转变。"① 这意味着，社会平等或不平等的问题不仅仅是政治问题，也是经济问题。正因为如此，差等正义这一具有深刻内涵的概念，对揭示古今中外社会的正义本质显得尤为贴切。那么，第二部分的综述显现出在差等正义领域中有哪些问题值得进一步研究呢？这得从罗尔斯"差别原则"所彰显的弱势群体情怀谈起。

罗尔斯认为，对弱势群体的差别对待与其说是强势群体或国家对弱势群体"应得而未得"那部分利益的补偿，还不如说是国家或强势群体"应给"弱势群体的一种公共关怀。在罗尔斯看来，"应得"这一从古希腊亚里士多德那里传承下来的，经过阿奎那、麦金泰尔、诺奇克、米勒等思想家进一步阐明的概念是应该受到排斥的，因为"应得"意味着过程的公平，但却是对结果公平的严重践踏，是对社会中的"贫富差距、禀赋差距、社会地位悬殊"的极力辩护。因此，无论是资产、财富还是个人的社会地位，用"应得"来解释都会陷入相对主义的沼泽。哪怕是个人的天赋，也不应该是应得的，也应该算作一种公共资产，那些因天赋较高而处于竞争优势地位的人也应当把自己所得的一部分利益拿出来，给那些因天赋较低在竞争中处于劣势的人一定的补偿。之所以这样做，"是因为罗尔斯认为社会是一个合作体系，如果没有别的阶层的合作，优越者也不可能创造更大的利益，甚至整个社会都会趋于动荡或解体。②"其实，对国家应当惠顾弱势群体的理由远不止这些，还可以从经济和道德上予以考虑。站在成本—效益的角度，与强势群体相比，国家对弱势群体的关怀能以较小的投入获取较大的产出。例如，可以用很少的一笔钱来帮扶一名失学儿童，带来的收益却是该儿童全家对政府的感激与认同，以及该儿童平等地接受教育的机会和成长为国家栋梁的机会。从道德上考虑，人与人之间在人格上是平等的，"一方有难八方支援"的古训意味着帮助需要帮助的人是一种高尚的美德。从所处的社会环境来考虑，现在社会是一个高度复杂、高度脆弱、高度不稳定的社会，对任何一个社会群体的忽视都可

---

① ［美］陈捷：《中国民众政治支持的测量与分析》，安佳译，中山大学出版社 2011 年版，中文版序言第 3 页。

② ［美］约翰·罗尔斯：《正义论》（修订版），何怀宏、何包钢、廖申白译，中国社会科学出版社 2009 年版，译者前言第 19—20 页。

能引发整体性的社会危机和社会动荡。而作为社会的重要组成部分，弱势群体是与社会休戚与共的共同体，他们干着最脏的活、拿着最低的工资、住着最廉价的房子、啃着最便宜的面包、过着最粗糙的生活、享有着最少的福利，却为社会做出重要的贡献。对于这样的一群人，难道不应该享受应有的福利与关怀吗？当然应该。根据马克思的"应得"理论，作为一种直接的附加和"全部价值的最终源泉"，劳动对净产出拥有全部的权利即应该享有全部净产出，而利润不过反映一个对生产资料私人所有权的特定的社会安排①。然而，连罗尔斯这样具有弱势群体情怀的正义理论家都认为给弱势群体的关怀是"应给"而不是"应得"，这意味着对弱势群体关怀的理由不是因为他们为社会做出贡献而是因为：社会的偶然性使他们处于优势或劣势地位，这种偶然性造成的不平等应该被纠正；或者，弱势群体对强势群体优势地位的巩固和维持有帮助，因为强势群体只有与他们合作才能创造更大的财富。但是，如果弱势群体是典型的老弱病残，没有任何劳动能力，完全没有能力与强势群体合作，也不能给强势群体带来任何收益，那么，这群人是否也"应被给"呢？罗尔斯的观点不适合解决这类问题。相反，这是差等正义要破解的主题。

差等正义要研究的不是强势群体是否"应给"弱势群体份额，而是通过公平、公正的法律和制度赋予弱势群体平等的权利，使其通过"应得"拥有相应的份额。也就是说，通过本节第二部分的详细综述，对差等正义的进一步研究空间有以下十余个方面：对古今中外的正义观念进行批判性诠释，对差等正义概念及其提出之依据进行建构和剖析，对古今中外的差等正义思想、特征进行源流考察与对比分析，对公共管理视域中差等正义的类型、当代表现和特征进行归纳和探索，对当代差等正义的发生机制和社会影响进行阐释，对差等正义的治理途径、治理目标进行全方位探索，以及对超越差等正义的理论假设进行验证与重构。

当然，对破除差等正义、实现公平正义的探讨也有重要的学术理论价值。在亚里士多德看来，公正不是德性的一部分，而是德性的全部。人们

---

① ［印度］阿马蒂亚·森：《论经济不平等：不平等之再考察》，王利文、王占杰译，社会科学文献出版社 2006 年版，第 85 页。

在日常的生活中也深切体会到"正义比人类的任何其他东西都更重要"。正因为如此,自古以来,国内外学者对公平正义的研究较多。如果从20世纪80年代算起,国外的罗尔斯、诺奇克、德沃金、沃尔泽、桑德尔、麦金泰尔、金里卡、霍耐特、弗雷泽等相继构建了新时期公平正义的理论体系,并形成自由主义和社群主义两大流派。国内的张康之、姚大志、何怀宏、龚群、石元康等也是公平正义研究的集大成者,他们研究的文献举不胜举。但是,尽管国内学界对正义的研究成果颇丰,但尚未形成完善的理论体系,明确提出并系统研究差等正义的成果更屈指可数,这为本书的深入阐述提供了广阔的空间和契机。

第三节 研究思路:框架与假设

一 研究基础:框架与思路

追求平等、倡导自由是古今中外正义思想的主导潮流。但是,追寻历史可以发现,人的身份和等级对平等与自由构成较大的限制,这一现象在封闭性与同质性较强、等级森严的古代社会尤为突出。正是由于古代社会的统治者将平等、自由与人的身份和等级联系起来,因而被古代统治者所称颂的正义大都是差等正义。然而,由于知识、能力和可利用资源的局限,古代社会的人们将人的等级化理解为自然界等级演进的结果,因而当时的差等正义思想得到统治者的认可,并被他们当作具有正当性、合法性的价值原则予以接受。虽然古代社会的差等正义在一定程度上与当时的等级社会结构是契合的,客观上起到了推动社会发展、维护社会稳定的作用,但是,这种依附贵族社会结构、带有权贵取向的差等正义具有明显的等级烙印,其本质是对社会不平等的维护,必须予以批判。

本书正是以此为出发点,从政治哲学层面的差等正义入手,对公共管理视域中的差等正义进行全方位的诠释。为了让诠释更具说服力,本书以弗雷泽的正义理论作为分析框架。弗雷泽的正义理论是承认政治理论的经典之作,其理论的推导思路是"为什么要正义—要对谁正义—什么才是正义",其理论的核心主张是"正义是经济上的再分配、政治上的参与平等、文化上的承认"的结合,其理论的价值取向是对以女性与少数民族等为主的少数族群、以同性恋等为主的特殊群体进行文化上的承认，以保证这些群体的代表权，为其平等参与和经济再分配做保障。概言之，弗雷泽的正义理论是承认差异的平等正义理论，这一理论是本书的理论基础。在此指导下，本书遵循"何为差等正义—对谁差等正义—如何治理差等正义"的研究思路，将差等正义从政治、经济、社会三个维度上进行建构，并将差等正义的核心维度界定为政治失语、经济歧视和社会排斥，公共管理视域中差等正义的类型、发生机制、影响及治理路径也围绕此而展开，最后用弗雷泽的承认政治理论来诠释和深化主题，具体研究框架如图1—1所示。

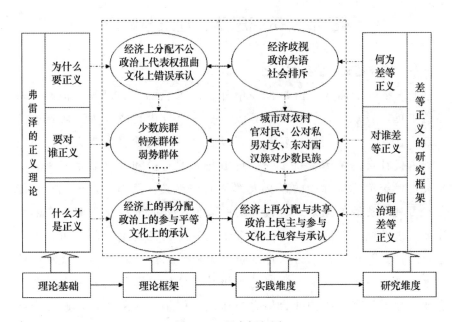

图1—1 研究框架图

本书的研究主线有两条：一条是在宏观上遵循"政治哲学层面—公共管理制度层面—公共管理实践层面—公共管理制度层面—政治哲学层面"的研究思路，从理论探索和理论建构出发，用中观和微观层面的事实来诠释和验证宏观理论，最后再回到宏观理论上；另一条是从政治—经济—社会三个维度界定差等正义，并使之与政治哲学层面、公共管理制度层面和公共管理实践层面遥相呼应：在政治哲学层面上，权利、等级和身份是差等正义的核心概念，这三个概念是与政治、经济、社会相对应的；在公共管理制度层面，民主与参与、再分配与共享、包容与承认分别是治理差等正义的政治场域、经济维度和文化路向；在公共管理实践层面上，政治失语、分配不公和社会排斥分别是差等正义三个维度在公共管理领域的具体表现。这种思路安排体现了宏观、中观、微观思路的和谐统一与交相辉映（详见图1—2）。

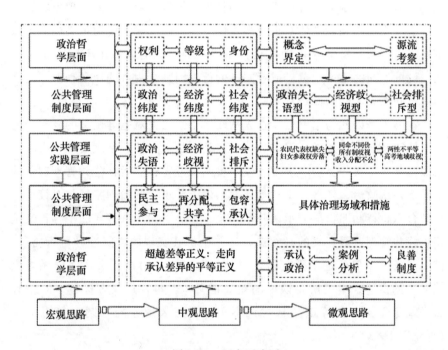

图1—2　研究思路图

二　研究主体：内容与重点

本书所讨论的差等正义，是指公共管理的制度规范及其运行方式背离其必须恪守的公共性、公正性与公平性铁律，以管理决策者或执行者的价值偏好为依归，对不同人群或阶层、不同地区采用双重或多重标准。差等正义可以从政治哲学、管理制度与管理实践三个层面解读。政治哲学层面的差等正义是指建立在身份和等级基础之上的，运用双重或多重标准衡量的价值规范。这些价值规范经过具有排斥性的公共管理制度的折射，其结果是要么先天的偶然的差等被必然化，要么原有的差等被固化、强化或扩大，要么制造出新的差等，由此产生管理制度层面的差等正义。管理制度层面的差等正义是指由制度不正义所造成的人们在权利、机会或资源上的分配不平等。这种不平等分配违背了公共管理的公共性、公平性和公正性铁律，背离了公共利益，映射到实践层面则会产生大量的歧视和排斥现象，进而产生管理实践层面的差等正义。管理实践层面的差等正义是指在社会生活中，由制度不公正所引发的歧视、排斥等社会不公平现象。这些不公平现象与正义标准的双重或多重性有很大的关联。所谓正义标准的双重性或多重性是指"对不同社会身份或社会等级的人适用不同的正义标准，设置不同的道德规范，或者同样的行为因其行为者的社会身份和社会等级不同而有不同的评价"。

本书正是以此为出发点，首先从政治哲学层面对差等正义的缘起、内涵、特征及多维形态进行界定和分析；其次从公共管理制度层面与实践层面探讨差等正义的类型、表现、发生机制及危害；然后在公共管理理论的指导下，从政治、经济、文化等层面构建差等正义的治理路径与对策；最后结合霍耐特和弗雷泽的承认政治理论，提出走向承认差异的平等正义是超越公共管理差等正义的必然选择，并论析其实现的可能性和可行路径。借用南茜·弗雷泽正义研究思路"什么是正义、对谁正义、怎样做才是正义"的概述，本书所要谈论的差等正义，也包含这三个标签，即"什么是差等正义？差等正义是对谁不正义？怎么做才能遏制差等正义"？（详见图1—3）。

本书要解决的关键问题有四个：一是差等正义概念的具体内涵和提出之正当依据，二是差等正义维度的建构，三是公共管理中差等正义的类型和发生机制，四是公共管理中差等正义的治理场域。

三　研究工具：方法与创新

研究方法是指在研究中发现新问题或新现象，提出新观点或新理论，揭示事物内在规律和逻辑联系的工具和手段。就某种意义而言，研究方法决定着科学研究的内容与质量，这说明研究方法对科学进步、学科建设和学术规范均有重要的作用。归纳起来，本书使用的方法主要有以下五种。

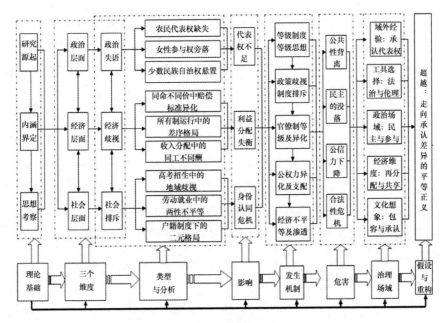

图 1—3　研究内容图

（一）研究方法

1. 批判性诠释

科学哲学所指涉的批判具有两层意蕴：一是指对科学哲学方法的内在批判，另一个是对社会现象本质的逻辑思维的怀疑。批判性诠释的意思是研究者不是用一个固定的理论来进行研究，而是尝试让自己成为社会或文化的批判主义者，通过研究的路径来达到社会改造之目的。批判理论把批判视为社会理论的宗旨，认为社会理论的首要任务就是否定，而否定的主要手段就是批判，批判的对象除了文化、世界观和意识形态外，就是现存的社会制度。这种反对实证主义的社会建构十分注重理论与实践的统一，在本体论上是一种"历史现实主义"，承认客观事实的存在，强调对社会现实的批判和否定。沃尔泽认为，"要做好批判，批判者必须在情感上和知识上都有所超脱，情感上的超脱指脱离与被批判者的利害关系，尽量做到公正无私；知识上的超脱指批判者必须具有开阔的眼界、开明的眼光。[①]" 公

————————————

[①]　［美］迈克尔·沃尔泽：《阐释和社会批判》，任辉献、段鸣玉译，江苏人民出版社 2010年版，第 44 页。

共行政学家杰·怀特认为，公共行政领域有解释性、诠释性和批判性三种研究取向。目前，解释性的研究使用较多，批判性和诠释性的研究使用较少，这是不恰当的。鉴于此，本书使用较多的是批判性诠释的方法。例如，在对正义思想流派的梳理中，批判性诠释能够帮助找到古今中外正义思想中的差等意蕴，探寻平等思想背后的差等正义逻辑，并将这一发现应用于公共管理实践，进而对实践中的差等正义行为进行诠释和批判。正如朱恩所说："批判理论为行政管理提供一个解释性的方法。通过摒弃制度对人类非人道的统治以及行政人员惯常性的行为，批判的行政管理理论根据行为如何符合伦理道德和行动怎样负有责任来理解和解释所存在着的行为和行动。"① 要对差等正义及其行为进行阐释，批判性阐释的方法必不可少。

2. 历史与逻辑统一的方法

历史与逻辑统一的原则固然重视历史，但却与一般的历史不同，它不是着重研究客观社会现实历史状况与发展，而是研究主观精神的理论思维的历史发展。对历史与逻辑统一的方法贡献最大的是黑格尔。黑格尔认为，"在哲学史上，逻辑理念的不同阶段，是以前后相继的不同的哲学体系的姿态而出现，其中每一体系皆基于对绝对的一个特殊的界说，比如，逻辑理念的开展是由抽象到具体，同样在哲学史上那最早的系统每每是抽象的，因而亦是最贫乏的。②"黑格尔的意思表明，理念在历史的发展中，表现为逻辑的推演过程。同时，理念体现了逻辑概念的发展，它是从抽象到具体、简单到复杂，也就是由低级到高级的前进过程。正如诺斯所言："理论是不可能从一些象牙塔似的理论家的前额中生长成熟的，他更可能从那些关注逻辑的理论家和解释过去的历史学家之间的相互影响的点滴与片段中形成。"③ 这说明，不脱离现实经验，关注历史、关注逻辑是汲取灵感的有效方式。将差等正义的研究置于纵向的历史进程中，实际上是要把握其总体的历史面貌。

---

① ［美］J. S. 朱恩：《行政管理的新视维：解释和批判理论》，《北京行政学院学报》1999年第3期。

② ［德］黑格尔：《小逻辑》，商务印书馆1954年版，第200页。

③ ［美］科斯、［美］阿尔钦、［美］诺斯：《财产权利与制度变迁——产权学派与新制度学派译文集》，刘守英译，上海人民出版社2004年版，第267页。

3. 建构主义的方法

建构主义提供的是一种有别于社会实在论或实证主义、本质主义、后实证主义的本体论和知识论。与社会实在论相比，建构主义拒绝承认存在所谓的社会现实，而强调人们观察到的所有东西都是"人造的"，进而主张理论亦是相对的，知识是需要被质疑、被反驳的。按照建构主义的观点，传统世俗的知识与语言不存在一个稳固和客观的基础，用以描述世界的词语都是一种社会建构，一种文化、符号与人们之间历史互动的产品。建构主义具有浓郁的批判味道，对现存知识的质疑意味着它具有理论和实践层面的颠覆和解放含义。一方面，社会建构主义可以理解为对某种专家话语霸权的质疑；另一方面，社会建构主义自身的开放性和反思性亦提供了重要的对话机会，如此对话实践有利于建立一个包容性的社会。① 斯瓦特曾对建构理论研究范式的"建构"之特质进行了如下概括："第一，建构是尝试对生活经验加以诠释或理解；第二，建构的本质取决于建构者本身所获取的信息；第三，建构是一种广泛分享并达成共识的经验；第四，建构必须有意义，但这些意义可能是简单且不完整的；第五，建构经常会面临挑战与修正，当建构者觉察到新信息与旧有建构有明显冲突时，建构者就会修正原有的建构框架。"② 建构理论范式融合了现象学、诠释学、符号互动理论等观点，强调方法论上的阐释与辩证取向，在本体论上持相对主义的态度。本书最典型的就是对差等正义概念的建构，这一建构是建立在理论正当性和现实正当性的基础上的，有古今中外大量的事实材料作支撑。该建构具有一定的主观色彩，是对现代平等话语的质疑。

4. 规范性研究与实证性研究相结合

实证研究离开了理论探讨与规范分析就会流于单纯的事故描述。规范分析是理论研究不可或缺的分析工具，规范性研究意味着"应当怎么样"，描述的是事物的应然状态，注重事物的价值、标准方面的研究。本书拟就柏拉图、亚里士多德、奥古斯汀、阿奎那的差等正义思想作为研究的理论起点，将霍耐特和弗雷泽的承认政治作为研究的理论基础，将走向承认差异的平等正义作为超越差等正义的理论归宿，将良善的公共管理制

---

① 文军、蒋逸民：《质性研究概论》，北京大学出版社 2010 年版，第 49—51 页。

② 范明林、吴军：《质性研究》，上海人民出版社 2009 年版，第 38 页。

度作为消除差等正义的根本保障。但是，规范性方法往往预置某种先入为主的价值前提，这使其很难摆脱研究者本身的价值偏好。实证方法恰好弥补了这些不足。所以，本书还拟采用个案分析等实证研究方法，对若干差等正义的经典个案进行系统考察与评析，从而为公共管理视域中的差等正义提供现实素材。

5. 案例分析法

案例分析侧重对单一事件或活动做详尽的分析，它所运用的方法和技巧较具有弹性，通过一组典型案例的分析能够较生动直观地反映某一现象的发展历程，解释某一事物发展的历史与现状。本书将选取户籍、高考、选举、所有制、劳动就业、收入分配等制度中的差等正义为典型案例，对这些经典案例进行全面梳理和系统分析，生动揭示当下公共管理领域中差等正义的表现、成因及危害，增强文章的可读性和说服力。

（二）研究创新

研究方法对研究创新有重要的支撑作用。前述指出，本书矫正差等正义的目的是让权利、机会和财富等社会物品在所有人中平等的分配，而平等分配遵循的是"基本权利绝对平等、非基本权利比例平等、机会权利平等"的原则。当然，平等的分配意味着每个人在财富、机会和资源的分配中享有平等的份额或平等的资格。这意味着，平等既是人的一种道德权利，又是一种法律权利，每位公民在政治上和社会占有上都是平等的。而无论作为道德还是法律权利，平等都要求社会制度对任何人不偏斜、不歧视，公共管理视域中的差等正义恰恰违背了这一点。正是基于此，本书才有较大的价值，其可能的创新有以下四点：

1. 研究主题较新，有一定的原创性

本书的主题是差等正义。前述指出，对学界而言，差等正义虽不是一个全新的概念，但对此深入、系统的研究成果少之又少。毋庸置疑，差等正义思想已存在几千年，从古希腊的柏拉图、亚里士多德到现代的罗尔斯、诺奇克、德沃金、沃尔泽，他们的正义思想无一不存在承认社会差等合理性的痕迹。在农业社会，统治者认为建立在身份和等级基础上的行为才是合理的，符合社会发展的历史规律。在工业社会，人们虽然意识到社会差等存在的不合理性，也力图通过平等运动推翻这些不平等并取得了一些成效。但是，社会不平等还仍然存在，这些不平等主要源于制度的偏狭，这种偏狭意味着一个人所处的阶层先在地决定了他的身份、地位，以及他对社会资源的占有情况。① 因此，用差等正义来解释当代社会的不平等现象意味着研究主题的创新。

2. 研究视角较独特，有一定的前瞻性

正义是政治哲学话题。从古希腊的修昔底德算起，政治哲学已在西方走过了 2500 多年的历史。在这 2500 多年的历史中，关于正义的讨论可以说占据了大半壁江山，就此而言，差等正义是一种典型的政治哲学话题。如果从政治哲学的角度来探讨差等正义，这是一种本分。本书却从公共管理的视角探讨，从公共管理的制度层面和实践层面阐释差等正义的类型、发生机制及影响，并结合政治学、社会学、伦理学和历史学的相关观点与理论阐释和丰富公共管理中差等正义的内涵；这不仅有利于讨论政治哲学中的权利、自由、平等与正义密切相关的话题，而且有利于将公共管理的公共性、公平性与合法性与差等正义联系起来，对公共管理中的户籍制度、高考制度、所有制制度、劳动就业制度、收入分配制度以及"同命不同价"中的差等正义进行批判，实现对差等正义的全方位解构与建构。就此而言，本书的视角比较独特，有一定的前瞻性。

3. 研究思路较清晰，有较强的逻辑性

本书按照政治哲学层面—公共管理制度层面—公共管理实践层面—公共管理制度层面—政治哲学层面的宏观思路，将身份、等级与权利作为分析的主线，将承认政治等作为分析的理论框架，将公共管理制度中的差等正义作为分析的现实支点，将承认差异的平等正义作为理论归宿，结合古代差等正义—现代差等正义—当代差等正义的时间演进，以及西方差等正义思想—中国差等正义思想的空间转换来全方位、多角度、多层次解释差等正义在当代中国公共管理视域中的形态和表现，试图实现差等正义在抽象与具体、宏观与微观、理论与实践、时间与空间层面的统一。

4. 研究内容较全面，有一定的实用性

本书拟就柏拉图、亚里士多德、奥古斯汀、阿奎那的差等正义思想作为研究的理论起点，将霍耐特和弗雷泽的承认政治作为研究的理论基础，将公共管理制度中的差等正义作为研究的实践基点，将公权力和社会财富

---

① 张康之、张乾友：《在差异与普遍性的矛盾中看权利》，《江海学刊》2011 年第 1 期。

的支配性和渗透性作为解释差等正义现象的现实归因，将德治与法治、民主与参与、再分配与共享、包容和承认等作为矫正差等正义的现实路径，将走向承认差异的平等正义作为超越差等正义的理论归宿，将良善的制度安排作为消除差等正义的根本保障，研究的内容较全面，有一定的实用性。

四 研究假设：走向承认差异的平等正义

人是差异性与同一性的结合体。由于人的差异是社会分工的必然存在，是维持社会秩序的客观动力，因此，承认人的差异以及据此进行的差别对待就有一定的合理性。然而，由于不同时代的评判标准不同，不同人群的正义诉求各异，究竟人的哪些差异是合理的哪些差异是不合理的这还不得而知。“与之相似，人的同一性也并不一定都是合理的，即使人的同一性是完全合理的，也不一定就应当作为分配的依据”，“只有那些有关整个人类社会生存发展的同一性，才可能进入分配领域，才值得尊重和发展。[①]”与人的差异性一样，究竟人的哪些同一性可以忽视哪些可以尊重，则有待进一步商讨。既然人的差异性和同一性都有合理或不合理的存在，那么，单纯承认差异或单纯承认同一的平等都是不可取的，人之同一与人之差异及其合理性或不合理性与时空条件有很大的关系。将这一观念映射到权利领域，就要求人们对权利平等要视情况而定。一般而言，人们主要遵从的是“基本权利绝对平等、非基本权利比例平等、机会权利平等”三项基本原则。基本权利绝对平等是指所有人在基本权利面前一律平等，即无论人的出身、性别、宗教信仰、民族是什么，一个人只能算一个。这里的基本权利是指关涉人最基本的经济权利、政治权利和文化权利。基本经济权利要求每位公民都必须享有相同的最低的生活保障，基本的政治权利包括参政权、选举权、投票权、罢免权、言论权、复决权、创制权等，基本的文化权利主要是受教育权。非基本权利指超出基本需要的权益，其分配应遵循比例平等的原则。“但是，并非所有的比例分配都是合理的，历史上按血统、出身、爵位和级别进行的比例分配就是不公正的。”[②] 因此，按比例分配应指按照个人贡献的高低和绩效的大小进行的分配。机会

---

① 易晓明：《对等：正义的内在生成原则》，《社会科学》2006 年第 11 期。

② 杜凡：《转型期社会公正问题研究》，复旦大学出版社 2013 年版，第 19 页。

权利平等是指机会应向所有的人开放。当然，政府应采取措施均衡人们达到机会的能力。

由是观之，尽管承认差异的平等才是真正的平等，但并不意味着人与人之间的所有差异都具有合理性，只有建立在人的合理差异基础上的差别对待才是正义的。那么，如何区分基于人的哪些差异的差别对待是合理的呢？有两条基本原则：一是基于人类属性的抽象差异进行的有利于强势群体的差别对待是不合理的，例如，基于人的出身、民族、种族、性别、宗教信仰、政治面貌等方面差异的差别对待就是歧视和排斥；二是基于人的先天禀赋和后天努力等所形成的具体差异的差等对待大多数时候是合理的，如按个人贡献的大小和绩效的高低分配资源。为此，本书所指的承认差异的平等正义有两层内涵：首先是要承认人与人之间在生理、精神面貌与能力等方面的具体差异，并依据此种差异进行有差别的对待。这里的差别对待又有两层意思：一是由于出生、教育背景、能力和所处环境等方面的不同，对于非自身原因形成的弱势群体就要予以特殊关照，给予他们更宽松的条件，使其更容易获得可持续发展的能力；二是对因先天禀赋、个人后天努力程度、社会际遇等的不同而形成的结果差异要予以合理的承认，以突出分配正义中的个人责任。为此，差别对待必须与差异的形成根据相一致，例如，有时候应根据人们现实的劳动量而非劳动潜能作为分配的依据，有时候应根据人们的劳动效果和贡献大小而非劳动量的多少作为分配的依据。① 其次是在承认人与人之间的差异的基础上按照"基本权利绝对平等、非基本权利比例平等、机会权利平等"的原则进行资源分配。

承认差异的平等正义适用的是差异平等理论，该理论认为，同一平等理论强调的只是一种形式意义上的平等，其结果对人们尤其是弱势群体并不总是有利的。正如麦金侬所强调的，"一视同仁的平等观念本身就可能成为导致少数民族从属地位的帮凶，如果从男人的规范或男性标准的角度来判断妇女的平等，就更是如此。②"然而，"虽然提倡差异平等，时至今日，女性、同性恋和少数族群在社会上仍然遭受多重剥削——经济上的分

---

① 易晓明：《对等：正义的内在生成原则》，《社会科学》2006年第11期。

② ［美］保罗·布莱斯特等编：《宪法决策的过程：案例与材料》（第四版·下册），陆符嘉等译，中国政法大学出版社2002年版，第988页。

配不公、文化上的错误承认和政治上的参与不足。虽然从形式上来看，这些不公正在哪里皆不是另一种不公正的间接结果，但是它们在哪里都是原生的和同源的。①"但是，一如弗雷泽所指出的，"身份政治的典型特色，是与对民族、地区、族群和宗教的承认联系在一起的。正如今天的美国，身份政治却成为一个贬义词，被用作女性主义、反种族主义、反同性恋主义的同义词。其含义在于，这种政治在本质上是一种特殊的自我肯定，它拒绝普遍主义的共同梦想，并且与正义毫无相关。②"即便如此，承认身体与精神、技能与能力、心理与癖性等方面差异合理性的呼声还是渐渐传来，这些呼声在学界和政界的推动下越来越清晰，其最主要的原因是承认这些差异体现了真正的平等。"当然，如果把每个人都视为在体力、智力、训练、经验、才能、地位和机会方面是相同的，再假定他们都是平等的这就是荒谬的。因为这种平等没有正视现实，并且通过回避它在补偿个人差异方面的责任而拒绝了共同体的公共性与团结，因而这种平等是一种无情的平等，是一种人类社会中从未出现过的卑鄙的平等。③"哈耶克也认为，人与人之间存在巨大的差异性。既然人与人之间存在如此大的差异性，如果要使这些人的个人财富达到平等，政府就要以不平等的方式分别对待每一个人。在哈耶克看来，法律面前人人平等的要求和物质面前人人平等的要求是彼此冲突的，二者不可兼得。因为"自由所要求的法律面前人人平等会导向物质中的不平等；反之，对物质平等的追求则绝对会破坏法律面前人人平等原则和个人自由。因此，自由社会决不允许把那种力图使人们的状况更加平等化的欲望作为国家可以行使更大的且具歧视性的强制的合理依据。④"这一点，与洛克和诺奇克的自由主义思想不谋而合。尽管这一思想与人们理解的法律上"生而平等"有差距，但是，这一思想足以说明"人们的财产权神圣不可侵犯"和"绝对的平等反而是不平

---

① ［美］南茜·弗雷泽、［德］阿克塞尔·霍耐特：《再分配，还是承认？——一个政治哲学对话》，周穗明译，上海人民出版社 2009 年版，第 15 页。

② ［美］南茜·弗雷泽：《正义的中断——对〈后社会主义〉状况的批判性反思》，于海青译，上海人民出版社 2009 年版，序言第 5 页。

③ ［美］默里·布克金：《自由生态学：等级制的出现与消解》，郇庆治译，山东大学出版社 2008 年版，第 151—154 页。

④ 叶敏：《经济自由与经济平等——浅析哈耶克之经济不平等论》，《开放时代》2001 年第 6 期。

等"两种观点的合理性。

　　由是观之，现代社会是充满差异的社会，承认差异也已成为时代趋势，而承认差异的目的是使人们获得被平等对待的机会。因为如果完全奉行同一平等的原则，那么，在出身、天赋和能力等方面处于弱势的群体则很难有机会拥有真正的平等权利。因此，承认差异的平等正义才是真正的平等正义，是超越差等正义的必然选择。

第 二 章

正义为何、何为正义与正义何在

　　自由主义者认为，正当优于善，个人的自由、平等权利优于群体的公共利益。与之相反，虽然社群主义者也承认个人权利的重要性，但这种承认是建立在对社群公共利益的服从的基础上的，即善优于正当，社群的公共利益优于个人权利。而不管是自由主义还是社群主义，只要一谈到正义，就有三个问题是绕不开的，这三个问题是：正义为何？何为正义？正义何在？

第一节　正义为何：正义的历程

　　在古代社会，正义的领域是有限的。即使是在古希腊最理想的城邦生活中，外来居民也不能享受到城邦给每一个人的安全与保护以外的更多社会权利，更不用说政治权利。古代异乡人的这种不确定地位，是一种普遍现象，尽管他们为共同体及其常住居民提供了关键性的服务。打破古代地域主义所设置的上述障碍，是那时正义之神的主要任务。正义要求尊重一视同仁的原则，这种要求必须以书面法律文书的形式加以明确界定，以便他的力量能纠正"局外人"和被压迫者在专横统治下遭受的不平等对待。因此，正义之神需要的不仅仅是剑，还包括那些明确界定了权利与义务、保障与安全、奖励与惩罚的"法律简礼"。然而，即使是世界上最早的此种法典——古巴比伦的《汉谟拉比法典》依然没有隐瞒不平等的阶级特征：贵族得到的待遇比普通人好一些，男性比女性好一些，自由人比奴隶好一些。但是，这一法典也赋予更大的社会责任。正如霍华德·贝克和哈里·巴内斯所评论的："尽管汉谟拉比时候的贵族拥有大量的特殊待遇，包括可以实施严重不成比例的个人伤害及报复权……但他们也可能因其他犯罪行为受到更严厉的惩罚，而且无论犯罪与否，都会面临着更高的诉讼费用。"① "从公元前 8 世纪起，就可以在希伯来巴勒斯坦和希腊看到正义辩证法的持续展现：人类社会不平等中的平等向阶级社会平等中的不平等缓慢转型。尽管在《申命记》中有着某些对穷人的象征性让步，比如，抵押贷款限制、希伯来欠债奴隶在第 7 年的赦免和第 50 年的神圣化（作为'大赦年'），每一个人可以重新获得其财产。但是，这些都是象征性的。欠债奴隶本身，由于其羞辱性的怯懦服从地位，并不会真正地从被支配地位中解放出来。"② "梭伦改革"撩起了古希腊的民主幻影，防止了古希腊贵族专横社会权力的机会。但是，即使在古希腊的梭伦时代，也只有平民能够得到政治体制的充分保护。"佩利克尔斯的葬礼演说，也许标志着在承认一个普通人性存在的方向上的重大进展，但是人们并不由此相信'野蛮'世界和'外来者'是与古希腊人和法律意义上的古代雅典人等同的。"③

事实上，雅典的外来居民不仅不能参与公民大会、500 人议事会或司法制度的权利，而且没有财产与生命安全保障之外的权利。外来居民不能在城邦中购买土地，不能直接诉诸司法制度。他们的诉讼必须由雅典法院中的公民来辩护。这说明，雅典统治者对外来居民是排斥的，同时也证实了统治精英的"排他性"。自己也是雅典外来居民的亚里士多德，对希腊人相对于其他种族的优等性直言不讳。他与柏拉图一样，认为城邦支配社会是合理的、是上天的意志安排。因为在亚里士多德看来，古希腊人组成城邦、获得自由和能够统治所有人的能力都应归结于他们的伦理起源和他们中存在的高贵的古希腊基因。亚里士多德指出，"特殊的血液类型以及地理条件授予了古希腊城邦的统治能力……组成城邦或进行统治是古希腊人的一种天然而非社会培养的能力。④" 可见，哪怕在被称作"民主典范"

---

① Howard Becker and Harry Elmer Barnes, *Social Thought from Lore to Science*, Vol. I, New York: Dover Publications, 1961, pp. 87 - 88.

② ［美］默里·布克金：《自由生态学：等级制的出现与消解》，郇庆治译，山东大学出版社 2008 年版，第 162 页。

③ 同上书，第 163 页。

④ 同上。

的古希腊，表面上看来井然有序、歌舞升平、民主繁荣的城邦生活，也是将外邦人、奴隶和妇女排除在民主之外的，这种行为是一种典型的差等正义。

以血液论支配权的格局逐渐被打破，卡拉卡拉皇帝授予了所有罗马帝国境内的非奴隶男性以公民权。对此，默里·布克金评价说："这是一项史无前例的行动，是人类从动物向社会进化过程中的第一次涵盖整个地中海地区的高度异质性的庞大外来人口，在一个共同的政治规制下连接起来，并授予了平等诉诸法律的权利，而在过去，这仅是一个小规模罗马种族团体的特权，为家族体系向精英制、血缘关系向地缘关系的转变撕开了一个口子。"① 卡拉卡拉的公民权法令，还得到一个不断增强的、长达数个世纪之久的罗马法演化趋势的强化，它逐渐摆脱了传统父权制的专制主义和已婚妇女对丈夫的法律附属地位。至少从理论上说，人人平等的观念在罗马帝国已基本形成。到公元 3 世纪，罗马的自然法和万民法承认，人在本性上是平等的，即使他们在社会中缺乏这种条件。对于罗马帝国的法官来说，对奴隶的劳役并非来自奴隶天生的低等性，而是正如亨利·梅因所评论的，"来自一种胜利者与失败者之间的协定，其中，前者规定了对手终生提供的服务，而后者获得的是他本来已经丧失的生活报偿。②" 结果，作为个人财产的奴隶日益被视为契约性奴隶。尽管罗马社会从未停止仅仅把奴隶看作一种"会说话的工具"，但是，它处置奴隶事务的法律机器通过帝国晚期施加的对共和国时期非人道做法的限制，使这种贬低处于非法地位。

随着人类社会的发展，支撑社会的强烈集体感在逐渐衰败，父权制社会也在衰败。父权制家庭构成对政治权威的内在高度一致性的道德障碍——并不是因为它反对权威本身，而是因为它构成一种有利于父亲权威的等级结构。正义观念的舒展慢慢转变了家长的地位，先是把令人害怕的父亲变成正确的父亲，就像它把耶和华从一个追求支配地位的、嫉妒性上帝变成一个正义的上帝。通过此，正义实现了从专横甚至超自然权力向司

---

① ［美］默里·布克金：《自由生态学：等级制的出现与消解》，郇庆治译，山东大学出版社 2008 年版，第 164 页。

② Henry Maine, *Ancient Law*, Boston: Beacon Books, 1963, p. 157.

法权力的转型，家长从最初的独裁者变成一个法官，借助犯罪感而不仅仅是恐惧来行使其权力。家长地位的这种转型之所以发生，是由于客观世界中真实的紧张关系。等级制的精致化、雏形阶级的形成、早期城市与国家的出现结合起来成为一种侵蚀家庭的社会力量，并对家长在社会化中的作用和年轻人的命运提供一种世俗性的要求。随着社会继续从亲属关系向地域关系转移，从宽泛的等级形式向特定的阶级与政治形势转移，等级制的强制性自然保留，性质却不断改变，日益成为一种理性权威模式。年轻人被授予了与生俱来的公民权。他们不再仅仅是儿子，父亲必须以理性的方式来指导他的家庭。父亲也不仅仅是主持正义的父亲，还是有判断力的父亲。在不同程度上，父权制宗族家庭地位的下降以及它由父权制核心家庭取代的条件开始出现，从而形成父子和夫妻关系的平等。在正义的庇护下，国家获得了对严重孤立的家庭世界的日益增加的控制——首先是通过他自己的司法权力要求去消解那种把父权制家庭维持在一起的内部力量。

16世纪以来，西方哲学思想常常将自我与外部世界、自我与自然的关系以对立的方式来界定。在此背景下，社会进步被视为一种技术能力而非精神救赎，这种能力能使自然服从市场需要。人类命运不是被看作其精神与智力潜能的实现，而是看作对自然力量的统治和把社会从邪恶的自然世界中拯救出来。人类社会中的自然观被彻底逆转。这时，边沁的功利主义观点为社会增加幸福找到了源泉和支点，但是这种以牺牲少数人或部分人的利益来换取幸福总量的观点是不正义的。然而，尽管几百年过去了，边沁的功利主义思想仍然活生生地存在现代人的生活中，并没有消失。不同的是，"快乐"和"痛苦"等术语不得不与"风险与收益、损失与平衡、救生艇伦理、公地悲剧"等词语竞争。正义中的不正义依然占有一定的份额。然而，令人震惊的是，如果正义对社会的补偿功能没有发挥作用，正义的精神将会枯竭，正义的贡献也会有限。也许有人认为，正义的历史总比现实伟大，但是，正义的未来也许会背离其基本本性，难以改善人类的权利。因为，"随着人类不平等在事实上而不是理论上的增加，它的等价意识形态开始以一种讥讽性的机会主义和一种低劣的社会向善论来嘲弄自由的理想。①"

　　为此，有人认为，正义之神掌管着一种超意识形态下的平等配置。虽然它被蒙蔽着眼睛，却掌握着测定公平交易的天平——"平等"。的确，所有的天平所能够做的，就是把质的差异降低为量的差异。相应的，每一个人在正义之神面前都是平等的。但是人们之间确实存在着很大的差别，就像远古社会中不平等中的平等曾经承认的那样。因此，正义之神的平等原则或正义原则，彻底颠覆了这一旧的原则。鉴于所有人都在被它蒙蔽的眼睛中都是"平等的"，而在事实上往往有着很大的不平等，它把不平等中的平等变成平等中的不平等。这种障碍物就是古代社会的等级制度。这种制度下的平等原则带来的是一种真实的不平等，这种制度下的正义判断导致一种严重失衡或扭曲的立场，并在随后数千年的历史中蒙蔽了大多数人的眼睛——甚至被压迫者也把诉诸它的名字作为行为守护神和指南。在此背景下，"人们在平等的不平等中追求正义和在不平等的平等中追求正义也就显得理所当然。②"概言之，在某种程度上可以说，由于社会中的不平等一直显性或隐性地存在着，完全平等的人类社会至今也没有出现过，因而人们要用正义这一盏明灯照亮人们追求平等的历程。

第二节　何为正义：正义的内容

　　在政治哲学上，正义是人类社会的最高价值规范，也是最有生命力的话题之一。从古希腊的哲学家到当代的经济学家、伦理学家、政治学家、社会学家，人们一直在讨论正义，这说明这一问题本身具有巨大的魅力。追溯历史，西方正义理论可分为以柏拉图、亚里士多德为代表的古典社群主义正义理论，以洛克、边沁、密尔为代表的古典自由主义正义理论，以罗尔斯、诺奇克、德沃金等为代表的新自由主义理论，以及以沃尔泽、麦金泰尔、米勒、泰勒等为代表的当代社群主义理论。这些学派都对正义进行了不同程度的讨论。在这些讨论中，不同时期、生活在不同历史条件下

---

　　①　［美］默里·布克金：《自由生态学：等级制的出现与消解》，郇庆治译，山东大学出版社 2008 年版，第 180 页。

　　②　Frederick Engels, *Anti-Duhring*, New York：International Publishers, 1939, pp. 157－158.

的人们对"正义的适用范围"的理解是不同的。正是由于不同的群体、不同的领域可能适用于不同的正义观，因此，如果将一个标准用于所有正义领域的分配，其结果可能将是非正义的。例如，自由交换规则适用于市场，但在政治领域就行不通，否则就变成钱权交易；按需分配适合于健康领域，但在市场分配领域却会遭遇尴尬。正是在这个意义上，才有学者根据不同的标准对正义进行分类，并得出了大相径庭的结果，如国内正义与国际正义、代内正义与代际正义、族群正义与国家正义、内部正义与外部正义。但不管依据哪种标准对正义进行分类，人们都倾向于从更抽象的程度和水平上来把握它。而"抽象程度的高低恰恰表明每一时代的人们对正义的认识所能达到的高度"①。这说明尽管每个社会的不平等都是客观存在的，但一个社会不平等的程度还是与人们对正义的关注与理解程度有关，即人们感受到的社会不平等程度与当时人们对正义概念、正义范围与正义内容的建构有关。

那么正义是什么呢？对于这样一个有争议性的话题，人们常常得出相互冲突的正义概念。例如，"应得""不可转让的人权""需要""社会契约""功利"等都曾是正义概念求助的对象，平等和自由到底谁更重要也常常成为不同正义学派争论的焦点，哪怕在平等的内部，也存在起点平等、过程平等、机会平等与结果平等谁更适合正义原则的争论……而且，持不同正义概念的学派或学者在"正义是目的论与还是义务论，正义是正当还是善、自由与平等谁更适合正义"等问题上也持大相径庭的观点。② 因此，人们不得不追问，面对这些林林总总，甚至相互对立的正义概念，应该怎么办？

从拉丁格言来看，正义的大意是"持续而不断地给予每个人应得之物的意志。正义包括不欺骗、不盗窃、不违约，它作用于一个既定的产权框架内，这一产权也可能包括把其他人作为财产的情况。③"也就是说，早期人们对正义的理解与应得有关。其实，持"正义就是应得"观的学

---

① ［英］布莱恩·巴里：《正义诸理论》，孙晓春等译，吉林出版社 2004 年版，译序第 1 页。

② ［美］阿拉斯戴尔、麦金泰尔：《谁之正义？何种合理性?》，万俊人、吴海针、王今一译，当代中国出版社 1996 年版，第 1—2 页。

③ ［英］布莱恩·巴利：《社会正义论》，曹海军译，江苏人民出版社 2007 年版，第 4 页。

者还很多，例如，古罗马法学家乌尔庇安认为"正义乃是使每个人获得其应得的东西的永恒不变的意志。①"罗马历史时期的西塞罗也曾把正义描述为"使每个人获得其应得的东西的人类精神取向。②"神学家阿奎那将正义定义为"一种习惯，依据这种习惯，一个人以一种永恒不变的意义使每个人获得其应得的东西。③"麦金泰尔更是指出："正义是给每个人（包括给予者本人）应得的本分。④"彼彻姆也认为，给予每个人所应得而不给每个人所不应得就是正义。⑤"这说明，"正义就是应得，即给予每个人以其应得的东西的意愿乃是正义概念的一个重要的和普遍有效的组成部分。⑥"甚至有人认为，政治哲学上权利、自由、应当、对和错等概念的最早起源就是"应得"。

其实，在提出"正义就是应得"的观点之前，柏拉图在《理想国》中就通过苏格拉底向主人克法洛斯⑦请教老年人的生活境况时，引出了当时流行的正义观点，即"有话实说，欠债还钱"。这样的正义观马上遭到了柏拉图借苏格拉底之口的反驳，"设有一友人，头脑清爽时，托军器于余。而至脑筋紊乱时，向余索取，余应取怀而予之乎？⑧"柏拉图认为，当然不能，因为军械放到一个头脑不清醒的人手中会有较大的危险，既不利于他自己，也不利于社会和他人。如此说来，"正义就是欠债还钱"是站不住脚的，欠债还钱也得分场合。接着，色拉叙马霍斯⑨对苏格拉底关于"正义是什么"的提问进行了直截了当的回答。他说，"我说正义不是

---

① 〔美〕E. 博登海默：《法理学：法律哲学与法律方法》，邓正来译，中国政法大学出版社1999年版，第264页。

② 同上。

③ 同上书，第265页。

④ 〔美〕麦金泰尔：《谁之正义？何种合理性？》，万俊人等译，当代中国出版社1996年版，第56页。

⑤ 〔美〕汤姆·L. 彼彻姆：《哲学的伦理学：道德哲学引论》，雷克勤译，中国社会科学出版社1990年版，第328页。

⑥ 〔美〕E. 博登海默：《法理学：法律哲学与法律方法》，邓正来译，中国政法大学出版社1999年版，第264页。

⑦ 在吴献书翻译的《理想国》（译林出版社2011年版）中，克法洛斯被译为"塞弗拉"。

⑧ 〔古希腊〕柏拉图：《理想国》，吴献书译，译林出版社2011年版，第6页。

⑨ 在吴献书翻译的《理想国》（译林出版社2011年版）中，色拉叙马霍斯被译为"斯拉雪麦格"。

别的，就是强者的利益"①，即政府利益。因为"各种政府，皆以己之利益为前提。或制共和之法，或制贵族之法，或制专制之法，即以宣誓人民……凡破坏此法者，即视为非法而不公道。②""正义是强者的利益"意味着对百姓的正义并不是维护百姓的利益，而是维护政府的利益。不遵守这一法则的人不仅有犯罪之嫌，而且有不正义之质。因此，"不管在什么地方，正义就是强者的利益。③"针对上述观点，柏拉图认为也是不正确的，因为"如果正义是强者的利益，那么当统治者制定错误的法律时，正义就变成对统治者有害了。并且，从事某项技艺的人完善其技艺并不是为了他个人，而是为了他人。例如，医生完善医术是为了治愈病人的病情，船长完善航术是为了船员航行的安全。因此，国家进行立法和统治应该以生产者（老百姓）的利益为归依。④"如此说来，正义怎么能是强者的利益呢？那么，柏拉图眼中的正义到底是什么呢？柏拉图认为，正义包括城邦的正义和个人的正义。城邦的正义是指每个人根据先天的禀赋做好自己的分内工作，即"正义就是只做自己的事而不兼做别人的事。⑤"由统治者、护卫者与生产者组成的城邦中的三个等级各司其职、各负其责、各安其位就是正义。⑥在柏拉图眼中，个人正义也指理智、激情和欲望三个有等级的部分各自做好自己分内的事，互不干涉，即"正义的人应当安排好自己的事情，首先达到自己主宰自己，自身内秩序井然，对自己友善。⑦"可见，"人是有等级的，人的等级是与生俱来的，各等级的人都能守其序尽其责"乃是柏拉图正义观的核心，这也是本书后面要谈到的差等正义的主要思想来源之一。亚里士多德则指出，"所谓公正，是一种所

① ［古希腊］柏拉图：《理想国》，郭斌和、张竹明译，商务印书馆1986年版，第18页。

② ［古希腊］柏拉图：《理想国》，吴献书译，译林出版社2011年版，第16页。

③ ［古希腊］柏拉图：《理想国》，郭斌和、张竹明译，商务印书馆1986年版，第19页。

④ 徐大同主编：《西方政治思想史：古希腊、罗马》（第一卷），天津人民出版社2006年版，第138页。

⑤ ［古希腊］柏拉图：《理想国》，郭斌和、张竹明译，商务印书馆1986年版，第152页。

⑥ 徐大同主编：《西方政治思想史：古希腊、罗马》（第一卷），天津人民出版社2006年版，第143页。

⑦ ［古希腊］柏拉图：《理想国》，郭斌和、张竹明译，商务印书馆1986年版，第172页。

有人由之而做出公正的事情来的品质，使他们成为作公正事情的人。①"
公正既代表一种德性与品质，这种品质能内化为人们公正行动的行为规
则。就财富分配而言，亚氏认为，公正可以量化为比例关系，即公正就是
比例，不公正就是违反了比例。因此，"分配的公正，是按照所说的比例
关系对共有物的分配"②。哈耶克直接提出，正义是指导人类行动的一种
规则，是规范人们行为的一种属性。即所谓正义，"始终意味着某个人或
某些人应当或不应当采取某种行动；而这种所谓的应当，反过来又预设了
对某种规则的承认：这些规则界定了一系列情势，而在这些情势中，某种
特定的行为是被禁止的，或者是被要求采取的。③"持有平均主义正义观
的莱斯特·沃德则认为，正义存在于"社会对那些原本就不平等的社会
条件所强行施予的一种人为的平等之中。④"这就要求采纳一种试图在全
体社会成员之间实现机会无限平等化的社会政策。而要实现人们在性别、
种族、国籍、阶级或社会背景上的平等化，就应通过向所有人开放可资使
用的信息资料、昔日的智慧遗产和当今的知识财富来达到。现代正义理论
的集大成者罗尔斯认为，"正义是社会制度的首要德性，正像真理是思想
的首要德性一样……无论一项法律和制度多么有效率，只要是不正义的就
必须加以修正或废除"⑤，在罗尔斯看来，那种牺牲一部分的利益来提升
效率的做法是不正义的，因此，正义就是"平等公民的各项自由得到保
障、机会和职位向所有的人开放以及满足最大最小化原则的不平等"。沃
尔泽则坚持多元主义正义观，认为正义就是指"一个领域的不平等不通
过转换过程而增加，也不会在不同的物品之间累加"⑥。可以这样来理解

---

① ［古希腊］亚里士多德：《尼各马科伦理学》，苗力田译，中国社会科学出版社1999年第
1版，第95页。

② 同上书，第101—102页。

③ ［英］弗里德利希·冯·哈耶克：《法律、立法与自由》（第二、三卷），邓正来等译，
中国大百科全书出版社2000年版，第52页。

④ ［美］E. 博登海默：《法理学：法律哲学与法律方法》，邓正来译，中国政法大学出版社
1999年版，第254页。

⑤ ［美］约翰·罗尔斯：《正义论》（修订版），何怀宏、何包钢、廖申白译，中国社会科
学出版社2009年版，第3页。

⑥ ［美］迈克尔·沃尔泽：《正义诸领域：为多元主义与平等一辩》，褚松燕译，译林出版
社2009年版，第18页。

沃尔泽的多元主义正义观：在一个事实上存在诸多不平等的社会，如果一个领域的不平等不渗透或少渗透到另一个领域，或一个领域占支配的善不支配另一个领域，这个社会就达成了复合平等，沃尔泽认为复合平等的社会才是正义的社会。他指出，"正义是一种人为建构和解释的东西，就此而言，说正义只能从唯一的途径达成是令人怀疑的……我要争论的还不止这些：正义原则本身在形式上是多元的；社会不同的善应当基于不同的理由、依据不同的程序、通过不同的机构来分配；并且，所有这些不同都来自对社会诸善本身的不同理解——历史和文化特殊主义的必然产物。①" 也就是说，并不存在一种适合所有分配领域的正义原则，正义是多元的。米勒则认为，在政治哲学中，公认的三个标准是"需要、平等和应得"。"应得"要求人们的收益应与他的能力、贡献相吻合，"平等"要求再分配中人们应该被平等的对待，而"需要"则意味着人们的最低生活水平有了保障。米勒指出，"任何一种有效的正义理论如果不能对这三者提供一种有效的解释，就不是一种有说服力的正义理论。②" 因此，正义就是"平等、应得和需要"。社会正义报告委员会也在 1994 年指出，社会正义的概念应该有四个要素："公民自由与政治自由、基本需求的满足、机会与生存机遇的平等以及不平等的减缓或者消除。③" 这一观点强调正义的核心是"自由、需要与平等"，与米勒的观点有相似之处。慈继伟则在比较仁爱、利己主义与正义的区别中指出了正义的秉性，阐释了道德层面的正义。他说，"所谓正义是介于纯粹的利他主义和利己主义之间的情感。④" 这种情感与完全利他的仁爱不同，与完全利己的利己主义也不一样。因为正义者的利他行为必须以相互性为条件，而仁爱者的利他行为不需要这一条件，利己主义者则可能尽力逃避自己在相互性关系中的责任。

---

① ［美］迈克尔·沃尔泽：《正义诸领域：为多元主义与平等一辩》，褚松燕译，译林出版社 2009 年版，第 4 页。

② 晋运丰：《当代功利主义正义观研究》，博士学位论文，吉林大学，2011 年，第 7 页。

③ 社会正义委员会：《社会正义：国家复兴的战略》，1994 年版，第 14—17 页。Social Justice: Strategies for National Renewal, the report of the Commission on Social Justice, London: Vintage, 1994, pp. 14 – 17.

④ 慈继伟：《正义的两面》，生活·读书·新知三联书店 2001 年版，第 20 页。

对"何为正义"进行长长的梳理后发现，古今中外的思想家提出的正义理论都有一定的见地，但同时也令人有些迷惑。作为一种普适价值，正义的存在具有普遍性。与此同时，正义内容也随时空条件的变化而呈现出不同的特征，这又凸显出正义内容的特殊性。正如恩格斯所指出的那样："希腊人和罗马人的公平认为奴隶制是公平的；1789 年资产者的公平要求废除封建制度，因为据说它不公平。在普鲁士的容克看来，甚至可怜的行政区域条例也是对永恒公平的破坏。所以，关于永恒公平的观念不仅因时因地而变，甚至也因人而异，这种东西正如米尔柏林说过的那样，一个人有一个人的理解。"① 这意味着，不正义或正义的内涵、标准和原则不是一劳永逸的，而是随时间的变化而不断调整的。曾经，两性的不平等、种族的不平等、人出身的不平等、依据禀赋的差异来分配都曾经被某些人认为是公正的，或者至少是可以接受的。然而，随着时间的推移，人们对平等正义的认识逐渐深化，这些曾经的平等现象又被认为是不平等的。正如美国法学家 E. 博登海默所言："正义有着一张普洛透斯似的脸，变幻无常、随时可呈不同形状并具有极不相同的面貌。当仔细查看这张脸并试图解开隐藏其表面背后的秘密时，我们往往会深感迷惑。"② 这说明，正义的原则和标准因时间、环境和背景的不同而存在差异。然而，如果全盘否定正义有某些普适原则又是错误的。或多或少，自由、平等、博爱、公正等曾是不同时代不同学术流派共同追求的社会正义观。在中国的传统观念中，公、平、义、礼、道、正等都是最基本的伦理规范，也是与正义相关的概念。因此，如果说要有一个通用的正义准则的话，那就是大多数时候在同样的社群、相同的领域、同一个时代或同一个背景下人们分配的标准应该是平等的，而不是不平等的。

就字面意义而言，"正"即不偏斜，与"歪"相对，义即公正合宜的道理或举动。正义指对政治、法律、道德等领域中的是非、善恶做出的肯定判断。如果从道德的层面看，正义与"公正"的意思相似，主要指符合一定社会道德规范的行为。可见，正义就是社会中判断善恶是非的最高

① 《马克思恩格斯选集》第 3 卷，人民出版社 1995 年版，第 212 页。
② ［美］E. 博登海默：《法理学：法律哲学与法律方法》，邓正来译，中国政法大学出版社 1999 年版，第 252 页。

道德标准，是达成至善的行为规范，是最抽象的价值准则，是判断一种行为是否具有正当性和符合道义的根本标准和尺度。但是，如果在某种程度上把正义与公正、公平、平等混同，则是不可取的。虽然在一些研著中人们对此予以了区分，例如，有人认为，"公平是一个经济学范畴，公正主要限于法学领域和司法实践中，平等则强调被比较的二者在量上相等，即所得不能比应得多，也不能比应得少。正义却不一样，它是合法性、合理性的最高范畴，其评价的核心标准是给予人们应得的东西。①"也有人是这样表述的：西方学者在使用公平、公正、正义时，一般是在表述上加以区分的：正义表述为 Justice，其重点是在正义的价值观方面；公平表述为 Fairness，其侧重点则在于公平的尺度，平等则用 Equality 表达，意即均等、等同、均一、平均。但是，人们从英语的用法推测出正义与公平、公正、平等在使用的范围、使用的侧重点上有所不同，这虽然有一定的道理，却没有抓住正义与这几个概念的根本区别。它们的根本区别在于它们是不同层面的价值观：正义是人类最高的价值追求和价值规范，是人们追求的终极目标，因而，正义属于统领一切价值领域的"元规范"。而公正、公平、平等虽然也是社会的价值规范，但属于比较具体的价值规范，它们统属于正义的范畴，是正义在不同领域的具体表现。因此，那种将正义与公平、公正、平等放在一个平台加以区分的做法，不仅没有领会正义的精髓内涵，更没有把握住正义的抽象属性。为此，人们对罗尔斯的"古代人的中心问题是善的理论，而现代人的中心问题是正义观念"② 的说法基本持肯定态度。同时，对正义的理解应是：正义是涉及和规范人的尊严、价值和发展等根本问题的范畴，正义关心社会基本结构、基本价值、基本制度运行的正当性和合理性，强调人人权利平等。当然，一个社会正义还是不正义，没有"一个放之四海而皆准"的标准，但是，罗尔斯所提出的良序社会的标准是值得借鉴的，他指出："良序社会是这样的社会，在那里（1）每个人都接受、也知道别人接受同样的正义原则；（2）基本的社会制度普遍地满足、也普遍为人所知地满足了这些原

---

① 张丽华：《戴维·米勒正义思想研究》，硕士学位论文，西南大学，2008 年，第21 页。

② John Rawls, *Political Liberalism*, New York: Columbia University Press, 1996.

则……也就是说，一种公共的正义观构成一个良序的人类联合体的基本宪章。"① 如果大家都公开接受了同样的正义原则，社会制度又能为正义原则的践行提供保障，那么在公民具有一种通常情况下起作用的正义感——这种正义感能使他们理解和应用为公众所承认的正义原则，还能使他们根据其所处的社会位置而采取符合义务和职责要求的行动——的情况下，公正的正义观念就是一个良序社会的必要理念。满足下述四个条件，整个社会就是正义的。这四个条件是：有大家公认的正义原则，有能为正义原则的践行提供保障的社会制度，有坚持正义原则的人，有大多数人都能接受的正义标准。只有在这种正义的社会中，公民们才能够理性地判定他们在现有的政治制度中应该拥有哪些权利，该如何拥有这些权利，或者应该反对什么政治权利。诚如巴利所言："正义的主题不是制度本身，而是存在于社会之中的权利、机会和资源的分配。"②

第三节 正义何在：正义的范围

弗雷泽指出，在道德平衡性地图中，正义面临的挑战是正义是什么？是再分配还是承认或是代表权；在地理学空间的正义中，被质疑的问题是"谁算作正义的真正主体"③。也就是说，"对谁正义"意味着对正义适用范围的探讨。可以肯定的是，不同时代的正义适用范围是不同的。在雅典人那里，正义原则仅仅适用于古希腊人，不包括外邦人、奴隶与妇女；在古罗马时代，需要正义对待的也仅仅是古罗马的公民；在近代思想家眼中，正义是将文明社会以外的人如野蛮人和奴隶排除在外的。而在现代人看来，正义应该适用于星球上的所有人甚至更广义的动物群体。这意味着，随着社会的发展，人们对正义适用范围的理解正在发生着一些变化，这种变化反映人们追求正义的足迹和过程。

正义的理想形态是不考虑特权，同样的案件同样处理。这种法律上的

---

① ［美］约翰·罗尔斯：《正义论》（修订版），何怀宏、何包钢、廖申白译，中国社会科学出版社 2009 年版，第 4 页。

② ［英］布莱恩·巴利：《社会正义论》，曹海军译，江苏人民出版社 2007 年版，第 21 页。

③ ［美］南茜·弗雷泽：《正义的尺度——全球化世界中政治空间的再认识》，欧阳英译，上海人民出版社 2009 年版，第 5 页。

平等是由道德上的平等的深层关切驱动的。道德上的平等关照人们在人格上的平等性，"致力于人人生而平等"，即每个人都值得平等尊重和关怀。道德平等鼓励人们将彼此视为同学、雇员、职业者和公民。这种同伴感通过赞扬正义和对陌生人的友好态度来维持。然而，"竞争必须公开，奖惩必须公平，尽管有效的机会平等是一种好的理想，但是它只是人们走向道德平等的一部分。①"因为对那些不能做到（如残疾人）的人而言，机会平等是没有实质意义的。为此，要做到道德上的平等，就必须让社会正义超越精英阶层，承认每个人——不论他们的才能、抱负或缺陷，不论他们成功的愿望是什么——的平等价值。

虽然道德上的平等被人们所承认，但道德上的平等理想总是被社会生活现实所限制。当那些拥有最少资源的人必须生活在堕落和非人性的环境中时，尤其如此。当有些人被赋予特权和荣誉，而其他人被认为是劣等的、粗野的、无能的、不能信赖和不值得信赖时，道德上的平等就很难维持②。既然在现实生活中道德上的"人人平等"难以达成，道德上的"对所有人正义"也难以实现。那么，现实中的正义又是对谁正义呢？自17世纪以来，自由主义的批判目标一直是社会等级原则。在自由主义的传统中，对由特权制度和歧视态度所导致的伤害存在一种全权的补救——机会平等。在机会平等的新时代，价值和能力盛行，等级被废黜。由于人的身份特权被逐渐废除，普通人能够按照自己的兴趣、爱好和能力生活、工作、结婚和从事科学研究，选举也不再受到阶级、种族和宗教的限制。在19世纪，这一议程扩大到包括反对奴隶制、种族压迫和妇女从属地位，这些努力一直持续到20世纪。这些努力在事实和形式上、生活和法律上已经被不可原谅的否定正义的幽灵所困扰。尽管如此，很明显的是，对人的精神的最大伤害来自种族、宗教和人种的憎恨。例如，人们有充分的理由不愿意在法律上使用"种族"一词，因为它在道德上是有缺陷的，在科学上有冒犯性的字眼③。然而，尽管自由主义关注公民的基本要求，如

---

① ［美］菲利普·塞尔兹尼克：《社群主义的说服力》，马洪、李清伟译，上海人民出版社2009年版，第111页。

② 同上书，第107—108页。

③ 同上书，第112页。

不受强制的财产权，免受种族、性别或宗教基础上的排斥和隔离，但这些并不能保证自由主义者非常希望实现的劳动力、教育或政治生活中的机会平等，其主要的绊脚石是他们所施展的反对偏见的理念可能被用来证明阻止有效机会平等的政策是正当的。关键是，问题不在于种族，而在于把种族当作劣等的证明和压制的正当理由来对待。问题在于歧视，这种歧视把一个阶层的人划分为讨厌的或无价值的。也许有人会说，出于许多优良的目的，人们把农民与其他生产者分开，把富人和穷人分开，把孩子和成人分开，把男孩和女孩分开。这些区分也许能带来特别的好处，但并不必然是公平的，它们总是富有争议的，有时甚至是怀疑的。在反对美国肯定性行动的斗争中，政治修辞已经模糊了不公平的分类和公平的分类之间的差异。① 肯定性行动使自由主义的两个假设处于风雨飘摇之中，这两个假设是：制度化的政策应该是无差别的；在平等机会的体制中，职业化的和教育的价值应当是雇佣、许可或升迁的唯一合法标准的理念。由此，肯定性行动遭到了自由主义者的反对。然而，社群主义者却是赞成肯定性行动的。在社群主义者看来，"人们在他们所拥有的才能和他们所付出的努力上差异很大，虽然这些以及其他差异会导致许多不平等，但应该承认这些差异，甚至培育这些差异，因为任何对弱势群体的偏见和污名都会破坏共同体的名声，每个共同体成员都有完整的和无污名的成员权利。②"

其实，对自由主义者而言，正义就是所有人的自由得到平等的实现，这里强调的是所有人而非部分人。但是，所有人的自由注定是一个虚无缥缈的概念，因为人与人的自由会相互冲突，一个人的自由往往可能成为其他人的桎梏和限制。在实践中，为保障一部分人的自由就会牺牲其他人的自由，而这些被牺牲的人往往是弱势群体如妇女、低收入阶层、少数族群等。也就是说，在实践中，这些人往往被排除在正义的范围之外。社群主义者则认为，正义是针对社群共同体的一种价值规范，正义适用于所有的共同体成员而非其他，因为不同社群的道德和认同的"善"是大相径庭

———————

① 美国的肯定性行动是指通过改进弱势群体的雇佣和教育机会的方法向他们伸出援助之手，寻求使机会变现现实，维护黑人、妇女和其他少数群体在道德上的平等地位，详见第六章第一节。

② ［美］菲利普·塞尔兹尼克：《社群主义的说服力》，马洪、李清伟译，上海人民出版社2009年版，第110页。

的，这些道德或"善"是没有好坏之分的，或者说不是一个平台上可以互相比较的，更不能用一个社群的道德正义观或"善"的标准去评价、指责别的社群的道德正义观或"善"。这意味着，正义的适用范围受到成员资格的限制，只有在某个社群享有成员资格的公民才有被正义地分配权利与利益的资格，即正义是对共同体成员而非所有社会成员的正义。为此，弗里德里希·哈耶克称，如果要实现对所有人正义，社会正义注定会是一个虚幻的梦，是"海市蜃楼"①。

进而言之，社会正义关注公平、尊重和不受压制的自由。至于"对谁正义"，尽管自由主义与社群主义都认为"人人平等或人人自由"的正义难以实现，但事实是：正义适用于地球上所有的人，包括男人与女人、老人与儿童、多数人与少数人。也就是说，无论人们的宗教信仰、性取向、价值观念、性别和种族等是什么，他们都应该是被平等对待的。诚如菲利普·塞尔兹尼克所言："正义承载着对真理的虔诚、对每个人的尊重、对来自于阻碍生活和违背希望的邪恶的驱赶。"② 既然正义体现为对每一个人的尊重，正义的范围就必须扩展至每一个人。

---

① *The Mirage of Social Justice*, *Vol. 2 of Law Legislation and Liberty*, London: Routledge, 1976.
② ［美］菲利普·塞尔兹尼克：《社群主义的说服力》，马洪、李清伟译，上海人民出版社2009年版，第103—105页。

第 三 章

差等正义理论谱系及嬗变

　　纵观古今中外历史，平等思想源远流长，从古希腊的柏拉图到现代的罗尔斯再到当代的弗雷泽，平等思想经历了漫长的发展历程。在这个发展过程中，平等成了正义的重要价值。至于平等思想的历程，如果以时间来划分，平等思想经历了古代平等观、现代平等观和当代平等观三个阶段；如果以平等在政治哲学中的地位来划分，平等思想经历了古典社群主义、古典自由主义、新自由主义和当代社群主义等多重思潮的打磨，已经在形式平等迈向实质平等的道路上越走越好；如果从平等与不平等的关系来看，平等与不平等又是一直相伴而随的，平等中包含不平等，不平等中也包含平等。按此逻辑，古今中外的平等思想大都包含着承认社会不平等合理性的痕迹，这些承认社会不平等的合理性以承认社会等级的合理性为前提。正如高景柱所指出的："古代平等观的一个重要特征是论证社会等级存在的合理性，比如，中国古代的孟子、荀子和西方的柏拉图、亚里士多德等人都曾为社会等级制的合理性进行辩护。"① 而现当代的平等思想虽然与以前相比有实质的进步，但从实然状态来看，当代社会的不平等现象还在一定范围内存在。因此，虽然现当代一些平等思想如罗尔斯的"民主平等"、阿马蒂亚斯的"能力平等"、诺奇克的"权利平等"、德沃金的"资源平等"、沃尔泽的"复合平等"等急切呼吁社会平等正义，但这些平等正义观或多或少、或明或暗都在一定程度上承认社会等级的合理性，其实质是有"差等"的正义。有"差等"的正义似乎是"正义"的，但

---

① 高景柱：《民主平等观的困境及超越——罗尔斯与德沃金之争》，《南京社会科学》2007年第 11 期。

由于这种"正义"违背了公序良俗的原则，虽然被执政者贴上了"正义"的标签，其实质却是不正义的。为此，本章将从古今中外平等思想和正义思想的历史流变中厘清中西方差等正义思想的谱系。

第一节　中国差等正义思想递嬗：
等级与身份的循环

与农业社会、工业社会和后工业社会相对应的是三种不同的社会治理模式，它们分别是统治型的、管理型的和服务型的社会治理模式①。农业社会的治理是以权力关系为基础的权治，制度模式是权制，共同体类型是具有同质性、封闭性、稳定性特征的家元共同体；工业社会的治理是以法律关系为基础的法治，制度模式是法制，共同体类型是具有异质性、开放性、流动性特征的族域共同体；后工业社会的治理模式将建立在伦理关系的基础上，在制度表现上将是一种道德的制度（德制），在道德制度的基本框架下所实行的是一种道德的治理，即德治，共同体特征是具有个性化、去碎片化和去中心化的合作共同体②。由于人类社会的发展经历过农业社会、工业社会，现在正迈向后工业社会，因此，本节主要对中国农业社会统治型社会治理模式、工业社会管理型社会治理模式中的差等正义思想进行梳理。在这之前，要对中国古代差等正义思想的核心——儒家传统思想中的差等正义意蕴进行归纳和提炼。

一　人伦的差序格局：儒家差等正义思想的核心

中国乡土社会是一个典型的差序格局社会。差序格局的本意是人际关系犹如水面泛开的涟漪一般，由内向外、由亲至疏层层推开。后来，这一概念在政治学、社会学、行政学、经济学、伦理学等学科中被广泛使用，其意义已从人际关系延伸至社会结构、社会格局，也常常用以描述社会不平等的现实和思想，这其中，最能体现差序格局的是中国传统的儒家文化

---

① 谢治菊：《社会治理模式演进中伦理精神的迷失与回归——基于张康之〈论伦理精神〉的社会治理历史反思》，《学习论坛》2012 年第 4 期。

② 同上。

思想。甚至在某种程度上可以说，儒家思想的发展过程与差序格局的文化生成是相伴相随的。"仁、义、礼、智、信"是儒家思想的核心，其原意是通过道德的建构来维护社会基本秩序，调节人与人之间的关系。在这五种思想中，"仁"和"礼"是最核心的内容。所谓"仁"，仁者、仁义也，意指人与人之间平等、友爱、和谐的相处，以及人与人之间的互助、博爱精神。但是，在实际的行为规范中，"仁"体现的却是等级制度下人与人之间有等级的关爱和互助。换句话说，人与人之间关系的亲疏远近决定彼此仁爱的程度，这种程度也被称作"人伦的差序格局"。而人伦之所以差序，是因为伦是有差等的，这是中国传统社会的基本结构和基本概念，构成人际交往和社会稳定的纲纪。费孝通指出："在礼制系统里所讲的十伦，鬼神、君臣、父子、贵贱、亲疏、爵赏、夫妇、政事、长幼、上下都是指差等①。"在这样的序列中，每个人都有其角色所规定的权利和义务，但这种权利和义务是不平等的，如君为臣纲、父为子纲、夫为妻纲。② 可见，在孔孟的思想中，平等从属于人伦。而"孔子眼中的礼，则是一种政治秩序和社会治理之道，主要指周初所确定的一整套区别等级名分的制度典章和礼仪习俗，礼是维持社会等级差异的工具。孔子眼中的仁，是最高道德规范，主要是说人们之间应该和睦相处，即君臣父子上下相安，社会在宗法等级制度之下才能和谐地发展。③"而不论是"仁"还是"礼"，都是为了维护宗法的等级制度。④ 为此，葛承雍指出，等级观是儒家政治学说的核心和支柱，说到底还是一种"君君臣臣、父父子子"的名分和等级秩序。

"伦"的差等性使中国古代社会结构呈现出明显的等级性，纵向的等级结构可分为有天下、国、家和个人四个层次；横向的等级结构包括君臣、父子、兄弟、夫妻、朋友五种关系。在这种社会结构下，每个阶层的人群都有自己必须遵循的礼仪习俗和法制纲纪，有必须严格遵守的不可逾越的伦理界限。在阎云翔看来，"这意味着差序格局的等级性否定了对人

---

① 费孝通：《乡土中国与生育制度》，北京大学出版社1998年版，第27页。

② 童星、翟华：《差序格局的结构及其制度关联性》，《南京社会科学》2010年第3期。

③ 葛承雍：《中国古代的等级社会》，陕西人民出版社1992年版，第19—20页。

④ 姜朝晖：《论权力差序格局性的文化根源》，《广西师范大学学报》（哲学社会科学版）2007年第5期。

格平等弥补的可能性，承认权利与义务间的不平衡，最终导致差序人格的产生。①"而在中国社会，人格差等与"礼""仁"的差等性有关。在某种程度上可以说，人格差等正是通过不断展现的"礼"与"仁"的差等而得以清晰的。② 其实，与其说儒家思想中的"差序格局"是一种伦理道德模式，还不如说它是对社会稀缺资源进行配置的关系模式和直接依据。古代中国社会是自给自足的农业社会。在农业社会中，家庭是唯一的基本组织。当然，社会的重要稀缺资源——如土地、货币、财产、地位、名望、机会、荣誉、权利等物质和精神资源——都是垄断在以血缘关系为主的大家庭或大家族中，而家庭内部和外部也是按照差序格局模式分配资源的，这种配置表现在以下几个方面：首先，以父权为核心的家长权力在家庭中是按"差序格局"的模式进行配置的；第二，家庭中的财产和成员身份是按着"差序格局"模式进行配置的；第三，家庭中的婚姻关系、着装打扮、饮食礼仪和居住条件也是按照"差序格局"的模式配置的。

由是观之，虽然儒家思想中有平等的因素在里面，但它建立在古代最高的道德规范和社会规范"礼"的基础之上，中国传统儒家文化中的平等思想就具有更多的差等意蕴，其主要的原因是中国古代的等级制度的存在。在古代中国，早期的等级划分主要依据血缘，后来与官僚制度相结合，才加入道德、才能等因素。也就是说，"差等结构"概念是对中国社会结构、传统文化、人际关系等一系列问题的高度概括。亲疏远近是"差等"一词的基本意蕴，人伦贵贱、上下有别、尊卑有序才是差等的核心要素。也就是说，在古代中国，无论是家庭关系还是社会关系，无论是经济关系还是政治关系，儒家思想中的"伦""礼"都是调剂其间的行为规范，这些行为规范意味着人与人之间是有亲疏贵贱之分的，是伦次差等的，这种差等实际上承认了人与人之间不平等关系的存在。③ 站在这个角度，儒家传统思想的差等正义意蕴就更为明显④。

① [美]阎云翔：《差序格局与中国文化的等级观》，《社会学研究》1996 年第 4 期。
② 张健一、陈雪玉：《和谐境况：差序格局与仁礼纲常》，《太平洋学报》2009 年第 5 期。
③ 卜长莉：《"差序格局"的理论诠释及现代内涵》，《社会学研究》2003 年第 1 期。
④ 涂骏：《论差序格局》，《广东社会科学》2009 年第 6 期。

二　权制下的等级膜拜：统治型社会的差等正义思想①

中国古代社会是等级社会，在人的等级之间必然会生成一种社会力量，那就是权力。如果希望把人固定在其所在等级之中，让人各安其分，以形成稳定的社会秩序，就必然会依靠权力来进行社会治理。事实上，中国古代社会是借助于权力而实现社会治理的，作为人的自然空间和社会空间的地域、种族、家族等因素是开展社会治理的环境，即行使权力又顺应这种环境，就能够实现善治目标。在农业社会，即使统治型治理达到了善治之目标，统治者也总会表达对一种"无为而治"状态的追求，但是，权力的强制力却是无处不在的，是在权力的强制力发挥作用的同时去谋求道德教化等方法的补充。所以，这个时期的"国家就从一个自由处理自己事务的部落组织转变为掠夺和压迫邻近部落的组织，而它的各机关也相应地从人民意志的工具转变为独立的、压迫和统治自己人民的机关。从此，人们一直在少数人的统治下生活，民主、自由被专制和奴役所取代。②"在这一时期，国家对社会的管理实质上是一种不平等的统治。它以统治者为中心，以实现统治阶级利益最大化为宗旨，以维护阶级统治为主要任务，以统治者的任意专断为管理方式。③ 正如马克思所说，这是一种"轻视人、蔑视人，使人不成其为人"的治理模式。④

既然中国古代社会是建立在权力关系基础上的社会，那么就其制度而言，所拥有的是一种权力制度（权制），就治理方式而言，是依据权力而进行治理的，是一种权力的治理（权治）。也就是说，中国古代社会的制度无非是权力运行的平台和框架，是权力意志的物化。在权制框架下所开展的社会治理活动无非是贯彻权力意志的活动，是在权力的行

---

① 谢治菊：《社会治理模式演进中伦理精神的迷失与回归——基于张康之〈论伦理精神〉的社会治理历史反思》，《学习论坛》2012 年第 4 期。

② 褚添有、潘秀珍：《统治·管理·服务：公共管理范式转换及其意义》，《广西师范大学学报》（哲社版）2008 年第 1 期。

③ 褚添有：《演进与重构：当代中国公共管理模式转型研究》，广西师范大学出版社 2008 年版，第 36 页。

④ 谢治菊：《社会治理模式演进中伦理精神的迷失与回归——基于张康之〈论伦理精神〉的社会治理历史反思》，《学习论坛》2012 年第 4 期。

使中而把整个社会纳入权力意志所欲确立的范式之中。当然，在权治的实际过程中，会存在着权力应用的主观随意性过大的问题，这个时候，也需要对权力加以约束。考察古代中国约束权力的方式，是做过以法制权的尝试的。但是，法的适用性必须建立在社会平等的前提下，只要有了法，就会提出"王子犯法与庶民同罪"的要求，古代中国恰恰没有这样一个条件，在人的身份差别的条件下必然会产生"刑不上大夫"的妥协方案，而这种妥协则是对法的严重亵渎，使法丧失了治理功能，因而无法造就法治的治理形态。可见，以法制权的尝试在古代中国是不可能取得积极成效的，与之相对应的就是另一种方案，那就是以德制权，甚至在中国西周时期就被上升到了"德治"的层面来加以认识，即提出"德治"主张。可是，从中国古代社会的治理实践来看，并没有真正建立起德治，那些被后人所赞颂的所谓盛世之治，至多表现出在运用权力方面遵守"无为"的原则，与德治的要求相比，相去甚远。即便有一些所谓德治的色彩的话，那也是在与权力意志不发生根本性冲突的条件下的一种对权治加以补充的做法。①

当然，从历史上的文献中看，中国古代社会的被统治者往往表现出对德治的渴求，但是，由于古代中国并不具备产生完整的、系统的伦理规范的经济基础，即使有些伦理因素在社会治理中发挥了作用，也只是以家庭为核心的一般伦理关系在社会治理活动中的映射，一旦与权力意志发生冲突与矛盾，权力意志就会表现出对道德规范与伦理精神的蔑视与排斥，从而使道德的矫正、约束、规制功能丧失殆尽。虽然中国古代儒家推行的道德理想，古希腊的柏拉图也向往一种"理想国"，亚里士多德也一再论证城邦至高的善，但是，在古代社会，以柏拉图与亚里士多德为代表的思想家所提出的正义与善其实只是一种差等的正义与善，其实质是承认人与人之间的先在不平等；而中国古代的德治追求"只能是一种理想，甚至是一种空想……如果统治型社会存在着一些可以判定为德治的形式与内容的话，那也只不过是权治的补充或辅助因素……德治本身并不是一项根本性

① 谢治菊：《社会治理模式演进中伦理精神的迷失与回归——基于张康之〈论伦理精神〉的社会治理历史反思》，《学习论坛》2012 年第 4 期。

制度，而是作为手段而存在的，甚至，常常会沦为一种欺骗社会的幌子"①。所以，"在农业社会，根本不存在普适性的道德，那些常常被人们误解为道德的、具有普适性的因素，其实只是一些习俗，是一些还未被提升为道德的社会整合力量。②" 也就是说，中国古代的德治往往是装扮"权治"的一种色彩，如果说在社会治理过程中能够发挥作用的话，也是出于维护统治阶级利益的要求而去制造臣民"愚忠和服从"氛围的意识形态宣传。总的说来，农业社会既没有建立起"德制"也没有施行过德治，统治者所标榜的"德治"都是虚假的。"这种德治并不是必然的，往往与少数开明的最高统治者（君主）联系在一起，如果君主昏庸，也就没有什么德治可言……总之，统治型社会治理模式仅仅拥有德治的形式与外衣，实质上，并不是真正的德治。③" 从根本上说，对以暴力和以暴力为后盾的古代中国而言，习俗化的家元伦理并不能减缓其侵犯性品质，伦理道德无疑会隶属并让位于统治阶级的利益要求，会在权力面前表现出软弱无力，只能沦为统治阶级催生臣民意识、强化人生而不平等的差等正义观，而基于平等和自由的正义规则是不可能产生的，更不用说普世性的伦理精神能够在社会治理过程中得到体现了。④

　　也就是说，中国古代社会具有典型的权利特征和明显的等级符号。在这种社会中，人们不仅公开倡导社会等级的合理性，而且对社会等级产生一种膜拜心理，甚至有些人将等级攀附视为光宗耀祖、出人头地的主要通道，这是血淋淋、赤裸裸的差等正义思想。

三　法制下的等级暗流：管理型社会的差等正义思想⑤

　　人类进入工业社会以后，由于分工和交换的发展、工具的革新，生产力水平的提高呈现出突飞猛进之势，社会的组织化、体系化程度迅速提

---

①　张康之：《论伦理精神》，江苏人民出版社 2010 年版，第 177—178 页。

②　张康之：《行政伦理的观念与视野》，中国人民大学出版社 2008 年版，第 122 页。

③　张康之：《论伦理精神》，江苏人民出版社 2010 年版，第 179 页。

④　谢治菊：《社会治理模式演进中伦理精神的迷失与回归——基于张康之〈论伦理精神〉的社会治理历史反思》，《学习论坛》2012 年第 4 期。

⑤　同上。

高，机器化大生产带来了以"效率"为中心的管理理念。① 为了消除经济与社会发展的巨大障碍，一批批先进的思想家们高举人本主义和民主主义旗帜，对专制的意识形态和制度体系进行了无情的批判，由此引发统治型社会的范式危机。在这种语境下，政府的统治色彩日益淡化，管理职能得到强化并居于主导地位，管理型社会治理模式由此产生。该模式以泰勒的科学管理原理与韦伯的官僚制为理论支撑，其主要特点是：以经济、效率为主要价值取向，忽视公共行政中的责任与公平；强调管理技术、程序与规则，忽视了被管理者的情感需求与组织成员的创新精神；秉行价值中立的理念，注重行政人员的专业化和技术化。② 与统治型社会治理模式相比，这一模式有巨大的进步。但是，由于它推崇的是庞大的官僚制机器，建立的是一套自上而下的权威与严密的等级秩序，偏重于科学分析和工具理性立场，而忽视人类直觉、情感与道德，所以这种模式严重阻碍了个人伦理道德的自主性，剥夺了个人的任何内心情感，使进入其中的人只能有效率地执行别人的意志而不用发挥主观能动性。正如库珀所言，"进入官僚制以后，人们的良知就消失了。③"事实上，在这个历史阶段成长起来的社会治理模式陷入了科学化、技术化的追求中，丧失了价值考量，加剧了行政伦理的困境，因而，在一切涉及人的存在与生活的问题时，它都显得格格不入。④

在社会等级是否合理的问题上，管理型社会表现得比较含蓄。这是因为，一方面，管理型社会确立了工具理性和价值中立原则，一般说来，工具理性一般把目的、手段和附带后果作为行为取向的依据，它通常既把手段与目的也把目的与附带后果以及各种可能的目的加以比较，做出合乎理性的权衡。⑤ 根据马克斯·韦伯的看法，工具理性在对可操作性的追求中以科学与技术的名义祛除了价值的一切巫魅，从而在一切活动中只注重形式的方面。其结果就是，人们无意识地服从权威，推崇技术进步到让其超

① 谢治菊：《公共管理模式嬗变的伦理学分析》，《理论与改革》2011 年第 3 期。

② 同上。

③ ［美］特里·L. 库珀：《行政伦理学：实现行政责任的途径》，张秀琴译，中国人民大学出版社 2001 年版，第 195 页。

④ 谢治菊：《公共管理模式嬗变的伦理学分析》，《理论与改革》2011 年第 3 期。

⑤ ［德］马克斯·韦伯：《经济与社会》（上卷），商务印书馆 1998 年版，第 57 页。

越人类的价值与尊严。① 工具理性最集中地体现在功利主义的理论追求中，它的价值取向是把效用与快乐、幸福、愿望的实现相等同，忽视了人的内在价值，片面强调工具意义上的人的外在价值。② 同时，由于价值中立，作为治理者的人在这里被要求排除自身的人格、情感等所有价值因素，从而作为"工具人"而存在。③ 而由于丧失了价值考量，因而如密尔所说的，政府"这种行政机器愈是构造得有效率与科学化，网罗最有资格的能手来操纵这个机器的办法愈是巧妙，为患就愈大。④" 也许从政府在近代以来的表现看并没有造成如密尔所说的那种恶果，但从理论上分析，则可以看到，政府及其行政的确忽视了人的复杂性，忽视了对人的伦理考虑，而这些伦理考虑恰恰是能够影响人的实际行为的。⑤ 另一方面，整个工业社会陷入了一种效率至上、唯利是图、一切向钱看的功利主义行为取向，这进一步加剧了政府建构以及行政过程中的伦理精神迷失。当然，对于工业社会这一历史时期，以功利和原子化个人为主要价值取向的伦理文化激发出了巨大的社会活力，在改造人类的物质生活条件方面取得了巨大成就，但是，在人类取得了物质上的巨大成就的时候，而在精神上却受伤了，出现道德上的堕落，在社会生活中崇尚法的精神的同时却忽视了道德的社会整合功能。⑥ 因此，工业社会以及市场经济的发展塑造了人的这样一种行为特征，那就是产生人类有史以来最极端的向钱看的观念，产生拼命赚钱、精于计算的商业文明，人与人之间的关系、家庭血缘、爱情、友谊、乡亲和社会关系，通通受到商业性个人利益的玷污与腐蚀。⑦ 在早期启蒙思想家那里，卢梭在《论人类不平等的起源》中曾对此有过

---

① ［美］艾赅博、百里枫：《揭开行政之恶》，白锐译，中央编译出版社 2009 年版，第 7 页。

② 张康之：《行政伦理的观念与视野》，中国人民大学出版社 2008 年版，第 111 页。

③ 谢治菊：《社会治理模式演进中伦理精神的迷失与回归——基于张康之〈论伦理精神〉的社会治理历史反思》，《学习论坛》2012 年第 4 期。

④ ［英］约翰·密尔：《论自由》，程崇华译，商务印书馆 1962 年版，第 120 页。

⑤ ［印度］阿马蒂亚·森：《以自由看待发展》，任赜等译，中国人民大学出版社 2002 年版，第 52—53 页。

⑥ 谢治菊：《社会治理模式演进中伦理精神的迷失与回归——基于张康之〈论伦理精神〉的社会治理历史反思》，《学习论坛》2012 年第 4 期。

⑦ 张康之：《论伦理精神》，江苏人民出版社 2010 年版，第 103 页。

深刻的描述，认为在这种社会中，每个人出于自己的利益而为自己指定行为准则，这种行为准则却是与公共理性为全体利益而指定的规则完全相反的。"恐怕没有一个生活富足的有钱人不被他贪婪的继承人暗中希望早点死去——甚至连他自己的儿女也是如此；没有一个海上船只的事故不被另一些商人视为喜讯……人们不得不相互关爱却又彼此伤害。由于职责，他们生来就是敌人，而由于利益，他们又相互欺骗。"① 这说明，工业社会的人们所尊奉的个人主义和利己主义的价值标准为人的个人利益追求增添了催化剂，为社会治理体系中的权力扩张提供前提，从而使伦理精神陷入全面缺失的境地，结果，严重腐蚀了公共行政中公益至上的价值观，直接影响了公共利益的实现。②

由是观之，管理型社会治理模式中的制度是"法制"，其社会治理属于依法治理的范畴，表现为法治，在法治的思路和强化法治的一切努力中，都包含着对社会等级思想的排斥。③ 但是，这种显性的等级秩序虽然在减少，法治下的等级暗流却随时在涌动，社会差等现象也随处可见，官与民、城市与农村、东部与西部、国企与私企的身份等级依然存在，并且部分等级形式被执政者以制度的形式合法固定下来，造成形式上平等的假象。因此，如果说统治型社会人们对社会等级进行的是赤裸裸的膜拜的话，管理型社会中人们的身份等级制却更为含蓄与温和。即便如此，也仍然逃脱不了身份等级制的实质——潜伏在平等中的不平等、攀附在正义中的不正义。

四　对中国差等正义思想递嬗的反思

中国传统的社会结构呈现出政治、经济、文化等领域的高度重合，这种社会形态可称为"总体性社会"。总体性社会是统治型社会的典型形式，在这种社会中，国家权力高度集中，几乎垄断着所有的资源。同时，总体性社会也呈现出社会结构呆板、凝滞等特征，社会主动性与积极性匮

---

① ［法］卢梭：《论人类不平等的起源》，高修娟译，生活·读书·新知三联书店 2009 年版，第 81 页。

② 谢治菊：《社会治理模式演进中伦理精神的迷失与回归——基于张康之〈论伦理精神〉的社会治理历史反思》，《学习论坛》2012 年第 4 期。

③ 同上。

乏，社会生存空间受到挤压，国家与社会、国家与市场高度统一。也就是说，总体性社会主张整齐划一、步调一致；对社会差异、社会差别和个性特征包容性较差。而为了维持高度同质性社会的稳定，强制性权力就成为直接力量，这种力量得到统治者的合法认可。而为了维持这种力量的合理性和合法性，统治者往往以政治与道德同构的方式去谋求权威，并通过等级结构的强化和人口流动的限制来进一步巩固这种力量，保证社会结构的稳定。

在封建社会时代，差等正义思想得到进一步强化。例如，肇始于西汉武帝时期的以三纲五常为核心的封建伦常与形成于魏晋南北朝时期以正名分为中心的名教思想，更是从建构封建伦理规范与封建礼教的维度，把源于奴隶制时代的差等正义论发展到登峰造极的地步。这种体现封建人伦等级秩序与主从尊卑关系的原则竟然被奉为统治者的治世圭臬，不仅行于庙堂之上，而且深入作为社会细胞的家庭之中，为维护和加强封建等级制度与专制制度起到了极为重要的作用。①

随着时间的推移，倡导平等、自由、博爱和人权的资产阶级革命迅速地推翻了封建统治，这对统治型社会的总体性特征是一种突破、超越与挑战。在此背景下，这种具有明显等级形式的社会结构与管理型社会中人们的自由、民主、平等诉求格格不入。差等正义论在理论上的荒谬性与实践上的虚伪性被无情地揭穿，滥觞于奴隶制度的差等正义思想日渐式微，但差等正义的元素和色调还在不同的语境中有意无意地泛起。可以说，在漫长的前工业社会，差等正义论是统治者冀求的精神鸦片，这对抚慰被压迫者的心灵，使他们接受命运的安排，放弃抗争有重要的催化作用。个性化时代的到来使社会差异和社会差别增多，这意味着社会结构的求同存异和社会个性的解放。用埃利亚斯的话来说就是在"自己的自我规范和社会责任中重新建立平衡"②。而要承认个体化社会的差异，就必须突破等级社会所产生的多米诺骨牌效应，倡导平等正义。

如此看来，无论是统治型社会还是管理型社会，人与人之间的身份区

---

① 黄健荣：《当下中国公共政策差等正义批判》，《社会科学》2013 年第 1 期。

② Charles Tilly, *The Formation of the National States in Western Europe*, Princeton University Press, 1975, pp. 36 - 37.

隔和等级结构都是存在的。不同的是，统治型社会中人与人之间的等级关系就像一辆招摇过市的彩车，张扬而跋扈，不仅统治者承认这种与生俱来的等级观念，而且还将其作为统治民众的道德纲纪，以致大部分民众也对这种等级关系听之任之，只有等级剥削到了忍无可忍的地步才会揭竿而起。但哪怕是农民阶级建立的王朝，也崇尚君臣父子的等级结构。在这种等级结构中，人的身份地位被格式化，其表现是人们的出生阶层决定其长大后在社会中的身份地位。在此背景下，人与人之间的身份和等级就是相互循环的，身份决定等级、等级决定身份。在管理型社会中，虽然法治取代了权治、民主打破了集权、革命推翻了等级、自由消灭了禁锢，但是，人与人之间隐性的、深层的等级关系依然存在。只是，与统治型社会相比，这时等级关系的荒谬性被制度的合理性所掩盖，并被贴上了正义的标签，因而在掌权者和一些民众看来，这样的关系格局是合理的。但是，处于管理型社会下的当代中国仍然涌动着巨大的等级暗流，这股暗流照样建构着人与人之间的身份等级关系，上演着"压迫、剥削、排斥和歧视"的古老故事。

第二节　西方差等正义思想衍化：差等与平等的博弈

本节就西方古典社群主义与当代社群主义、古典自由主义与现代自由主义的差等正义思想进行梳理和提炼。

一　与生俱来的身份与等级：古典社群主义的差等正义思想

"共同"是"社群"的字根，寓意在共同的土地、血缘、宗教信仰或风俗习惯的基础上。[①] 社群是平等、友爱与团结的，社群成员之间有共同分享的基础。同时社群还必须建立在成员的共同利益之上，其目标是为社群共同的善或公共利益。可以说，当代社群主义者的社群概念基本上源于柏拉图与亚里士多德。之所以这么认为，是因为柏拉图与亚里士多德认为

---

① 李先桃：《亚里士多德：社群主义理论的源头——论亚里士多德哲学对社群主义的影响》，《湖南师范大学社会科学学报》2008 年第 2 期。

城邦对于个人是优先的，认为作为社群的城邦有共同的价值、规范与目标，认为城邦的利益高于个人的利益，故而麦金泰尔称撇开不平等的人不算，柏拉图与亚里士多德时代的城邦生活是"公共生活"，体现的是"至善的美德"。可以说，柏拉图与亚里士多德对城邦重要性的描述表明他们的思想已经具有当代社群主义的雏形，甚至可以说是当代社群主义的源头。为了将他们的思想与当代社群主义思想分开，可以把他们的思想称为"古典社群主义"。

（一）柏拉图的差等正义思想

柏拉图的正义理论是早期正义理论的代表作，分为国家正义和个人正义。柏拉图的国家正义理论是建立在统治者、护卫者和生产者三个等级划分的前提之上的，三个等级划分的基础是自然禀赋，人们自然禀赋的差异也就是柏拉图国家正义的基础。为此，柏拉图首先指出城邦共同体存在的必要性在于满足不同人的需要。他说："在我看来，之所以要建立一个城邦，是因为我们每一个人不能单靠自己达到自足。我们需要许多东西，而这些东西应由不同的人来提供，因而我们邀请许多人住在一起，便形成这个公共住宅区，我们把它叫作城邦。"① 柏拉图进一步指出，社会生活中的每一个成员都有其具体的职责，而城邦中的人都应该将其行动的范围限制在职责界限内，在各自的职责范围内行事。柏拉图这种按人们的不同天性进行"分工"的理论既是出于效率的考虑，更是为了更好地实现城邦正义。② 为此，柏拉图从社会分工的角度将人分为统治者、护卫者与生产者三个等级。柏拉图认为，只有这三个阶层的人们"各司其职、各负其责"时才有正义，国家的正义也才会产生。反之，如果这三个阶层的人们不守其职、不尽其能、互相僭越，那么，这样的国家便违背了正义，其结果只能是国家的灭亡。③

柏拉图将人划分为不同等级的基础是人的自然禀赋差异。人为什么会有自然禀赋差异呢？柏拉图认为，"这是因为有些人在被上天铸造的时候

---

① ［古希腊］柏拉图：《理想国》，郭斌和、张竹明译，商务印书馆1986年版，第58页。

② 杨冬艳、贺庆：《柏拉图的正义理论与当代公共行政》，《河南师范大学学报》（哲学社会科学版）2006年第6期。

③ ［古希腊］柏拉图：《理想国》，郭斌和、张竹明译，商务印书馆1986年版，第156页。

加了黄金，有些人加了白银，有些人加了废铜烂铁"①。可以说，自然禀赋的差异是确定谁是统治者谁是生产者的主要依据。因为，"只有智慧的统治者和勇敢的护卫者组成的国家才可能是正义的。所以，国家正义就是智慧者的统治、勇敢者的辅助和既不智慧又不勇敢者的服从的关系格局，以及各个等级对这种格局的遵从。②"也就是说，柏拉图认为，与统治者、护卫者和生产者三个等级对应的是理性、激情、欲望三种有等级的灵魂，以及智慧、勇敢、节制三种有等级的品质，个人应根据个人的身份和先天的禀赋去各司其职，不能僭越。为此，柏拉图指出，个人正义代表着理性对激情和欲望的统治，是国家正义的基础；国家正义则体现为统治者对护卫者和生产者的统治，是个人正义的条件。当国家正义和个人正义发生冲突时，个人正义要毫无条件地服从国家正义。可见，柏拉图是典型的社群主义者，认为国家的正义是追求城邦至高的善（城邦的公共利益），这种"善"优于个人权利，是至上的美德。但是，无论是国家正义还是个人正义，其基础都是建立在差异和等级之上：个人正义是建立在灵魂等级的基础之上，国家正义是建立在个人先天禀赋的等级之上的。可以说，离开了"等级"这一概念，对柏拉图正义理论的分析就无法渗入骨髓。因此，柏拉图的正义可定义为"建立在等级和身份基础上的，基于个人先天禀赋的有差等的正义"。也就是说，柏拉图正义思想中最根本的问题在于他的正义基础是建立在差等的基础之上的，因而提出的正义主张是虚幻的、不牢固的，容易导致新的"不正义"。

柏拉图用等级统治来实现正义的思想不可避免地会带有极大的空想性、非正义性和阶级局限性，因为这种等级的划分是建立在"人性天注定、命运天注定"的人生而不平等的基础上的。虽然他想努力构建一个人尽其才、才尽其用、知识精英与道德精英共治的社会，但他将城邦正义主要寄托于极少数拥有理性和智慧、知识和道德的"哲学王"身上，仅仅依赖于他们的道德自律，确实是有着极大的风险的。③为此，周向军与

---

① ［古希腊］柏拉图：《理想国》，郭斌和、张竹明译，商务印书馆1986年版，第48页。
② 申波：《柏拉图正义思想研究》，博士学位论文，中央民族大学，2008年，第14页。
③ 杨冬艳、贺庆：《柏拉图的正义理论与当代公共行政》，《河南师范大学学报》（哲学社会科学版）2006年第6期。

傅永军指出，柏拉图的正义"又走向了另一个极端，其自身也存在着不可避免的缺陷。最主要的缺陷在于这种理想在智慧和理性的背后隐藏着强力、极权、等级这些非理性主义的东西。①"

（二）亚里士多德的比例公正观

亚里士多德的正义理论集中反映在《政治学》和《尼各马科伦理学》中。亚里士多德继承了柏拉图的思想，认为公正是置于智慧、勇敢与节制之上的。并且认为，"公正不是德性的一部分，而是整个德性；同样，不公正也不是邪恶的一部分，而是整个的邪恶。②"在亚里士多德看来，公正是一种最完美的德性。有了这种德性，人们不仅以德性对待自己，也会以德性对待他人。而且，在各种德性之中，唯有公正关心他人的善和利益。因此，"公正集一切德性之大成。③"那么什么是公正呢？亚里士多德指出，公正是一种德性与品质，这种品质能内化为人们公正行动的行为规则。就财富分配而言，公正可以量化为比例关系，即公正就是比例，不公正就是违反了比例。因此，"分配的公正，是按照所说的比例关系对共有物的分配"④。

亚里士多德进一步指出，正义是实现城邦幸福和个人幸福的首要原则，合法意义上的正义和均等意义上的正义是正义的两种形式，前者代表的是普遍的正义或社会的整体正义，也即政治上的正义；后者代表的是特殊的正义或者部分的正义，这种正义更多地具有经济学上的意义，这种正义又可分为分配的正义和矫正的正义。为此，他提出，"平等的人应享受平等的待遇，不平等的人应享受不平等的待遇。⑤"亚里士多德的这句话应该这样来理解：第一，人有平等与不平等之分，平等的人指在城邦中有资格参与公共生活的公民，包括贵族、奴隶主和自由民；不平等的人指外邦人、奴隶和女人，这些人是排斥在公民生活之外的人。第二，人的平等与不平等是根据人的身份与自然禀赋先天注定的，而不是后天努力的结

---

① 周向军、傅永军：《正义与逻各斯》，泰山出版社 1998 年版，第 110 页。

② ［古希腊］亚里士多德：《尼各马科伦理学》，苗力田译，中国社会科学出版社 1999 年第 1 版，第 97 页。

③ 同上。

④ 同上书，第 101—102 页。

⑤ 同上书，第 75 页。

果。正如亚里士多德所指出："世上有统治和被统治的区分,这不仅必须,实际上也是有利益的;有些人在诞生时就注定将是生产者,一些人注定将是统治者。统治者和生产者的种类为数很多。生产者的种类较良好,则统治者也就较优,例如,对于人的管理就优于管理牲畜。"① 第三,平等的人由于出身高贵或自然禀赋较好,适合做城邦统治者和护卫者的工作,因而他们在个人权利、职位、财富的分配中应得到较大的份额,这是平等的。而不平等的人尽管给城邦的经济繁荣、政治稳定提供重要的保障,干了城邦最苦、最累、最脏的活,但他们的身份低下,自然禀赋较差,因而,他们在职位、权利和财富的分配中就应该获得更少,这也是平等的。唯有按此分配才是正义的。这意味着,在亚里士多德眼里,有两种情况是不正义的分配:一是不平等的人得到平等的待遇,或平等的人得到不平等的待遇;二是平等的人和不平等的人得到"均等"的待遇。

与柏拉图一样,亚里士多德的平等完全是建立在不平等的等级划分基础上的。如果要说比柏拉图更高明的地方,亚里士多德则试图用经济上平等的矫正正义来缓和这种政治领域中纯粹等级制的正义观念,这种缓和虽然与具有差等性质的分配正义有一定的矛盾,但这起码反映了亚里士多德的正义观更贴近于生活和社会现实,因为他认识到了这种不平等分配可能造成社会危机并试图扭转它,尽管这种扭转不成功。但是,亚里士多德认为财富、权利和职位等社会"善"的分配必须根据人本身价值的大小(如出身、自然禀赋和品质)按比例进行,即"只有良好的出身、自由人的身份和财富才可以用作竞争官职的理所当然的根据②"。这说明,亚里士多德的正义观也是建立在阶级划分的基础之上的,具有明显的等级性,也是差等正义的典型表现。

麦金泰尔指出,尽管亚里士多德认为用有美德的人来统治城邦有利于正义的实现,也认为统治有美德的人是践行美德的一种表现。但是,亚里士多德认为有美德的人仅限于统治者与辅助者,这又是不正义的。因为善的统治与做一个善的人一样,要求有同样的优秀品质。人们不可能在不知

---

① [古希腊] 亚里士多德:《政治学》,吴寿彭译,商务印书馆 2009 年版,13—14 页。

② [古希腊] 亚里士多德:《政治学》,颜一、秦典华译,中国人民大学出版社 2003 年版,第 97 页。

道怎样去做一个在他人统治下的善良公民的情况下实施善的统治。因此，城邦中的善要求人们既以一个被统治的人需要的美德的方式来实践特殊的美德，又以一个统治者需要美德的方式来实践美德，这类所需要的美德的范例便是慎思和正义①。麦金泰尔认为，对于亚里士多德所说的"正义"一词，意指被法律所要求的一切，即是说，它是指一个公民在他与其他关系的公民中所要实践的所有美德。亚里士多德说，每个人都会同意，分配正义必须符合某种形式的应得。而他们的分歧主要在于：分配正义必须符合的应得是哪种应得。不同的城邦和城邦内不同的党派都相应地持有不同的应得观。民主派赞成在所有的自由公民之间进行平等分配，而寡头政治则拥护在某些善的分配上做出限制，即限于因财富和出身而获得特权的那些阶层。但是，亚里士多德所拥护的那些宪法即贵族政治却是按照人的美德来进行奖赏的。在亚里士多德看来，尽管有一些群体如工匠他们在维护城邦生活中发挥着重要的作用，并成为城邦的组成部分，但他们仍然不能成为公民。因此，民主政治的错误就是它允许所有这些阶层的成员获取公民资格时没有选择性。②

（三）评价

从上述可知，在柏拉图与亚里士多德时代，正义之所以被人们尊重，既是因为它自身的缘故也是因为正义追求的是"善"这一目的，即因为人类要过那种最好生活的目的之缘故。就像其他美德一样，因为正义使人们能够避免与这种生活的继续不相容的那些邪恶的品格状态。麦金泰尔指出，按美德而行动，就是按照一种中道而行动，即按照两种恶的极端之间的中间状态而行动。"正义的两级是：或为了扩张自身而行动，无论其应得是否赋予他这样行动的权利；或自愿忍受非正义，也即是说，忍受不应得的伤害，或者不去获得自己应得的善。"③亚里士多德把前一种叫作贪婪，霍布斯认为这是一种超过其份额的欲望，这种欲望甚至比非正义更可恶，因为贪婪这一品格特性本身只是一种地地道道的获取，一种贪求更多

① ［美］阿拉斯戴尔·麦金泰尔：《谁之正义？何种合理性？》，万俊人、吴海针、王今一译，当代中国出版社 1996 年版，第 147 页。

② 同上书，第 148 页。

③ 同上书，第 160 页。

的行动。为此，正义要强加各种否定性约束，但是，这些约束是对有恶习和守纪律的人的约束，而不是对有美德的人的约束。公正的行动之所以属于有美德的人，是因为他们既因为行动本身的缘故而想要履行这种行动，也因这些行动在构成和影响人类善生活方面所发挥的作用而履行这些行动。做正义的事只是作为获得其他各种善的一个条件而已，而成为正义的人则要求关心正义并看重成为正义的价值，即使他没有导致任何更高的善。麦金泰尔认为，实践这些美德的高贵和优雅正部分地存在于这种贵族式的、对结果毫不关心的态度之中。而侵犯正义中道的人，他不是因为贪婪而侵犯正义中道，而是因为他没有取得应得的特殊善而违反了正义中道——很可能做了事实上不正义的行动。① 因此，正义是一个公平问题，是一个平等问题。正义的平等性所在，是在同样的情况下得到同样的对待，并按照功绩的差异比例来处理功绩的比例性差异。所以，一种分配是正义的当指两种不相等的论功行赏的情况之间保持一种按比例的不相等的分配。这种由规则支配的比例再分配正义中的应用，显然是以一种对有功行为或不应得行为的秩序排列和一种对所分配的善秩序排列为先决条件的。而在亚里士多德的矫正性正义中，它是以一种对伤害和剥夺的秩序排列为先决前提的，伤害的是生产者的利益，剥夺的是女人、外邦人与奴隶的权利，这是差等正义，是不正义的。

二　经济平等与政治平等的分离：古典自由主义的差等正义思想

自由主义是将个人自由至于国家权力之上的一种价值观，认为个人权利是前提、是目的、是因、是最大值，相应地，国家权力是结论、是工具、是果、是最小值，个人是国家的基础，国家是个人的集合。个人主义是古典自由主义的理论前提和精神基础。由于崇尚个人自由，人们的合法财产权就不会受到限制，其结果会陷入"人人享有平等的自由却在经济上不平等"的状态，这一状态被古典自由主义者认为是合理的，是崇尚自由的本真。因此，尽管"古典自由主义"思想家们的理论表现不尽相同，但在总体上皆肇源于英国传统的经验论

---

① ［美］阿拉斯戴尔·麦金泰尔：《谁之正义？何种合理性？》，万俊人、吴海针、王今一译，当代中国出版社 1996 年版，第 167 页。

和不可知论，他们共同回答的问题是："建构什么样的国家个人才能最大限度地保证人们的自由。"① 这种对自由无限制的追求肯定会损坏平等，霍布斯的王权至上论、洛克的平等思想、边沁和密尔等人的功利主义思想就是其代表。

（一）霍布斯的王权至上论

霍布斯认为，自然状态里人人是平等的，但人有趋利避害的"德性"，自我保存是支配人类行为的基本原则，这使得自然状态中的人类群居生活无以为继。为此，在自由的自然状态下，个人的利己性越来越多，与他人竞争、对他人权利僭越的欲望越来越大，对他人可能伤害自己的猜忌和对名誉的追求也越来越普遍。为此，霍布斯得出了自然状态必然要陷入"一切人反对一切人的战争"中去的结论，自然状态下的平等被逐渐打破，自然法在维护这类平等中起了相当重要的作用。但是，由于人是有感情的，很多时候人的感情比理性的作用更大。在此背景下，人人都想拥有大于他人的权力以保存自己，自然法对自然状态下平等与和平的维护作用是有限的，自然法也难以调和人与人之间因私利而产生的争斗，人们渴望统领一切的权力范畴的产生，作为自然法后盾的公权力就应运而生。于是，为了保护个人的权利和自由，人们与国家之间订立了契约，将自己的权利交给公权力的所得者，将自己除了保卫自身生命而抵抗他人侵略的权利和权力之外的一切权利都转让给了"第三者"——"主权者"来行使，这个主权者拥有至高无上的、不可分割的、不可转让的权利和权力。霍布斯所讲的主权者实际是人格化的国家，即君主或统治者。霍布斯认为，由于订立契约的人民是自愿将自己的权利和权力交付给主权者的，所以主权者代人民行使权利和权力的制度是一种平等的制度。在这种制度面前，君主拥有社会的全部权力，而人民在君主面前彼此地位完全平等，人民对君主的法律和命令必须绝对服从②。

霍布斯虽然主张人民之间的地位和行为规则是完全平等的，拥护

---

① 罗克全：《"古典自由主义"之"古"与"新古典自由主义"之"新"——"消极自由"主义国家观研究》，《南京社会科学》2005 年第 4 期。

② 霍布斯认为，当人们为了维护自己的生命或自我保存而反抗主权者时，这种反抗就是可以允许的正义行为。

"法律面前人人平等"的思想。这种思想看似平等，却是一对多（君主对臣民）的不平等，其实质是建立在等级基础上的差别平等，是被化约了的不平等。因为霍布斯的思想深处主张的是极端专制的平等，拥护的是集立法、行政和司法大权于一身的君主专制制度。正如马克思所评价的："霍布斯作为至高无上的王权的保卫者登上了舞台，并且号召君主专制制度……镇压人民。"① 并且，在霍布斯的契约中，主权者有至高无上的权力，拥有强大的特权，他们制定法律规范民众的行为和言论，自己却逃脱法律之外，即"国家主权者不论是个人还是议会，都不服从国法"②。最后，众人的意志就变成长官意志，众人的权利却变成君主的特权和压制性权力。霍布斯的平等思想中包含着不平等，准确地说，是君主和人民之间因身份等级制而引发的在权利和权力拥有上的等级差别，建立在这种等级差别之上的正义必将是具有不平等意蕴的差等正义。

（二）洛克"政治平等"掩盖下的经济不平等

洛克的平等观念比霍布斯更为彻底，他同样主张人们在自然状态下是平等的，而为了避免自然状态下人们由于维护自己的权力和利益而相互争夺和屠杀，人们同样要通过契约的方式将保护自己不受侵犯的权利转让给第三者，国家和政府由此产生。但是，洛克特别强调，订立契约的人们之间的政治地位是完全平等的，享有平等的政治权利。同时，洛克还强调人的生命、自由、财产权利在订立契约时都是不可放弃的、不可转让的，委托人必须通过法律和制度对被委托人的权力即政府权力进行制约。并且，契约的承接者即第三方并不是局外人，他的权力也不是至高无上的和随心所欲的，而是受到限制的。但是，洛克倡导人们在政治上的平等和自由却排斥人们在经济上的平等和自由。他认为，人的自然禀赋差异和勤劳程度导致人们在财产上的不平等，货币的发明更是加剧了这一不平等。正因为如此，个人在财产上的自由是绝对的，个人的私有财产也是神圣不可侵犯的。"既然

---

① 《马克思恩格斯选集》第3卷，人民出版社1995年版，第394页。
② ［英］托马斯·霍布斯：《利维坦》，黎思复、黎廷弼译，商务印书馆1985年版，第207页。

拥有和处置私有财产是个人的自然权利，而财产从来都是不平等的，所以私有财产的神圣不可侵犯性就是财产不平等状况的不可侵犯性。"① 其实，洛克虽然主张政治权利的平等，但却对经济上的不平等大力鼓吹，认为是人们维护自由的基本表现。

然而，按照马克思"经济基础决定上层建筑"的思想，经济上的不平等又何以能带来政治上的平等呢？正如卢梭所言，"私有制是人类社会不平等的根源"。在大多数学者眼中，经济上的不平等才是人类不平等的根源，而洛克却认为人们可以同时保持经济上的不平等和政治上的平等，这不是自相矛盾吗？所以，如果说洛克描述的是一种理想的应然状态，那么这种应然状态在实然状态下将会触礁，至少这一观点在现代社会基本不会被认可。这说明，洛克的平等观是一种乌托邦，一旦经济上的不平等是合理的，政治上的平等将会被推翻，社会不平等也会由此产生。这一点，卢梭是这样描述的："在社会和国家形成之前，社会分裂为穷人与富人两大阵营，财富的不平等出现。"财富不平等出现后，富人们一旦尝到了富有的快乐，便会立即鄙弃其他一切快乐，开始了毫无节制的征服和掠夺。强者与弱者之间，强者与强者之间便开始了无休止的利益冲突，进而带来社会的动荡与混乱。② 而为了摆脱这种悲惨的境地，必须为新的社会确立某种公正与和平的规则，必须有一个至高无上的权力与明智的法律来治理。于是，法律和政府就出现了。随着政府与法律的确立，出现统治者与被统治者的关系，政治的不平等浮出水面。这使得原本合法的权力变成专制的权力。在专制权力下，臣民除了君主的意志之外没有别的法律，君主除了自己的欲望之外没有别的规则，善的观念与正义的原则消失得无影无踪，社会不平等由此产生。"③ 根据卢梭的描述，经济上的不平等变为社会的整体不平等经历了三个阶段，分别是富人与穷人、强者与弱者、主人和奴隶的对立，这些对立意味着经济上的不平等是社会不平等的根源。

---

　　① 刘晓英、刘峰：《略论法国大革命前自由、平等概念的发展》，《学习与探索》1999 年第 4 期，第 75 页。

　　② 在这里，卢梭借用了霍布斯对自然状态的描述。不同的是，霍布斯的战争状态开始于自然状态，是人性使然；但卢梭的战争状态则产生于社会形成之后，私有制是罪魁祸首。

　　③ 徐大同主编：《西方政治思想史：16—18 世纪》（第三卷），天津人民出版社 2005 年版，第 410—411 页。

　　达尔也指出，经济不平等是制造政治不平等的罪魁祸首，因为经济不平等可以直接变为不平等的政治资源，而政治资源的不平等积累将会把政治不平等推到巅峰，其结果是权力、影响力和很多特权阶层的权威积累起来，会进一步拉大不平等。到后来，没有多少普通公民有能力，当然也许不愿意去克服这种不平等的力量，因为政治斗争的成本会变得很高，很少有公民愿意牺牲自己的时间、金钱和其他资源而采取行动。久而久之，经济的不平等分配就会演化为政治资源的过度集中与政治行为的过度极权，而这些就如资本主义与民主的内在张力一样是难以克服的。① 因此，经济的不平等对政治不平等的影响不可小视。洛克承认经济上不平等政治上却平等的思想有很大的局限，反映了资产阶级平等观念的自私性和狭隘性，具有明显的差等正义韵味。

　　（三）边沁与密尔"功利主义思想"中的不平等

　　杰里米·边沁和约翰·密尔则从功利主义出发，认为只要分配促进了社会利益的最大化，这种分配就是正义的。功利主义倡导的"最大多数人的最大幸福"表明幸福不仅可以从总额上来衡量，还可以从享受的人数来衡量。也就是说，幸福既有质的标准也有量的标准。表面看来，这合情合理。然而，作为社会伦理的功利原则，功利主义只是个人原则的扩大和延伸，如果将个人的功利原则应用于全社会，将带来两个严重后果：一是可以允许以社会整体或多数人的名义去侵犯少数人的自由和权利，以牺牲一部分人的利益换来多数人的利益；二是功利主义允许经济利益分配上的严重差别，容易造成贫富悬殊，这显然是不平等的。为此，罗尔斯指出，"功利主义是不公正的，没有像康德一样尊重人的尊严。②"在罗尔斯看来，功利主义是属于手段论的，人是达成功利或增加功利的手段，这是不正义的，因为这些达成或增加功利的手段和做法本身是违背正义的，无任何价值可言。与罗尔斯一样，诺奇克也对功利主义进行了批判，诺奇克认为，功利主义

---

　　① ［美］罗伯特·A. 达尔：《论政治平等》，谢岳译，上海世纪出版集团 2010 年版，译者序第 6 页。

　　② ［美］约翰·罗尔斯：《正义论》，何怀宏等译，中国社会科学出版社 1988 年版，第 27—31 页。

最大的问题在于人是手段而不是目的，这意味着为达成他人的功利或增加社会的整体功利而牺牲某些人的合法利益是正当的。但事实是，个人的权利是神圣不可侵犯的。[①] 在诺奇克那里，那种为了社会整体功利而牺牲个人利益的做法侵犯了个人权利，不仅不可取，而且是不正义的，违背了"持有正义"的三个原则。不仅如此，那种为了未来权利而牺牲眼前权利，为了整体利益而牺牲个人利益的做法也是不正义的，而功利主义所主张的靠合法牺牲个人权利而促成社会利益最大化的做法是不合理的。德沃金更是指出，边沁的功利主义看似具有平等主义的特征，因为他提出了"每个人只能算作一个而不能算更多"的观点，但边沁功利主义所凸显的平等主义特征是靠不住的。

概言之，功利主义把实现社会总体功利最大化作为衡量社会是否正义的标准，但这种思想最大的危害在于它是以牺牲部分人的利益来换取功利最大化的，即允许一部分人的财产权和自由权要高于另一部分人。也就是说，功利主义认为只要能实现社会的最大功利，哪怕要将人的权利按等级分配也是合理的。正如亚历克斯·卡利尼克斯所指出，功利主义允许社会收入和财富的不平等分配，只要这种不平等分配能提升社会满意的数量和质量。因此，功利主义认为社会的总福利的增长可以以牺牲社会个人成员的利益为代价。同时，功利主义还违反了康德的范畴必要性的第三种模式——人是目的而不是一种手段。虽然功利主义没有直接表明社会权利按等级分配的合理性，但是其所蕴含的思想间接地承认了这一点。事实上，如果恰如功利主义者所言的"正义意味着社会功利的最大化"，那么，社会权利必然按等级分配才能实现这一目标。认清这一点，功利主义正义观中的差等正义思想也就不言自明了。

（四）评价

自由是古典自由主义关注的焦点，平等则属于对自由的补充与限制，因此，英国古典自由主义在探讨自由问题的同时，也对平等问题进行了一定的阐释与说明。不过，古典自由主义的平等理论是一种权利平等，认为不管人在肤色、身材、智力、道德品质等方面有何区别，每个人的价值与

---

① ［美］罗伯特·诺奇克：《无政府、国家和乌托邦》，姚大志译，中国社会科学出版社 2008 年版，第 37 页。

其他人都是内在地平等的，即"人在身心两方面的能力都是十分平等的"①。但是，古典自由主义的平等观中都含有明显的不平等痕迹。例如，霍布斯认为统治者与被统治者之间并不构成平等的主体，主权者之下的臣民才是平等的。洛克认为人们只要满足政治上的权利平等，至于经济上的平等，则遵从自由竞争的原则，政府不应加以干涉和限制。而财产权是自然的，是符合自然法则的，因此让人们拥有自由的财产权体现的是起点平等。为了达到真正的起点平等，洛克提出两个约束性条件来限制财产权：一是一个人对自身财产的占有不会让其他人的情况变得更糟，即你的占有不会妨碍我的占有；二是对人类所需的基础性物品，如食物、空气、阳光等不应该被垄断性占有，这些东西应该与其他人所共有。简言之，虽然边沁认为"每一个人都按照一个人来计算，没有一个人超出一个人所具有的价值"，但是他也认可为了功利的最大化可以牺牲一部分人的权利和利益，这也是不平等的。

三　自由与平等的博弈：新自由主义的差等正义思想

新自由主义之所以新，是因为相对于传统自由主义而言，他们不仅继承了传统自由主义"自由至上"的思想，而且在关注自由的同时还关注平等，试图调和自由与平等的关系，在自由和平等之间找到一种平衡的张力。罗尔斯、诺奇克和德沃金是新自由主义思想的杰出代表。

（一）罗尔斯"差别原则"中的不平等意蕴

虽然罗尔斯强调自由对平等的优先性、强调正当对善的优先性。但是，谁也不能否认，罗尔斯的正义理论是一种"平等的正义观"，而这种"平等正义"最主要的实现途径就是通过"差别原则"。

罗尔斯认识到，社会存在很多事实上的不平等，要想消除这些不平等而达成平均主义式的平等，几乎是不可能的。既然无论从形式上还是实质上来看，社会的不平等都会存在，那么，要允许什么样的不平等分配才能既解决穷人与富人的差距问题，又能让所有的人都同意呢？罗尔斯做出看似矛盾的以下表述："社会和经济的不平等应该这样来安排，使他们（1）

---

① ［英］托马斯·霍布斯：《利维坦》，黎思复、黎廷弼译，商务印书馆1985年版，第92页。

被合理地期望适合于每一个人的利益；并且（2）依序于地位和职务向所有人开放。"① 这就是罗尔斯提出的差别原则的雏形。这个雏形中有两句含糊的话，即"每一个人的利益"和"向所有人开放"。"每个人的利益"意味着只要你是国家的公民，只要你拥有的是合理的受益期望，制度安排的社会和经济的不平等分配就能让你从中受益。至于受益的程度、大小、方式和标准，则是模糊的。最关键的是，"每一个人的利益"到底该怎么确定，则成了罗尔斯心头挥之不去的阴影。"向所有人开放"的问题在于如果人们都有能力（包括天赋、家庭出身或偶然性因素）去获取这个职位，那么这种开放保证了每个人获取职位和地位的机会平等，这是正义的。但是，如果人们的出身比较卑微，禀赋也较差，甚至可能是残障，那么即使机会向他开放了，由于能力的限制他也不能平等地获取这个职位。因此，对于这群人，形式的机会平等就导致不平等的结果，这该怎么办呢？罗尔斯又陷入了沉思。另外，在差别原则的第一次表述中，罗尔斯还忽视了一个问题，即"要向大家分配什么"？为此，他对差别原则的第二次表述是："以自由和机会、收入和财富、自尊的社会基础等为主的所有社会价值都应该平等的分配，除非对某种价值的不平等分配合乎每个人的利益。"② 这里又再次提出"每个人的利益"，那么，要怎样分配才能使不平等有利于每个人呢？罗尔斯首先提出这种不平等的分配要满足效率原则，效率原则的意思是对基本善的分配能达到帕累托最优，即"对于社会结构中某种权利和义务的安排来说，只要不可能把规范变得重、把权利义务方案订得能够提高某些代表人（至少是一个人）的期望而不降低另一些代表人（至少是一个人）的期望，这种安排就是有效率的。③" 然而，由于资源的分配总是受到自然的和社会偶然因素的强烈影响，因此，仅仅是效率原则本身还不能成为一种正义观。为此，罗尔斯提出三种解释。

第一种解释称为自然的自由体系。在这一体系中，前提是向有才能的

---

① ［美］约翰·罗尔斯：《正义论》（修订版），何怀宏、何包钢、廖申白译，中国社会科学出版社 2009 年版，第 47 页。

② 同上书，第 8 页。

③ 同上书，第 54—55 页。

人开放，各种地位和职业是向所有有能力和愿意去努力争取它们的人开放的，那些没有能力或主观上没有意愿达成某种地位的人，就被排除在了这一体系之外。这种按照市场经济自由竞争原则进行的分配满足了效率的要求，类似于中国曾经有过的"按劳分配"，排除了没有抱负、主观愿望懒惰的人在社会上的应得，有一定的合理性。但是，对于罗尔斯一直忧心的那部分人——出身卑微、禀赋较差、能力较弱、身体不健康等，这种分配则是不公平的。

为了解决这部分人的平等分配问题，罗尔斯提出第二种解释——自由主义的解释。这种解释试图通过下面的办法来改正这一缺陷："即在前途对才能开放的主张之外，再加上机会的公平平等原则的进一步限定。也就是说，各种地位不仅要在一种形式的意义上开放，而且应使所有人都有一公平的机会到达它们。"① 意思清楚了，职位对所有人公正地开放是不够的，还必须让所有的人都有平等达到它们的机会。然而，何为平等达到的机会这里还是不明确。于是罗尔斯继续指出，这是指那些有着类似才干的人也应当有相似的生活机会，有类似的前景，有类似的手段和资源去达成他们所期望的各种职务和地位，而不管他们在社会中的最初地位是什么，不管他们生来就属于什么样的收入阶层，是贫穷还是富裕。② 经过这样的修正后，机会的公平平等原则就进一步明确了，它排除了社会偶然性因素的影响，使具有类似才能的人不再因其社会出身而受到妨碍。然而，这种解释虽然看起来是完美的，但是还是允许财富和收入的分配受能力和天赋的自然分布决定。而且，公平机会的原则在这里也不能完全实现，因为人们的分配还受到他所处的家庭、阶级和社会环境的影响。所以，罗尔斯自己也意识到，自然的自由制度和自由主义的平等都不能解决自然天赋和社会环境造成的不平等。因为在自然的自由制度下，人们认为没有必要限制自然天赋和社会环境给社会带来的影响，因而造成不平等的两种因素都会发生作用；而自由主义的平等虽然主张排除社会因素引起的不平等，但是

---

① ［美］约翰·罗尔斯：《正义论》（修订版），何怀宏、何包钢、廖申白译，中国社会科学出版社 2009 年版，第 56 页。

② 何怀宏：《公平的正义——解读罗尔斯〈正义论〉》，山东人民出版社 2002 年版，第 111 页。

承认自然天赋引发的不平等的合理性，因而也是不能缓解社会的不平等问题的。而罗尔斯的目的是要解决自然天赋和社会环境引发的不平等，因此他不得不转向民主的平等观念。民主的解释是通过结合机会公平平等的原则与差别原则来进行的。打个比方，假设在一个产权民主的社会里，官二代、富二代在很大程度上会比穷二代有更好的前景，这一点，恐怕绝大多数人都是同意的。即使消除所有影响社会正义的因素，情况也好不到哪里去。那么，怎么做才能为这种生活前景的最初不平等辩护呢？罗尔斯认为，只能根据差别原则。这一原则表明，只有在这种期望的差别有利于那些处于较差状况的群体时（如穷二代）才是可以辩护的。那么什么是差别原则呢？罗尔斯第三次做了表述："社会的和经济的不平等应该这样安排，使他们：（1）适合于最少受惠者的最大期望利益；（2）依系于在机会公平平等的条件下职务和地位向所有人开放。"① 差别原则将最大限度地改善处境最差者的利益放在首位，其目的是要在超越效率原则"对所有人都有利"的含糊观点基础上，而挑选出一种较不利的阶层，以这一阶层的利益为标准来确定分配。

那么，为什么最不利阶层的利益得到满足时社会中的每个人都会受益呢？罗尔斯认为，前提条件是社会各阶层之间存在"链式联结"和"紧密啮合"。假设社会存在最有利者、居中者、最不利者三个阶层，"链式联结"预示着最不利阶层在提高自身期望的同时也会提高中间阶层和最有利阶层的期望。但是，反过来并不一定成立。因为即使最有利者期望的提高能提高中间阶层的期望，也并不意味着能提高最不利者的期望。② 在此情境下，"紧密啮合"就显得尤为重要。"紧密啮合"意味着社会各阶层的期望的降低或提高之间存在正相关关系，即任何一个阶层期望的提高都会引起其他阶层期望的相应提高。按此逻辑，最不利阶层利益的增加自然会引起中间阶层和最有利阶层利益的改善。也就是说，差别原则并不仅仅强调使最不利者获利，而且认为，处于社会不同层次地位的都因最不利者的期望提高而获益。

---

① ［美］约翰·罗尔斯：《正义论》（修订版），何怀宏、何包钢、廖申白译，中国社会科学出版社 2009 年版，第 65 页。

② 姚大志：《差别原则与民主的平等》，《社会科学辑刊》2010 年第 4 期。

当然，如果上述假设不成立，那么"辞典式的差别原则"就根本不起作用。为此，为证明差别原则是平等原则、是合理的，罗尔斯又打起了自然天赋的主意。他把自然天赋的分配当成一种公共资产，可以共享由天赋分布的互补性带来的较大社会与经济利益，以此否定在天赋的分配中我们是应得的。他说："差别原则表达了一种协议，这种协议将人与人之间自然天赋的分配看作一种公共资产。"① 由于自然天赋的分配具有较强的任意性和随意性，因此这种偶然性的分配被罗尔斯认为是"运气"。既然天赋的分配靠的是"运气"，那么，将这种"运气"以及由此带来的收益看作个人资产在道德上就是不应得的。"人们真的认为他们比其他人生来便有天分这是应得的？他们真的认为自己身为男子而非女子或相反这是应得的？他们真的以为自己生于一个富裕家庭而非一个贫困家庭这是应得的？当然不是。"② 也就是说，如果将自然天赋的分配看作公共资产，那么人们可以以此来为社会谋利，增进公共利益，增加全社会的功利。这样，人们也不必去计较不平等分配是否首先偏向最不利者了。那么，为什么人们会同意将自然天赋的分配当作公共资产呢？罗尔斯又提出原初状态的假设。在原初状态中，大家都处在无知之幕的背后，自然资源处于中等程度的匮乏，人们对彼此的利益是相互冷漠、毫无嫉妒之心的，无人知道他在社会中的地位、阶层出身，不知道他的价值取向和气质性格，也不知道他所处的特定社会和所属的时代。他们只知道自己处于一个正义的环境和所有人类社会的一般事实。③ 在这种无知之幕中，自由和平等的公民代表会同意把天赋的分配当成共同资产，也就会一致同意差别原则。因为在原初状态中，谁也不知道自己是不是最不利者。为了规避"如果自己是最不利者"的风险，大家都愿意以最不利者的利益为出发点来制定分配方案。这样一来，哪怕回到现实社会，至少也不会吃亏。

差别原则是罗尔斯思想的核心，是罗尔斯对弱势群体公共关怀的典型写照，也为现代福利国家提供更高的社会福利提供学理上的依据。这一原

① ［美］罗尔斯：《作为公平的正义》，姚大志译，生活·读书·新知三联书店2002年版，第121页。

② 同上书，第120页。

③ 何怀宏：《公平的正义——解读罗尔斯〈正义论〉》，山东人民出版社2002年版，第132—139页。

则要求，财富和收入方面的差别无论有多大，人们无论多么情愿工作以在产品中为自己挣得更大的份额，现实的不平等必须确实有效地有利于最不利者的利益，否则这种不平等是不被允许的①。这样，就不需要通过世代的经济增长来提高最不利者的期望，因为如果持续的经济增长不符合最不利者的利益，那么这个社会就是一个贫富分化严重或者国强民贫的社会，这就不是一种正义的社会。这也再次证明了罗尔斯将社会公平而非经济增长作为评价社会制度基本尺度的公共情怀。尽管罗尔斯的差别原则有许多优点，但是，这一原则提出后，却遭到左翼的右翼的、国内的国际的、新自由主义学派内部的外部的大量批判，这些批判主要集中在"差别原则是否能带来真正的平等"？而观点是，差别原则不能带来真正的平等，其理由有以下几点。

1. 罗尔斯的差别原则以承认社会结构的不平等为前提

亚历克斯·卡利尼克斯指出，罗尔斯比较赞同康德的观点，为此他提出平等的自由原则和差别原则。但是，罗尔斯的差别原则不仅强调不平等现象只有给最无优势的人带来利益时才是合理的，而且将个人所固有的不可让渡的天赋所带来的利益也扔进了熔炉，这又与康德视人为目的的观点有出入。在诺奇克看来，康德视个人为目的的原则是允许个人享有他们的天赋以及发挥他们的天赋所带来的一切的。虽然罗尔斯提出差别原则，但是他仍然认为当平等的自由和公正原则相冲突时，后者要服从于前者。这意味着，他认为自由是比平等更重要的。这一具有传统自由主义思想的观点对巴里巴尔的"平等命题"里的历史性观点提出挑战。这一历史性观点认为："对自由的抨击是伴随以增长的不平等现象，而对增长的不平等现象的抨击则伴随以自由的增长。特权阶层以限制个人自由来捍卫他们的地位，而这些限制又反过来成为新的特权产生的基础。"② 实际上，罗尔斯承认自由和平等之间的关系要比公正的第一原则和第二原则之前的词序上的优先复杂得多。但无论如何，一种合理的宪法结构必须保证无论人们

---

① ［美］罗尔斯：《作为公平的正义》，姚大志译，生活·读书·新知三联书店2002年版，第103页。

② ［美］亚历克斯·卡利尼克斯：《平等》，徐朝友译，江苏人民出版社2003年版，第51—52页。

的经济和社会阶层如何，天资与动机相似的人都应当拥有基本上相同的获得政治权力的机会。但在实际存在的自由民主国家里，法律体系基本是容许与政治平等规定不相容的在财产和财富分配方面存在的差异。这种差异在罗尔斯看来也有一定的合理性。按照罗尔斯的观点，应当给天赋高的人额外的报酬，因为这么做会鼓励他们创造更多的效益并且进而为无优势的人带来实惠。但是，G. A.科恩却不这么认为。他认为给富人更多的激励类似于敲诈。到底给富人多大的激励是合理的？富人受到激励后如果不眷顾穷人怎么办？用什么来保证富人受到激励后能眷顾穷人？而且，不平等可以在一种设定限定之内对穷人有益，但这种限定不是由不平等的观念引起的，而是由预先设定的不平等的社会结构引起的，也即差别原则是承认不平等的社会结构为前提的，那么，这种有利于最不利者的不平等是否能在根本上弥补最不利者的不利地位呢？这还值得进一步的商榷。

2. 由于对个人责任与个人选择的忽视，差别原则会引发新的不平等

一般来说，造成人们之间差等的原因有三种：一是自然因素，即人们的自然天赋；二是社会因素，包括人们的出身、种族、教育、家庭、制度、机会等；三是个人后天的主观愿望和努力。罗尔斯的差别原则在于解决第一和第二种原因引发的差等（不平等），即解决人们在自由和权利、机会和权力、收入和财富三组"善"方面的不平等，但对第三种原因造成的不平等没有提及，这给批判者留下了口实。假如，面对一个主观上不努力、不上进或思想上懒惰的人，罗尔斯的差别原则是否会带来新的不平等呢？其实，差别原则并不能排除由个人选择因素所造成的不平等，其结果是差别原则对个人选择造成的不平等也进行了补偿，让人们为本不应该个人承担责任的残障、智力等问题承担责任。另外，如果面对一个"视金钱为粪土"而有更高志趣雅好的人，罗尔斯的差别原则是否会给别人带来负担呢？这些，都是大家诟病的主要点。不平等有很多原因，主观的客观的、先天的后天的、偶然的必然的、人为的制度的……通读全书，罗尔斯差别原则要缩小或消除的不平等应该是由客观原因如先天禀赋的差异、家庭出身、社会制度、社会阶层、社会环境、社会结构等引起的不平等，而不包括主观原因如个人的思想观念、抱负、努力程度等引起的不平等。可惜，罗尔斯没有清楚地提出这一点，以致差别原则的说服力受到影响。另外，尼尔森认为，虽然罗尔斯试图减少不平等，但还是允许社会与

经济不平等的存在，并把它视为正义的，这是不可取的，原因有以下三个方面。其一是收入和财富倾向弱势群体的不平等分配不一定能使他们的处境获得改善，反而可能会伤害他们的自尊。因为，自尊并不是靠获得更多的物品就可以改善的。其二是财富较多的人往往拥有较多的经济、政治、文化权利，这些权利足以保证他们对社会的控制，而处于不利地位的人如果仅仅在收入和财富上有些许的增加，也改变不了他们被支配的命运。为此，尼尔森指出，差别原则对"不公平只是有量的改变，但本质上还是不公平。奴隶还是奴隶，不过是提高了地位的奴隶。①"其三是平等的价值是因人而异的，罗尔斯把收入和财富的平等强加于那些不需要这方面平等的人只会增加新的不平等。例如，自由是平等的，自由的价值却是不平等的。对许多人而言，拥有自由的权利是平等的。但对拥有什么样的自由才是平等的，就不能一概而论了。对于一个囚犯，他的自由行动权可能是最有价值的，因而当你给予他自由的言论、结社、选举权时，他会认为这样的权利没有多大的意义。相反，对于一群渴望获得话语权的弱势群体而言，自由的选举权和被选举权却极端重要。也就是说，对于自由的价值，受到拥有者的期望值、拥有者所处的环境和自由实际发挥作用的影响。平等也是一样，人们需要什么样的平等、需要哪些领域的平等、需要哪种程度的平等也不能一概而论。从这个角度来说，罗尔斯的平等观要么允许不平等，要么强加平等，这反而会引发新的不平等。

　　3. 差别原则对社会基本"善"的确定有失偏颇，不利于真正平等的实现

　　差别原则该如何确定社会处境最不利者呢？一般而言，这种社会最不利者基本由社会基本"善"的占有情况所确定，而差别原则对社会基本"善"的分配并不利于真正平等的实现。当代西方学者提出，基本善有两个方面：一是社会基本善如财富、收入，二是自然基本善如健康、肢体完整。而那些在自然基本善方面存在不足的人哪怕拥有与其他人相同的社会基本善，也仍然会在社会中处于不利的地位。为此，森在《论经济不平等：不平等之再考察》一书中指出，不同的人对社会基本善的认定和需

---

① 卢昌军：《对罗尔斯"差别原则"的解读与评析》，《社会主义研究》2007 年第 3 期。

求是不同的，所以依据基本善来确定谁是最不利阶层谁是最有利阶层的做法是不可取的。森认为，人与人之间的不平等主要来自于人的能力而不是财富和收入，罗尔斯给弱势群体更多的财富和收入也只能改变其一时的状态，但如果不提升其达到平等机会的能力，"福利的平等和福利的机会平等在一个跛者面前都是失灵的。"① 森指出，尽管罗尔斯本人并没有以这种方式提出自己的理论，但是他的观点确实是对福利主义的一个根本批评和反对。根据罗尔斯的差别原则，不一定要优先考虑那些最不幸福的人，而应该优先考虑那些境况最差的人。而按照罗尔斯的推断方式，境况最差指具有最低的"基本善"指标值。基本善是帮助人们改善生活状况的多用途工具，包括"权利、自由、机会，收入、财富和自尊的生活基础"。在罗尔斯式的分析框架中，对基本善的集中关注于他对个人利益的看法。罗尔斯认为，应该从个人所享有的用来实现其各自目标的机会这个方面来看待个人利益。如果一个人尽管拥有比其他人更多或同样多的善，但是他自己并不幸福（或许与自己的偏好有关），罗尔斯认为这并不包含不公平，因为一个人应该为自己的偏好负责。但是，森却认为，如果目标集中于个人实现其目标的实际机会，那么人们不仅要考虑他拥有的基本善，而且要考虑拥有基本善的个人特征——这些特征对于将基本善转化为个人改善其基本生活状况的能力来说至关重要。例如，一个拥有更多基本善的残疾人、老年人、病人，他们实现其目标的机会要少于那些只拥有较少基本善的正常人、年轻人和健康的人②。因此，对于人自身的劣势如出身、残障等所带来的不平等，差别原则的补偿作用是很弱的。确实，差别原则虽然关注先天残疾者，但由于罗尔斯是以社会基本善而不是个人基本善为指标来界定处境最不利者，这就容易使个人基本善不利而社会基本善有利的人如有钱的残疾人得不到补偿。③ 也就是说，有钱的残疾者由于拥有一定的社会基本善而不能得到残疾人应有的福利和照顾，这是不公平的。因为一个残疾人虽然有钱，但他是残疾的，他就应该享有残疾人所具有的福利

① Amartya Sen, "Equality of What?" In S. Mcmrrin (ed.), *Tanner Lectures on Human Values*, Cambridge University Press, 1980, pp. 16 - 17；[印度] 阿马蒂亚·森：《论经济不平等：不平等之再考察》，王利文、王占杰译，社会科学文献出版社 2006 年版，第 157 页。

② 同上书，第 158—159 页。

③ Rawls John, *A Theory of Justice*, The Belknap Press of Harvard University Press, 1971, p. 98.

和权利。至于他是否要接受这些福利和权利，他接受后是否要回馈社会，这取决于他个人的意愿，社会制度是不能把他享有的残疾人权利和他是否接受残疾人权利混为一谈，否则，就侵犯了残疾人平等地拥有权利。

此外，森还指出，"平等是根据对一个人的具体方面同另一个人的相同方面的比较来下结论的，比如，收入或财富，幸福或机遇，权利或需要的满足，等等。①"但是，森认为，被平等分配的还应有福利、资源、机遇和能力，而并不是罗尔斯所说的社会初级产品，如财富和收入等。② 其实，对生活质量而不是收入财富或心理满足的集中关注在经济学中并不是什么新内容。实际上，正如森所论述的那样，经济学正是由于人们对生活条件的评价以及施加于其上的因果影响有着强烈的需求才得以产生的。例如，通过理性的辩护，亚里士多德明确地陈述了这一动机，在威廉·配第、葛利高里·金、弗朗索瓦·奎奈、安东尼·拉瓦锡、拉格朗日以及其他关于国民账户和经济繁荣的早期著作中，这一动机也有明确的反映③。森从能力贫困的视角批评了罗尔斯的差别原则的不可达性和对弱势群体补偿的失灵性。正如金里卡在评价森的批评时所指出："差别原则本来旨在缓和人们的自然资质对他们的影响，但在寻找标准以确定最不利者的地位时，罗尔斯没有把自然的基本善纳入考虑，因此，对于那些遭受本不应得的自然劣势的人而言，他们实际上没有得到任何补偿。"④ 仔细想来，差别原则只考虑提升弱势群体的社会基本善而没考虑到他们的自然基本善，也没有考虑到弱势群体对社会基本善的期望与一般群体的差异，以及弱势群体对社会基本善的转化能力，这确实值得进一步探讨。

罗尔斯在《正义论》中试图确立普适性的正义原则，他的思想源泉是卢梭的社会契约论和康德的自由主义思想，他的理想是构建"作为公

① ［美］亚历克斯·卡利尼克斯：《平等》，徐朝友译，江苏人民出版社 2003 年版，第63—64 页。

② 同上。

③ ［印度］阿马蒂亚·森：《论经济不平等：不平等之再考察》，王利文、王占杰译，社会科学文献出版社 2006 年版，第 159 页。

④ ［加］威尔·金里卡：《当代政治哲学》，生活·读书·新知三联书店 2004 年版，第 140页。

平的正义"，他的结论是建立公平的分配制度。但是，罗尔斯的正义范畴有亚里士多德分配正义的痕迹。为什么这么说呢？因为罗尔斯将其所提出的差别原则的内容限定在个体之间自然资质的差异上，但实际上却隐含着对人的社会差异的承认，尽管他本人的愿望并不是如此。他本人的愿望是将公平原则与差别原则结合起来，力图消除社会中因自然客观原因引发的差异，即通过公平的制度安排来缩小人与人之间的自然差异，以及由此带来的社会差距。但是，罗尔斯制度安排却是通过财富和机会向弱势群体倾斜的不平等分配来提供公平与正义，这就与分配的"差异"属性相矛盾了。一般认为，分配不能按平均主义路线进行，分配的标准要么是功绩、贡献、能力，要么是家庭出身，但不管按哪种标准分配，分配的结果肯定是有差异的，没有差异的分配就如中国"文化大革命"时期的"大锅饭"一样，必将带来社会财富的滞涨和社会秩序的混乱。既然分配的结果本身是有差异的，那么如何能够通过制度权威和个体的先天差异来消除结果的差异呢？这显然是罗尔斯正义理论的悖论。按此逻辑，罗尔斯的正义思想与亚里士多德有相似之处，只不过亚里士多德公开承认分配必须按等级进行，而罗尔斯却用了一块遮羞布"作为公平的正义"来回避社会的等级问题。但是，一旦他把社会公平正义的达成寄托在分配的手段上，无疑就是承认社会等级差异的合法性。站在这个角度，罗尔斯差别原则的平等意蕴就大打折扣。

（二）诺奇克"权利理论"中的实质差等

诺奇克赞同罗尔斯"正义是社会制度的首要价值"的观点，但是他认为正义不在于平等而在于权利，正义意味着合法的权利。同时，虽然诺奇克认为一个人遭遇了不平等是不幸的，但是他认为真正的平等是无法达成的，因为任何平等的分配都将导致不平等，不平等是无法解决的。在诺奇克看来，平等是否公正要视情况而定，不平等并不一定意味着不公正，平等也不一定意味着公正。况且，虽然人们希望纠正不平等，但人们纠正不平等的依据是得不到合理的证明。① 诺奇克高扬权利的价值和权利的优先性，并划定了一个以"权利"为核心的堡垒，包括平等在内的任何东

① ［英］乔纳森·沃尔夫：《诺奇克》，王天成、张颖译，黑龙江人民出版社1999年版，总序第6页。

西都不能超越权利这个雷池一步。① 诺奇克否认通过再分配如强制收税或强制转让来达到平等，因为这样做是不道德的。要转让、拍卖或征收他人合法权利产品的唯一途径是征得他人的同意。为此，诺奇克权利平等的核心思想是：坚持个人权利是最重要的，至于不平等是怎么产生的，是由社会文化条件还是个人的自然天赋引发的，都与权利无关。② 那么，诺奇克是如何证明他的权利是最优先的呢？诺奇克的证明过程有三个核心观点。

1. 权利的取得只要是合法的，持有权利就是正义的，任何剥夺个人权利的行为都是不正义的

按照诺奇克的观点，财产权的赋予包含两个基本过程。财产既可能从已经合法持有他的人那里合法地获得如转让、赠予或继承，也可以在某种情况下从属于任何人的自然中"挪用"，如对于无主财产谁先发现或谁先宣布所有权，所有权就是谁的。如果前面的两种占有不符合程序或不合法，就可以用第三个原则"矫正的正义"予以纠正。这样，诺奇克的"正义的权利理论"得以完成。诺奇克所说的不可侵犯的权利主要指否定而非肯定的权利。肯定的权利是得到他人帮助的权利，否定的权利是指避免被他人伤害或干涉的权利。例如，我雇佣一个医生给我看病，我得到的就是要求医生照顾我的肯定权利。但是，我没有雇佣这个医生，这个医生只是过路看到我生病了，那么，按照诺奇克的描述，我的权利就只能是不受干涉的否定的权利。为了补充权利的这一特性，诺奇克对此提出"边际约束"的概念。在"边际约束"中，个人的权利应该被认为是对他人的行为的约束或障碍，即你的权利不得侵犯我的权利，不得为了将来的权利牺牲现在的权利。但是，当权利发生冲突的时候诺奇克的观点就解释不了了。为此，诺奇克提出权利的最根本特征：从政治上说，权利是人们唯一关心的事情：它们是彻底的。于是，诺奇克论证权利重要性的思路清楚了：权利是否定的、彻底的，具有边际约束力。这样，权利就具有绝对的、可靠的特性。"它不可以为了公众的福利、为了其他的权利以及任何

---

① 罗干坤：《追寻自由——论经济伦理自由范畴本义》，博士学位论文，中山大学，2004年版，第45页。

② ［英］乔纳森·沃尔夫：《诺奇克》，王天成、张颖译，黑龙江人民出版社1999年版，总序第6页。

其他的原因而被践踏。"①

2. 为了保证个人的私有产权不受任何人或组织机构的侵犯，诺奇克主张应建立最弱意义的国家

按照诺奇克的想法，国家的职能仅限于保护人民的生命财产安全，这样的国家才是正义的。而如果国家还要干涉使人民免于暴力、偷盗、欺诈等范围之外的事，国家就侵犯了人民的权利。② 按此逻辑，国家的主要职责在于保护公民免受外来侵略和相互侵略，如果政府因为人民提供公共服务如教育、道路、消防、基础设施等而征税，或为了照顾穷人、残疾人、重症病人等弱势群体而要拿走富人的一部分财产，或政府为了向人民提供良好的生活环境而均等化某些财产，这些都是不合理的。也就是说，国家没有帮助穷人的职责，国家要做的就是保护人民的财产权免受侵害。为什么要建立最弱意义的国家呢？诺奇克的回答是国家的存在会侵犯权利，国家越强大，侵犯人们权利的可能性和范围越大，因为任何国家都宣称它是使用暴力的唯一合法授权者。而如果国家要求暴力的垄断，并声称这种垄断是其存在的关键，那么国家就是不道德的。另外，国家宣称其职能是对所有人包括穷人和富人提供保护，那就必须得有人承担提供保护服务的人的费用，而这笔费用穷人是出不起或只能出得起一部分，因此必须全部或大部分由富人来出，即国家必须实行强制的再分配，这就违背了正义的权利理论。这说明，即使最弱的国家也是不道德的。正如本杰明·塔克所指出："如果个人有权利统治他自己，那么所有外在的政府都是暴政。"③

3. 最弱意义的国家是一个乌托邦框架

西方政治哲学中的国家理论有两个极端：一是古典自由主义的守夜人式的国家，即诺奇克最弱意义上的国家；一是各种乌托邦国家，即具有庞大职能、能够解决所有问题的国家。从词义上来说，诺奇克的最弱意义的国家与乌托邦是相悖的。但是，诺奇克却指出，由于人是有差别的，再强

---

① ［英］乔纳森·沃尔夫：《诺奇克》，王天成、张颖译，黑龙江人民出版社1999年版，第22页。

② 同上书，第7页。

③ ［美］本杰明·塔克：《国家社会主义与无政府》，载《无政府主义读者》，伍德科克主编，方塔那，格拉斯哥，1977，第151页。

大的乌托邦也不能同时实现所有人的所有理想。既然人们的善不能同时实现，那就必须使它们能被实现的机会均等。而要做到这一点，就应该有多个乌托邦，这样的话，每个人才能找到最适合于自己的乌托邦，即"人是不同的，不同的人有不同的理想，追求不同的善和价值，从而人们借以实现善、价值和理想的乌托邦也应该是多种多样、形态万千的。不存在一个对所有人都是最好的世界，只存在一个相对于某个人或某些人而言最好的世界。①"那么哪一个世界对我最好呢？按照诺奇克的设想，一个社会包含着无数个共同体，每一个共同体都是乌托邦，人们可以根据自己的实际情况随意进出任何一个乌托邦。久而久之，有些乌托邦（共同体）会得到改善，有些乌托邦会被完全抛弃，有些乌托邦会分裂，有些则会日益繁盛。在这种意义上，诺奇克将国家称为"乌托邦框架"。在这种框架内，存在着许多不同的共同体去追求它们的善、价值和理想。在此意义上，诺奇克与无政府主义者和传统乌托邦的区别就显现开来：一方面，他强调最弱意义上的国家是道德上唯一合法的国家，另一方面，他又声称最弱意义上的国家同时又是乌托邦，能够最好地实现人们对善、价值和理想的追求。问题清楚了，隐藏在"一种乌托邦框架"背后的理念是提供一种背景的描述，人们可以在其中创建各种不同种类的次级国家。例如，喜欢享乐的人可以组建一个享乐型的乌托邦，喜欢自由市场的人可以组建一个自由市场的乌托邦，等等。因此，诺奇克指出：无论你的乌托邦概念是什么，只要你能找到足够的人居住在其中并为它付出，那么按自由主义观点他就是可能的。②

为此，诺奇克的思想明了了：权利是其正义思想的核心，道德上的自愿是维持、变更或放弃权利的唯一标准，"人是目的而不是手段"是权利不受侵犯的主要表现，最弱意义的国家是保证权利不受侵犯的重要保障。诺奇克的权利包括人的生命、财产、自由等各种权利，重点是人的财产权。道德上的自愿指人们对权利的一切处置行为只有出于自愿才是正义

---

① ［美］罗伯特·诺奇克：《无政府、国家与乌托邦》，姚大志译，中国社会科学出版社2008年版，译者前言第16页。

② ［英］乔纳森·沃尔夫：《诺奇克》，王天成、张颖译，黑龙江人民出版社1999年版，第153页。

的，不管出于什么原因和手段，强制他人的行为总是不正义的。人是目的
反对的是功利主义为了整体的功利而任意践踏、剥夺他人权利的行为，这
种行为把人当成手段。而为了达到以上三点，最弱意义的国家是其最重要
的保障。

由上述可知，诺奇克的证成逻辑是：个人拥有权利—最低限度的国家
的存在—最低限度的国家最有利于维护个人权利—最低限国家是乌托邦框
架。为满足不同个人的愿望容许多元共同体的存在，维护个人权利是它的
旨归。但诺奇克认为论证平等比规避不平等更重要，认为平等是不可实现
的，认为机会的平等比结果的平等、起点的平等更重要，这是不合理的。
试想，没有起点的平等，机会平等犹如建立在沙滩上的高楼大厦，根基不
稳。没有结果的平等，机会平等也如海边的海市蜃楼，容易昙花一现。所
以，认为给了同等机会就实现了社会平等的诺奇克，其对社会贫富差距、
社会底层群众的弱势地位、社会垄断是纵容的，认为这是他们在机会平等
面前应得的，这有明显为社会等级制度和阶级分化的合理性而辩护的
色彩。

（三）德沃金"资源平等"中的结果差等

德沃金的平等理论包括资源平等和政治平等，而资源平等是平等的核
心思想。对于什么是资源平等，德沃金的观点是：资源平等是一种物质的
平等，是个人无论什么资源方面的平等。[1] 也就是说，资源平等不解决人
格资源的平等问题，解决的是非人格资源[2]方面的平等分配。[3] 德沃金的
资源平等来自以下的假设：人们来到一个荒无人烟的小岛上，小岛以前的
资源都是无主资源，人们为了建立一个平等的社会，以相同数量的贝壳作
为竞拍的资本，去购买岛上的资源。而为了保证购买是平等的，人们就要
对岛上的所有资源（这里指非人格资源）——土地、产品、空气、水、
运气、个人技能甚至患癌症的风险等进行拍卖，总之，一切能够影响到广

---

① Ronald Dworkin, *Sovereign Virtue*: *The Theory and Practice of Equality*, Harvard University Press, 2000, p. 3.

② 德沃金将资源分为人格资源和非人格资源。个人的精神能力和生理能力属于人格资源，其他一切可以私人占有和交换的东西属于非人格资源。

③ Ronald Dworkin, *Sovereign Virtue*: *The Theory and Practice of Equality*, Harvard University Press, 2000, P65.

义机会成本的东西都可以拍卖。并且，这种拍卖要满足"嫉妒检验"标准，即拍卖不是一次完成的，而是反复进行，直到再也无人嫉妒别人拍卖到的东西为止。嫉妒检验意味着，在分配完成之时，有任何岛上居民不满意自己分到的那份资源，或者有任何居民愿意拿自己的物品和他人交换，这种分配就是不平等。①

经过嫉妒检验，人们得到的东西就是平等的，即资源平等。但是，在得到相同的资源以后，市场的不确定性、制度的不完整性和个人禀赋的差异性导致起点上平等的资源可能带来财富差距的扩大。而在德沃金看来，如果拍卖后生产、交易所造成的财富差距体现了个人的价值选择，那么这种财富差异就是合理的，个人必须对其选择负责。例如，资源拍卖后有 A 和 B 两个人，A 勤劳、善良，两年后得到 10 倍于原来的财产，而 B 好吃懒做，两年后不仅没有得到更多的财产，反而将刚来到岛上分配的资源消耗殆尽，成为一个彻底赤贫的家伙，那么，A 与 B 之间的财富差距是他们自身选择的结果，这不关乎平等。但是，如果拍卖后生产、交易所造成的财富差距是由社会制度、社会整体的价值偏好或运气等造成的，就应该进行修正，而修正的路径就是寻找另一种市场机制——保险，即通过保险来实现社会财富的分配手段。处于同等风险位置是德沃金资源平等的主要抱负，即只要人们面临的社会风险位置是相似的，无论结果怎样，资源平等都不关心。那么，德沃金的资源平等理论真如他自己所认为的那样能达到实质的平等吗？德沃金是一个彻底的平等主义者吗？德沃金的资源平等真的比罗尔斯的差别原则更加平等吗？还是从德沃金资源平等的几个关键点谈起吧。

1. 德沃金没有关注制度原因造成的不平等

不平等既有客观原因如自然天赋、成长环境和社会制度，也有主观原因如个人抱负、个人选择和后天的努力程度。德沃金认为，应该纠正的是客观原因而非主观原因造成的不平等。但是，德沃金只将导致不平等的客观原因看作自然禀赋，对制度引发的不平等置若罔闻，而实际上，制度不正义引发的不平等更为根本。例如，如果在制度上对人们的民族、种族和性别有歧视，就将引发全社会大规模的不平等。其实，自然天赋如先天残

---

① 王立：《平等的范式》，博士学位论文，吉林大学，2006 年，第 3 页。

障等引发的不平等比较明显，也是现代大多数政府致力于要解决的问题，不会引发太多的社会问题。但是，制度不正义引发的不平等往往比较隐蔽，看似平等实际却不平等，很多时候会被人们忽视，需要通过深层的结构调整和制度变革才能彻底解决。因此，这类不平等涉及的利益多、解决的难度大、产生的社会危害严重，但这部分客观原因引发的不平等却被德沃金忽视了，这说明德沃金的理论还存在一定的缺陷。

2. 德沃金假设的"荒岛拍卖"存在诸多漏洞，资源平等的理论预设不周延

德沃金假设的荒岛拍卖有三个关键词：拍卖、嫉妒检验和保险市场。首先看拍卖。德沃金指出，任何人对岛上的资源都没有优先权，而只能对它们进行平等分配。① 德沃金所指的岛上可分配的资源主要指除精神能力和生理能力之外的一切可以私人占有和交换的非人格资源。问题就出来了，哪怕拍卖的程序和标准都没有问题，但是如何保证分配的资源能满足大家的需要，德沃金三缄其口。人们对资源的需求有一般需求和特殊需求两种，土地、水、空气、阳光、日常生活用品属于一般需求，拐杖、牛奶、香槟等属于特殊需求。荒岛上拍卖的是人们一般需求的资源还是特殊需求的资源呢？资源也有稀缺性和非稀缺性之分，在拍卖时如果很多人都想要稀缺性资源如土地那该怎么办呢？为此，德沃金提出嫉妒检验。

嫉妒检验指没有人会嫉妒别人购买的东西，人人都表示满意，物品各得其主。但是，嫉妒检验后大家是否满意呢？嫉妒是一种心理状态，表示对别人的拥有怀有不平衡的敌对态度。嫉妒也是一种欲望，总是会升腾起来，一分钟前的嫉妒对象与一分钟后的嫉妒对象往往会不同；你嫉妒的东西得到之后你可能又立马会嫉妒另外的东西。也就是说，嫉妒是动态变化的、暂时的，嫉妒平衡很容易被打破。另外，嫉妒不仅与个人的需求、价值偏好、家庭背景有关，还与社会的整体偏好、社会资源的稀缺程度有较大的关联，并不能真正反映社会平等。例如，一个富裕家庭出身的人嫉妒的可能是一栋别墅，一个贫穷家庭出身的人嫉妒的可能是一块能充饥的面

① ［美］罗纳德·德沃金：《至上的美德——平等的理论与实践》，冯克利译，江苏人民出版社2008年版，第63页。

包。如果他们一人用岛上的贝壳拍得了别墅，一个拍得了面包，并且在当时都通过了嫉妒检验，能说这两人拥有的资源是平等的吗？显然不能。因此，德沃金以是否通过嫉妒检验来衡量大家的平等是不合理的。如果非要用嫉妒检验，应该加上罗尔斯的原初状态，即到荒岛上参与拍卖的人之前都处于无知状态中，不知道自己的出身、所处的阶级和地位，人与人之间的关系比较冷漠，人们对别人的事知之甚少，更不会觊觎他人所得。也就是说，要么预设去荒岛参与拍卖的人在智力、家庭出身、生活环境等方面都是相似的，要么预设这些人所处的环境是无知之幕。否则，通过德沃金的嫉妒检验来衡量平等是失效的，有承认社会等级合理性的嫌疑，由此建立的正义是差等正义而不是"平等正义"。

最后，看看德沃金预设的虚拟保险市场。德沃金认为，通过嫉妒检验的资源拍卖后，人们在运作资源的过程中会碰上选择的运气和无情的运气，会面临先天的残障和后天的残障，这些都会影响资源运作结果的平等，因此，可以用虚拟的保险市场来平衡，其做法是人们应为可能遇到的无情的运气如自然灾害、后天的残疾等投保，这样一旦遭遇这些情况，保险市场将会给予赔付，以减少损失，这会走向平等吗？从表面上看，人们的投保机会是均等的，人人都可为可能面临的无情的运气投保，但仔细分析不难发现，在其他条件既定的情况下，投保至少受到人们的风险意识和投保能力的影响，而投保意识又主要与人的文化水平、保险需求程度、风险偏好程度和家庭经济条件等因素有关，投保能力则直接取决于人们的经济实力。这样，经济富裕的人投保的能力和机会越大，遭遇无情的运气打击的可能性就越小；而经济贫困的人投保的能力小，应对社会风险的能力就小。长此以往，人们之间的贫富差距必将呈现"马太效应"。所以，虚拟的保险市场实际不能解决资源运作中的贫富差距问题，反而可能进一步扩大贫富差距。再加上德沃金认为个人应为自己的选择负责，选择的运气与平等无关，这进一步为社会阶级之间的不平等辩护。因为，个人选择与人的价值偏好、文化水平、信息处理能力和家庭生活背景有莫大的关系。一个不争的事实是，不同阶级不同出身的人在个人选择的价值取向上是不同的，上层阶级选择付出的机会成本应该更小，因为他们有能力有实力更加理性地判断选择市场；而底层人群的选择受到的限制却较多，付出的机会成本也很大。可以说，如果普通百姓知道股票 A 会涨停的话，他们肯定会购买股票 A 而不是股票 B。但是，上层的高管得到内部消息说股票 A 会涨停，因而购买了它。结果，购买股票 A 的上层高管和购买股票 B 的普通百姓因个人选择的不同而得到不同的回报，这种回报公平吗？不公平。个人选择也不完全是运气，既然不完全是运气，就不应该全部由个人负责。否则，会进一步加大社会贫富差距，默认甚至纵容特权阶层与普通群众的身份差别，强化差等正义。

3. 德沃金的资源平等没有考虑个体能力对资源的转化率，难以达到实质平等

对此批判最集中的就是阿马蒂亚·森。森指出，不同个体的能力不同、水平各异，即使拥有同样的资源和社会基本善，他们将这些资源转化为基本自由时，转化率也会有重大的差异。例如，假如两人拥有相同的收入和社会基本善，但一个人营养不良，另一个人身体健康，或者一个人人脉资源丰富，另一个人人脉资源贫瘠。那么，前者对资源的转化能力显然大大高于后者。既然如此，森认为，评估福利标准时应考虑个人的能力。之所以将能力纳入分析的范畴，是因为贫困除了意味着低收入之外，更多地意味着对收入能力的剥夺。阿马蒂亚·森指出，低收入和低能力之间的工具性关系在不同的社会、不同的家庭甚至不同个人之间是不同的，其原因在于：其一，能力和收入之间的关系会受到个人年龄、性别、社会角色、居住位置、流行病以及一些个人无法控制的变量的强烈影响。例如，营养不良固然与摄入的食物及其营养成分有关，但是也与摄入主体的营养吸收能力有关，后者深受健康状况的影响，而健康状况有很大程度上依赖于公共医疗服务和公众的防病措施。其二，收入低与人的收入转化能力之间存在某种耦合性的联系。人的体质方面的不利条件如年龄、疾病或残疾不仅会降低个人赚钱的能力，同时也使得从收入到能力的转化变得更为艰难。其三，家庭内部重男轻女的财富分配方式使得以纯粹的经济收入作为贫困与否的标准面临更大的挑战。在亚洲、非洲甚至美洲的一些地方，家庭财产分配中的性别歧视往往使得家庭内部的贫富差异被忽视，从能力的角度界定贫困能够更好地阐释这一问题。其四，收入方面的相对剥夺可能会造成能力方面的绝对剥夺。例如，在一个公认的富裕国家中，为完成同

样的社会生活内容，人们需要更多的收入来购买足够的商品。① 正是基于以上四方面的考虑，阿马蒂亚·森指出，"如果我们仍在收入中考察贫困问题，则考虑到从收入到能力的转化差异，其相关的贫困概念就应该被认为是收入不足，即收入无法实现最起码的能力，而不是收入低，即与影响到这种转换差异的具体环境无关的所谓低收入。只有这样，才能合理地看待其中的某些转化差异。②" 而如果忽视这种差异，就会导致结果上的不平等。

4. 资源平等不能解决社会外部偏好带来的不平等

为了说明德沃金的资源平等是否是真正的平等，威廉姆斯做出这样的阐述：安妮和鲍波是受过良好教育、身体健康、天资聪明的双胞胎姐弟，他们都希望爱情甜蜜、家庭幸福、事业有成、身体健康。也就是说，他们在人格资源与非人格资源上都是相似的。③ 同时设想安妮和鲍波所处的社会流行的价值观是男女不平等，倾向于让妇女做"家庭主妇"，花更多的时间照顾孩子和家庭生活。显而易见，由于社会的整体价值偏好，作为姐姐的安妮可能在家庭和工作两方面都处于不利地位，而作为弟弟的鲍波在家庭和工作两方面处于有利地位。中国传统观念对男女的态度也印证了这一点。那么，德沃金的资源平等能解决这类不平等吗？显然不能。但是，这类不平等却在生活中大量存在。也就是说，由社会整体的价值偏好所带来的个人选择是否也要个人负责呢？德沃金的回答是资源平等不应该关注由偏好造成的不平等，因为这会倒向福利平等。拉里·亚历山大和马伊诺恩·史瓦西也认为德沃金的拍卖设计主要面临着"外部偏好"的问题，并且不同偏好的价值是不同的，例如，把我对折磨你的偏好原则上视同一个无家可归的人对简陋房屋之偏好的满足（可抨击沃尔泽的观点），这种关于公正的观点未免过于极端。而且，满足不同偏好所付出的代价也是不一样的，一些偏好满足付出的代价要大大高于另外一些偏好所需要

---

① 李小勇、谢治菊：《能力贫困视域下中国农村开发式扶贫的困境与超越》，《理论导刊》2013 年第 2 期。

② ［印度］阿马蒂亚·森：《论经济不平等：不平等之再考察》，王利文、王占杰译，社会科学文献出版社 2006 年版，第 171 页。

③ Williams, Andrew, "Dworkin on Capability", *Ethics*, Vol. 113, No. 1, 2002, p. 30.

的代价。再者，偏好往往是适应环境的，贫穷的人会放弃他们不可能得到的东西的偏好。所以，如果以穷人的偏好为标准来施行福利政策，肯定会招致更大程度的不平等。①

如此看来，由于没有考虑到个人的价值偏好、家庭出身、文化水平和风险偏好程度，没有考虑到社会的价值偏好、资源稀缺程度和阶层差距，德沃金的"岛上资源拍卖"只关注起点的平等，允许部分过程平等，漠视甚至纵容结果的不平等，这是典型的差等正义思想，必须予以批判和改进。

（四）评价

由于社会和经济的不平等是当今社会一个积习难改的特点。为此，几乎从罗尔斯的《正义论》问世以来，差别原则为判断是否可以容忍不平等的分配提供了一把尺子，即不平等仅仅在对穷人有利的情况下才被允许。由此围绕平等主义的公正所展开的争议就色彩斑斓。无论是 G. A. 科恩优势获取平等的观念，还是阿马蒂亚·森能力天赋平等的观点，还是德沃金的资源平等理论，它们都暗示了一点，即都寻求对此平等地分享的东西就是个人最大范围地介入活动和状态的能力，因为他们有理由珍视这些活动与状态。森从能力天赋角度的探索表明，推动平等主义的不仅仅是人们希望消除盲目运气所招致的有害的结果，而且还有实现保证所有人都平等地获得幸福的目标。但是，平等的自由主义的最大缺陷在于它假定公正可以在一种资本主义的市场经济框架内实现。这是他与第三条道路的思想家们一拍即合的观点，即要实现平等主义的公正，天赋人权方面的差异是罪魁祸首。但是，这完全忽视了资本主义的权力结构和经济结构对社会不平等的影响，因而是要被批判的。② 为此，森指出，新自由主义平等理论虽然都预设了平等理念，但由于忽视了人际间的差异性和人们转化平等权利的能力，并不是真正的平等观。而在这些平等观念的背后，都无一例外的存在一定程度的承认社会等级合法性的痕迹，只是痕迹的轻重程度不同而已。

---

① ［美］亚历克斯·卡利尼克斯：《平等》，徐朝友译，江苏人民出版社2003年版，第64—65页。

② 同上书，第155页。

四　成员资格的限制：当代社群主义的差等正义思想

社群主义者认为，自由主义所认为的"正当优先于善"从根本上就是错误的。作为一个家庭、一个社区、一个阶层、一个民族、一个国家的成员，"我"与这一切是分不开的，分开后就没有"我"，社群意味着拥有共同体成员资格。因此，在社群主义者看来，正义就不是优先于善，而是善优先于正义。当代社群主义的典型代表是迈克尔·沃尔泽、阿拉斯戴尔·麦金泰尔、迈克尔·桑德尔和泰勒。其中，沃尔泽和麦金泰尔正义思想中的不平等意蕴更为明显。

（一）沃尔泽"复合平等"中的实质差等

沃尔泽的理论更类似于罗尔斯，他与罗尔斯一样承认不平等的分配是允许存在的，但本质不同的是，罗尔斯认为不平等的分配只有有利于最小受惠者的利益才是正义的，而沃尔泽认为不平等只要不从一个领域向另外一个领域渗透，或不会通过转换过程而增加，也不会在不同的物品之间累加，这种不平等就是正义的，沃尔泽的这种平等理论被称为"复合平等"。

沃尔泽的复合平等理论承认社会生活中事实存在的不平等，但否认一个群体因为拥有某种物品而对另一个群体形成支配的正义性。因此，他认为，只要社会物品在各个领域的分配是相互独立的，社会的不平等至少就不会加剧。而且，由于每个人都生活在不同的领域中，在不同的领域中扮演着不同的角色，因而如果他在某个领域所处的劣势会被他在另一个领域的优势所抵消（即这边损失那边补），那么"不平等中的平等"即"复合平等"就形成了。正如沃尔泽所描述的："一个较大的正义观念要求的不是公民们轮番为治，而是他们在一个领域内统治，而在另一个领域内被统治——在那里，'统治'的意思不是行使权力，而是比别人享有对被分配的任何善的更大份额。"① 这有一定的道理。众所周知，自人类社会产生以来，社会不平等就一直如影随形。既然到目前为止不平等一直存在，那么怎样才能减少社会整体的不平等呢？罗尔斯和沃尔泽的思想给了很大的

---

① ［美］沃尔泽：《正义诸领域：为多元主义与平等一辩》，褚松燕译，译林出版社2009年版，第379页。

启发。罗尔斯的差别原则意味着可通过缩小强势群体和弱势群体之间不平等的程度来减少社会整体的不平等；沃尔泽的"复合平等"则启迪：如果一个领域的不平等不向或少向另一个领域扩散和渗透，那么社会整体的不平等也会减少。例如，与富人相比，穷人在经济收入上已经不平等了，但如果国家能为其平等参政、平等享受文化权利（如义务教育）提供福利，那么，穷人与富人的不平等还不至于太大。但是，如果国家不是采取措施防止穷人在经济领域的不平等向其他领域扩散，而是任其自由发展，那么，穷人与富人之间的不平等将会扩大，出现所谓的"马太效应"。从这个角度来说，沃尔泽的"复合平等"思想有一定的积极进步意义。但是，沃尔泽这种相对主义的平等观和特殊主义的正义情怀必将决定其理论有一些不平等之处。

1. 物品的分配是否可以相对自主和独立？物品分配中的支配和垄断是否会相互转化？

沃尔泽复合平等的立论基础是物品的分配是相互独立和分开的，一旦物品的分配相互渗透、相互交叉，复合平等也就不存在了。那么，事实如沃尔泽所愿吗？其实，首先，社会物品之间并不像沃尔泽所说的那样是完全独立和自主的，而常常是紧密联系不可分割的。例如，财富往往对机会产生比较明显的影响，拥有财富的人在政治、经济、文化和社会生活中就拥有更多的机会，因而财富和机会这两种物品往往是相辅相成的。其次，人们在社会中的身份是多重的，每种身份要求分配的社会物品都不一样，当然，分配的标准也有差异。但是，人们很难将自己扮演的各种角色完全区分开来，由此带来的物品分配的渗透也在所难免。最后，一个领域物品的价值和意义往往由另一个领域的物品价值来决定，分配领域具有明显的重叠性。例如，权力是政治领域分配的主要物品，但权力的价值和意义往往要通过金钱、地位、别人的尊敬、下属的服从等来体现，而这些都是其他领域的分配物品。其实，沃尔泽认为物品的分配可以独立与自主不仅忽视了物品间的同一性，而且割裂了事物之间的联系，斩断了他们的相关性，具有明显的相对主义倾向。另外沃尔泽认为复合平等允许物品分配的垄断但不允许支配，但是，垄断与支配是否会相互转化呢？垄断意味着在某一领域占有绝对的优势，如中国的电力、电信和石油部门，但垄断往往与权力、金钱、财富、政府决策有着千丝万缕的联系，相应地，垄断就容易造成对这些领域的支配。反过来，支配肯定会造成垄断，支配是垄断的前提与表现。当然，沃尔泽所说的垄断并不都如我上述所举的例子这么极端，他所说的很多都是小垄断，但是他在文中并没有说清楚他所指的是哪种垄断是平等的，这反而为他的理论的不周延性埋下了伏笔。因此，他的观点"允许物品分配中的垄断但排斥物品分配中的支配"是偏颇的，这也进一步证明了他的理论的不周延性。

　　2. 复合平等允许"小的不平等"，但什么样的不平等才是小的不平等，这还不得而知；小的不平等默认群体内部的不平等，这是平等还是不平等？

　　按照沃尔泽的解释，可能是公民 X 而不是公民 Y 当选为政治上的某种职务，这两个人在政治领域的初始状态就不平等了。但只要 X 廉政清明，不会用手中的权力和利用职务之便给他带来超过 Y 的利益——优越的医疗照顾、将自己的子女送到更好的学校、享有更好的事业机会，等等，那么，一般而言，他们并不是不平等的。① 也就是说，沃尔泽认为的"小的不平等"应指一个领域的不平等而不是所有领域的不平等。但是，这是一个模糊的概念。首先，根据不同的标准，社会领域有多种划分，比如，根据社会领域的性质，可分为政治、经济、文化和社会领域；根据社会生产的过程，社会领域可分为生产、交换、分配和消费领域；根据权力的边界，可分为公领域与私领域，等等。每一种领域的性质、内容、要求大相径庭，那么，沃尔泽眼中的社会领域是哪种划分标准呢？这还不得而知。既然划分标准不清楚，那么，一个领域的不平等是多大的不平等，是500 元的不平等，还是 5000 元的不平等？这也不得而知。如果说 X 在政治领域拥有职位，Y 拥有的却是更健康的身体或更清闲的工作或更多的社会关爱或更多的书，由于 X 与 Y 各自在不同的领域都拥有优势，那么 X 与 Y 在物品的拥有上就是平等的，这显然是荒谬的。因为 X 拥有的优势物品与 Y 拥有的优势物品是不等价的，甚至很多时候是没有可比性的。也就是说，沃尔泽所说的物品的社会意义的大小是完全不同的，如权力和面包，房子和牙膏。如果以"每个人都拥有有社会意义的社会物品"来

---

　　① ［美］沃尔泽：《正义诸领域：为多元主义与平等一辩》，褚松燕译，译林出版社 2009 年版，第 21 页。

衡量大家平等与否的标准，未免过于简单了。因此，沃尔泽允许的小的不平等不仅没办法从量上去衡量也没有办法从质的方面去规定，那么，这种小的不平等也许会导致大的不平等，也许本身就是大的不平等，因而人们不能说"你比我有钱我却比你长得高"就平等了，人们也不能说"你有权力我却比你多一个孩子"也是平等的。平等不仅不应该这么不着边际地比较，而且还不应该这么琐碎地表述。平等是抽象的，体现的是人的类属性，沃尔泽的平等却是具体的、琐碎的，这容易使人进入相对主义的沼泽。正如史蒂芬·缪哈尔与亚当·斯威夫特所指出的那样，无可置疑的是，在沃尔泽的观点中有一条十分明显的相对主义线索："正义与社会意义相关……存在着无数由文化、宗教、政治安排、地理条件等所决定的无数可能的生活。如果一个特定的社会的实质生活是在特定的方式下——也就是，以某种忠实于它的成员的共同理解的方式——度过的，这个社会就是正义的。"① 沃尔泽用相对主义的眼光来看待平等，把平等与不平等糅合在一块儿，不仅刻意模糊了平等与不平等的对立界限，使社会存在的不平等得到冠冕堂皇的维护，而且会引发更大的不平等——群体内部的不平等。用比较形象的比喻来说，沃尔泽的复合平等构建的是各领域层级分明的金字塔结构，每个领域都是一个小金字塔，最后形成的是金字塔林立的社会。就此而言，沃尔泽的复合平等理论是一种消极的平等理论，他用"多元正义"代替"一元正义"，用"相对性"来代替"普遍性"，以"复合平等"来代替"权利平等"，这其实与诺奇克一样，是对罗尔斯理论的猛烈批判，其本质是以不平等来代替平等，为社会中的不平等辩护。正如阿内森所批评的一样，沃尔泽的复合平等实际上允许了各种不平等——男女不平等、群体内部不平等、群体之间事实上不平等（因为他们拥有的物品的价值大小是完全不同的）——的存在，其结果是带来巨大的不平等。

沃尔泽认为，不同文化背景下物品的社会意义是不同的，印度的种姓制度就是典型的例证。在他看来，印度种姓制度之所以承认物品不平等分配的合理性，是因为印度的文化所致。这种文化主导下的正义观与西方自

① ［英］史蒂芬·缪哈尔、［英］亚当·斯威夫特：《自由主义者与社群主义者》，孙晓春译，吉林人民出版社2007年版，第176－177页。

由主义思想中的正义观是背道而驰的：前者认为不平等分配才是正义，而后者认为平等分配才是正义。印度的种姓确实有低贱和高贵之分。第一类种姓是以土地为生的种姓，第二类是由商人和工匠组成的不那么固定的种姓。而种姓间的关系，要么按照等级制原则，要么按照中心—边缘的关系建构起来，要么按照不同的种姓间的互惠互利的原则建构起来。"建构不同种姓间的相互关系所依据的图式，根植于印度教中所流行的、可能在主要的轴心文明中最为复杂的某些基本本体论概念。"① 为了消除种姓间的不平等，印度人民也发起了很多运动，但是这些运动所反对的主要是涉及崇拜的权力方面的文化或宗教领域的不平等，以及政治共同体中成员资格方面的不平等，同许多重构政治体制的基本前提的尝试是毫无瓜葛的。因此，这种不平等的反对运动显然没有涉及种姓制度的实质——阶级的不平等。尽管如此，印度的种姓制度以血统为依据，根据血统的高贵卑贱把人分为高低不同的等级，这肯定是不正义的。但是，沃尔泽却没有看清这一点，反而认为它是正义的。这说明，沃尔泽的思想中带有明显的差等痕迹，甚至在一定程度上承认差等存在的合理性。之所以推测出沃尔泽的这一结论，是因为他提出一个更荒谬的看法，即"只要被人们所共享的理解，再不正义的东西都被认为是合法的"。按此逻辑，奴隶主对奴隶的剥削和压榨只要不遭到奴隶们的反抗，或者奴隶们公开表示承认这种制度，奴隶制度就是合法的。这违背了正义常识，将沃尔泽的理论推向了死角，因此沃尔泽曾自嘲地说："在形成对社会的共同理解时，奴隶对奴隶制的被迫同意应该是不算数的。"② 因此，姚大志指出："沃尔泽的正义理论带有两副面孔：正面是激进主义和理想主义，以此来批评自由主义；反面是相对主义和保守主义，以多元论和特殊主义的名义默认现实。在大多数场合，沃尔泽的反面都深藏不露，而仅仅以正面示人。"③

（二）麦金泰尔"作为美德的正义"中的德性差等

麦金泰尔在《谁之正义？何种理性？》中对新自由主义普遍主义的原

---

① ［以］S. N. 艾森斯塔特：《反思现代性》，旷新年等译，生活·读书·新知三联书店 2006 年版，第 222 页。

② Michael Walzer, *Thick and Thin*, Notre Dame: University of Notre Dame Press, 1994, p. 27.

③ 姚大志：《社群主义的两副面孔——评沃尔泽的正义理论》，《天津社会科学》2007 年第 1 期。

则进行了强烈的批判。他认为，现代自由主义要把人从特殊的社会关系和社会属性中抽象出来，使其成为没有任何情感、任何差别、价值中立的个人，这是极不合理的。① 其实，包括正义原则在内的所有道德或政治原则本身就是在历史传统和现代背景中发育和成长的，不存在永恒不变的普适的正义观和正义原则，正义原则不是先验的而是后天形成的，因而罗尔斯那套先验的正义观是站不住脚的。麦金泰尔对正义的解释：偏好是正义，是一种美德。他指出："美德是人们实践的产物，是人们实现其内在利益的唯一方式。美德不是指个人的单独行为，而是指个人的生活整体。"② 因此，在麦金泰尔看来，美德是一种整体的"善"，是一种公共的"善"，只有服务于整体而非部分目的的"善"才是美德。为此，麦金泰尔提出，正义首先是一种德性而不是规则，只有正义规则，没有拥有正义德性和践行正义规则的人，正义规则就形同虚设。麦金泰尔的意思很明显：制度正义的前提条件是具有美德的个人，社会正义原则和制度正义实现的主观道德条件是具有内在正义品德和良善行为动机的个人。③ 这意味着，要谈论正义，还得落实到"制度和人"的正义上来。因此，从这个角度来说，"正义无论还指别的什么，它都是指一种自古以来就受人尊重的美德。"④ 而正义之所以要受到普遍尊重，是因为正义为人类追求良善品德和善良生活提供了方向和指引。在此，麦金泰尔涉及了社群主义正义观的实质：正义是社群的共同的"善"或公共利益。

麦金泰尔看到了现代正义观的这种变化，并试图将处于分裂状态的正义与德性结合起来。虽然麦金泰尔把人的美德作为践行正义的前提或必要条件，但是，对于什么是美德、什么人才具有美德、人们应该具有什么样的美德才能践行正义等问题他则概莫能外。麦金泰尔崇尚亚里士多德式的美德观，即美德是在有德性的人之间产生的，而有德性的人并不是城邦中的所有人，而是城邦中从事高尚的思想劳动的那群人，那群人不包括外邦人、奴隶和妇女。麦金泰尔的美德正义观

---

① 俞可平：《社群主义》，中国社会科学出版社1998年版，第25页。

② 同上书，第88—89页。

③ 李先桃：《亚里士多德：社群主义理论的源头——论亚里士多德哲学对社群主义的影响》，《湖南师范大学社会科学学报》2008年第2期。

④ 俞可平：《社群主义》，中国社会科学出版社1998年版，第94页。

虽然没有像亚里士多德那样明显地将某些人排除在"有德性的人之外",但是,不同身份的人具有不同的美德这是麦金泰尔的基本观点。并且,在论述古希腊政治哲学中的正义时,麦金泰尔指出,城邦的成员资格才是人们具有美德的本质因素。① 但更有甚者,人们也会因此而缺乏在实践中进行理性推理的能力。由此可以看出,在麦金泰尔这里,正义的标准只适用于社群内部,适用于社群内具有成员资格的人,没有成员资格的人是被排斥在正义范围之外的。其实,哪怕在宣称最为平等的美国,成员资格也不是人人都有的。在中国,农民和城市居民、官与民、公有制和私有制等享有的成员资格也是不同的,通过成员资格来进行正义的分配或达成正义,这都是不可取的,容易陷入相对主义的泥潭,更为现存社会的身份等级思想提供借口。正如中国古代社会一样,上流社会的正义规则和下流社会的正义规则不一样,这就容易出现不同身份的人适用不同正义规则的情形。这种情形是差等正义的变形,是差等正义思想在当代社会赤裸裸的反映。

五　对西方差等正义思想衍化的反思

古典社群主义差等正义思想的核心是"人的等级是与生俱来的,人们必须按其与生俱来的等级各行其是、各司其职"。这种思想不仅公开承认社会等级的合理性,并且认为"一些人对另一些人奴役的社会才是正义的社会"。正如柏拉图所说,"每个公民对于政府按其特殊能力与资格而分配给他的任务必须恪尽职守,即各守本分、各司其职就是正义。②"亚里士多德也有类似的看法。他认为,"一些人生来便注定是主人,而另一些人生来便注定是奴隶",因而他得出结论说:"对于奴隶来讲,奴役状况既是有助益的也是正当的。"③ 奥古斯丁也指出,"人法不足以惩罚或禁止所有恶行:因为在打击一切邪恶的同时,也会伤害很多善,而这样会妨碍人类社会所必需的共同善的推进。为了不让邪恶逃脱惩罚和禁止,增

---

① ［美］阿拉斯戴尔·麦金泰尔:《谁之正义? 何种理性?》,万俊人等译,当代中国出版社 1996 年版,第 174—175 页。

② The Republic, transl. A. D. Lindsay, BK. Ⅳ, 1950, p. 433.

③ The Politics, transl. E. Barker Oxford Bk. I, 1946, 1255a.

加神法是必要的，因为神法禁止一切的罪。"① 然而，奥古斯丁的神法却认定人类剥削和等级制度存在的必要性和合理性。按道理，社群内部成员之间应该是平等的，平等的意思是指"彼此互不从属，没有人是为了他人之故而活"。但古典社群主义者却认为按照自然法则或神的旨意，主人和奴隶之间的地位是不平等的，所以两者无法构成同一个社群，只能分属不同的社群，且主人社群对奴隶社群的奴役是合理的。虽然柏拉图、亚里士多德、阿奎那和奥古斯丁的思想处处闪耀着社群主义的光辉，但他们强调人的等级是"天定的"，不同等级的人组成不同的社群，高等社群对低等社群有统治与支配的权力，也即承认基于人的身份与等级的差别——"差等"的合理性，认为这不仅符合自然法则，更是上帝或神的安排，这种建立在承认"社会差等"基础上的正义必将是差等正义。

虽然古典自由主义主张权利平等、机会平等或起点平等，但更强调财产权利的自由与不平等占有的合理性。但是，当财产不平等和自由不平等不可避免时，结果不平等就会产生。当然，受个人努力、勤奋程度、运气以及家庭背景的影响，结果平等并不一定是真正的平等，有可能是不考虑个人勤奋因素的平均主义。纯粹的结果平等不仅对社会生产效率的激励和财富的增长有限制，还在于其实际上并不能实现真正的公平和正义。弗雷德里克巴·斯夏毫不留情地指出"结果平等"的荒谬性："什么平等，不考虑辛劳的差别！每个人得到一等份，不管你劳动了 6 小时还是 12 个小时，这不是最惊人的不平等吗？而且这不是摧毁了一切活动、一切自由、一切尊严和一切聪明吗？"② 其实，纯粹的"结果平等"确实抹杀了人与人之间的差异，也剥夺了人们自由、公正的竞争权利。但是，如像古典自由主义那样极端的放任自流，只强调个人的主观努力，不对结果不平等做任何调控，不采取任何社会照顾和社会保障，不对弱势群体给予任何道德和福利关怀，这又是不合理的，其结果是必然导致弱势群体的权利缺失，引发实质不平等。因此，古典自由主义中的起点平等或机会平等必然导致

---

① 徐大同主编：《西方政治思想史：中世纪》（第二卷），天津人民出版社 2006 年版，第399 页。

② 潘德重：《起点平等与结果平等：古典自由主义再认识》，《探索与争鸣》2004 年第 6期。

实际结果的不平等，从抽象的平等还原为实际的、具体的不平等，其结果会产生理论上的平等和实际不平等之间的落差。①

与功利主义的"目的论"不同，大多数当代的自由主义理论是"义务论的"，这已经成为一种常识。也就是说，它赋予正当相对于善的优先性。与政治话语中的其他流行词汇一样，这种区分是通过罗尔斯的《正义论》广为流传的，这也恰好是罗尔斯理论的一大贡献。然而，诸如社会主义者、保守主义者、社群主义者和女性主义者的批评者们指出，这恰恰是自由主义的一个缺陷。在人们争吵的夹缝中，是"正当优先"还是"善优先"的问题被看作当代政治理论的一个重要的分水岭。自由主义的观点是：正当而非善才是正义的根本问题建立在正当基础上的正义可以形成公共的正义，这是整合社会资源的基础。自由主义的这一思想受到了多方批判：文化保守主义批判自由主义的思想是一种价值中立观，价值中立会导致文化虚无主义，进而诱发社会混乱；而文化激进主义者认为，自由主义的思想是一种"强制共识"，其目的是抹杀人与人之间的差异性。② 社群主义者则认为，由于忽视了我们被"根植于"或"定位于"各种社会角色和社会关系的显而易见的方式，自由主义应该由于它的极度的个人主义或原子主义而遭到拒斥，这是社群主义者、社会主义者和女性主义者之间的一种通识。这种理论缺陷的后果是"在一种促进个人尊严和自主的误入歧途的尝试中，自由主义者所削弱的恰恰是唯独能够培育人类繁荣的社团和社群。③"在支持无限制资本主义经济的新自由主义者眼里，至少在发达国家存在的不平等现象，在很大程度上说是个人在市场经济环境下自由选择地发挥他们的能力与才智的结果。正如诺奇克在其著作《无政府状态、国家与乌托邦》中所极力申辩的那样，由此而引起的财富和收入方面的差距不足以构成一种需要采取政治行动来予以纠正的不公正现象。他们把社会上残留的不平等解释为国家插手干预市场运作的不

---

① 关晓铭：《财产权利的政治逻辑——基于英国古典自由主义经典文本的分析》，博士学位论文，吉林大学，2011 年，第 145 页。

② 许纪霖主编：《共和、社群与公民》，江苏人民出版社 2004 年版，第 340 页。

③ ［加］威尔·金里卡：《自由主义、社群与文化》，应奇、葛水林译，上海译文出版社 2005 年版，第 9 页。

正常结果。① 按此逻辑，促进公共利益、维护群体利益的正义观会被丢弃，因为正义仅仅是对个人权利的保护。

当代社群主义的正义观仍具有明显的差等正义痕迹，因为在社群主义者看来，只有拥有资格，才能参与其中的其他物品的分配。成员资格是人类社会的首要资源，按成员资格分配是社群主义的基本思想，也是其他一切分配的基础。而且只有享有成员资格的个人才有可能享受各种政治和经济权利，没有成员资格的男女就如一群无家可归的人们，根本没有资格享受各种权利。公民资格是民族国家这个政治共同体的成员资格。沃尔泽认为，只有获取了公民资格，一个人才有获得诸如福利权、选举权等权利的资格。社群主义另一代表者米勒就认为，成员资格分配中的社会正义有三个前提：一是假定社会是有边界的，二是有一整套完善的保证成员资格权利的制度，三是存在有意愿去改变制度正义或不正义的社会机构。② 由此可以看出，在米勒看来，社会正义的环境就是居住在有边界的社会之中，或者人们享有好的东西和坏的东西的份额以人们可以理解的方式依赖于社会制度的一种确定的组合，或者存在一种能够调节基本结构的机构。如果没有这样一个环境，社会正义的观念就将没有用武之地。米勒认为，"要达到社会正义，人们必须具有这样的政治社群，在这种政治社群中，公民以跨越边界的方式被当作平等者来对待，公共政策适合于满足每个成员的内在需要，而经济以这样的方式组织起来并受到约束：使人们得到的收入和与工作相关的其他利益符合他们各自的应得的。③""人们必须继续把社会正义理解为在民族政治共同体之内得到应用的，并以不同的方式理解全球正义。"④ 可见，社群主义将正义原则局限于社群内部而不是全人类，认为一个社群对其他社群的暴行和野蛮是无权责备的。假如他们的这一逻辑成立的话，那么，人们也无权干涉一国对另一国的宗教迫害、种族歧视和人权践踏。这样的话，国际社会存在的各种全球性问题如恐怖主义、霸权主义、种族歧视、环境污染、核危机等将难以解决，人类社会也将难以

---

①　[美] 亚历克斯·卡利尼克斯：《平等》，徐朝友译，江苏人民出版社 2003 年版，第16 页。

②　[英] 戴维·米勒：《社会正义原则》，应奇译，江苏人民出版社 2001 年版，第 6 页。

③　同上书，第 280 页。

④　同上书，第 21 页。

进步。如此看来，社群主义的差等正义思想也就不言而喻了。

可见，无论是古代还是当代，是自由主义还是社群主义，平等思想与正义思想都与差等正义有莫大的关系。与其说先贤哲人们追求的是如何从不平等中成就平等，还不如说他们在成就平等的同时也承认社会差等的合理性；与其说他们的思想是平等思想、正义思想，还不如说他们的思想是差等与平等的博弈。如是，西方正义思想和平等思想中的差等意蕴就昭然若揭了。

第三节　中西方差等正义思想
嬗变:理性启示与反思

由上述可知，无论是古典社群主义、古典自由主义还是当代自由主义、当代社群主义思想，都对正义的两大价值体系——自由与平等进行了探讨，它们对正义的建构是同等重要的，缺一不可。虽然这些流派关于平等和自由的正义思想存在较大的差异，但其共同之处就在于它们都在一定程度上承认社会等级对人们权利的建构，承认不同身份的人权利不平等的合理性，都对差等正义思想做出了"贡献"。只不过，它们"贡献"的方式不同罢了。在古典社群主义那里，社会差等是与生俱来的，是神的意志的安排，不需要任何道德上的辩护；在古典自由主义者眼中，社会差等发端于经济上的不平等，服务于社会总体效率与整体功利的增加，"得益于"财产权的绝对自由；在新自由主义者的思想中，对机会平等和起点平等的过分渲染必将导致结果不平等，导致劣势群体在获得和达成平等机会时面临实际的不平等；在当代社群主义思潮中，成员资格的排斥注定要实现所有人的平等正义都将是一种乌托邦。为此，西方差等正义思想流变给平等正义的启示有以下四个方面。

一　正义：平等与自由关系的平衡

在政治哲学理论中，"平等"思想无疑是一盏明灯，照亮了人们前进的道路。可以说，几乎每一位政治哲学家的思想里都包含有不同程度的平等思想，如罗尔斯对"自由权和基本善"的平等分配主张，德沃金的"资源平等"论，托马斯·内格尔的"经济平等"主张，托马斯·斯坎隆的"平等权"要求，迈克尔·沃尔泽的"复合平等"，南茜·弗雷泽的"参与平等"，即使是一些被认为是反对平等的思想或观点中，也有对平等的诉求。比如，诺奇克虽然不主张效用或基本善的平等拥有，但他却坚决主张自由权的平等，即任何人都不应该拥有比其他人更多的自由权。布坎南在关于"什么是良性运行的社会"的论述中也主张所有人都应该受到平等的法律和政治待遇。那么，功利主义也主张平等吗？功利主义并不主张每个人的效用是平等的，但是功利主义认为每个人的效用应得到平等地看待。可见，无论在自由主义还是社群主义者看来，平等都是正义的首要诉求。

但是，如果认为正义仅仅意味着"平等"是不合时宜的，没有自由的平等是绝对的平均主义，这种平均主义会抹杀人与人之间的差异，扼杀人的创造性与积极性，否认劳动与勤奋的价值，其实质是新的不平等。为此，自由的重要性与平等的重要性常常是形成对照的。激进的自由主义者认为人们应该拥有自由这点才是重要的。但假如这一点成立的话，则诸如"谁应该拥有自由？应该拥有多少自由？怎样分配自由？"等问题会时时困扰着人们，"平等程度到底有多大"的问题也会接踵而至。事实上，激进的自由主义者对自由的诉求包含了"平等的自由权"这一隐含的前提，这样看来，激进自由主义者对自由的追求未必与平等相冲突。但是，那些主张在某个评价变量如收入、财富和福利等方面的平等而不是自由的人才会与只主张平等的自由的人发生冲突。因此，如果不考虑分配状况而不分场合地一味坚持自由的人的自由才会与平等相冲突。① 在托克维尔看来，平等之所以值得赞美，是因为平等是我们看到它把关于政治独立的模糊观念和本能的冲动植入每个人的心灵深处，并由此提供纠正它所产生的弊端的办法。②

由是观之，平等与自由是正义最重要的两个维度。坚持绝对的平等会导向平均主义，坚持绝对的自由又会导向无政府主义，导致社会财富的两

---

① [印度]阿马蒂亚·森：《论经济不平等：不平等之再考察》，王利文、王占杰译，社会科学文献出版社 2006 年版，第 241—242 页。

② [法]托克维尔：《论美国的民主》（下卷），董果良译，商务印书馆 2006 年版，第 838—839 页。

极分化。因此，正义就是在自由与平衡之间寻找合适的平衡点，偏向任何一边都不是真正的正义。尤其是当像诺奇克那样认为正义意味着绝对的自由的时候，差等正义就不可避免的会产生。当然，平等与自由又常常是对立的矛盾体：一方面，扩大自由并不意味着增进平等，因为高度自由的社会可能也是高度不平等的社会；另一方面，过分强调平等又可能扼杀人们的积极性和增进对人类大有裨益的美德的激励因素。为此，苏格兰哲学家威廉·索利认为，"如果不为平等与自由在社会组织规划中安排一个位置，就不可能提出一项令人满意的正义原则。[①]"

二　差等正义：代际与代内传递

正如混沌理论中的蝴蝶效应一样，由差等正义引发的不平等具有累加性与传递性。乔万尼·萨托利指出，"作为表示抗议的理想，平等是有感召力的，也是容易理解的；作为提出建议的理想，以及作为一种建设性理想，我认为没有什么能像平等那样错综复杂了。[②]"平等的复杂性在于它的对立面——不平等的传递性，即不平等引发的"马太效应"特别明显。因为一个人先天的愚钝和劣势可能会被其他优势阻断，但在正常的体制内，它往往会成为积累性的劣势。这一点，罗伯特·默顿通过优势者的"马太效应"进行了解释。默顿指出："如果给每个已经拥有优势的人提供优势，他会得到更多的优势，并且将会变得更有优势；但是如果优势远离那些没有优势的人，即使他开始具有优势，这些优势也会失去。[③]"这说明，在社会体制内，如果不从制度上加以矫正，人们最初的劣势将会被放大为稳定的不平等、服从和依附。而要维护这些不平等，优势阶层就要用习惯、语言、法律、社会结构、经济秩序、国家、宗教和先进技术等强大的力量来维护。可以说，不平等累加的案例在现实中数不胜数。例如，妇女与奴隶的从属地位，他们首先在一种统治性的、极端不平等的环境中

---

① ［美］E. 博登海默：《法理学：法律哲学与法律方法》，邓正来译，中国政法大学出版社1999年版，第255页。

② ［美］乔万尼·萨托利：《民主新论》，冯克利、阎克文译，上海世纪出版集团，上海人民出版社2009年版，第371页。

③ ［美］罗伯特·A. 达尔：《论政治平等》，谢岳译，上海世纪出版集团2010年版，第85页。

被建构，然后通过法律以及宗教来强化这种不平等，最后上升到制度层面来固化妇女和奴隶的从属地位。印度的种姓制度也是如此，那些数以万计的低贱种姓的人所享受的不平等被世世代代地传承下来，以致在民主制度日益发达的今天，低贱种姓的人也认可他们出身的不平等以及由此带来的权利不平等的合理性。这些例子足以证明，人们先天的劣势是如何通过累加的方式变成扩大的不平等的。

在达尔看来，政治不平等的罪魁祸首是经济不平等。至于什么是经济不平等，吉登斯等学者认为，经济不平等意味着人们在收入、财富等经济资源占有上的差异状态。为什么经济不平等是政治不平等的罪魁祸首呢？因为经济不平等可以直接变为不平等的政治资源，而政治资源的不平等积累将会把政治不平等推到巅峰，其结果是权力、影响力和很多特权阶层的权威积累起来，会进一步拉大不平等。这表明，经济的不平等对政治不平等的影响不可小视。也表明，差等正义引发的不平等具有明显的累加性和传递性，会在代内和代际进行传递。

三　平等正义：机会平等与结果平等的契合

平等是正义的重要维度和主要范畴，平等正义意味着机会平等与结果平等的契合。机会平等意味着给具有相同出身、相同成长环境、相同志趣、相同禀赋、相同努力程度、相同价值选择的人以同等的发展机会，即罗尔斯所认为的"在社会的所有部分，对每个具有相似动机和禀赋的人来说，都应当有大致平等的教育和成就前景。那些具有同样能力和志向的人的期望，不应当受到他们的社会出身的影响。[1]"也就是说，不论一个人的肤色、信仰或社会背景如何，他都应该作为一个平等的个体被对待。但机会平等更多的是形式平等，这种平等不合乎原初正义的分配方式，也对先天禀赋差异引发的不平等无能为力。因此，关照结果的平等就显得相当重要。结果平等意味着弱势群体能获得与其他群体相同数量和质量的生存境遇。该平等是再分配的一种目标，其目的是减少后天社会因素和先天禀赋差异对平等的浸染。实际上，机会平等与结果平等各有其价值基点，

---

① ［美］约翰·罗尔斯：《正义论》，何怀宏等译，中国社会科学出版社1988年版，第69页。

二者不能等同，更不能相互替换。由于每个人的禀赋不同，对待相同资源的勤劳程度和价值取向不同，因而他们对平等机会的转化能力和转化率也存在一定的差别，这种差别就是结果的不平等。当然，结果不平等也不完全是不正义的。如果结果不平等是由个人的主观努力程度和价值取向造成的，这样的结果不平等是实质的平等。但是，当结果不平等成为制度和政策制定者价值之偏的牺牲品时，这样的结果不平等就是不正义的，是实质不平等，如诺奇克的"权利平等"、密尔的"功利主义平等"，等等。反过来，如果单纯强调结果平等，不考虑机会平等，差等正义也会产生，如罗尔斯的"民主的平等"与德沃金的"资源平等"。为此，在吉登斯看来，"单纯依靠机会或结果平等都不是真正的平等，真正的平等意味着结果平等和机会平等的融合。①"这样的平等观被称作"新平等主义"，它与旧平等正义的区别如表 3—1 所示。

表 3—1   旧平等主义与新平等主义的区别

区别	旧平等主义	新平等主义
平等的焦点	消除阶级差别，追求地位平等	承认文化多样性，倡导机会平等
平等的保障	经济活力对平等不重要	经济活力对平等至关重要
平等的范围	局限于民族国家的疆域内	将经济不平等纳入全球化背景
平等的表现	权利平等，不关注责任	将权利平等与责任紧密结合起来
平等的实质	关注的是收入再分配，即结果平等	在结果平等的基础上，关注机会平等

　　资料来源：张文喜、韩红梅、方伟明：《从结果平等过渡到机会平等——吉登斯的新平等主义》，《经济导刊》2008 年第 1 期。

　　由表 3—1 可知，旧平等主义关注结果平等，而新平等主义在坚持结果平等的基础上，也同时关注人们的各种生活际遇的平衡。为此，西方差等正义思想流变给出的启示之三是：在公共管理领域，既要强调有利于增进效率的机会平等，又要强调侧重于公平的结果平等；既要通过有竞争的

―――――――――――

　　① 张文喜、韩红梅、方伟明：《从结果平等过渡到机会平等——吉登斯的新平等主义》，《经济导刊》2008 年第 1 期。

机会平等来克服由主观意愿和个人价值偏好引发的不平等，又要通过再分配的公共政策来解决先天禀赋和制度因素引发的不平等，以达到机会平等与结果平等的统一，这才是真正的实质平等。

四 承认差异：平等正义的理性诉求

纵观平等思想的历史，人们在为什么要平等、平等的内容和平等的形式上争议不断，其核心是在形式平等和实质平等之间摇摆和徘徊。这一点，连新自由主义者也不例外。罗尔斯和德沃金都试图通过强调自由和平等的价值平衡来打破传统自由主义的抽象的形式平等观念，丰富平等的内涵和外延，扩大平等的张力，实现实质平等。但是，就学界的评价而言，罗尔斯离实质平等的站点更近，而德沃金与实质平等的差距更远。[①] 平等不是平均主义，不是对所有人的所有权利都用同样的标准来衡量。鉴于政治哲学人文关怀的特性，平等应更多地关切弱势群体的利益，承认弱势群体的差异以及由此产生的"平等"，因此，建立在承认差异基础上的平等才更符合实质平等的意蕴。正如泰勒所言："平等的现代学说意味着个体在拥有的机遇面前不会遭受任何的差别待遇。在选择开始之前，个体之间一定是可以相互交换位置的；或者所有的差异都是人们选择的结果。"[②] 自由主义的平等主义没有包含对差异的认同。假如让它在一个异质的多元的社会中运转，那么它将倾向于为整个共同体制造某种单一的文化，并对那些特殊的少数人进行不受欢迎的同化。"这些发展的历史是西方自由主义在20世纪的一个高峰，因为这里有平等的强有力的理想在社群的政治道德中发挥作用——这个平等的观念认为不管种族、性别、宗教、身体残疾与否，每个公民都应对国家的政治、经济、文化生活享有全面的和平等的参与权——撇开了使彼此隔离和孤立的传统意义上等级分类。"[③] "这些

---

① 冯克利认为，德沃金一般是被归入共同体主义（又译《社群主义》）一派的，但他本人似乎不太愿意为这顶帽子买单，因为通过拍卖取得资源平等以后，他依然接受市场，接受自由主义、一个人主义的基本理念（见《至上的美德——平等的理论与实践》，第3页）。因此，按学界大多数人的观点，德沃金应被归入自由主义的范畴。

② ［加］威尔·金里卡：《自由主义、社群与文化》，应奇等译，上海世纪出版集团2005年版，第147页。

③ 同上书，第137页。

自由主义原则带来的一个逻辑结果似乎是一部无种族歧视的宪法——废除了所有根据人们的种族或民族来对人们作不同区分的立法。自由主义的平等观要求把公民纳入国家的那种普遍的模式。"① 实际上，少数人的权利是一种特殊人权，要切实保护少数人的权利，就必须突破普遍的平等理论。可以说，罗尔斯由《正义论》到《政治自由主义》的变化，就体现了罗尔斯已开始看到这种差异，在《政治自由主义》一书中，罗尔斯提到了"理性多元论"，罗尔斯反复写道："这些差异是现代生活一种正常的，实际也是可欲的特征，它是人类多样性的表现，而唯有压迫性的使用国家权力才能克服这种多样性。"②

承认差异是平等正义的理性诉求。只有承认不同群体在社会、经济、文化等方面的差异，才可能避免少数群体受到由多数族群所作出的经济决定和政治决定的削弱，以及避免由于别人出价高或票数多而在对他们的社会性文化生存的至关重要的政策和资源领域的攻击。由于文化成员身份的重要性，这必然是一种重大的不平等，如果不加以处理的话，会变成一种严重的不正义。③ 而如果要纠正这种非正义，就应该让少数群体在否决权力、在有保证的代表权和土地权方面享有更有利的地位。如果没有这些权利，一些少数群体成员就会遭遇丧失其文化的风险，这种风险所带来的损失是很多人不能接受的。④ 因此，任何合情合理的正义理论都应该承认这些给予少数群体的外部性保护的公平性，罗尔斯的"差别原则"和德沃金的"资源平等理论"都强调对非选择性不平等进行矫正的重要性。对少数群体"差别对待"引发的不平等恰恰就是应该关注的那种不平等。为此，金里卡指出，如果关于文化成员身份确实存在一种不利，而人们给予他们的特殊权利和保护又恰恰能纠正这些不利，那么，这些特殊权利和保护就应该赋予少数群体。然而，这些权利的正当范围因具体情况而不

---

① ［加］威尔·金里卡：《自由主义、社群与文化》，应奇等译，上海世纪出版集团2005年版，第136页。

② ［美］约翰·罗尔斯：《政治自由主义》，万俊人译，译林出版社2000年版，第10页。

③ ［加］威尔·金里卡：《多元文化公民权：一种有关少数族群权利的自由主义理论》，杨立峰译，上海世纪出版集团2009年版，第138—139页。

④ 张慧卿：《金里卡少数族群权利理论及其逻辑困境》，《内蒙古社会科学》（汉文版）2012年第1期。

同。在北美，土著族群要比魁北克人和波多黎各人更容易受到多数族群决定的损害，因此他们的外部保护会更加广泛。而南非以前的种族隔离制度让那里不到20%的白人控制了国家87%的土地，并垄断了所有层级的国家权力。在中国，法律上规定"人人都有平等的参与权"，但是，在实际的政治参与中，女性、少数群体、农民等弱势群体总共占有了不到五分之一的席位。当然，如果少数群体的"差别权利"能够使他们免受多数族群不公正政策的伤害，这样的给予就是正义的。但是，如果这些权利给予了某个"特权群体"用来保护它不公正的利益，这种权利就是正义的一个障碍。因此，那种认为只要赋予权利就是给少数群体平等的想法显然是十分荒谬的，与差等正义有异曲同工之妙。这意味着，承认人与人之间的合理差异是平等正义的理性诉求。

第 四 章

差等正义概念建构及诠释

奴隶时期与封建时期的统治者意识到，要维持国家的长治久安，仅仅依靠暴力工具有很大的风险，而且需要耗费大量的资源。也就是说，除暴力工具以外，当时的统治者还需要对被统治者进行精神奴役，即"通过意识形态的灌输教化为自己的统治辩护，以唤起被统治者对其统治权力合法性的尊崇。①"正如马克斯·韦伯所言："一切经验表明，没有任何一种统治自愿地满足于仅仅以物质的动机或者仅仅以情绪的动机，或者仅仅以价值合乎合理的动机，作为其继续存在的机会。毋宁说，任何统治都企图唤起并维持对它的合法性的信仰。②"差等正义论就是奴隶时期与封建时期的统治者为美化、固化和强化其统治，以增强其合法性的主要理论之一。那么，什么是差等正义呢？在阐明这一概念之前，有必要对差等和正义的相关问题进行诠释。

第一节 差别、等级与差等辨析

就字面意思而言，差别与等级是差等的核心意思。那么，什么是等级呢？等级的基本意思是按差异而定出的高下级别和不平等的状态。在解释"等级"概念的时候，与差等紧密相关的另外两个词——差异和不平等浮出水面。也就是说，要理解什么是差等，就要搞清楚与其相关的三个概

---

① 黄健荣：《当下中国公共政策差等正义批判》，《社会科学》2013 年第 1 期。

② ［德］马克斯·韦伯：《经济与社会》上卷，林荣远译，商务印书馆 1997 年版，第 239 页。转引自黄健荣《当下中国公共政策差等正义批判》，《社会科学》2013 年第 1 期。

念：差异、等级和不平等。

一 差异的社会化：差等

首先看差异与差等的关系。从相对主义的角度看，自然界的人与物都是差异性与同一性的结合，不存在绝对的差异性或绝对的同一性。可以说，自然界的发展演化过程，也就是在差异中追求同一、在同一中辨认差异的差异化发展过程。因此，差异是自然的存在和进化发展的充分体现。而人之所以成人，是因为人首先在生理特征和社会特征上都有较大的共性。但是，人更多地表现出差异，身高、体重、性格、能力等方面的差异。即便在孔子的理想社会中，也是"尊崇上智、教化中人、贬抑下愚"的[1]。因此，无论从自然界还是社会来看，无论从应然状态还是实然状态来探讨，社会的差异性都是绝对的、普遍的、无条件的，这与哲学家赫拉克利特的"人不能两次踏进同一条河流"和德国哲学家莱布尼茨的名言"世界上没有完全相同的两片树叶"一样，说明了社会差异的绝对性。由于差异是绝对存在的，因而人们在地点、过程和结果上不可能绝对平等，差等由此产生。也就是说，人们先天与后天的差异、自然的和社会的差异决定人们不可能超越差异而达到绝对的平等。可见，差异的意蕴更多地指涉自然界的原初状态，是自然结构的主要表征。如果指涉某人，差异也主要指先天的差别，同时指称后天的区别。而差等却主要指人类的社会结构以及由此带来的不平等状态。也就是说，差等是差异从自然结构向社会文化结构转换的必然产物。[2] 自然界差异的绝对性与必然性决定社会生活中差等的绝对性、普遍性与无条件性，这就意味着人们要超越差等达到绝对的平等是不可能的，因为人们不可能超越先天与后天、自然与社会的差异。可见，差异主要指涉具体的事务，差等却含有抽象的一面。尽管差等由差异转化而来，但差异主要指自然界的一种天然存在状态和人与人之间的一种自然状态，这种状态未经任何加工，也未

---

① 徐晋如：《差等之爱与博爱》，《社会科学论坛》2011 年第 8 期。

② 易晓明：《中国传统社会文化差等——平等结构的特质及其消极影响》，《孔子研究》2007 年第 4 期。

经社会化的洗礼和染指，因而差异主要体现的是自然与人的原始属性。而自然与人的原始属性主要包括形态、性质、性格（气质）、高度（身高）、宽度（距离）、语言等。通俗地说，差异主要指人的肉身以及肉身所承载的各种思维和结构，这些当然是比较具体的。例如，人们常说人与人在身高、体貌、体重、性格、脾气、行为方式、思想等方面存在差异，但却不能直接用"差等"一词。因为，差等有一个"等"字，意味着自然界和人类的类属性被抽象化成了一种有区别的等级，与这种等级相伴随的就是权利与利益的等级化。也就是说，差异是现象，差等可能是隐含在差异背后的实质（当然，也可能不是）。因而，在动物世界中差异并不必然转化为差等，因为动物没有或少有像人这样的抽象思维，它们只感受到现象世界的纷杂和混沌，难以将现象和本质区分开来。但是，在人类世界中，差异必将转化为差等，因为人在社会化的过程中不仅可以利用抽象思维能力去伪存真、去粗取精，还可以利用人的"工具性存在"将差异变为权力与利益的实现手段，差等由此产生。因此，由于具有更多的社会属性，由差异转化而来的差等必然更为抽象，比如，人们可以说能力、智力上的差等，也可指权利、利益、机会、人格上的差等。

概言之，如果说差异更多指涉自然界的原始属性与人的个体属性的话，那么，差等却主要指涉人的类属性，需要用更抽象的思维来把握。站在这个角度，差异社会性外化的结果是差等，这使其必然有比较抽象的一面。此外，差异强调的是"不同"，可以指横向的同一层级的不同，也可以指纵向的不同层级的不同。差等只能指纵向层级的不同。因而，差异的核心意思指"不同"，差等的核心意思是"等级"。在社会生活中，差异是一个不带任何感情色彩的词语，差等却可能是一个中性词，更可能是一个带有贬义性质的用词。

二 差等的孪生物：不平等

不平等思想既非常简单又非常复杂。因为："一方面，它是所有思想中最简单的一个，与其他思想相比，它更容易使人们获得一个不假思索的直观印象。但另一方面，它又是一个相当复杂的概念，以致对该概念的任何一种阐述都是极有争议的。"①

亚历克斯·卡利尼克斯认为，"我们生活在一个令人精神上感到厌恶的经济与社会不平等的世界里，这一世界迈向认同有关容忍、个人自由以及人类发展的普遍水准之步伐，一直是令人沮丧地迟缓与摇摆不定。"② 可以说，站在政治哲学的高度，不平等包含在平等之中。因为尽管数百年来人们一直对平等的内涵及实现途径口若悬河，但在某种程度上，真正完全平等的社会从来也没有实现过。这不仅与"平等"内涵的广泛性、丰富性、可变性和深邃性有关，也与"平等"论证的复杂性、可塑性、系统性和晦涩性有莫大的关系。相反，无论在古代还是在现代，无论是应然状态还是实然状态，人们都注意到了一个与平等相伴而行的稳定现象——不平等及其存在。因此，与其说政治哲学的发展轨迹与人们追求平等的历史有关，还不如说政治哲学的历史是人们理性看待社会不平等的历史。通过这种审视，能够发现不平等如何成就平等，实现不平等对平等的建构。亚历克斯·卡利尼克斯指出，"很明显，平等与不平等这两个观念是相互关联的：我们所能确立的仅仅是一个限度，这一限度是通过比较不同的人获得相关优势的不同途径来取得的。"③ 事实是，自从启蒙运动和法国大革命以来，没有哪一种承袭的制度或经验，可以再诉诸传统或神授来证明是合理正当的。每一种社会关系都可能受到质疑，被无休止的讨论；在这些讨论中，每个人都必须被看成拥有同样权利的自由的主体。匡正某些特别的非公正现象，比如，旧政体的等级制度或者新大陆的奴隶制度又把人们的注意力引导到其他一些不公正的现象上。这些现象包括对工人的剥削、对黑人的压迫、对弱势群体的福利关注不够。对平等自由的普遍要求，使其与任何时期都具有的特殊的历史环境一直处在相互抵触的冲突中。这说明，平等是相对的。

在美国，新工党的平等观念有两种变体：一种是由戈登·布朗提出的。他将收入平等与机会平等做对照，认为无论人们是懒散还是努力都倡

① ［英］伯纳德·威廉姆斯：《不平等思想》，载 P. 拉斯里特和 W. G. 朗西曼主编《哲学、政治学和社会》（第二辑），布莱克威尔出版公司 1962 年版。
② ［美］亚历克斯·卡利尼克斯：《平等》，徐朝友译，江苏人民出版社 2003 年版，第16 页。
③ 同上书，第 9 页。

议收入平等这是不可取的，更可取的是一种马克思主义式的机会平等。机会平等预示着所有人在政治、经济、文化和社会上的机遇是相同的。而且，机会平等可以反映出个人才能的大小和主观努力的程度。而要做到真正的机会平等，则需要对社会资源进行平等的分配以保证不同地位的人通过自身的努力都能获得相应的报酬。正如诺奇克在其著作《无政府状态、国家与乌托邦》中所极力申辩的那样，"由此而引起的财富和收入方面的差距不足以构成一种需要采取政治行动来予以纠正的不公正现象，他们把社会上残留的不平等解释为国家插手干预市场运作的不正常结果。①"新工党关于平等与不平等的另一种主要观点是分别从融入和排斥的角度来构思的。这一点，安东尼·吉登斯在《第三条道路》中有所阐述。他指出："排斥的两种形式在现代社会日趋显著。一种是排斥社会底层人员，他们远离社会拥有并提供的种种主要机遇。另一种是处于社会上层的人，他们自愿与别人分开，不介入公共机构，宁愿自立门庭地生活。"② 虽然吉登斯的观点遭到了以卡琳为代表的哲学家的驳斥，但富人和穷人都不能或不愿意融入社会主流的看法似乎也构成一种新的不平等。③

其实，在古代社会，人们对不平等比平等重视得多，只是古代人对社会平等的认识是比较浅薄和廉价的，浅薄到有时候承认社会政治地位及权利不平等存在的合理性，廉价到只对人的最低条件提出要求。在周仲秋看来，不平等在极具正义气质的古罗马和古希腊城邦是广泛存在的，这种势头甚至盖过了柏拉图、亚里士多德所认为的城邦中的"平等"。事实上，对这一问题最具发言权的是卢梭。卢梭认为，人类的进步史就是人类的堕落史。因为人类每前进一步，他与原始状态的距离就更远一些；离原始状态越远，掌握的知识就越多；掌握的知识越多，就越会丢掉更多发现重大问题的工具。因此，人类每向前迈进一步，人们的欲望、虚荣、争斗、蔑视等就增加一些，人们的羞耻、同情等就减少一些，即平等的减少和不平

---

① [美] 亚历克斯·卡利尼克斯：《平等》，徐朝友译，江苏人民出版社2003年版，第16页。

② 同上书，第44—47页。

③ 同上。

等的增加。这些不平等包括人们在年龄、体力和智力等方面的天生不平等，也包括将人们分为贫富、等级所产生的不平等，但卢梭坚决批判特权带来的不平等。他指出，"人类的不平等分为自然的或生理上的不平等与伦理的或政治上的不平等，这些不平等有时候源于某些专门损人利己的特权。①"那么，为什么特权带来的不平等卢梭最为诟病呢？他以富人为例："对于富人来说，他们一旦体会到统治的乐趣，就会鄙弃其他一切乐趣。就像一群饿狼，一旦尝到人肉的滋味，就不想再吃其他食物了。"② 在卢梭看来，特权会带来野心与邪恶，野心与邪恶又会践踏人类自然状态中的同情心和怜悯心，同情心和怜悯心的丧失将会把人类社会推入万劫不复的深渊。尤其是私有制社会产生以后，人们的欲望、争斗和虚荣心使得少数人为了拥有并维持奢侈的生活而奴役另一部分人，这种奴役使社会分成了统治者和被统治者两大阶级，社会不平等由此产生。这种不平等可分为三个阶段：由法律和所有权的确立所带来的富与穷的不平等，官员制度的确立所带来的强与弱的不平等，以及法制权威向专制权威转变过程中发生的不平等，其表现是奴隶与主人的身份差别。③ 归结起来，这些不平等表现在人们在财富、地位（身份）、权力以及个人品质上的等级区别，而"私有制的建立是造成人类不平等及其后果的关键"④。因此，卢梭心目中的理想社会是一个平等的社会，这种社会具有自由、民主、独立（反对教皇统治）的特征，具有古典共和的气质。在这种社会中，人与人之间（包括官员与公民之间）是和谐相处的，人与人之间是平等的，任何人的权利不得凌驾于他人之上。卢梭的平等观是建立在一种自然状态中的"人是生而平等"的自然平等观上的。但是，社会产生后，自然状态的平等被打破了，这就需要一个缔结的契约来保护个人的平等和自由。缔结的契约意味着所有的人要共同联合起来，以全部的力量来保护和捍卫每个人的利

① ［法］卢梭：《论人类不平等之起源和基础》，高煌译，广西师范大学出版社2002年版，第69页。
② ［法］卢梭：《论人类不平等的起源》，高修娟译，生活·读书·新知三联书店2009年版，第60页。
③ 同上书，第72页。
④ 同上书，封面。

益。这样，与其说每个参与联合的人服从的是契约者的命令，还不如说他是在服从他本人。正因为如此，他可以像往常一样自由。① 可见，"让全体人结成契约来保护其中每一个人的平等权"是卢梭在私有制出现后解决社会不平等问题的有效途径。因为人们与国家结成契约后，国家就代表人民行使权力、发布命令、维护主权、保护财产。

由此可见，无论是什么原因引起的不平等，无论是哪个方面的不平等，无论是何时的不平等，只要提到"不平等"这三个字，人们就认为就是不正义的，因此不平等比较适用于人们对结果的判断。由此导出不平等与差等的区别是：

第一，二者的起源不同。差等由差异转化而来，而差异属于自然界的正常现象，因而差等起源于自然界，主要体现了自然界的进化。不平等起源于私有制，是社会文明扭曲发展的结果。尽管人类的产生与发展是自然的差异化演化的结果，人也是自然的差异化发展的顶端，但人类一产生就反过来追求同一化，追求人与人之间、人与动物之间、人与自然之间的平等，试图将平等扩大到所有的领域以平衡自然的差异化。平等领域的扩大意味着不平等领域的增加，因而不平等是人类社会文明发展的结果，是人类对平等的执着信仰与不懈追求过程中的必然产物。

第二，人们对二者的历史评价不同。从古至今，人们认为不平等都是不合理的，都是需要纠正的。但差等却不一样，在古代社会，统治者与一些被统治者认为差等是与生俱来的、是先在的，体现着神的意志，因而是合理的，并把差等看作维护社会稳定、国家安宁的必要条件，是各司其职、各安其分的依据与根源。而且，古代的统治者并不认为差等是不平等的，甚至有些时候反而认为只有差等才是平等的。

第三，二者的存在状态不同。差等是绝对的，不平等是相对的。差异的先在性、普遍性和绝对性不仅决定差等的绝对性、无条件性，也意味着起点平等、过程平等和结果平等的相对性。因为差异充斥着自然界和人类社会的各个角落，因而平等只能是一种相对的存在。既然平等是一种相对的存在，那么，作为平等的功效等价物和直接转化对象，不平等也一定是相对的。如此说来，社会生活中的不平等是相对的，差等却

---

① ［法］卢梭：《社会契约论》，何兆武译，商务印书馆 2009 年版，第 19 页。

是绝对的。

第四，二者的性质不同。差等不一定是不平等，但不平等中一定包含着差等。平等并不意味着完全的"整齐划一"，平等允许适当的差别。而为了体现差别的属性，就必须对差别予以"质与量"的界定，量上的差别就是用数字来表示不同事物之间的状态，例如，人的工资、收入、身高、体重都可以用数字来表示。但是，真正反映差别的还是"质性"的定义，即对反映事物差别的量化标准给予定性，如"低收入与高收入""一级与二级"，等等。这样，量化的差别就变成质化的差别，而质化的差别就意味着等级层次的高低，例如，"一级"高于"二级"，"高收入者"优于"低收入者"。如是，差别就会转化为差等。这样看来，差等并不一定是不合理的，只要差等是人的主观努力程度、价值偏好与天资禀赋等主观意向的结果，这样的差等在很大程度上就是合理的。但是，如果差等是后天的制度安排、社会整体的价值偏好或政策制定者的价值偏好等客观原因引起的，这样的差等就是不合理的，就应该批判。因此，当抽去了附属在不平等上的抽象的一般承载物时，不平等就具有更多的差等意蕴。例如，如果没有差等的存在，平均主义就是合理的；如果没有不平等的存在，两极分化也是合理的，但事实上这两者都是不合理的。

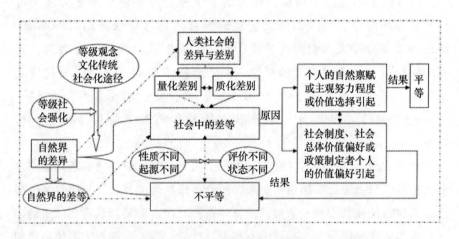

图4—1　差等与不平等关系图

如图 4—1 所示，自然界中的自然差异经过等级社会、文化传统、社会化途径等的"洗礼"后，必将带来社会中的差等或不平等。再加上社会中的"质化"差别的影响，社会中的差等就是一种绝对存在。一般而言，根据不同的分类标准，社会差等的类型就不同。例如，根据产生的原因，可分为由主观因素导致的自致性差等，由客观因素导致的诱致性差等；根据产生的阶段，可分为起点差等、过程差等、机会差等和结果差等；根据差等的性质可分为实质性差等和形式上的差等，等等。在众多的分类标准中，根据原因的分类结果最能说明差等与不平等的关系。由此可见，差等是差异向不平等转化的一个必经阶段和环节，而差异是否会转化为不平等取决于差异转化为差等的原因。

如果上述逻辑是成立的，那么古代中国的社会结构，古希腊、古罗马时期的思想都与其说是不平等思想，还不如说是差等思想，尤其是柏拉图和亚里士多德笔下的古希腊城邦，更是差等思想的鲜活体现。因此，准确地说，中国古代的社会结构应该是"差等结构"，中国古代文化体现的是"差等之爱"，古希腊城邦的正义也是有"差等"的正义。

三 差等的核心：等级

差等的核心意思是等级，而人的等级划分可追溯到历史久远的古代社会。那时候，将人的等级化理解为自然界等级演进的必然结果，因而等级划分在大多数时候被统治者和一些生产者认为是合理的，只有等级剥削到了不可忍受的程度人们才会揭竿而起，推翻旧朝代建立新王朝。然而，哪怕是新建立的王朝，也存在"君君臣臣、父父子子"的严密的等级划分，皇帝依然是最高的等级阶层，拥有一切特权。

很多政治哲学家都对社会等级进行了阐释，但比较经典的还是黑格尔和韦伯的等级思想。在黑格尔看来，随着市民社会的兴起，自给自足的需要体系被市民社会中相互依赖的需要体系所取代。而要满足需要体系的需求，人与人之间的劳动交换就必不可少。这样，劳动交换和需要体系之间就会形成一定的依赖关系，个人和社会财富在这种依赖关系中产生。但是，财富的分配并不完全按照"按劳分配"的原则进行，而是受到主客观等多种因素的影响，这些因素导致财富的差异化分享，由此形成等级。① 看来，黑格尔观点是：等级是在财富分享中形成的，家庭、市民社会、国家是典型的三个等级。其中，以家庭生活为基础的农业等级是实体性等级。实体性等级是以固定的土地为财富、以家庭关系为核心、以血缘关系为纽带、以相互信任为基础的，实现了个体与家庭的直接统一。以对自然产物的加工制造为主的产业等级是反思的等级。这一等级最为复杂和特殊，既包括手工业、工业和商业，也包括从农业等级中脱胎出来的其他行业。"该等级的本质是从他人的需要和劳动中获取自己的生活资料，它的主要生活领域是市民社会。"② 与国家相对应的是普遍等级，这一等级是"以社会状态的普遍利益为职业的。③"在黑格尔的时代，普遍等级主要指在政府中供职的公务人员。黑格尔将社会划分为家庭、市民社会和国家三个等级，并指出了每个等级的特征和气质，具有较大的历史进步意义，但他试图通过上述三个等级的划分来抹杀国家的阶级实质，为普鲁士的统治制度辩护寻找伦理依据则是需要批判的。

而作为协调组织关系的等级控制体系，官僚制则对古代的等级体系进行了改造，并将效率、技术理性、科学与其联系在一起，因而这种等级有一定的合理性。"正是因为官僚制在合理性的原则下重建了官僚等级，才使得它以组织形式出现时，表现为等级森严而又运行高效的实体，对内、对外都能实现有效的控制。"④ 那么，官僚制组织中为什么需要等级结构呢？组织规模的扩大是官僚制产生等级结构的主要原因，这与韦伯将官僚组织定位为分部—分层、集权—统一、指挥—服从的特征相吻合。官僚制组织是一种等级实体，其产生的初衷是为了协调大型组织的矛盾，提升大型组织的运作效率。在官僚制等级实体中，各种公职和职位都要按权力等级组织起来，形成一个自上而下的指挥链和层级节制的权力体系。可见，在韦伯的眼中，等级制是

---

① 魏晓燕、陈爱华：《黑格尔等级思想解读及其现实意义研究》，《求索》2011 年第 9 期，第 110 页。

② 同上。

③ ［德］黑格尔：《法哲学原理》，商务印书馆 1982 年版，第 214 页。

④ 张康之：《论官僚制组织的等级控制及其终结》，《四川大学学报》（哲学社会科学版）2008 年第 3 期。

官僚制运行和发展不可或缺的制度。因为，没有自上而下的等级结构，就不能建立一个政令统一的官僚系统，也不能有效提高官僚组织的效率。总之，让官僚制有效地运转起来的核心要素是"等级"以及建立在等级基础上的各司其职、合理分工。然而，事实是，官僚制组织的等级结构造就了组织中人与人之间的等级关系，使不同等级的组织成员在资源分配中享有较大的差距。协调这种差距的唯一手段就是利益，而利益又是产生社会冲突、导致人与人之间矛盾的根源，因而利益实现和利益分配的制度化就成为人们解决利益冲突的关键。然而，一旦利益实现和利益分配制度化了，官僚制等级中的较高阶层又难以从制度化的渠道获取更多的利益，因此，他们就会做出两种背离公共利益的选择：一是从理性经济人出发，根据自身的需要和偏好进行制度安排；二是如果不能进行上述制度安排，他们则会利用公权力的渗透性和扩张性从其他领域捞取相应的好处，以弥补制度化给他们带来的利益损失。布劳和斯科特的研究则从另一个角度证明了以上的观点。他们认为，"在组织中，组织成员的地位主要依赖于他人的尊重。然而，只要等级差别存在，地位较低的组织成员的尊重偏好和被尊重偏好往往会明显偏向于地位较高的组织成员。[①]"长此以往，组织中的等级制就会被人为地强化，甚至超出了常态官僚制的忍受限度，导致整个社会思想的僵化和行为的固化，官僚主义由此产生。也就是说，如果不加以限制，官僚制组织内部的等级关系就会渗透到整个社会关系中，致使整个社会按照等级制的方式来运转。这不仅与近代以来的平等、自由的政治文化相悖，更与现代社会追求平等的政治诉求格格不入。因此，"要废除等级制度就要在社会整体层面上限制和约束等级关系，让社会中的等级关系退守到了组织内部，成为一种组织关系。[②]"这种组织内部的等级关系不仅符合官僚制的运行逻辑，而且不会有过多的堆积、产生太大的危害。因为，"组织存在的环境以及外部机制能够不断地对组织内部的等级关系

---

① ［美］彼得·M. 布劳、［美］W. 理查德·斯科特：《正规组织：一种比较方法》，夏明忠译，东方出版社 2006 年版，第 140 页。

② 张康之：《论官僚制组织的等级控制及其终结》，《四川大学学报》（哲学社会科学版）2008 年第 3 期。

进行限制和约束，保证它被控制在有利于组织存在和发展需要的限度之内。对于现代组织而言，官僚制是一种能够保留等级关系而又对等级关系作出适度控制的组织模式。[①]"在某种程度上可以说，官僚制的运转是一个"不断产生等级又不断消解等级"的循环过程。从这个意义上说，官僚制中的"等级"一词并不代表贬义，更不代表在该制度下的身份等级。韦伯官僚制中的等级制就是对组织中合理分工、统一指挥、有效命令的形式架构。但是，今天，当人们一提到等级，就会想到烙有明显身份的奴隶社会、具有森严制度的封建社会，这是因为受内外环境的影响，官僚制内部用于提高组织效率的"等级结构"蜕变成具有人身依附与人身支配关系的等级制。

默里·布克金指出，"等级制"这一严格意义上的学术术语，是只限于第二自然的特征。它指的是高度组织化和意识形态化的命令与服从体制。从词源上说，它来自于古希腊中意指"基督教的组织形式"的术语。默里·布克金指出，对等级制灾难性误用的首要表现莫过于将等级拟人化，然后应用于非人自然中的各种存在。默里·布克金认为，作为一个社会性词汇，等级制不太适合描述动物间的"支配—顺从"关系，尽管这方面的事实确实存在。因为将等级制这一词汇应用于动物共同体会抹杀它严格的社会性特征。对等级制灾难性应用的进一步表现是将其适用于第一自然与人类的整体关系，尤其是将等级作为人支配自然的手段和工具。因为，"人类虽然比其他生命形式更为先进——人类更复杂或比其他物种被更多赋予价值特性，但是，这种对人类内部特有现象的拟人化影射，是根本没有依据的。遗憾的是，我对把这种拟人的形象从社会世界扩展到非人世界的持续反对并没有多大的效果。[②]"等级制社会明显是以身份取向的。在等级制社会中，随着社会成员结合成同时依存于利益、特权、年龄和性别等因素的身份团体，家庭联系很快制度化为老人主导制、父权制或军事化平等团体。这些等级制做法导致阶级的分化和国家机器的形成。因此，

---

① 张康之：《论官僚制组织的等级控制及其终结》，《四川大学学报》（哲学社会科学版）2008 年第 3 期。

② ［美］默里·布克金：《自由生态学：等级制的出现与消解》，郇庆治译，山东大学出版社 2008 年版，导言第 12—13 页。

等级制首先是作为社会内部的一个内源性发展过程而出现的，这一发展逐渐地将人类脱离一种相对平等的关系而进入一个依据命令和屈从原则制度化的社会。因此，"尽管等级制的形式有很多，但它们有一个共同特征，即这些形式是基于命令和屈从原则而组织起来的体制……对于社会学者来说至关重要的是充分理解这些组织形式并消除等级制本身，而不是简单用一种等级制形式来替代另外一种。①"因此，等级制出现后，无论在家庭生活还是经济生活中，劳动的社会分工废弃了其传统的平等特征，而获得了一种日益等级化的形式。男性声称他的工作相对女性工作的优越性；后来，手艺人宣称他相对于农作物栽培者的优越性；最后，思想家坚持他对体力工作者的控制权力。也就是说，等级制不仅客观地建立在真实的世界中，而且通过人的主观意识进行了建构，并将这种建构渗透到人们的社会生活中，以致等级制逐渐演化为生活中人与人之间的日常用语，以及人与自然间的真实关系。简言之，等级的本意是自然界的高低层次，意味着社会生活中人们处在有差别的位置上。然而，在多种因素的共同作用下，等级却演变成一种制度，一种剥削人、压迫人、支配人的不平等制度。这使等级的面目变得狰狞可怕，成为"人人诛之而后快"的对象。

四　差等的界定：内涵及特征

那么，到底什么是差等呢？从字面意思来理解，差等指差异和等级。就内涵而言，差等有狭义和广义之分。狭义的差等意指实质上的不平等，即人在社会化过程中产生的基于支配关系的等级差异，该语境下的差等是一个贬义词。广义的差等是指人在社会化过程中基于身份、地位或等级关系的差别。不管这种差别有利于哪个阶层，都应该是差等。如此一来，差等就有三种类型。

差等的第一种类型是指因社会整体价值偏好、决策者价值偏好或制度排斥而产生的差别等级，即有利于强势群体②的资源配置和权利差别。例

---

①　[美] 默里·布克金：《自由生态学：等级制的出现与消解》，郇庆治译，山东大学出版社 2008 年版，导言第 14 页。

②　在中国语境下，强势群体和弱势群体是一个相对的概念，一个情景性话语。官对民、公对私、城市对农村、高收入对低收入、东部对西部、发达地区对落后地区等都可能构成一个强势与弱势的话语体系。

如，城市居民享有的福利待遇大大高于农村居民，男性的工资收入多于女性，官员的话语权明显大于普通群众，垄断行业员工的工资收入远远超过普通行业，北京、上海考生高考录取率是其他地区考生的数倍甚至数十倍，等等。这种类型的差等表明，只要你跨入了强势群体的行列，拥有强势群体的身份，不管你的实际贡献有多大，你的工作成绩是否显著，资源分配时你享有优势的概率都较大。

差等的第二种类型是指因个人的天资禀赋、努力程度、理想抱负和价值选择等不同而产生的差别等级。例如，A 天生愚钝，B 天生聪明，在其他条件相同的情况下，B 更容易在社会中获得成功，处于较高的地位；又或者，A 与 B 的天资禀赋是一样的，但他们后天的努力程度、理想抱负和价值选择不同，这也会使他们在社会中形成有差别的身份地位。

差等的第三种类型是指对弱势群体的差别对待，也即基于罗尔斯的"差别原则"与公共管理的"公共情怀"而对弱势群体进行的补偿，这种补偿有利于弱势群体在教育、生育、政治参与、再分配中享有更多的份额，以维持他们可持续发展的需要。在当代中国，这样的差等对待案例举不胜举。例如，少数民族考生在高考中享有加分待遇，少数民族学生或在少数民族地区工作的汉族考生如果愿意回原地工作，在硕士研究生和博士研究生入学考试中均可走单独招生的"少民计划"，不仅录取分数极低，而且就读期间也不缴纳任何学杂费，还可享受一定额度的助学金，等等。

广义概念中的第一种差等称为"形式不平等、实质不平等"，第二种差等称为"形式不平等、实质平等"，第三种差等也称为"形式不平等，实质平等"。需要指出的是，本书所探讨的是第一种类型的"差等"，即由制度安排不合理（歧视与排斥）、社会整体价值偏好、决策者的价值偏好[①]等原因引发的社会不平等，也即狭义层面的"差等"。（详见图4—2）

为此，本书所指的"差等"主要是指人在社会化过程中由社会整体价值偏好、决策者个人价值偏好或制度排斥引起的，是基于身份和等级基础的差别。经由社会等级观念与等级结构的强化，这种差别反映在政治哲

---

① 注：社会整体价值偏好和决策者的价值偏好也是导致制度排斥的重要原因。

学层面就是公民身份地位不平等和权利不平等，反映在制度层面主要指由公共管理制度排斥与制度歧视所引发的资源分配不公平，反映在实践层面就是社会歧视与社会排斥。由此归纳出差等的五个特征：一是差等是差异社会化的必然结果；二是差等是基于身份与等级的差别；三是差等的核心是身份与等级；四是差等不一定是不平等，但本书所指涉的却是不平等的差等；五是不平等的差等主要由决策者价值偏好、社会整体价值偏好和制度排斥造成的。

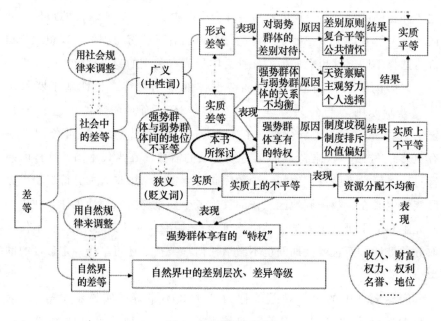

图4—2 差等内涵图

第二节 差等正义概念建构

差等正义是一个具有挑战性的概念，这种挑战性来自于三方面：一方面，当以差等正义为关键词在中国知网、维普、万方三大数据库中搜索时，仅发现一篇直接以此命名的成果，这一尴尬在百度、Google 等知名搜索网站也同样遇到。另一方面，虽然古代中国的传统观念、古代西方的哲学流派中无不弥漫着差等思想，但是，到目前为止，仅有几个学者零星提出过"差等正义"这一概念，这使将其作为主题系统阐释时略显忐忑。另外，用古代的思想来批判现在的社会现实、构筑当代的哲学话语，其合理性和正当性又何在呢？也就是说，差等正义这一概念本身是否具有合理性和正当性，是遭受人们诟病的主要原因。而一个概念鲜有人使用，可能有两个原因：一是这个概念有问题，不能使用；二是人们还没有意识到这一概念的价值和学术意义，没有提炼出这一概念。尽管有些人认为差等正义这一概念鲜有使用的原因应该归结为这一概念具有歧义和不周延性，但差等正义概念鲜有人使用的原因应该来自后者，这种推断源自于以下对差等正义概念学理和现实正当性的描述。

一　差等正义概念：提出之依据

有人认为，差等正义一词本身就含有悖论。按照习惯用法，"差等"更多的是贬义词、负向词，"正义"是个褒义词、正向词。差等意味着不平等，不平等意味着不正义，那么，差等怎么能与正义连在一块儿使用呢？这种理解又衍射出另外一个悖论：差等正义既然与"正义"联系在一起，怎么又是不正义的呢？这意味着，要研究差等正义的内涵，就必须对该概念提出的正当性予以阐释。

如果把正义看成一个连续统，差等正义就是位于不正义与正义之间的节点。站在这个角度，差等正义就是对非正义的扬弃，对正义的建构。由于人们事实上生活在一个处处充满不平等的社会，完全的正义只是一种理想状态，因此，人们平时所提到的正义如作为交换的正义、作为条件的正义、作为功利的正义、作为公平的正义、作为公正的正义等实际上都是一种不完的正义，甚至离完全正义仅几步之遥。正如巴里所言："古往今来的社会制度都是不尽如人意的，完全符合正义的社会不仅从来没有出现过，而且将来也不会出现。从这一意义上说，正义只能是一种理念，有关社会正义的理论的真实则在于它为人们现实的社会生活提供基本的指导原则。"[①] 既然完全正义的社会从来没有出现过，是遥不可及的乌托邦，那么，实现正义的理性途径就是构建一个有限正义的社会，这种有限正义为

---

① ［英］布莱恩·巴里：《正义诸理论》，孙晓春等译，吉林人民出版社2004年版，译序第3页。

差等正义概念的存在提供合理的空间。

那么，为什么说有限正义会为差等正义概念的存在提供合理的空间呢？因为作为利益交换的规则，正义是有条件的，正义的条件性决定正义存在的有限性。正如慈继伟在《正义的两面》一书的引言中所指出，"正义有两个相反相成的侧面：一方面，作为利益交换的规则，正义是有条件的……有条件的意思是说，具有正义愿望的人能否实际遵守正义规范取决于其他人是否也这样做"①。正义的这种条件性意味着正义感是道德上的他律而非自律，也意味着人们是否采取正义的行动与社会制度的正义无关，而只涉及个人动机，属于罗尔斯所谓"合理道德心理"的范畴。"如果公民们相信制度或社会运作方式是如其设想所示的正义或公平，他们便能够或愿意践行自己在其中的责任，只要他们确信别人也会履行这种责任。"② 但是，别人是否会履行正义责任并不取决于人们所认为的一般的主客观因素如制度、个人的道德，而是在于别人认为可履行正义的条件是否达到了他的要求。因此，当有一个人认为社会并没有达到他认为可以履行正义责任的要求时，他就不会履行正义责任。一个人不履行正义责任并不可怕，可怕的是这种不履行的情形会像传染病一样，其结果是整个社会的人都倾向于不履行（因为你的不履行会成为他人不履行参照的借口）。不履行正义责任的人多了，社会正义自然就变得有限了。

需要指出的是，上述推理的假设前提是正义的践行是他律而非自律，也即坚持了"正义践行的目的论观点"。正义践行有义务论和目的论之分，义务论是一种绝对的道德命令，强调人对正义的践行是无条件的，是一种道德层面的应当；目的论认为人的一切行为都是有目的的，强调人对正义践行与否、践行的程度都要受其目的的影响：当人们认为正义的践行对人对己都有利时，他会积极地践行；当人们认为正义的践行仅对己有利而对人无利时，他会比较积极地践行；当人们认为正义的践行对人有利对己无利时，他们会消极地践行；当人们意识到正义的践行对人对己都无利时，他们就不会践行。也就是说，在利益交换领域，是否能够最大限度地增加功利（好）是人们践行正义的主要标准，这就决定正义践行的他律

① 慈继伟：《正义的两面》，生活·读书·新知三联书店 2001 年版，第 1—2 页。
② John Rawls, *Political Liberalism*, New York: Columbia University Press, 1993, p. 86.

性。正如哈贝马斯所指出："即使某些规范在道德上是十分合理的，人们也没有理由期待人们遵守，除非他们能够相信大家都会遵守这些规范。因为只有在规范得到普遍遵守的情况下，规范的正当性提出的理由才能成立。"① 也就是说，只有在正义规范得到经验层次的认可和实践时，人们才能够接受并践行这些规范。然而，不仅正义规范要得到经验层面的认可需要很长的时间，而且抽象的正义规范在实践层面的践行也面临重重困难。因此，这种有条件的正义的实现是比较困难的，既然正义的实现比较困难，社会中的"正义真空"就会出现，建立在"社会差等"基础上的正义就产生了。

但是，差等正义一词有两种理解：一方面，如上所述，如果正义的两级是完全不正义与完全正义，那么处于其中的就是差等正义。站在这个角度，差等正义是介于正义和不正义之间的连续统，是对正义的无限接近与不正义的扬弃和超越。也就是说，古今中外"完全正义"的社会从来都没有实现过，将来也难以实现。既然如此，就不得不面对这样一个事实：有"差等"的正义才是社会正义的现实选择。换句话说，如果将正义分为不同的层次，有"差等"的正义就是现实中的正义形态，这种形态有一定的合理性，也在一定程度上能促进生产力的发展。但是，这样的理解看似有道理却凸显出两个矛盾：一是既然差等正义是介于不正义与正义之间的一种形态，那么，也就说明了正义是有层次的。而按照正义作为社会基本价值规范和元价值准则的属性，正义是抽象的、普适的、完全的，这种承认正义层次性即"有限正义合理性"的做法违背了正义的普适性原则，因而是不合理的；二是虽然有限的正义是千百年来古今中外现实社会的无奈选择，但是，这并不代表这种"正义"就是合理的，就值得歌功颂德。众所周知，理论是实践的航向标，只有在理论上对"完全正义"进行建构，现实中有差等的正义才能更加接近完全正义，社会也才能更加公正与平等。正是基于以上考虑，本书所提出的差等正义就是第二种理解，即差等正义是不合理的，是不公平的，是不正义的，是要进行批判的。

---

① Habermas, "Law and Morality", in ed. Sterling M. McMurrin, *The Tanner Lectures on Human Values*, Vol. 8, Salt Lake City: University of Utah Press, 1988, p. 245.

　　上面是对差等正义概念学理正当性的思考，接下来看看差等正义概念提出的现实正当性。刘忠世指出："无论在东方还是西方，只要社会是以身份为基础的等级制，其道德资源的控制权就总归优势地位者。"① 道德资源指道德生活中的各构成要素以及各要素间相互作用的综合。作为道德政治化的实现机制，道德资源是执政者教化民众而维持社会秩序、保证社会稳定的重要手段和工具。古代的圣人无论尚善还是尚恶，都认为尊卑有序的伦理秩序是人与动物相区别的根本标志，是人之所以为人的根本性规定。也就是说，从古至今、从西方到东方，社会都存在或明或暗、或强或弱、或虚或实的差等现象。可以说，社会差等的普遍性是自然界优胜劣汰的必然结果。因为人类社会也好、自然界也罢，如果都像火柴棍一样整齐，这样的社会不是一个病态的社会就是一个超现实的乌托邦。更何况，社会分等也在一定程度上带来了社会的进步，例如，便于管理，便于维护社会秩序。然而，由于社会差等形成的原因是多种多样的：有先天的也有后天的，有主观的也有客观的，有制度故意安排的也有自然的偶然性造成的……因此，应对社会差等理性地看待。例如，人们经过后天的努力而拥有更好的技能、更高的学问、更强的资源获取能力和更多的收入，这种差等并不违背人的道德观念和公序良俗原则，相反，还恰恰有利于人类的发展，是人类向前发展的促动力。再如，某人在某方面确实具有与生俱来的天分，以致在后天的成长中哪怕比别人付出更少的努力或面临更少的机会也能带来比别人更高的收益，这种差等也是不违背伦理道德的。但是，如果人为地制造了差等，或人为地扩大了差等的程度和范围，或对人与人之间先天差等进行了歧视并造成后天更大的差等，那么，这些差等就被别有用心的人利用了，而这些利用它的人的目的就是给自己捞取不合理的利益和维护其统治寻找合理的依据或伦理视角。特别地，当这种等级关系的生产者将其鼓吹为上天的意志或神的安排的时候，"差等"便彻底由中性词转向贬义词了。在此情境下，统治者往往通过"差等是与生俱来的，是不可调和的，是应该在社会中得到强化的"等谎言来为自己的压迫行为开脱。例如，神学家阿奎那就认为："一切现存的事物都是神安排的，天意要对一切事物贯彻一种秩序，因此，奴役制度是上帝对犯有原罪的人所实施的一种惩

---

① 刘忠世：《分析传统道德理念的等级性》，《齐鲁学刊》2001 年第 6 期。

罚，封建等级制度是上帝有序地对原罪进行惩罚之意志的体现。"① 这些制度都是绝对合理的，对他们的反抗意味着对上帝的蔑视，是为天理所不容的②。根据阿奎那的看法，上帝造出来的人本身就是不平等的。因此，人类有两种服从形式：第一种是"主人为了自己的便利而使用他的仆人，第二种是主人依靠这种形式统治着那些为他们自身的福利而对他人服从的人们。③" 这种服从和统治是与生产者或服从者的福利相一致的，是人类秩序的必然要求。这种秩序是建立在性别、体力和精神能力等天然差别之基础上的，否则，"社会就会证明是缺乏合理的秩序"④。当然，如果能够理性地看待并试图通过制度安排来缩小社会差等，这个社会就是一个正义的社会，或者说是一个试图向正义靠拢的社会。但是，古代的统治者却通过制度安排把先天的具有偶然性的差等固化为社会的必然差等，这是极其不合理的。而中国现在的官僚阶层虽然不明目张胆地宣扬差等的必然性，但却通过诸多的公共管理规范强化甚至制造了差等，例如，人事制度中干部与工人的身份区隔，原户籍制度中农民与居民的资格差异，高考制度中不同地区的机会差距，官对民的强势话语、公共领域对私人领域的侵犯等。也就是说，尽管高举"平等与公正"的大旗，高喊"权利与自由"的口号，但现存的许多领域却仍然存在大量的事实上的不平等，这种不平等在短时间内是难以消除的。也就是说，真正平等的正义对人们来说在相当长时间内都会是一个乌托邦。既然平等的正义在一定时间内无法真正达成，差等的社会现象也是客观存在的，那么，建立在差别和等级基础上的差等正义概念也就有了现实的根基。

二　差等正义内涵：多视角诠释

差等正义是以自然的不平等为基础，试图按照社会的"自然性质"

---

① ［英］托马斯·阿奎那：《阿奎那政治著作选》，马清槐译，商务印书馆 1982 年版，第99 页。

② 徐大同主编：《西方政治思想史：中世纪》（第二卷），天津人民出版社 2006 年版，第284—286 页。

③ ［英］托马斯·阿奎那：《阿奎那政治著作选》，马清槐译，商务印书馆 1982 年版，第100 页。

④ 同上书，第 45 页。

来建立社会正义的理想，从而承认不平等的合理性，这是工业革命以前人们对正义赤裸裸的认识。① 古代的等级社会和特权社会将人分为高低贵贱几个等级，并根据相应的等级、权力等身份象征确定财富分配，但这样的分配在现代民主社会却是行不通的。工业革命以后，传统社会关于自然秩序安排不平等或不可改变的神话被打破，通过个人的后天努力和合理的制度安排来达成社会正义的想法成为人们的共识。在人们将平等、自由、人权等观念融入正义思想中时，现代社会的正义形式也从差等正义转向了平等正义，而正义的实质却没有完全脱离传统差等正义的窠臼，因为虽然大部分赤裸裸的性别、种族和民族等歧视被破除，但一些隐性的差等正义如深层次的性别或种族不平等却如影随形。因此，尽管现代社会的人们对正义的理解超越了个人道德禀赋和社会理想的范畴，认为正义是人们有意识活动的结果，是关于社会中的各种权利、义务、社会制度和社会结构应当如何安排的问题，思想家也试图通过权利和义务的对等、平等与自由的平衡来重新诠释现代正义的范畴，现代社会事实上也是按照基于共同利益的契约平等关系来构造社会结构的。然而，这并不代表现代社会的正义是完全的平等正义。相反，由于社会正义是关于相关制度的安排如何将各种社会资源公平地分配给每一个社会成员以保证每位成员都能实现平等的权利等问题，制度的排斥性规定就成为现代差等正义的根源，而这种排斥性的制度安排在当代中国比比皆是，因此差等正义仍是现代社会正义的一种表现形态。只不过，随着人们平等、自由、人权等意识的增强，差等正义常常被执政者贴上"正义"的标签，以致有些人大多数时候被蒙蔽了。

既然如此，那么，什么是差等正义呢？在回答这一问题之前，要先对前部分提出的两个悖论予以解释。前述指出，差等正义的第一个悖论是主要作为负向词的"差等"怎么能与作为正向词的"正义"联系在一起？之所以这样搭配这一概念，主要是社会现实大多时候是"差等或不平等"的，但统治者或执政当局却认为这样的"差等"是正义的、是合理的，差等正义概念道出了古代统治者的心声——有"差等的"才是"正义的"（虽然当代的执政者表面上批判这种观点）。因此，将这两个词放在一块

① 钱宁：《社会正义、公民权利和集体主义：论社会福利的政治和道德基础》，社会科学文献出版社 2007 年版，第 83 页。

儿，不仅能够对被古代统治者所称颂的"正义"进行形象的描绘，对那些看似正义实质不正义、看似平等实质不平等的现象进行揭露，而且还可以对当代中国社会中的深层次不平等进行理论提升。差等正义概念面临的第二个悖论是既然是差等正义而不是"差等不正义"，那么，为什么差等正义又是"不正义"的呢？其原因如前所述，从理论上来看，差等正义是迈向完全正义的必经之路。从实践上看，社会差等现象大量存在，难以短时间内消除，因此，差等正义概念的提出有一定的社会现实意义。这样的表述有两层含义：一是既然社会差等不能消除，那么建立在社会差等基础上的正义似乎从形式上看有一定的正当性。二是即使建立在社会差等基础上的正义有形式上的正当性，但是由于这种正义被制度的安排者通过制度安排让其具有实质上的正当性，差等正义就不正当了。诚然，一个人与其他人存在差等可能有其先天的不足，但是一个先天不足的人本身就输在了起跑线上，而作为以公共利益为归依的公共政策不仅不通过后天的制度安排去帮助它缩小差距，反而通过制度歧视强化或扩大了这种差距，使其在一个领域的不平等扩大到了另外一个领域，能认可这种制度安排行为的正当性吗？当然不能。因此，概而言之，本书所指的差等正义既不是罗尔斯式的"差别正义"，也不是沃尔泽的"多元主义正义"，更不是为作为现实选择的差等正义辩护，本书要研究的是由社会制度、公共决策者的价值偏好和社会整体的价值偏好引发的社会不平等，因而差等正义是不正义的。

古代社会的差等正义有三个核心要素，即"人是有等级的，人的等级是与生俱来的，人们必须按其与生俱来的等级各行其是、各司其职"。可以说，差等正义是古代政治哲学的核心，或者说在同质化、等级化、地域化的整个农业社会，"差等正义"一直是正义的常态，是被自然法和实体法所承认的"正义"。因为农业社会的关系以分配关系为主，而分配关系是天然的不平等的。但是，在与自然界的物种差异的比较中人们发现，人与人之间的不平等是自然的，因而分配的不平等只要不对等级关系构成破坏性的威胁，就被认为是合乎正义的。恰如张康之所言："农业社会人们之间的等级差别是天经地义的，被归入到非人为的自然范畴。所以，按照等级差别进行财产与权利分配，也被看作自然的，是被视作为合乎自然正义的。"① 因此，作为古代社会的整体价值导向，差等正义一直为统治者的合法统治提供形式上和实质上的支撑，也促进了当时的政治稳定和经济发展。从这一点来看，古代的差等正义有一定历史进步意义。但是，这种依附贵族社会结构、带有明显权贵取向的差等正义毕竟带有明显的等级烙印，对社会的消极意义更是不可忽视。尤其是随着社会的发展、人类文明的进步，人们越来越意识到"差等"是人类迈向平等的最大绊脚石，是人类社会进步的最大阻碍，为此，"摒弃差等倡导平等"的运动风起云涌。再加上 20 世纪中期人们对理性官僚制所带来的技术化、非人格化、科学化、原子化社会和个人深恶痛绝，公共性、公平性、公正性的回归就成为当时公共管理的价值主题。在此背景下，公平、公正、平等成为衡量社会是否正义的三大标准。与此相应，社会中的绝对差等正义在逐渐地减少，相对差等正义却依然大量的存在，官与民、公与私、强与弱、发达与不发达、城市与农村等二元结构都是差等正义产生的温床。也就是说，随着现代社会结构、社会观念、社会文化、社会环境的变化，差等正义现象也呈现出一些与古代不同的特征。比如，显性的差等正义少了，隐性的差等正义多了；政治领域的差等正义与经济领域的差等正义并行；纵向的差等正义依然存在，纵横交错的差等正义也不断产生；先天引发的差等正义问题在不断减少，后天制造的差等正义行为却不断增多，等等。这意味着，现代社会差等正义的核心要义发生了变化，其表现是：人们不再认可人的等级是与生俱来的合理性，也不再认为人们要按其与生俱来的等级各行其是、各司其职的正义性，相反，这种明显的等级观念和等级行为不仅被人们所唾弃，而且也被政府通过法律和制度所摒弃。

基于此，本书所指的差等正义是指建立在人们的身份和等级基础上的，基于双重或多重标准而设立的有悖公共管理公共性、公平性、公正性的行为规范。差等正义可以从政治哲学层面、公共管理制度层面与公共管理实践三个层面来解读。政治哲学层面的差等正义是指建立在身份和等级基础之上的，运用双重或多重标准衡量的价值规范。这些价值规范经过不合理的制度的折射，其结果是要么先天的偶然的差等被必然化，要么原有的差等被固化、强化或扩大，要么制造出新的差等，由此产生出公共管理

---

① 张康之、张乾友：《政治哲学视野中的正义》，《浙江社会科学》2010 年第 12 期。

制度层面的差等正义。公共管理制度层面的差等正义是指由制度排斥所引发的人们在权利、机会和资源等方面的不公平分配。这种不公平分配违背了公共管理的公共性、公平性和公正性，背离了公共利益，映射到实践层面则会产生大量的社会歧视、社会排斥现象，进而产生公共管理实践层面的差等正义。公共管理实践层面的差等正义是指在社会生活中，由制度排斥所引发的社会歧视、社会排斥等社会不公平现象，这些不公平现象与正义标准的双重或多重性有很大的关联（详见图4—3）。

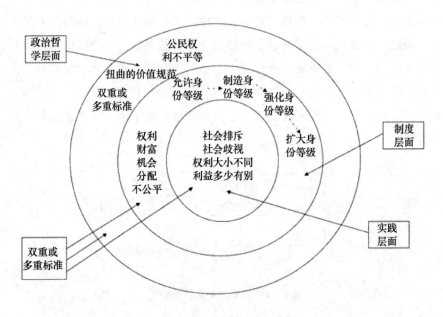

图4—3　差等正义内涵图

所谓正义标准的双重性或多重性是指"对不同社会身份、等级、地位的人适用不同的正义标准，设置不同的道德规范，或者同样的行为因其行为者的社会身份、等级和地位不同而有不同的评价"。正如古代的君、臣、民，人们对其的道德要求就不一样，君的道德要求是有最高的德性，比如，仁爱，对臣与民的要求就是服从即是道德。正是由于使用多重正义标准，所以优势地位者在社会生活中获得了较大的任性式的自由，使劣势地位者处于道德选择的困境。比如，君可以不仁义，臣却不可以不忠诚；父可以不慈，子却不可以不孝，等等。在双重或多重正义标准的影响下，劣势地位者的平等要求获得了"一种双重意义"：一方面，它是反对社会不平等的自发回应。就此而言，它是革命性本能的表达，并且在其中而且只能在其中找到合法性。另一方面，平等要求变成一种反对作为"等价"原则的正义的回应①，这种回应的典型表现就是对差等正义的批判。

需要指出的是，双重或多重正义标准并不都是不合理的，其理由在于如果坚持承认差异的平等正义观，势必涉及双重或多重正义标准。但是，如果社会制度明显对人的基本权利或基本机会进行了区分，并且这种区分以身份或阶层为基础，那这种双重或多重正义标准的结果就必将是差等正义。由此，双重或多重标准也有两种类型：一是对人与人之间的基本权利或基本机会采用了双重或多重标准，这是不正义的，也是本书所指涉的差等正义的基本范畴；二是对人与人之间的非基本权利或非基本机会采用了双重或多重标准，就某种程度而言，这种情形不属于本书所指涉的差等正义范畴。

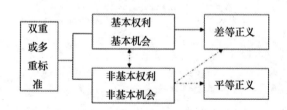

图4—4 双重或多重标准释义

当然，本书所指称的差等正义与罗尔斯的差别正义有很大的区别。罗尔斯为什么会提出差别原则呢？其最直接的原因在于当时他生活在一个内忧外患的时代：内有民权运动、黑人争取民主平等的抗暴运动、学生运动、反攻浪潮，外有朝鲜战争、越南战争、古巴导弹危机。在罗尔斯看来，内部的运动大多与这些对外的不正义的战争有关。因此，他一直在思索为什么会有这些不正义的战争，其结果发现主要的症结在于财富分配严重不平衡，使之很容易变成政治影响。为此，罗尔斯认识到，社会存在很

---

① Frederick Engels, *Anti-Duhring*, New York：International Publishers, 1939, pp. 157 – 158.

多事实上的不平等，要想消除这些不平等而达成平均主义式的平等，几乎是不可能的。既然无论从形式还是实质来看，社会的不平等都会存在，那么，要允许什么样的不平等分配才能既解决穷人与富人的差距问题又能让所有的人都同意呢？罗尔斯做了如下的表述："社会的和经济的不平等应该这样安排，使他们：（1）适合于最少受惠者的最大期望利益；（2）依系于在机会公平平等的条件下职务和地位向所有人开放。"① 差别原则将最大限度地改善处境最差者的利益放在首位，要求人们在财富和收入方面的差别无论有多大，人们无论多么情愿工作以在产品中为自己挣得更大的份额，现实的不平等必须确实有效地有利于最不利者的利益，否则这种不平等是不被允许的。② 在此，差别正义与差等正义的区别也就一目了然了。尽管差别原则对差等正义有一定的遏制作用，但它们属于两个完全不同的学术话语。首先，二者的内涵不同。差等正义是指建立在身份和等级基础上的不正义，这种不正义是对强势群体基于身份地位而获取的特权的统称。但是，罗尔斯的差别正义主要是指对弱势群体的补偿，希望通过有利于弱势群体的不平等分配来促进社会所有人的利益。其次，二者的性质不同。差别正义虽然在形式上是不平等的，因为财富的分配不平等了，但其实质是平等的，符合公共管理的平等要求；差等正义在形式上看是正义的与平等的，比如，人们必须按其与生俱来的身份各行其职、各司其职，但其实质是不正义、不平等的，违背了公共管理公共性、公平性与公正性的铁律。最后，人们对二者的评价不同。尽管差别正义不仅会引发一些不平等，而且也不能从根本上解决社会不平等的问题，但是人们对差别正义的评价以"褒扬"居多，认为它有利于弱势群体经济地位的提升。差等正义却不同，尽管也有人认为它是一种合理的"正义形式"，但它所蕴含的"资源差等分配、权利差等享有、利益差序格局"的意蕴却是被大多数人所诟病的。

---

① ［美］约翰·罗尔斯，《正义论》（修订版），何怀宏、何包钢、廖申白译，中国社会科学出版社 2009 年版，第 65 页。

② ［美］约翰·罗尔斯：《作为公平的正义：正义新论》，姚大志译，生活·读书·新知三联书店 2002 年版，第 103 页。

第三节　差等正义的维度及危害

一　差等正义的维度：政治失语、经济歧视与社会排斥

差等正义的核心要素是权利、等级与身份。权利是基于义务而产生的一种特殊利益，差等正义意味着公民政治、经济和文化权利的不平等，而权利不平等分配的依据是人的身份高低和等级大小，即基于身份和等级的权利不平等。进一步思考，权利不平等与政治领域的参与缺失有关，等级与经济不平等有关，因为经济不平等是社会不平等的根源，而身份则与社会领域的排斥有关，正所谓"文化认同由许多不同的丝线交织而成，其中一些丝线是身份相异的人们所共有的，即使在身份差异非常明显的情况下也是如此。①"按照弗雷泽的表述，完全由血缘关系所统治的社会，文化制度是社会整合的最初模式，而身份等级制是服从地位的根本形式。作为一种结果，这种等级制在全社会是合法的。虽然许多个体已经对它恼怒，但他们缺乏任何挑战那种等级制度权威的原则性基础。在弗雷泽看来，其原因在于建立在身份等级制上的"这种文化秩序是被严厉地限制的、制度上无差异的、伦理上一元的、没有异议的、并在全社会是合法的"②，其结果是身份秩序是一种无所不包的身份等级制。然而，在当今社会，文化秩序是多元的、制度上有差异的，有异议的。最重要的是，身份等级制在现代社会是不合法的，因为它亵渎了自由平等的原则。不仅如此，身份等级制还违反了市场和民主的合法性的基本规范。现代社会的人不能平等参与的主要原因是不公平的制度化的文化价值模式使一些竞争者缺乏平等参与的社会身份和经济基础。然而，随着社会差异化和市场化的推进，人们的参与平等受文化机制模式的控制越来越小，因为市场化把断裂引进了文化秩序，打碎了先前存在的规范模式，并表现出向开放的文化价值观挑战。但是，市场并不是促进身份差别融入空气，

---

① [美] 南茜·弗雷泽：《正义的中断——对〈后社会主义〉状况的批判性反思》，于海青译，上海人民出版社 2009 年版，第 90 页。
② [美] 南茜·弗雷泽、[德] 阿克塞尔·霍耐特：《再分配，还是承认？——一个政治哲学对话》，周穗明译，上海人民出版社 2009 年版，第 43 页。

也不仅仅是消除身份差别，而是将身份差别手段化，使先前存在的文化价值模式屈服于以营利为目的的经济发展。从这个角度来说，市场化的纯粹结果是现代化而不是身份地位的废除，现代社会的身份等级依然存在，只是更加隐蔽而已。为此，弗雷泽指出，现代的社会结构是这样的社会，阶级从属地位和身份从属地位皆不能孤立于另一方被充分理解。正相反，错误承认和分配不公在今天是如此复杂地纠缠在一起，所以每一方必须从同样包含另一方的更广大的、已整合的观点中得以把握。总之，只有当身份和阶级被协同思考时，当前的政治分裂才能被克服。这意味着，要矫正分配不公，人们必须对参与平等的客观条件进行经济上的重建，以再分配的方式排除经济上的障碍；要矫正错误承认，必须祛除文化上的障碍，使每个群体的文化都得到平等的承认，通过参与平等的文化价值模式去制度化，并以培育参与平等的模式取而代之；要矫正政治上的排斥和边缘化，人们必须通过民主化排除政治上的障碍。① 正所谓参与平等是民主公共领域的基本要素，而大致的社会经济平等才是参与平等的前提和基础。②

正是出于上述考虑，弗雷泽认为正义并不像霍耐特所认为的那样仅是经济上的平等分配，而是经济再分配、文化承认和平等参与的综合。也就是说，正义的维度有三个：经济上的再分配、文化上的承认、政治上的平等参与。那么，正义这三个维度之间的关系是什么呢？弗雷泽的建议是参与平等是统摄再分配和承认的元维度，原因是参与平等要求对参与中的障碍进行克服，这些障碍包括：经济结构不合理使分配公平诉求流产，进而阻止了人们的完全参与；文化上的制度层级阻止了实现平等条件下的相互交往，使部分人遭受了身份不平等或错误承认；决策规则否定了人们在公共协商和决策制定中的平等声音，也阻止了人们的充分参与，使部分人遭受了政治不公正或错误代表制。并且，一旦参与平等的目标得以实现，也就意味着人们的社会身份和社会地位得到承认。相应地，人们在文化

① ［美］南茜·弗雷泽、［德］阿克塞尔·霍耐特：《分配，还是承认？——一个政治哲学对话》，周穗明译，上海人民出版社2009年版，第57页。
② ［美］南茜·弗雷泽：《正义的中断——对〈后社会主义〉状况的批判性反思》，于海青译，上海人民出版社2009年版，第95页。

上的权利也就得到认可，经济上的分配份额也就可以保证。① 在弗雷泽看来，"平等参与"是正义三个维度的元（源）维度，能够统领另外两个维度。正如她所指出的，上述所提到的每种不公平方式都会阻止人们以平等的身份参与社会交往。由此，这三种方式都亵渎了一个单一的原则——参与平等，这个原则支撑了三个维度，创造一个单一的能够调和它们的话语空间。② 但是，事实真是如此吗？"承认"一词也许还代表着更为广泛的含义。从政治直觉出发，"承认"应该是权利得到认可。这里的权利应既包括经济权利，也包括政治、文化和社会权利。但弗雷泽将"承认"单独指称文化权利，尤其是少数族裔的文化权利，这未免显得过于狭窄。当然，承认肯定意味着参与平等，或者反过来说，参与平等是人们的权利得到承认的一个标志。如果这个说法成立，那就意味着弗雷泽的三个正义维度陷入了两处尴尬的境地：一方面，作为后来追加的以平等参与为表征的代表权问题，其实质应该是承认下的一个内容，而不应该单独列出；另一方面，如果要单独列出"平等参与"，也不应将其置于三大正义维度之首，而应以承认作为正义维度之首。因为承认与权利得到认可是一脉相承的。既然权利都得到认可，人们之间的参与平等也就成了题中之意。基于此，正义的三个维度是平等参与、经济再分配和文化承认的和谐共生。既然正义意味着政治、经济、文化权利的平等，那么，作为与正义相对立的概念——差等正义也可以从这三个维度去衡量。考虑到差等正义的实质是基于身份和等级的权利不平等，本书拟将差等正义的维度描述为政治失语、经济歧视和文化排斥。政治失语有两种类型——有话语权却装聋作哑和没有话语权，本书所指称的政治失语是第二种类型，即没有话语权，这意味着一些群体不能用自己的声音发表意见，从而也使他们通过习俗和风格来建构和表达自己文化的希望化为泡影；经济歧视则指部分经济主体在经济运行中被歧视性的对待；文化排斥则指被排除在主流文化之外的少数群体或弱势群体遭遇的身份排挤和歧视。至于

---

① ［美］南茜·弗雷泽：《正义的尺度——全球化世界中政治空间的再认识》，欧阳英译，上海人民出版社 2009 年版，第 68—69 页。

② 同上书，第 69—70 页。

这三个维度的丰富内涵和具体表现，将在第五章详细诠释，在此就不再累述。

二 差等正义的危害：民主的没落与合法性危机

差等正义意味着深层次的社会不平等，会引发深层次的社会矛盾。这不仅会侵蚀公共管理的根基、摧毁政府运行的合法性大厦，而且还背离公共管理的根本价值取向——公共性，必然会带来一系列明显的危害，这些危害主要表现在以下四个方面。

（一）公共性背离：阻碍公共利益的实现

公共性是公共管理最根本的特性与最高价值，是公共组织区别于其他组织的本质特征。公共管理的公共性集中体现在公共行政主体即政府部门的"公共性"，管理手段即公权力的"公共性"，公平、正义、民主等价值观的"公共性"，管理目标即公共利益的"公共性"等四方面。① 公务人员和公共组织的制定的公共政策其首要标准应是维护公民的权利，维护公益至上的公共秩序与公共精神，其所蕴含的公共性彰显到了极致。而公共政策之所以强调公平取向缘于在过于强调经济性效率的时代公平极度缺失，造成社会发展的不协调，"效率优先、兼顾公平"逐渐演变为"效率有限、漠视公平"。

维护公共利益是公共管理公共性的典型表现。A. O. Hirschman 认为，公共利益应理解为：第一，如果不考虑子民百姓的私有利益，就谈不上什么公共利益；第二，公共利益的存在是主观臆造的产物，是作为一件工具而发明出来的；第三，政府的主要目的是恰当地划分统治者与被统治者之间的利益，政府无须积极地培植其子民的才智与伦理的美德；第四，利益并不是政府的基础，但利益是政府的最佳可能基础。② 马国泉从公共利益的形成与影响因素的角度，阐释了公共利益的特质。他认为，抑制个人利益有助于公共利益的发展；发展社区精神，致力于社区福利，是对公共利益的有益贡献。以多数人的意见为主导，为多数人服务，也是公共利益；

---

① 丁煌、张雅勤：《公共性：西方行政学发展的重要价值趋向》，《学海》2007 年第 4 期。
② A. O. Hirschman, *The Passions and the Interests: Political Arguments for Capitalism Before Its Triumph*, Princeton University Press, 1977, p. 66.

以科学管理的态度来处理公共行政，防止资源的浪费与管理的混乱，能达到维护公共利益的目的；尽力鼓励行政官员发挥有道德的领导作用，挖掘组织每一位成员的潜能，也是为达成公共利益服务的。① 这说明，公共利益首先是一种价值理念，是一种社会中的信仰、追求与动力，是衡量一个政体是否具有合法性的价值标准。它既具有客观存在的实体形式，也是精神的抽象物。② 为此，德博拉·斯通指出，公共利益意味着一些不同的事情，它可以是合在一起的个体利益，也可以是个体要共同体实现的目标，从这个角度来说，也许可以将公共利益看作具有公共精神的公民所渴求的事情。③ 作为衡量政体合法性与公共行为正当性与否的价值标准，公共利益是公共管理的根本价值取向，公共组织是公共利益的代表，它的一切行为都应建立在社会公共意志的基础上。④ 无论从社会治理的整体导向还是从其主体特征来看，公共管理的价值都离不开公共利益。⑤ 当公共利益被作为核心价值的时候，实际上也就意味着要对官僚制的效率取向做出否定和扬弃。⑥

　　差等正义以承认人的身份和等级为基础，承认附着在人的身份基础上的权利、利益的不平等性，必将会违背公共管理公平性、公正性等公共性特征，破坏公共管理运行中应坚持法治性与民主性原则。差等正义也会阻碍公共利益的实现，其原因在于：一方面，差等正义是社会生活中深层次的不平等，这种不平等与特权阶层的"特权"以及"权力的支配性、财富的渗透性"等有莫大的关系。当特权阶层利用这些权力去"谋取私利、损公肥私、损人利己、寻租腐败"时，公共利益的"公共性"就会大打折扣。这时，公共利益就会成为政策制定者谋取个人利益、部门利益、政府利益或国家利益的借口、幌子。另一方面，差等正义是不正义的，不正义意味着社会的公平、民主、平等、自由等价值观受到损害。当一个社会

---

　　① ［美］马国泉：《行政伦理：美国的理论与实践》，复旦大学出版社 2006 年版，第 58 页。

　　② 谢治菊：《公共伦理：概念辨析、价值取向与时代精神》，《天府新论》2011 年第 3 期。

　　③ ［美］德博拉·斯通：《政策悖论：政治决策中的艺术》（修订版），顾建光译，中国人民大学出版社 2006 年版，第 20—22 页。

　　④ 谢治菊：《公共伦理：概念辨析、价值取向与时代精神》，《天府新论》2011 年第 3 期。

　　⑤ 谢治菊：《社会治理模式演进中伦理精神的迷失与回归——基于张康之〈论伦理精神〉的社会治理历史反思》，《学习论坛》2012 年第 4 期。

　　⑥ 同上。

的价值观受到损害时，公共利益的实现就会被阻碍。

（二）民主的没落：蚕食弱势群体利益

民主是政治哲学的首要话语，也是近代社会最伟大的发明。民主的启蒙得益于社会契约论确立的政治民主原则，这一原则使得统治者先验支配地位的合理性得以丧失[①]。如此一来，参与订立契约的民众就成了国家的主权者，拥有支配契约和监督统治者的权利，这就是民主的基本内涵。如果国家和政府按照民主的原则、遵循民主的方式去开展活动、行使权力，社会的平等就触手可及。然而，遗憾的是，自 20 世纪 80 年代新公共管理运动以来，委托—代理理论、公共选择理论和产权理论等理论在将市场机制引入政府管理的同时，也离间了政府应遵循的民主原则。这一点，新公共管理理论尤为突出。因为新公共管理理论要求国家及政府作为独立的行为主体与社会订立合同，形成契约关系，这从根本上动摇了民主的根基。为此，卡蓝默指出，"随着民主制度的定型化，社会契约理念本身已经烟消云散。[②]"在实际生活中，政府也往往把民主的原则搁置起来，用集权代替民主，或者用少数人的民主代替多数人的民主，民主开始没落。在中国公共管理领域，差等正义正是让民主没落的罪魁祸首。差等正义是建立在身份和等级基础上的不正义，是执政者通过一系列制度安排让不正义取得正义标签的过程。差等正义意味着社会政治、经济、文化资源的分配不是以功绩、能力和贡献为标准，而是以人的身份和等级地位为准则，这就将身份地位低下的处于社会底层的那部分群体的权利和诉求排除在外，不给他们足够的话语权和代表权，使他们在利益分配中处于劣势。退一步说，即使当代中国公共管理领域的差等正义披有民主的外衣，但实质却走向了民主的反面，这使得处于政治哲学中心的民主话语体系遭受重创，甚至到了被颠覆的边缘。

从道德上来讲，每个人的平等价值是相同的，任何人都不应该优于其他人，每个人的好处、利益或诉求都必须给予平等的对待。然而，事实

---

① 张康之、张乾友：《民主的没落与公共性的扩散——走向合作治理的社会治理变革逻辑》，《社会科学研究》2011 年第 2 期。

② ［法］皮埃尔·卡蓝默：《破碎的民主：试论治理的革命》，高凌瀚译，生活·读书·新知三联书店 2005 年版，第 37 页。

是，尽管在过去几个世纪里许多平等诉求包括政治平等被制度、实践和行为所强化，但是仍然有大量人群如工人阶级、妇女、少数民族等被否定了平等的公民资格。当政治参与将这些弱势群体排除在外时，那些拥有统治特权的人就没有考虑到这些弱势群体的利益。由于被排斥，特权阶层对底层服从者"掩耳盗铃"式的忠心产生怀疑，事实上底层群体也开始对上层主导的意识形态和价值观进行了由外而内、由近及远的怀疑，印度低贱种姓的事例就是典型的个案。詹姆斯·斯科特写到："在印度的贱民中间，令人信服的证据表明，合法化种姓制度的印度教教义在他们那里被重新解释或被重新否定了。……他们将他们的地位归因于他们的贫穷和不公平初始的、神话般的法案。"① 由于底层群体开始有意或无意、公开或隐蔽地拒绝精英阶层的意识形态，他们的观念、结构或人们的信仰形态发生了变化，这给底层群体提供表达他们怨恨的新机会。随着这些新机会的出现，在仇恨、怨恨、分配不公以及追求平等的驱使下，占多数的下层群体人员开始通过制度化或非制度化的途径（非制度化的途径更多）进行反抗，如果这时的上层阶层或政治集团不进行变革或有效的疏导，民主的没落就会产生。而没有民主，弱势群体的话语权和代表权就没有保障，利益表达的机会和渠道也会受到影响，进而使其在利益分配中处于劣势地位。

（三）公信力下降：离间民众对政府的信任

政府公信力是维护社会和谐、促进经济发展和政治稳定的关键因素，是政府的凝聚力、号召力和影响力，是政府行政能力的客观结果。改革开放 30 多年来，中国政府的公信力虽有所上升，但政府因失信而导致的社会管理失序、群体性事件频发、恶性犯罪案件增多等事件层出不穷，进而制约了政府公信力的上升，具体表现在：一是将引发更深层的信任危机，导致群众对政府工作的不满。风险社会使政府的治理能力弱化，由此将引发更深层的信任危机。这一危机在乡镇政府的日常工作中随处可见。例如，贵州省 WS 镇一位工作人员说："由于群众不懂农村防疫工作，经常发生瘟疫。平时我们镇就两个科技人员，忙不过来的时候请会打针的村民或卫生院的人来帮忙打防疫针，结果把很多牲畜给打死了，这件事让很多农民不再信任政府了。"这意味着，民众对政府的信任受利益的影响较

---

① *Domination and the Arts of Resistance*, New Haven: Yale University Press, 1990, p. 117.

大，具有脆弱性、不稳定性和应激性的特点。在风险社会下，这种脆弱、不稳定的政府信任状态将带来更深的信任危机，进而引发民众对政府工作满意度的下降。二是政府号召力和动员能力下降，处理危机事件的能力弱化。政府号召和动员能力下降的主要表现是民众在选举中的积极性不高、态度冷漠、对公共事务情感疏离、对社区认同度不高。正因为政府的动员和号召能力下降，他们处理危机事件的能力随之弱化。政府对危机事件的处理能力反映着政府的号召力和公信力。危机发生后，政府的高公信力能够转化为强大的组织动员能力，激励公众积极参与和全力配合各级政府的工作。之所以认为政府在风险社会中的危机处理能力弱化，是因为：第一，政府工作人员危机意识淡薄、危机处理方法和技巧有待提升、危机常识缺乏、危机控制驾驭的能力不足。第二，部分地方政府尤其是基层政府财政赤字严重，危机处理的财力和资源整合能力十分有限，这进一步弱化了它们的危机处理能力。第三，风险社会使政府面临更多的社会风险，危机事件发生的频率大大增加，这使得人力、财力和物力都有限的政府常常疲于应付，治理能力当然会弱化。简言之，政府公信力是社会稳定与发展的前提条件，一旦出现弱化现象，必将大大影响社会和谐稳定，从而引发更深层的治理危机。也就是说，差等正义通过以下四种途径降低政府的公信力：一是通过降低政府运行的合法性降低政府公信力，二是通过降低民众对政府的信任度降低政府公信力，三是通过引发深层次社会矛盾降低政府公信力，四是通过降低政府综合治理能力降低政府的公信力。

差等正义意味着社会深层次的不平等，这种不平等是社会矛盾的根源，差等正义问题越多，政府的绩效越低，政府的合法性越容易受到侵蚀，进而降低民众对政府的信任。再加上现在的民众对政府普遍持"怀疑主义"的心理，这就进一步离间了民众对政府的基本信任。虽然现有的诸多调查均表明民众的政府信任呈现出"央强地弱"或"上高下低"的层级信任结构，但是，"政治信任层级差"心理在各个阶层、各个领域的普遍存在却让人不得不警惕：虽然民众偏信中央政府在一定程度上反映中央政府的威信仍然比较高，政权的合法性比较牢固。但从另一面来看，民众政府信任的结构性失衡显然对国家稳定、社会和谐、政策执行有较大的破坏作用。因此，对现代民主制度还未完全成型但又逐步迈向多元化、市场化的中国来说，应认真对待"央强地弱"的政府信任格局，从地方政府失信的表层现象如贪污腐败、效率低下、部门利益、任人唯亲等寻找其深层原因——中国式集权体制以及这种集权体制下的中央与地方关系的运作逻辑。① 尤其是随着现代化进程的加深，社会各种矛盾纵横交错，一旦差等正义事件得不到有效解决，中国政府信任度的下降或许是不可避免的。

（四）合法性危机：侵蚀政府运行根基

20 世纪 80 年代，以企业化、市场化为特征的新公共管理运动席卷美国，人们在发出"摒弃官僚制""突破官僚制"的呼声时，也对政府存在的诸多问题发出了大量的质疑，类似于"政府死了吗""政府本身就是问题""今天的政府问题成堆"等抱怨不绝于耳。为此，戴维·盖布勒在其书《改革政府：企业精神如何改革着公营部门》中提出的市场化、私营化和分权的改革观念得到当时的美国总统比尔·克林顿的肯定。政府为什么要改革？政府改革的动因有很多，但最根本的是增强其运行的合法性。也就是说，政府改革的根本原因是其运行的合法性出了问题，而合法性是政府获得民众认可和支持的根本特性，是政府良性运行的根本保障。为此，千百年来，学者和政客围绕合法性的问题展开了大量的论述。就合法性产生的历史而言，"在欧洲，如果不是从梭伦开始，那么至迟也是从亚里士多德开始，政治学理论就从事于合法化统治兴衰存亡的研究了。②"当然，合法性问题已成为哲学、政治学、法学、社会学、伦理学、民族学等学科关注的问题。即使到了今天，合法性问题依然如一个色彩斑斓的迷宫，不仅在不同的学科释放出持久的魅力，而且也在不同的领域演绎着各自的角色。

那么，什么是合法性呢？在韦伯的理解中，"合法性就是人们对享有权威地位的人的地位的承认和对其命令的服从"③。阿尔蒙德也认为："如果某一社会中的公民都愿意遵守当权者制定和实施的法规，而且不仅仅是因为若不遵守就会受到惩处，而是因为他们确信遵守是应该的，

---

① 谢治菊：《政治信任的含义、层次（结构）与测量——对中西方学界相关研究的述评》，《南昌大学学报》2011 年第 4 期。

② ［德］尤尔根·哈贝马斯：《交往与社会进化》，张博树译，重庆出版社 1989 年版，第 186 页。

③ 于海：《西方社会思想史》，复旦大学出版社 1993 年版，第 333 页。

那么，这个政治权威就是合法的。"① 站在政治哲学的角度，合法性与法律并没有必然的联系，因为从法律的角度看是合法的东西，并不必然具有合法性。为此，俞可平认为，"合法性是社会秩序和权威被自觉认可和服从的性质和状态，只有被公众自愿认可的权威，才具备政治学意义上的合法性。②"合法性意味着公众对政治系统的权力来源的自愿支持和认同。当然，如果是通过战争、暴力革命等政权争夺方式新产生的政权，政治权力的来源是否合法律性必然是首要考虑的问题，这一合法性又被称作形式合法性。但是，当一个政权已经建立且稳定运行的时候，人们提到的合法性就是实质合法性——政治合法性，这种合法性是建立"对政府体系高度发达的忠诚感、对政治权威的强烈服从感以及以信任和自信为内容的公民态度"的基础上的。③ 阿尔蒙德的这一表述道出了政治系统实质合法性的内涵是：政治系统的权威得到民众自愿的认可、自发的支持和由衷的信仰。

进而言之，检视人类社会的发展历史可以看到，无论何时何地，某种既定政治秩序的代表者、维护者都是政府，这是一条亘古不变的真理。因而，黄健荣指出，"构成现代政府合法性亦应包括如上两个方面：其一是形式上的合法性，即政府的合法律性，指向对政府权力的来源、政府管理的运行方式及其效果是否符合既定法律法规的考量；其二是实质上的合法性，即政治学意义上的合法性。④"韦伯认为，所谓理性统治是指现代社会所特有的依法形成并由程序调节的统治类型。韦伯甚至肯定，一切权力，包括生活机会都要求为自身辩护⑤。韦伯认为，一种统治至少要满足三个条件才能被认为是合法的：一是必须有正面的规范秩序，二是人们必须相信规范秩序的正当性，三是规范秩序必须通过合法的程度确定下来。⑥ 原则上，韦伯的合法性概念指的是合理性，而且是价值合理性所确

---

① ［美］阿尔蒙德：《比较政治学：体系、过程和政策》，上海译文出版社 1987 年版，第 34—36 页。

② 俞可平：《治理与善治》，社会科学文献出版社 2004 年版，第 50 页。

③ 黄健荣：《论现代政府合法性递减：成因、影响与对策》，《浙江大学学报》2011 年第 1 期。

④ 黄健荣：《论现代政府合法性递减：成因、影响与对策》，《浙江大学学报》2011 年第 1 期。

⑤ ［德］马克斯·韦伯：《经济与社会》（第 1 卷），上海人民出版社 2010 年版，第 157 页。

⑥ ［德］尤尔根·哈贝马斯：《合法化危机》，刘北成、曹卫东译，上海人民出版社 2000 年版，第 127—129 页。

定的权威。这种权威只是在蜕化的形式中曾被扭曲为缺乏尊严的、价值中立的，而且纯粹具有目的合理性形式的合法统治。①

正如人的生老病死一样，政府的运行也有一定的生命和周期。既然如此，政府的合法性肯定会随着时间的流逝而递减，只是由于各个国家采取的方针、政策不同，对待民众的态度和提供公共产品的程度不同，政府合法性递减的速度和程度也各不相同。为此，黄健荣指出："政府在其运行空间不变，没有重大外力特别是不可抗力直接产生作用的情况下，由于生产力的发展、社会的演进、公众对公共产品需求的增长以及政府组织功能的缺陷或缺失等原因，政府的合法性出现缓发型退减。如若政府不能与时俱进，不断通过输入和配置新的合法性资源以增益、提振和强化其合法性，其原有合法性的递减流失就会不断加剧。如若政府决策发生重大失误，更会导致合法性出现激变型锐减。"② 真是一语中的，差等正义就是这样一个可能让政府合法性激变型锐减的社会现象。前述已大量提及，差等正义是社会中形式平等实质不平等的那部分现象，是社会中深层次不平等的反映，这样的不平等必将激化社会矛盾，损害政府运行的合法性。因为，一方面，这些不平等与政府公共政策的歧视性和排斥性规定有关，即涉及公共政策"不合理不合法""合法不合理"或"合理不合法"的部分规定。另一方面，这些不平等又是深层社会矛盾的反映，与政府的危机化解能力、稳定调控能力、利益协调能力等治理能力有莫大的关系。差等正义现象越多，说明政府的治理能力越差，也就越容易引发民众对政府的不满，进而影响政府运行的合法性。

总之，差等正义对公共管理的危害是严重的。若不引起重视，必将激化社会矛盾，引发政府治理的深层危机，降低政府的号召动员能力、社会治理能力和资源整合能力，最终导致政府运行的合法性危机。那么，差等正义是怎么形成的呢？这是第五章的主要内容。

---

① 严存生：《法的合法性问题研究》，《西北政法学院学报》2002 年第 3 期。
② 黄健荣：《论现代政府合法性递减：成因、影响与对策》，《浙江大学学报》2011 年第 1 期。

第四节　差等正义的实质与根源

公共管理是以政府为核心的公共组织以有效促进公共利益最大化为宗旨，运用政治的、法律的、经济的和管理的理论与方式，民主运用公权力，并以科学的方法依法制定与执行公共政策、管理社会公共事务、提供公共物品与公共服务的活动。[①] 简言之，公共管理是公共组织运用公权力维护公共秩序，提供公共产品，实现公共利益，承担公共责任的过程。公共管理的深刻要义在于它的公共性、服务性与合作共治性。而就前面的论述而言，差等正义是违背公共管理公共性、公正性、公平性铁律的。差等正义的实质应是社会中的深层不平等，根源在于制度不正义，危害是背离公共管理的公共性，而发生机制则离不开财富和权力的支配性。

一　差等正义的实质：深层次的社会不平等

乔·萨托利指出，平等是一种抗议性的理想[②]，即理想的平等与现实的平等永远存在差距。理想的平等是人与人之间在所有的权利上都是平等的，但在现实生活中，这样的平等是难以实现的。为此，柯亨认为，不论从历史还是现实来看，我们离马克思追求的消除阶级剥削实现经济平等、消除虚假民主代之以真正民主的平等理想都有很大的距离。为此，柯亨坚持的平等主义原则是一种基本的机会平等原则，但柯亨强调的机会平等仅仅在收入差异反映不同的收入、闲暇差异时才是可以接受的，而如果是由个人的价值偏好、选择的运气、个人的主观努力程度等产生的不平等，则不应该受到谴责。因此，柯亨幽默地说："平等并不意味着人人都穿着一件毛泽东式的上衣。"[③] 既然平等并不意味着整齐划一，而是意味着承认差异，那么，如何揭示看似合理差异背后的不平等呢？例如，中国宪法规定：无论是什么性别、民族、宗教信仰与阶层，所有人都享有平等的言

---

① 黄健荣：《公共管理新论》，社会科学出版社 2005 年版，第 2 页。

② ［美］乔万尼·萨托利：《民主新论》，冯克利、阎克文译，东方出版社 1997 年版，第 384 页。

③ 吕增奎：《马克思与诺奇克之间——G·A. 柯亨文选》，江苏人民出版社 2007 年版，第 276 页。

论、教育、选举、参与等权利。一些具体的法律、法规如《劳动法》则规定了男女间存在的差异以及由此带来的合理的差别待遇。但事实并非如此，在教育、就业、职务晋升、经济收入以及财富分配等方面，女性、少数民族、低收入者等弱势群体仍然处于不平等的地位，只不过这些不平等不是像古代社会那样赤裸裸的，而是披上了道德合理性的外衣。

荷兰学者 P. 特雷纳概括出的欧洲 9 个新不平等特征一样，它们都是看似平等实际却不平等的把戏。这 9 个新不平等特征是："一是新不平等是一种政治理念，这种理念认为许多人无法参与政治生活的关键在于社会的复杂性；二是恢复了不平等的传统合法性。在'新不平等'社会中，许多高收入者认为自己生而优于低收入者，并从文化、道德层面论证此种优先的合理性和正当性；三是社会流动不再是一种社会理想；四是国家成为新的低收入职业的主要提供者；五是对于一个庞大的群体来说，工作福利计划将成为唯一的出路；六是新不平等的政治背景与传统的不平等不同；七是新不平等意味着终身考试；八是大学或同等学力成为最起码的就业资格；九是精英大学和其他精英机构的复兴。"[①] 在特雷纳看来，欧洲的新不平等主要表现为"平等中的不平等"，即不平等的隐蔽性相当强。例如，大学或同等学力才成为最起码的就业资格意味着对大学以下文化程度的人的歧视与排斥。当然，完全平等的正义是一个政治共同体希望达到的理想状态，但这始终带有乌托邦色彩。这种乌托邦与现实的冲突最显著地表现在实质善的分配上。对于古典自由主义者，实质善的分配——如对某些人征税以补偿另外一些人——是对一些人权利的侵害。但是，这样的观点是比较偏颇的，就基本的实质善而言，就应该进行再分配，以保障境遇最差的人的基本生活和个人发展条件。即便这样，对这些基本权利的认可，有可能也只是从形式上提供行使这些权利的平等机会，而实际机会还是不平等的。例如，就业权的平等意味着要打破垄断，如果一个工作机会并没有向所有的人开放，那么这种就业平等就是形式而非实质平等。受教育权的实施也同样如此，它取决于是否存在足够数量的教育机构以及这些机构所确立的收费标准。为此，如果用一句话来概括，新不平等的特征就是不平等更隐蔽，更为复杂和系统，这些不平等大都隐藏在看似平等——

① [荷] P. 特雷纳：《欧洲新不平等的 9 个特征》，《国外社会科学》2003 年第 6 期。

如法律规定人人享有平等的教育、就业、文化、选举与被选举权等——的制度后面，不易发现，而这些不平等正是差等正义所要批判的。准确地说，差等正义不是社会一般的不平等，而是深层次的不平等。

二　差等正义的表因：财富与权力的支配性

罗尔斯提出差别原则的初衷是为了减少或消除社会中的不平等，只不过他与沃尔泽的方法不同：罗尔斯是通过社会分配有利于最小受惠者的最大利益的方法来缩小社会差等程度，而沃尔泽则通过减少不平等的累加和转换来减少社会差等的程度。罗尔斯和沃尔泽的平等理论都以承认社会不平等的存在为前提，不同的是，罗尔斯的不平等是与实质平等较为接近，沃尔泽的不平等则承认不同社群在不同领域的实质不平等。在中国，导致这些实质不平等的现实原因则在于财富和权力的支配性。也就是说，就差等正义产生的主要诱因而言，财富和权力的支配性最为关键。举个简单的例子，部长和环卫工人的职位有高低之别，也不存在不平等，因为他们是按各自对社会的贡献而获取相应的报酬和待遇的。但是，如果有一天部长利用他手中的权力和自身的身份去获取超出职位范围之外的财富、健康保健、子女教育、金钱等方面的特权时，部长与环卫工人之间就不平等了，因为部长用他手中的职位（权力）谋取了不合理的权利与利益。为此，沃尔泽指出，"使公职的分配如此重要的是公职带来的许多其他东西：荣誉和地位、权力和特权、财富和舒适，等等。[1]"

当然，如何确定一个人的贡献是令人头疼的事。在多数情况下，人们都难以确定一个人的财富是因为先天遗传还是因为后天环境，抑或是因为个人努力而积累起来的，因而无法判断其财富的道德属性。即使是能够判断一个人的财富是他的父辈所赠，人们也不能仅仅因为经济效率的原因而认定他的财富来源是不道德的。因此，社会不得不在先天遗传、后天环境以及个人努力之间寻求是"令人遗憾的妥协"[2]。

当下，中国最大的问题是社会"善"的渗透问题。首先是政治权力

---

① ［美］迈克尔·沃尔泽：《正义诸领域：为多元主义与平等一辩》，褚松燕译，译林出版社 2009 年版，第 178 页。

② 姚洋：《转轨中国：审视社会公正与平等》，中国人民大学出版社 2004 年版，第 27 页。

向社会各领域的渗透，即拥有政治权力的人在社会财富、机会、收入和医疗保健等方面的分配都享有特权，以致权力寻租、权力滥用、钱权交易等贪污腐败行为时有发生；其次是经济财富向社会各领域的渗透问题。所谓"有钱能使鬼推磨"，在经济上具有优越性的阶层往往凭借其经济地位获得更多的政治权利、教育权利和文化权利，"企业家当名誉教授、当人大代表、当政协委员、读博士硕士免考"等滑稽事件接踵而至。在中国，由于政治权力和经济财富越出自身范围而渗透并支配到了几乎所有的领域，因而他们已成为穷人与富人在政治、经济、文化、社会权利上呈现"马太效应"的罪魁祸首。如不加以遏制，必将导致更为严重的不平等，影响社会稳定与和谐。

三 差等正义的根源：公共管理制度排斥

制度是社会公平和正义的主要评判依据。新制度经济学的代表诺斯认为，"制度是一系列被指定出来的规则、守法程序和行为的道德伦理规范，它旨在约束追求主体福利或效用最大化利益的个人行为。[①]"同时，制度也是人们在社会交往中构建出来的博弈规则。这一点，日本学者青木昌彦是这样论述的：制度是博弈规则、博弈参与人和博弈过程中参与人的均衡策略。[②] 而无论新制度经济学的制度考察还是博弈论制度观，一项制度是否具有排斥性可以从合理性、合法性和公正性三个维度去考察。首先，社会制度是否具有合理性。哈贝马斯指出，原则上，韦伯的合法性概念指的是合理性，而且是价值合理性所确定的权威。这种权威只是在蜕化的形式中曾被扭曲为缺乏尊严和价值中立，而且纯粹具有目的合理性形式的合法统治[③]。评价制度是否合理主要是看这项制度是否有利于社会的发展、稳定和成果共享。然而，制度排斥却是一种典型的身份化制度区隔和歧视性壁垒，它固化、强化了弱势群体在社会中的地位和资源分配状态，会导致弱势群体的边缘化。其次，看社会制度是否存在哈贝马斯所说的

---

① ［美］道格拉斯·C.诺思：《经济史中的结构和变迁》，上海人民出版社1994年版，第224—226页。

② ［日］青木昌彦：《比较制度分析》，周穗明译，上海远东出版社2001年版，第11页。

③ ［德］尤尔根·哈贝马斯：《合法化危机》，刘北成、曹卫东译，上海人民出版社2000年版，第130页。

"合法化危机"。"合法性是现代权力运作的核心逻辑，权力一旦获得合法性，也就成为理所当然、不容置疑的力量和规范，被人接受、遵从和服从。[①]"决定合法化危机的必然是一种动机危机，即国家、教育系统和就业系统所需要的动机与社会文化系统所能提供的动机之间存在的差异。[②] 当这种差异过大时，合法化危机就会产生。再次，制度的合法性看该制度下社会成员的利益和阶层分化程度，以及分化的原因是否与社会结构、社会制度有莫大的关系。只有制度是公正的，才能使社会差别和社会分化得到有效的遏制，不超过大多数社会成员接受的限度。但是，中国公共管理视域中的一系列差等正义现象以及由此引发的不平等要害就在于制度化的不平等，这些不平等是对公民权利的严重践踏。

　　制度有非正式制度和正式制度之分。非正式制度是指人们在长期社会交往中逐渐形成的，得到社会认可的约定俗成的行为准则，包括价值信念、风俗习惯、文化传统、道德伦理、意识形态等。正式制度是人们有意识建立起来的并以正式方式加以确定的各种制度安排，它通常是成文的并由权力机构来保证实施，如法律、法规、政策、规章、契约等。[③] 无论是非正式制度还是正式制度，都可能引起社会排斥，但本书讨论的主要是正式制度引发的社会排斥，即社会排斥往往建立在社会制度或公共政策有意为之的基础之上。当然，非正式制度的社会排斥如女性遭遇的歧视地位也有所涉及。但是，女性遭遇的性别歧视除与传统文化中"男尊女卑"的观念有关以外，也与现代社会中的正式制度排斥有关。例如，由于担心女性的崛起会对他们的职业地位、收入情况和家庭威信产生威胁，男性政策制定者就可能会想方设法从制度层面对女性进行排斥。与此相似的还有性别、民族、肤色、文化和宗教信仰等。诚如克莱尔所言："他们往往由于民族、等级地位、地理位置、性别以及无能力等原因而遭到排斥。特别严重的是在影响到他们命运的决策之处，根本听不到他们的

　　① 陆益龙：《原户籍立法：权力的遏制与权利的保护》，《江苏社会科学》2004 年第 2 期。
　　② ［德］尤尔根·哈贝马斯：《合法化危机》，刘北成、曹卫东译，上海人民出版社 2000 年版，第 97 页。
　　③ 李光宇：《论正式制度与非正式制度的差异与链接》，《法制与社会发展》2009 年第 3 期。

声音。"① 从布莱尔的观点可知，社会排斥是制度排斥最重要的维度，制度也是理解和解决社会排斥的根本性问题所在。那么，什么是制度排斥呢？制度排斥意指一些制度违背了其应有的公平正义原则，将一些公民排斥在平等的权利之外，使人们的公民权利受损的过程。这些受损的公民权利可能包括人的生命权、财产权、教育权、福利权、选举权与被选举权、政治参与权和平等获得机会的权利。

之所以认为公共管理制度排斥是差等正义的根源，是因为虽然非正式制度也会产生社会排斥，如传统文化中的"男尊女卑"观念对女性的排斥，但这种排斥的影响远不及公共管理制度。公共管理制度是一种正式制度，这种以合法性方式排斥公民平等权利的做法会引发大量隐性或显性的社会排斥，进而诱发差等正义。

在价值理念的诉求上，差等正义将身份与等级放在了首要的位置，并且以牺牲平等或以"平等的不平等"为理念来阻碍社会发展，这显然是不正义的。而这些不正义现象——例如，高等教育入学机会中的地域歧视，即有优越教育资源的上海人、北京人的升学分数却远低于其他地区；公务员考试和晋升中的政治面貌歧视，即在公务员录用或晋升的过程中，中国共产党党员优先录用和升职；职务晋升中的家庭背景与民族歧视，即家庭背景好的职务晋升较快，少数民族群众难当政府和党委的"一把手"，等等——显然与公共管理制度排斥有莫大的关系。因此，在某种程度上可以说，公共管理制度排斥是公共管理视域中差等正义的根源。

---

① ［英］克莱尔·肖特：《消除贫困与社会整合：英国的立场》，《国际社会科学》2000年第4期。

第 五 章

差等正义形成机理及反思

差等正义产生的根源是公共管理制度排斥，而公共管理制度排斥的形成又与政治、经济、文化和组织层面的不规范运作有关。因此，差等正义的发生机制就如图 5—1 所示，是政治、经济、文化、组织、制度等各要素共同作用的结果。正是由于各种因素相互交织影响着差等正义，差等正义才被执政者贴上正义的标签，冠冕堂皇地游走在人们的日常生活之中。

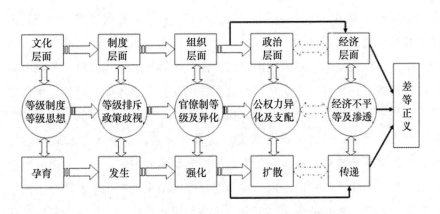

图 5—1　差等正义发生机制图

第一节　差等正义的孕育：等级思想与等级制度

爱尔兰有句谚语：一个人的传统是他所具有的、比他更为古老的那部分。这种看待传统的方式抓住一点，即任何传统实际上在它被活着的人享有的程度上都是活的。① 传统往往与文化有关，而文化又往往与社会不正义有关。正如弗雷泽所指出的："社会成员遭遇的任何结构性非正义最终都溯源于文化价值结构，这一非正义的根源与核心，将是文化的错误承认，而任何与之相伴而生的经济非正义最终源于这一文化根源。"② 所以，从根本上说，中国公共管理视域中存在诸多差等正义现象的首要原因是传统文化中的等级思想和等级观念。

一　等级思想：承认等级差距

在古代社会，等级是由国家法律或礼教习俗所规定的有差别的地位和权力，这种权力往往与血缘、官僚制度、德性、才能、地缘等因素有密切的联系。等级思想则指中国传统哲学中关于社会等级秩序、等级结构、等级关系的观点的总和。在古代社会中，存在"君君臣臣、父父子子"等纵向等级划分和"士农工商"等横向等级区隔，人们在等级序列中的位置决定其高低贵贱的差别。等级思想是农业社会的基本特征，这与农业社会的生态环境有密切的关系。在中国古代农业社会，农产品的生产消费和分配主要不是按照市场经济平等交换的原则进行，而是通过家里的家长按照家庭身份地位的高低不同分配的，这是因为农业是古代社会的根基，其所产生的经济效益除维系人民的日常生活需要之外，还承担着战争与公共产品供给的责任，将农产品按等级分配，国家、家族才能在战争、水利等重大事件中最大限度地集中资源，保证老人、妇女及儿童等弱势群体的需要。在古代社会，这种分配方式曾多次带来社会经济的繁荣和政治的稳定，因而被统治者以一种合理的方式推广到城池和国家。但是，随着社会财富的增加和物质资源的丰富，按等级分配的结果是产生垄断和严重的阶级分化，各阶级之间的分化、对立、抗争与屈从就成为古代社会发展的基本政治逻辑。

中国古代的等级思想分为两条线：一方面，明确主张等级是维护社会

---

①　［美］菲利普·塞尔兹尼克：《社群主义的说服力》，马洪、李清伟译，上海人民出版社2009年版，第6页。

②　［美］南茜·弗雷泽：《正义的中断——对〈后社会主义〉状况的批判性反思》，于海青译，上海人民出版社2009年版，第20页。

秩序的需要。例如，孔子提出"君臣父子"的等级思想，希望用君权限制臣权，用"尊卑有别、长幼有序、上下有制"的等级秩序来维护社会的稳定与繁荣，孔子的等级思想是儒家道德哲学的核心。孟子则继承了孔子的思想，认为等级思想对维护"老吾老，以及人之老；幼吾幼，以及人之幼"的社会格局有重要的帮助。另一方面，中国古代的等级思想蕴含在人们追求平等的历程之中。在中国古代，亦有大量丰富的平等思想，孔子无疑是较早追求平等意蕴的人之一，他的一些名言如"不患寡而患不均""仁者爱人"等至今仍然耳熟能详，被世人所称颂。孟子把善作为人的基本属性加以考察，提出了"圣人之于民，亦类也"的观点。在孟子看来，人贵贱的决定标准是"道"而非出身。这一思想力图寻求道德标准的普遍性和统一性，将人的平等纳入抽象平等的范畴。墨子主张"兼爱"、庄子主张"在自然面前人人平等"、李悝主张"食有劳而禄有功"、商鞅主张"刑无等级"，这些观点无不反映出古代先贤达人对社会平等的渴求。①

　　另一方面，尽管一些被统治者冀求平等，但他们的平等思想带有浓厚的复古怀旧情绪，也承认社会等级的合理性。从陈胜、吴广起义提出的"王侯将相，宁有种乎"呐喊、北宋农民王小波与李顺带领起义时发出的"等贵贱，均贫富"呼唤到明末李自成起义，再到洪秀全的太平天国运动，都是底层群体想建立理想平等社会的真实表达。但遗憾的是，哪怕封建时代农民起义较多，农民战争爆发频繁，每次的朝代更替还是没有引起社会制度的根本变革，这说明中国传统的平等思想带有浓厚的怀古复旧情绪，比较消极，具有明显的等级观念。②因此，这样的思想与其说是为平等而抗争，还不如说是为了暂时的平等而妥协。因为自始至终，那些所谓追求平等的人对皇权和等级特权都怀揣崇敬之心。不管谁以什么样的方式拥有特权，他们首先要做的就是维护特权，承认社会等级存在的合理性。他们所追求的这种平等实际是熔铸到社会等级秩序和等级观念之中的差等，并依靠民众的心

---

① 李霞：《道家平等思想及其现实意义》，《安徽大学学报》2001 年第 7 期。
② 易小明、黄宏姣：《中国传统文化中平等的实现方式》，《北京大学学报》2006 年第 5 期。

理认同来维系。由于这种平等思想产生于以农为本、以商为末的农业社会，故而受制于时空条件的限制，缺乏商品经济充分发展的客观条件。但这样的平等思想大多是治国理念、治国之道，缺乏对平等的理性思考和论证，根本没形成系统的学说流派。尽管他们强调顺其自然、遵从天意，但这种民本主义的道德理想只是君王统驭臣民的权术，其根本目的还在于维护古代的专制制度和统治秩序。至于农民起义期间的主张和口号，也只是发出"均分财产"的微弱呻吟，没有从根本上触及封建等级制度。为此，郑慧指出："在中国，平等思想也是自古以来很多思想家以及农民起义和农民战争领袖的理想……这种平等思想局限于物质上的'均贫富'，从而使其革命性大打折扣。"①

由是观之，中国传统社会中的平等思想虽然承认人与人之间的抽象平等，这些思想中也渗透着一些诸如反对剥削压迫、反对贫富对立等平等或平均成分，但这种抽象平等是建立在社会等级制度基础之上的，以承认社会等级为前提，且没有制度的约束与保障，因而这种平等是一种形式上的平等，容易受封建思想的影响。这种平等观虽然被当时的统治者和一些民众认可，但这种承认皇权与民权不平等的"平等"很难将平等与自由、平等与正义、平等与伦理、平等与民主等联系起来，故而有很大的局限性。② 正因为如此，中国传统文化中的平等思想背后处处流露出承认社会不平等的痕迹，这样的思想与其说是平等思想，还不如说是差等思想，这种差等思想进一步束缚了人们的身份和地位，承认社会等级和身份差别的合理性，孕育着差等正义的胚芽。

二　等级制度：强化身份属性

等级制度就是按照等级来分配、控制和支配社会资源的契约。中国古代社会是典型的等级社会，在这种社会中，一切权利、财富和利益都按等级的高低分配。与此相反，社会负担如超额赋税的分配却与等级高低成反

---

① 郑慧：《中西平等思想的历史演进与差异》，《武汉大学学报》2004 年第 5 期。
② 易小明、黄宏姣：《中国传统文化中平等的实现方式》，《北京大学学报》2006 年第 5 期。

比，越底层的老百姓，负担越重，高等级阶层总是想方设法把负担转嫁到低等级阶层身上。① 在传统中国社会，社会的等级划分已比较明确，各个不同等级的男女、长幼、君臣、官民在衣、食、住、行、乐等方面都具有鲜明的等级性，人们根据身份地位不同，在习俗礼仪、服饰着装、丧葬用品、器皿用具等方面都有严格的制度规定，不能僭越。"刑不上大失，礼不下庶人"就是古代社会等级制度的典型写照。礼是中国古代宗法制度的统称，这种"殊荣"主要来源于以下两方面的原因：一是"礼"规定了社会各阶层尊卑有序的等级秩序，二是"礼"宣扬孝亲、侍长、忠君、从夫、遵父等道德伦理观念，其本质在于为统治阶级的等级特权统治服务。不仅如此，中国古代社会的等级制度还被固化在血缘关系之中。"在中国传统社会中，血缘的关系占有重要的地位，社会中最重要的资源如权力、身份、地位和财产都是按照这个基础分配的，这种分配以皇帝为中心呈差序格局向外延展，各级官僚也是以各自为中心有差等地形成权力网络。由此，中国传统文化中的血缘关系也体现的是一种等级关系。"② 为此，何勤华指出："中国古代的等级观念，除了上述表现以外，还体现在官贵民贱、父尊子卑、男女有别、良贱有序等方面，可以说，等级观念已渗入中国古代社会的每一个细胞——阶层、集团、家庭、行业之中，规范着人们的日常生活。"③

经过等级观念的强化，中国等级思想不断丰富和完善，由此逐步形成一套比较完整、稳定的等级制度。在此背景下，血缘宗法关系决定人际关系的亲疏远近，家族与家族之间、行业与行业之间存在较大的差别，这种差别被认为是维护社会秩序的需要。总之，古代的人们大多认为等级是神圣的、合法的，是统治者实行"愚民"政策的一种工具。而"诸子百家争鸣，思想虽然各异，但其目的只有一个，就是希望自己的学说能被统治者所采用。因此，诸家学说多为迎合统治者而宣传等级制度的合法性。④"

---

① 林光彬：《社会等级制度与乡村财政危机》，《社会科学战线》2003 年第 1 期。

② 孙立平：《"关系"、社会关系与社会结构》，《社会学研究》1996 年第 5 期。

③ 何勤华：《中国古代等级法观念的渊源及其流变——兼评西方法的等级观和平等观》，《法学》1992 年第 9 期。

④ 蔡联群、罗鹏部：《传统等级观念对当代中国政治文明建设的负面影响》，《长白学刊》2004 年第 1 期。

等级制度的实质是维护人与人之间在法律、政治、经济地位上的不平等。等级的核心是政治特权，这种特权与经济又有莫大的关系。因此，在古代中国，谁的政治权力越大谁的经济权力就越多。在这种状态下，君王及各级官吏都会竭力维护整个等级秩序，为自己的利益保驾护航。等级把剥削阶级与被剥削阶级的统治关系法律化。简言之，"等级制度成为超越经济的强制的一种最一般的、最明确的社会表现形式。①"

正因为中国古代社会是一个等级森严的社会，刘世忠就指出：等级性是中国传统道德理念的基本内涵之一，在这一等级性的道德形态中，伦理规范的基本功能就是分身份、护等级、明尊卑、别贵贱，道德资源终归被优势地位者所垄断，道德标准也是双重或多重甚至不确定的。"受等级理念和相应的社会、文化的制约，传统伦理道德中某些非等级性因素也跳不出等级框架，反而处处带上等级性的色彩。"② 在刘世忠看来，尊卑有序是伦理道德的根本目标，身份不同的人在人际交往中所遵循的道德准则也不同。在此背景下，道德资源的控制权总归优势地位者，优势地位者也享有不同的道德标准，如君可以不仁，臣却不敢不忠；父可以不慈，子不可以不孝；天子永远圣明，天下无不是的父母，男人可以三妻四妾，等等。这些无不表明，虽然中国传统思想中的"仁、义、爱、忠、孝、信"等虽然有重要的价值，但是他们无不包含在等级思想之中。也就是说，古代社会的等级制度对人的身份属性有明显的强化，这种强化是滋生差等正义的温床。

三 等级思想与等级制度：滋生差等正义的温床

中国传统的等级制度是中国古代社会统治者进行有效统治的重要手段，是"人治"社会下君主控制臣民的措施。③ 上千年的等级观念和等级思想使古代的执政者和一些民众认为这种等级制度是合理合法的，这种思想在人们头脑里扎根太深，对当代公共管理的运作产生较大的影响，这种

---

① 葛承雍：《中国古代的等级社会》，陕西人民出版社1992年版，第3—4页。
② 刘忠世：《析传统道德理念的等级性》，《齐鲁学刊》2001年第6期。
③ 蔡联群、罗鹏部：《传统等级观念对当代中国政治文明建设的负面影响》，《长白学刊》2004年第1期。

影响首先表现为公共管理主体会将等级观念内化为固有的道德模式，以致工作中的"官本位"思想比较严重；其次表现为公共组织的结构模式和运行机制都与等级有莫大的关系，这使得当代中国的官位品级以及由此带来的权利差别虽比古代社会有所缓解，但仍然比较明显。

其实，准确地讲，中国古代社会的等级制主要表现为文化秩序的等级制，这对公共管理产生巨大的影响。弗雷泽指出，完全由血缘关系所统治的社会如中国传统社会，文化制度是社会整合的最初模式，而身份等级制是服从地位的根本形式。为此，这种社会的文化秩序具备5个特征：一是文化秩序受到限制；二是文化秩序在制度上是无差异的，因为单一的支配性制度——血缘关系控制了社会相互作用的所有形式；三是在伦理上是一元论的，它的所有成员都在一个单一的范围内行动；四是此种文化秩序是免除争论的，缺乏任何可替代的视角；五是作为一种结果，那种等级制在全社会是合法的。虽然许多个体已经对它恼怒，但他们缺乏任何挑战那种等级制度权威的原则性基础。因此，在弗雷泽看来，"这种文化秩序的等级制是被严厉地限制的、制度上无差异的、伦理上一元的、没有异议的、并在全社会是合法的"①，其结果是身份秩序是一种无所不包的身份等级制。而在阶层分化严重的社会中，权利不平等的社会群体往往发展出具有不平等价值的文化风格，其结果是文化风格带来了强大的非正式压力，这些压力使得从属群体成员的日常生活以及在公共领域中的贡献被边缘化。并且，在外在环境的影响下，这种压力是加重而非减轻，再加上为公共领域提供信息的媒介具有追逐私利的特性，因而从属的社会群体往往不能获得平等参与所需的物质手段。这样，等级观念就使从属群体处于结构上的边缘化地位，为差等正义的发生提供"契机"。

文化秩序的等级制为社会中人与人之间的身份不平等提供温柔的嫁衣，为人们从内心接受社会中的不平等格局提供"帮助"。因为，制度化的文化价值模式可把社会成员解释成劣等的、受排斥的、整体不同的或完全无形。在此背景下，社会成员之间制度化的身份服从关系得以形成。这是对正义的侵害，也是对平等的挑战，这在中国传统社会尤为明显。在

---

① ［美］南茜·弗雷泽、［德］阿克塞尔·霍耐特：《再分配，还是承认？——一个政治哲学对话》，周穗明译，上海人民出版社2009年版，第43页。

中国传统社会中，建立在旧制度上的荣誉一词和不平等有着必然的联系。因为在那个时代，荣誉并非是人人都有资格享有的。比如，一个平民，无论你做出多大的贡献，荣誉都不会垂青于你，因为贫民在某种意义上是一个人格不完全独立的人，没有资格谈荣誉。因此，与其说不被文化所承认是受他人贬低的结果，是遭遇被扭曲的身份或被损害的主体性的结果，还不如说是被制度化的文化价值模式所建构，这种建构会阻碍人们作为平等的人参与社会生活。为此，弗雷泽指出，是文化而不是技术，是意识而不是劳动，是等级制而不是阶级，开辟或妨碍了这样的社会可能性——他们深刻改变了现存的人类条件，并使人类生存前景变得日益黯淡。[①] 也就是说，阶级结构或身份等级制是社会平等的一个障碍，并因此是一种不公正。[②]

由是观之，中国传统文化中的等级性首先表现为文化秩序的等级性，即将人与人之间的不平等鼓吹为维护文化秩序的手段，从而使文化秩序的等级性合法化。而文化秩序的等级性又反过来强化或掩盖了人与人之间的不平等，使人与人之间形成制度化的身份服从关系。在此，差等正义的雏形——社会的等级制与身份制已经成型，反过来，身份制与等级制又会对差等正义产生影响，这种影响是不言自明的。

第二节　差等正义的发生：政策排斥与政策歧视

尽管产生差等正义的深层原因与等级思想和等级制度有关，但政策排斥和政策歧视却是产生差等正义的直接原因，二者存在着明显的关联性。也就是说，政策排斥和政策歧视直接导致差等正义的产生。

一　政策排斥：否认合法权利

公共政策，顾名思义，不同于私人政策，应具有很强的公共性。按照

[①] ［美］默里·布克金：《自由生态学：等级制的出现与消解》，郇庆治译，山东大学出版社 2008 年版，第 61 页。

[②] ［美］南茜·弗雷泽、［德］阿克塞尔·霍耐特：《再分配，还是承认？——一个政治哲学对话》，周穗明译，上海人民出版社 2009 年版，第 23 页。

萨缪尔森的定义，一种政策能成为公共物品，就不应具有排他性或竞争性。[①] 公共政策的根本目的是维护社会公平和社会公正，实现社会资源的合理配置。然而，在现实生活中，中国公共政策却存在着大量的排斥现象。所谓政策排斥或公共政策的社会排斥，是指公共政策违背其应有的公共性、公平性和公正性铁律，将一部分人的合法权利排除在政策之外的过程。李保平指出，新中国成立以来，我公共政策的社会排斥先后经历了以政治为主导的计划经济时期，以价格"双轨制"和"股份制改造"为主导的市场经济初期，以全面改革为主的市场经济时期。无论是哪个时期，公共政策的社会排斥都产生了大量的腐败现象，扰乱了正常的分配秩序，引发国有资产的大规模流失，加剧社会不平等的程度。[②]

公共政策是资源配置的手段之一，其制定目标是维护社会公平，倡导社会正义，促进社会效率，应该主要承担社会整合功能，但实际却产生广泛的社会排斥，这是为什么呢？这里的原因不外乎有两类：一类是无意识的排斥，即受政策制定者主观认知能力和文化水平的影响，公共政策制定得不够合理、严密和周全，进而产生社会排斥；二是有意识的排斥，即政策制定者明明意识到制定这样的政策会产生社会排斥，但是出于理性经济人自利性的考虑，或为了维护政府利益，有意制定出具有社会排斥功能的政策。而不管是哪种原因产生的排斥，其根源在于国家或政府自身就是利益矛盾体。不仅如此，公共政策的制定还受到精英阶层、利益集团和立法机构的影响。由于这些群体都有追求利益最大化的倾向，他们会不断地向公共政策的制定者施加压力，使政策制定朝着有利于自身的方向发展。实际上，政治家、政府官员和利益集团组成的"铁三角"在公共政策中相互勾结，损害社会公共利益的行为时有发生，这使政府不顾民众公共产品和公共服务的需求而盲目增长预算，这为"寻租"及其腐败活动提供了空间。由此，公共政策在维护社会秩序、追求公共利益、保证社会公正等方面的角色也就大打折扣，其主要表现为：有的政策惠及面狭窄，只是照

---

① ［美］保罗·A. 萨缪尔森、［美］威廉·D. 诺德豪斯：《经济学》，中国发展出版社1992 年版，第 1194 页。

② 李保平：《中国转型期公共政策的社会排斥研究》，博士学位论文，吉林大学，2006 年，第 5 页。

顾到了部分社会群体；有的政策过程比较封闭、政策内容流于形式；以及有的政策对弱势群体的关注不足等，这些表现都将导致公共政策公共性的丧失。

公共政策的核心价值是公共性，这是公共政策与其他政策相区别的逻辑起点。公共性是指参与公共生活的所有组织和所有成员所必须遵循的一种行为和空间准则。公共性要求公共政策必须以公共利益为价值皈依、以公共情怀为己任，对全体公众一视同仁，不能因个人的宗教信仰、血缘出身、种族性别、价值取向等不同而厚此薄彼。这就要求公共政策要矫正现代化进程中出现的异化问题，对过度物欲和反德倾向进行抑制，对弱者进行伦理关怀，对社会基本物品进行公平分配。也就是说，公共政策所保障的绝不仅仅是机会公平，对结果的关心是公共性的应有之义。这意味着，公共政策的公平性有更深层的意义，不仅强调公民与政府之间的平等互动关系，而且是国家、政府和制度公共性的体现。在此背景下，公共行政人员通常不是发号施令的统治者，而是引导公众参与某些行动方案和政策制定过程、塑造富有公共精神的公民的服务者、组织者。这不仅有助于提升公共组织的合法性、实现管理的民主化，也可以起到净化公共组织环境、促进社会公平的作用。

一般而言，公共政策的公正度建构了社会成员活动的空间边界。当公共政策的公正度偏低时，社会成员的活动空间就比较狭小。当公共政策的公正度较高时，社会成员的活动空间就比较大且成员之间的关系是比较平等的。这就决定政策空间的大小不能任意伸缩，更不能接近于零，当然也不能接近无穷大，"它的合理范围应该处于政策受体在开放的公共领域内通过民主的方式博弈的均衡点，在这个位置上，公共政策运行的成本最低，政策的运行阻力也最小，而社会认同则达到最大化。[①]"当通过某种分类体系或某种标准来划定公共政策的空间边界时，部分群体就会被排除在外，这些被排除的群体有可能是应该排除的群体，例如，低保制度对富裕阶层的排除；也有可能是被政策歧视的群体，如原户籍制度对农业人口的排除。在中国，这些被歧视的群体包括妇女、农民、残疾人、少数民族、低收入者与非公有制企业。而将这些群体排斥出去的政策主要包括社

---

① 李侠：《政策歧视视角下的科学界"走西口"现象》，《中国高等教育》2009 年第 3 期。

会保障、劳动就业、少数民族教育、原户籍、高考以及所有制政策等。以高考政策为例，无论是高考中的自主录取、省定额录取还是高考报送与加分政策，都存在一定的权力滥用、寻租等问题，这与中国教育"特权"现象有莫大的关系。而教育中的"特权"之所以能够发挥作用，其主要原因是中国的高考政策给了教育特权者大行其道的机会。美国学者戴维·伊斯顿认为："政策是对全社会的价值做权威性的分配。"① 高考政策就是政府、高校与社会招考机构等组织对高等教育入学机会进行权威性分配的产物。这意味着，公正是一项政策最重要的范畴和品质。在教育领域，不少教育家也将公正视为高等教育的首要价值。而如果一项政策不仅不能维护社会公正，而且其自身也是不公正的，这样的政策当然会侵犯公民的合法权利，由此带来政策排斥。

二　政策歧视：制造身份区隔

政策歧视同样背离了公共政策的公共性。公共政策的公共性包括公平性、公正性、共享性、人伦性等价值准则，也就是说，这些价值准则也是公共政策公共性的表征。同时，公共政策的公共性主要表现为政策主体、政策目的、政策过程、政策结果的公共性。主体公共性是指政策主体要有公共情怀，目的公共性指公共政策必须以公共利益为价值导向和皈依，过程公共性是保证政策过程合法性的基础，结果公共性要求公共政策在保证过程公开性与合法性的基础上导向公共利益。受内外环境的影响，公共政策上述的公共性都面临一定程度的挑战，以致许多学者发出了"要警惕公共政策公共性衰减"的呼吁。确实，在奴隶社会和封建社会，公共政策是维护统治阶级的工具，因此，那时的公共政策与公共利益相去甚远，即使有，也不过是统治阶级的"政治恩赐"。到了现代社会，人们的民主意识逐渐成熟，公民的公共情怀和参与热情逐渐高涨，人们对公共政策的公共性充满期待和向往，一旦公共性缺失，便可能出现政策合法性危机，进而影响政府的合法性问题。也就是说，公共性是公共政策合法性的基础。而合法性与政治稳定又密切相关，作为政治系统的产物，公共政策的

---

① ［美］戴维·伊斯顿：《政治生活的系统分析》，王浦劬译，华夏出版社 1999 年版，第 4—5 页。

合法性来源于公众的认同和接受。因此，在一定意义上可以说，公共性是公共政策合法性的基础。

　　既然政策歧视是差等正义产生的重要原因。那么，公共政策为什么会出现歧视性规定而有失公允呢？原因是复杂多样的，最主要的有四个方面：其一，作为理性经济人，公共政策制定主体也有追求利益最大化的冲动。按照尼斯卡宁的说法，一个官员可能追求的主要目标有"薪金、职务津贴、公共声誉、权力、任免权、机构的产生、容易改变事物、容易管理机构。①"因此，当公共政策制定主体的利益与民众的利益或公共利益相冲突时，政策主体往往会选择有利于自身利益的决策方案，或者将自身的价值偏好作为社会整体的价值偏好，政策歧视由此产生。其二，国家并非理想的抽象物，也是利益矛盾体，有自身的利益主张。而国家首先也是阶级统治的工具，维护的是统治阶级的利益。出于统治的需要，国家又要捍卫社会的公共利益。诺斯认为，国家基本目标的实现必须要解决一个悖论，即如何在保证国家利益最大化的前提下同时保证公共利益的最大化。实际上，国家的这两个目标常常是冲突的，而国家之所以会出现两个目标之间的冲突，这是由国家追逐阶级利益、官僚利益与追求公共利益的矛盾性决定的，这种矛盾是特殊利益与公共利益的矛盾，是官僚利益与民众利益的对立。其三，按照托马斯·戴伊的观点，公共政策体现的是精英们的价值偏好，精英尤其是政治精英们的利益追求和价值取向对公共政策有强烈的影响。达尔通过对美国纽黑文市的政策议题分配方式发现，就成功发起或否决政策议案的意义来说，只有很少的人有直接的影响力，这些人主要是拥有次级领导者和追随者的领导者。但是，选民们在关键性选举中做出的选择，的确会对领导的决策产生巨大的间接影响力，因为选举结果经常会被领导们理解为是表明了对特定政策路线的偏好或默许②。如果非要用强弱来表示，人们可以发现，普通选民、次级领导者、强势的次级领导者和领导者对决策选举结果产生的影响力是依次增加的，且增加的幅度并

---

　　① 陈振明：《公共管理学——一种不同于传统行政学的研究途径》，中国人民大学出版社2003年版，第255页。

　　② ［美］罗伯特·A. 达尔：《谁统治：一个美国城市的民主与权力》，范春辉、张宇译，江苏人民出版社2011年版，第182页。

不成比例，越接近领导，影响力增加的幅度越大。而且，在任何一种情况下，领导者塑造公民偏好的能力都可能是较强的。普通公民可能依靠一个唯一的、统一的领导者群体来获得有关政策的信息或线索；相对来说，他们可能并没有多少机会获得其他备选方案的信息。而且，如果所有议题领域的领导者在本质上是相同的并能就目标达成一致，他们就可能为了借助很多不同的强制和说服手段劝诱公民去支持他们的政策，而将他们的政治资源整合起来。当精英们的价值偏好与大众利益尤其是弱势群体的利益相背时，政策排斥与政策歧视便会产生。其四，在政策过程之中，还存在着利益集团。达尔指出，政府的大部分行为可以简单解释为由诸多具有不同利益和影响力资源的个体组成的利益集团相互斗争的结果①。利益集团为了获取自身利益的最大化，往往会影响、支持甚至煽动政策制定主体制定出偏向自身的利益，这种利益往往是与民众利益相悖的。事实上，当且仅当公共政策损害民众的利益时，利益集团的最大利益才能得到有效的保证。可见，在工业化和城市化阶段，较早的、分层的、基于阶级的社会结构变得脆弱或被摧毁，取而代之的是社会系统中没有安全感的大量个体，他们无根基、没有目标，缺乏强有力的社会纽带，他们打算而且是急切地渴望依附于任何一个能够迎合他们需求和愿望的政治企业家。在领导者的带领下，这些没有根基的大众能摧毁任何阻挡他们的力量，但却没有能力代之以稳定的替代方案。结果是，他们对政治的影响越大，他们就变得越无助；被他们摧毁的东西越多，他们就越依赖于强势领导来创造出某种社会的政治、经济结构以取代旧的。因此，在达尔看来，谁决定公共政策的答案不是大众也不仅是领导，而是领导与利益集团共同进行统治的结果：领导者迎合大众的偏好，反过来又以大众的忠诚和服从产生的力量来削弱乃至铲除所有的反对力量②。可见，政策歧视背离了公共政策的公共性，使公共政策成为某些群体谋取个人利益的手段，制造了身份区隔，必将产生差等正义。

---

① ［美］罗伯特·A. 达尔：《谁统治：一个美国城市的民主与权力》，范春辉、张宇译，江苏人民出版社2011年版，第9页。

② 同上书，第10页。

三　政策排斥与政策歧视：产生差等正义的土壤

差等正义的根源在于公共管理制度排斥，即正式制度对自身规制下的个人形成排斥，将一部分人的合法权利排斥在公民资格之外。而公共政策是制度的主要表现形式，因此，政策排斥是产生差等正义的根源。那么，政策是通过什么样的运作机制或运行方式形成社会排斥的呢？李保平指出，公共政策的社会排斥机制是这样的：由于政府制定的政策具有封闭性，政策寻租的可能性大大增加，而政策寻租就要对政策做一些相应的变通，政策变通的结果是政策背离其原有的方向与目标，最终导致失范。①为此，公共政策的社会排斥机制可归纳为"政策封闭—政策寻租—政府变通—政策失范—政策排斥"，这样的排斥机制建立在政策失范的基础之上，有一定的合理性。刘哈兰指出，制度排斥机制指基于排斥性的制度和政策将被封闭和隔离的社会成员推至边缘境地的机制和过程，因此，制度排斥机制包括"制度封闭机制、政策变通机制、代际再生产机制与制度合法化机制"四个过程。②具体来说，这四个过程是这样发挥作用的：首先通过制度封闭机制对社会成员进行制度封闭与隔离，然后在执行制度的过程中通过变通执行的方式使其偏离原有的制度目标，随后通过代际生产机制使制度排斥产生的不平等在代际间复制、继承和强化，最后通过制度合法化机制使具有排斥性的制度具有合法性地位，从而实现对制度受动者的合法排斥。而不管是李保平的政策排斥还是刘哈兰的制度排斥过程，都没有考虑到外在因素对制度排斥的影响。由于差等正义现象并不是城市化过程中城乡的自然差别，而是许多人为因素的制度扭曲或制度差异的结果，这些政策不仅没有缩小人与人之间的等级差别，反而扩大或制造人们之间的身份差异和等级差别，固化社会不平等的格局。再加上任何制度的运转都是嵌入更大的制度、结构甚至文化因素之中的，因而，制度的扭曲或排斥除受制度制定者和制定部门自利性影响之外，还受到文化、经济、

---

① 李保平：《中国转型期公共政策的社会排斥研究》，博士学位论文，吉林大学，2006年，第68—77页。

② 刘哈兰：《试析义务教育区域均衡化发展中的制度排斥与消解》，《教育探索》2012年第5期。

政治等多重外在因素的影响。也就是说，一项政策形成社会排斥，内部的运行过程即内因固然重要，但是大量的外部因素也会对其产生影响。从这个角度出发，政策的社会排斥是内部与外部多种因素共同作用的结果。内部因素是指影响政策排斥的内部要素的总和，包括政策目标、价值取向、结构，政策制定主体、形成过程以及运行方式，等等；外部要素是指作用于公共政策运行过程的外部因素的总和，包括观念、权力、财富、组织结构形式等多方面，这些要素构成公共政策社会排斥的完整运行机制。也就是说，公共政策是通过内外部因素的共同作用将一部分人的合法权利排斥在成员资格之外的。由此，公共政策的社会排斥机制就形成如图5—2所示的过程。

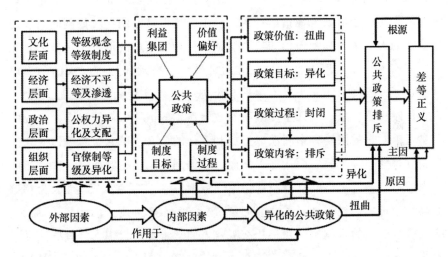

图5—2　公共政策排斥机制图

由图5—2可知，当传统文化中的等级思想、官僚制中的等级观念、异化的公权力与具有支配性的社会财富等外部环境共同作用于公共政策时，经由利益集团、社会整体价值偏好与公共政策制定主体价值偏好、制度目标和制度过程的影响，公共政策会发生异化，其表现是：政策价值与公共利益背离，政策目标异化为利益集团的工具，政策制定过程呈现出封闭性，政策结果具有歧视性，最终形成政策排斥。而政策排斥会产生大量的社会排斥、社会歧视现象，引发社会不平等，差等正义由此产生。

第三节　差等正义的强化：官僚制
等级及其异化

　　20世纪80年代以来，西方国家掀起了一场对至今仍有深刻影响的以市场化、扁平化、分权化为取向的行政改革运动。"新公共管理运动""政府再造""市场化运动"等是这场改革的不同称谓，理性官僚制带来的技术化、非人格化、碎片化的组织结构和管理方式日益受到私营部门管理理念的挑战，这使官僚制面临种种危机，西方学界"突破官僚制""批判官僚制""摒弃官僚制"的呼声日益高涨。在众多的批判中，戴维·毕瑟姆的表述比较形象。他指出：我们都乐于憎恨官僚制。官僚制同时表现出笨拙的无效率和咄咄逼人的权力这样两种相互矛盾的形象：一方面是无能、官僚主义和人浮于事，另一方面是操纵、拖延和拜占庭式的阴谋诡计。在某种程度上，几乎没有哪一种邪恶不可以计算到它的账上。其实，自官僚制提出以来，就几乎受到所有政治派别的诅咒：右派以自由市场的名义寻求对它的限制，中间派以开放和责任的名义改革它，左派以参与和自我管理的名义想要取而代之，然而，官僚制展示了抵制所有这些侵犯的惊人能力。最为杰出的官僚制理论家马克斯·韦伯写道："这是因为官僚制具有处理大规模工业社会复杂的行政管理任务的独特能力。"① 那么，令人爱恨交加的官僚制到底是什么呢？人们常常会陷入困惑，其原因在于官僚制意味着不可穷尽的词汇清单：文官统治、专业化的行政管理体系、组织无效率、公共行政（管理）、非市场体制、非民主组织、理性化、专业化、技术化、非人格化、等级化，等等。其中，技术化、理性化、非人格化、碎片化和等级化是韦伯理性官僚制的主要特征。在这些特征中，等级化是一个具有统摄作用的词语。也就是说，要剖析官僚制，就不得不述及它的等级特征。

---

　　① ［英］戴维·毕瑟姆：《官僚制》，韩志明、张毅译，吉林人民出版社2005年版，第1页。

一　官僚制等级的产生：协调冲突

官僚制是一种权力结构和组织形态，是现代社会的最佳管理方式，是适用于所有制度和所有组织的一种以"命令—服从、集权—统一"等为主要特征的当代组织形态。官僚制的历史较为久远，最早的名词来源于1764 年法国哲学家德·格里姆的一封信，而最系统研究它的则是马克斯·韦伯。韦伯指出，官僚制之所以合法，是因为它是建立在能够消除混乱、维护秩序的合法权威的基础之上的。韦伯的官僚制具备"法制化、等级化、非人格化、专业化和职业化"等特征。而等级化是韦伯官僚制的一个核心词语，是韦伯认为官僚制之所以有效率、之所以能按照"授权—分层、集权—统一、命令—服从"的方式运作的关键。正是由于等级制的存在，官僚制就被描述成"由天才设计而白痴管理"的制度①。那么，韦伯提出官僚制的初衷是什么呢？又或者，韦伯的官僚制是怎么形成的呢？

任何组织的产生都有一定的目的，只是目的不同罢了。而要实现目的，就必须对从事不同任务的个体工作进行协调。也就是说，要协调不同组织成员的关系，组织中的每个成员都必须作出努力，调整自己的行为。如果组织成员都很愿意，且这种调整能够同时实现，那么，官僚制就无产生的必要了。然而，大型组织的固有本性将会产生大量妨碍实现有效协调的障碍，引起组织成员的行为冲突。大型组织引发冲突的原因有很多，而安东尼·唐斯认为最主要的是利益冲突和技术冲突，利益冲突指利益引发的冲突，这种冲突源自官员制定的理想目标和组织现实的差距。技术冲突即由技术限制引发的冲突。与技术冲突不同，组织中的利益冲突会随着时间的变化而展现出逐渐消解的可能性。张康之认为，"组织因为获得了充分的开放性而使利益冲突得以自动地消解而不再成为组织自身必须加以协调的内容，如果还存在着在组织的开放性中无法消解的利益冲突，组织也可以由于其开放性而把这部分利益冲突转移出去，将它们在合作社会体系中，由

---

① ［美］戴维·奥斯本、［美］彼得·普拉斯特里克：《摒弃官僚制：政府再造的五项战略》，谭功荣、刘霞译，中国人民大学出版社 2004 年版，第 17 页。

更加专门性的处理利益冲突的机构去解决。①"技术冲突则会永远存在下去，并且会日益严重，因为技术冲突来源于个人获取知识和信息的局限性，而这种局限性又与人们的知识储备有关，这就决定了技术冲突的持续性。

在一个专业化、规模化的组织中，冲突的根源在于人与人之间、部门与部门之间相互的无知和猜度。当然，如果这种不一致无限制地发展下去，任何大型组织的效率和整体效果都会受到严重的影响，因为一些成员的行为会抵消其他人的行为，而要避免这种行为的出现，就必须设立一些机制来解决。在唐斯看来，这样的机制至少有以下三个："一是将解决冲突的权威授予组织中的一定人选，二是使用一些建立在每个人都拥有平等权威的一些规则之上，三是遵守一些所有人都要遵守的传统行为规则。"②然而，遵守传统规则也会带来仲裁的问题，所以问题就集中到是一个人来仲裁还是通过民主靠一群人来仲裁的问题。通过民主投票来仲裁需要消耗大量的时间，不仅如此，由于是大型组织，通过民主投票还会产生新的冲突，如果所有的冲突都必须通过投票来解决的话，消耗的时间会更长，这样官僚组织完成目标的效率将会更低。因此，没有哪个组织会将普通投票作为解决内部冲突的唯一手段。相反，通过授予组织中某一个人的权威来解决组织冲突的方式倒是经常使用。③ 权威就暗含有一定的层级关系。这样，组织中的两个等级关系争论者和争论的解决者就产生了。也许一个小的组织一个人来协调所有组织成员的活动和冲突就够了。但是，官僚制是一个复杂的大型组织，"随着组织规模的扩大，协调工作就会使一个人不堪重负，就会安排另一个人来分担他的协调工作，而他们之间又需要协调，当组织规模持续扩大时，就会有更多的人来从事专门协调的工作，而这些从事协调的人之间或之上，又需要一个专门进行协调的层级，累加起来，就形成官僚制组织的等级结构。④"

---

① 张康之：《论官僚制组织的等级控制及其终结》，《四川大学学报》（哲学社会科学版）2008 年第 3 期。

② ［美］安东尼·唐斯：《官僚制内幕》，郭晓聪等译，中国人民大学出版社 2006 年版，第 55 页。

③ 同上书，第 57 页。

④ 张康之：《论官僚制组织的等级控制及其终结》，《四川大学学报》（哲学社会科学版）2008 年第 3 期。

可见，官僚制等级产生的原因在于"协调组织内部的矛盾和冲突"，正如唐斯所言，"在缺乏市场机制的条件下，对大规模活动的协调需要一个等级制的权威结构。[①]"为此，理性官僚制的等级设计具有这样两个典型的特征："第一，官僚制是法律化的等级制度，应当是一整套持续一致的程序化的命令——服从关系，任何官员的行动方向都是由处在更高一级的官员所决定的。第二，官员间的从属关系是由严格的职务或任务等级序列决定的，权力关系并不具有权力的个性特点，而是基于职务本身的组织构造。"[②] 其实，官僚制等级的特征远不止于此，至少还应该包括以下四个方面：一是官僚制等级是解决矛盾冲突的有效形式，和压迫与被压迫、剥削与被剥削的具有人身依附关系的等级是不同的；二是官僚制等级会出于工作的需要而自动的扩张，最终成为一个庞大的等级体系；三是官僚制组织的等级结构有可能是一个委员会或一个集团；四是官僚制等级主要是通过垂直渠道来实现自身的职能。也就是说，现代官僚制在组织的权力结构上实行层级节制的制度，即组织权力纵向上按照职位层层授权，从而形成一个自上而下逐层控制的"金字塔式"的组织结构体系。在组织内，等级制则表现为按照地位的高低规定上下级之间的命令与服从关系，这种关系能明确规定每一个职位上官员的权力和责任、命令和服从的范围，使位于层级结构中的每个成员都明白自己的职责权限。这种法律化的等级结构可避免多头领导、相互推诿、职责不清等情况，能保证组织决策的有效性与可靠性。同时，这种结构也能使下层官员的行动方向由上层官员决定，这样一来，下层官员的主动性、积极性就会受到影响，概言之，官僚制中的等级制度主要表现在下面三个方面：第一，处于组织最高等级的官员和机构负有对整个官僚制机构进行领导和控制的权力和责任；第二，处于中间层级的官员，则既要接受上级的指挥和命令，又要对下级实施管理和控制；第三，对于下级官员来说，则必须依靠上级的首创精神和解决问题的能力。[③]

---

① ［美］安东尼·唐斯：《官僚制内幕》，郭晓聪等译，中国人民大学出版社2006年版，第57页。

② 张康之：《论统治视角中的官僚制》，《北京行政学院学报》2002年第1期。

③ 邹姗姗：《限制与超越——西方官僚制理论的三个视角》，博士学位论文，复旦大学，2004年，第15页。

二　官僚制等级的异化：等级制与等级化

葛德塞尔指出，"在大多数人看来，官僚制的名声是臭名昭著的，因为官僚人员被认为是工作业绩最差的群体、预算最大化者、庞大的蚁群和帝国的营造者，他们残忍地压迫自己的员工和他们的服务对象，他们削弱了经济、威胁了民主、压迫了个人、缔造了魔鬼，他们代表着税收、规制和大政府，代表着精英主义而对弱势群体不公，代表着控制。①" 从这段脍炙人口的描述中，官僚制的这些问题或多或少都与它的等级制有莫大的关系：由于权力是等级的，官僚制有压迫下属和民众的嫌疑；由于结构是等级的，官僚制处事的效率就像一个怀孕的妇女拖着笨重的行李在上楼梯；由于等级改造被合理化，官僚制对组织及内部成员的控制导向日益明显。上述的这些假设符合大多数人的思维判断，类似于"官僚制就是等级制""官僚制意味着严密的控制""官僚制意味着金字塔"的感叹声往往不绝于耳。但是，批判官僚制"等级"帝国的人是要慎之又慎的，原因在于官僚制中的等级并非他们眼中的"等级"。官僚制当中的等级序列并非是人与人之间的地位与权力的高低划分，而是职位等级和权力的等级化，即上下级之间稳定的命令服从关系是基于职位等级产生的，低职位者受到高职位者的控制。也就是说，韦伯官僚制等级的初衷并不代表职位和权力的等级划分。但是，实际上，它又实实在在地演变为了人与人之间的等级差别和地位尊卑。这其中，上级对下级的领导和控制则容易转化成对下级工作积极性和创造性的压制，下级对上级命令的盲目服从也可能转变为对工作敷衍和不负责任的借口。那么，官僚制中的等级是如何演变为职位和权力的等级化的？这些等级又扩展到了哪些领域？

前述提及，官僚制等级产生于解决大型组织冲突的需要。正因为要解决冲突，才要赋予官僚组织中某人或某些人特定的权威，这样，官僚制组织内部的成员之间就会产生信息、权威、收入和声望的特殊分配形式，即越靠近组织上层的官员，拥有组织的信息、收入、权威和声望就越多，反之则越少。这样分配的好处是一方面可以使组织上层官员的权威增强，另

---

① ［美］查尔斯·T. 葛德塞尔：《为官僚制正名——一场公共行政的辩论》，张怡译，复旦大学出版社 2007 年版，第 21 页。

一方面也可以激励下层官员为之好好努力。当然，这样分配的坏处也是大量存在的，如会导致集权、权力争斗和下层人员盲目向上攀爬，导致人们对上而不对下负责。最为关键的是，会导致组织中的信息流动像单面透明的玻璃，处在不透明一端的是众多的盲然无知的行动者，他们盲目听从和攀附他们的上级，执行上级的命令而不顾内心的真实想法，处在透明一端的是发号施令的"偷窥者"，他们以局外人的身份端着咖啡一面优雅地欣赏向上的攀爬者和命令的执行者，一面想着该如何去讨好自己的上级，以获得进一步的升迁。既然权力的等级结构对组织信息、权威、财富、声望和荣誉等资源分配有决定性作用，在分配资源的时候，权力的拥有者就会选取有利于自己的自上而下的方式进行分配。然而，要使分配顺利，权威尤其是有较高权威的支持又必不可少，这就进一步促进了权力向少数人集中。渐渐地，官僚制组织就演变为了一个集权型组织。在这个组织中，下层官员或员工的工作成效和回报就会通过上层组织或人员分配给他的权威、收入、荣誉、声望等份额显现出来。而增加分配份额的途径不外乎有三条：争取工作中的优秀业绩、迎合分配者的心态和寻找有力的关系支持。寻找关系支持打破了官僚制的非人格化特征，从理论上来说不可行。争取优秀业绩不仅费力费时，而且还要根据评价体系、评价行为而定。在唐斯看来，"只要官僚组织中雇佣、提升以及人员留职的决定至少以对组织中人员执行的某些评估为基础，那么，官僚组织中的上级就对其下级有一定程度的控制。这是所有官僚组织中的关键因素。[①]"也就是说，只要官僚制中的等级存在，上级就会控制和支配下级。因为，官僚层级中的官员地位决定他对道德、情感等心理因素的需求。然而，这却是一种悖论：一方面，官僚制组织的层级结构要求位于其中的官员要呈现出非人格化、理性化的特征；另一方面，当一个官员处于较高层级或较高职位的时候，就会产生被人追捧、炫耀权力、影响政策的欲望，这样，他就会时而盲目冲动地提拔忠诚于他的下属，时而给向他频频示好的下属更多的恩惠，时而对也许与自己并不着边的政策大事评论，久而久之，他的身边就会形成一个非正式的"小圈子"。结果，具有讽刺意味的是，崇尚"非人格化"

[①]　［美］安东尼·唐斯：《官僚制内幕》，郭晓聪等译，中国人民大学出版社2006年版，第31页。

倾向的官僚制在实践中却恰恰走向了另一个极端——"人格化倾向"。人格化倾向意味着官僚制将人作为抽象的、完全理性的符号安排是不合理的，不合理的结果是官僚制组织中用于调解矛盾的等级被无限地放大和扩张，不仅指涉上下级之间的职位和权力关系，还指涉上下级之间身份和地位的等级化。这样，用于协调冲突的等级就延伸到了人们的思想意识领域，对等级加以定性，即"等级化"。也正因为如此，在人们的观念中，本为提高组织效率的官僚制等级总与"权力""身份"和"地位"联系起来。在存在着等级差别的情况下，"喜好的选择常常是明显偏向于地位的个体，而且个体似乎更希望能得到高地位成员的喜好选择"①。这样，官僚组织中的等级便彻底与"身份和地位"联系在了一起。

　　官僚制等级影响最严重、最敏感的领域是高等院校的学术组织。在中国，学术组织的等级化比较明显，这对崇尚自由、民主、平等的学术精神而言，是极其不应该的。大学本是自由、民主、平等以及学术至上的天堂，但是，中国现实的学术组织已经呈现出等级分化、身份分化的倾向，校级、院系级学术组织以及不同级别高校（如 985、211 与普通院校）的学术组织之间均是按照等级制构建的，不同级别的学术组织之间资源控制和分配的权力不同。更为严重的是，现在的大学让学术权力机构承担本应由行政权力部门去履行的一些职责，如项目评审和职称评定等，而不是让学术权力机构去对被评选对象的实际学术能力做出合理的判断。另外，学术研究人员的学术能力也呈现出不同的等级差异。按道理，正教授和副教授只应该有称谓的不同，不应该有学术资源、权力分配上的差异，但在现实生活中，高职称的人却控制、支配着低职称的人。"当官僚和专业人员在越来越复杂的工作和权力之网中身居内部要职时，部门霸权就发展起来了。"②

　　尽管张康之认为理性官僚制是消除了人身依附关系的，因为"其权力来源不是出自血统的或世袭的因素，而是源于建立在实践理性基础上的形式法学理念和形式法律规定的制度，所以，官员的工作和利益不是由他

---

　　① ［美］彼得·M. 布劳、W. 理查德·斯科特：《正规组织：一种比较方法》，东方出版社2006 年版，第 140 页。

　　② ［美］伯顿·克拉克主编：《高等教育新论》，浙江教育出版社 2001 年版，第 105 页。

的上司的个人好恶决定的，而是取决于制度所规定的行动的程序化、客观化。这样一来，个人的服从对象不再是拥有特定职务的个人，而是个人拥有的特定职务，换句话说，他为客观的非个人的组织和组织目标服务。①"但是，在运行的实践中，由于权力固有的张力和惯性，以及组织实际的"人格化倾向"使得官僚制中的"职务等级"演变为了"人身依附关系"，以致人们服务的对象不是职位本身而是拥有特定职位的个人，即"从职位崇拜变为了个人崇拜，从职位等级变为了个人等级"。既然官僚制等级与官僚组织内部人员的身份和地位有关，那么，在已经废除了等级制度的今天，这种等级关系怎么还能维持官僚组织的正常运作呢？也就是说，官僚组织内部的人并没有像反抗奴隶、封建社会的等级制度一样公然地反抗这种等级关系，反而对其俯首称臣甚至恭维呢。当然，这些表现有可能是形式上的，是出于自身利益最大化的考虑，并非为了恭维而恭维。但是，不管是形式上的还是实质的，起码没有人对官僚组织内部的等级关系表示公然的反抗。这是因为，"哪怕内部存在等级关系，官僚制组织存在的内部环境以及外部机制也能够不断地对组织内部的等级关系进行限制和约束，保证它被控制在有利于组织存在和发展需要的限度之内。②"

三　官僚制等级及其异化：强化差等正义的工具

世界上绝大多数国家的政府组织都是按照官僚制模式构建的，中国也不例外。在权力运作的过程中，官僚组织内部的等级观念很容易渗透到组织外部，使组织外部的人、事、物都打上了深深的官僚制烙印，以至于一个官架子十足、办事拖拉的人或机构被形容为"官僚主义""官僚病"，这一指称又回到了 19 世纪思想家包括德·古内尔、克劳斯、密尔等在内所指涉的官僚制含义，当时的官僚制意指一种由官员过分控制而趋向于损害公民普遍自由的政体形式，如君主制、贵族制等。这说明，官僚制遭遇诟病的最大原因在于官僚制与民主的悖论，官僚制表现出来的技术理性、不透明、僵化、效率低下、集权等特征使得其不可避免地会与民主制发生

---

① 张康之：《论统治视角中的官僚制》，《北京行政学院学报》2002 年第 1 期。

② 张康之：《论官僚制组织的等级控制及其终结》，《四川大学学报》（哲学社会科学版）2008 年第 3 期。

冲突，从而阻碍民主政治的发展，导致官员政治，现代权威主义和极权主义国家的兴起就是很好的例证。

理性官僚制带来了 20 世纪的组织革命，带来了组织效率的高涨和组织规章的完备，诚如韦伯自己的评价："经验往往表明，从纯技术的观点说，行政组织的纯粹官僚制形态能够达到最高程度的效率……相比于任何其他形式的组织，它都具有精确性、稳定性、可靠性和纪律严明方面的优势。"① 但是，韦伯自己也承认，"早晚总有一天，世界上充满了齿轮和螺丝式的芸芸众生，他们会紧紧抓住职位，处心积虑，不顾一切地沿着官僚化的等级层次阶梯向上爬。②" 官僚制与民主冲突的实质是人与人之间不平等的等级化职位设计以及由此带来的等级观念，这才是官僚制遭受诟病的众多原因之一。张康之也指出，"官僚制的层级关系决定行政人员需要挖空心思地取悦上司或者上级。当官僚制把效率当作基本价值并强调非人性化和客观化的所谓理性效率时，实际上是促使组织对人与人之间的互动采取机械性的控制，个人只是表现出惯性的服从，并且专注于工作过程，人与人之间变得工具般的相互操纵，以便有效率的完成组织目标，而个人则失去了自我反思和自我了解的意识，缺乏创造精神和人格的健康发展，甚至造成组织成员与服务对象之间的疏远和隔离，进而失去了组织应该表现出的社会价值与责任。③"

可见，官僚制中的等级不仅在官僚组织内部造成"等级化"的身份标志，也对经济领域、政治领域、文化领域和日常生活领域的等级观念起到了强化和形塑的作用。官僚制等级在其他领域的映射强化了社会生活中的等级色彩和差等观念，使社会生活中的等级无论在观念上还是在行动上都有被"合理化"的趋势。而要消除这些社会差等，就要从源头上消除官僚制的等级观念。在封闭、落后、狭隘的奴隶社会和封建社会，社会生产力极其不发达，由于知识、能力、观念的局限，当时的一些人认为"等级制"有存在的天然合理性，官僚组织中存在等级观念也不足为奇。

① M. Weber. , *Economy and Society*, p. 223, 973; *From Max Weber*, ed. H. Gerth and C. W. Mills, p. 214.
② ［德］马克斯·韦伯：《经济与社会》（上卷），林荣远译，商务印书馆 1997 年版，第 246—248 页。
③ 张康之：《行政发展逻辑进程中的行政道德》，《毛泽东邓小平理论研究》2006 年第 2 期。

但是，当社会正在迈向开放、平等、自由、民主的后工业社会，官僚制这辆旧车上的等级制再也不能承受"社会压力"之重，必须予以摒弃。

第四节　差等正义的扩散：公权力异化及其支配性

罗伯特·A.达尔指出，工业社会使政治资源分散化，但却并没有根除政治上的不平等，虽然政治不平等有分散性的倾向，但积累性不平等仍在政治系统中存在。积累性不平等主要是指："当一个人比另一个人在某一资源上（如权力）更为充裕时，他通常也会在几乎其他所有资源上都更为充裕——容易获得社会地位、财富、合法性、对宗教和教育机构的控制、知识、官职等。"① 也就是说，在积累性不平等中，最高的社会地位、教育水平、财富、宗教、经济与公共生活中的关键职位会结合在一起，形成一个一元社会。虽然不能说中国现在的社会是个一元社会，但是，也不能算多元社会，至多算是一个正在向多元迈进的社会，因为社会的多元格局尚未形成。在此背景下，达尔所提到的积累性不平等也是中国社会不平等的一种表征和根源。说是表征，意思是现在的不平等主要表现为积累性不平等；说是根源，正是由于各种不平等领域的积累和相互支配，中国的不平等才有进一步扩大的趋势。其中，权力是积累性不平等形成的关键，即一个人在权力上的优势会使他在其他领域也享有更优质的资源。

一　公权力异化：表现及危害

权力是政治学最基本的概念之一。社会科学家伯特兰·罗素指出："社会科学的基本概念是权力，其含义犹如能源是物理学上的基本概念一般。同能源一样，权力有很多形式，诸如财富、军备、对舆论的影响力，等等。"② 权力被学界公认为一种强制性的支配力、影响力和控制力。而

---

① ［美］罗伯特·A.达尔：《谁统治：一个美国城市的民主与权力》，范春辉、张宇译，江苏人民出版社 2011 年版，第 96 页。

② ［美］威廉·多姆霍夫：《当今谁统治美国——八十年代的看法》，中国对外翻译出版公司 1985 年版，第 10 页。

公权力是指在公共管理过程中，由公共组织及组织中的个人享有的，用以处理公共事务、维护公共秩序、促进公共利益的公共权威性力量。公权力是一把"双刃剑"，可以损害也可以维护公众利益和公共利益。公权力可以损害公众利益和公共利益的主要原因在于：由于所有权与使用权的分离，公权力在使用过程中就容易发生信息不对称现象。为此，当公权力受到公权力代理人"自利性"的人性驱使且缺乏必要的监督时，公权力就可能成为祸害公众利益和公共利益的工具。"历史事实表明，当掌权者的权力动机与人民的利益一致时，权力的运行就会推动社会的进步，由此带来国家繁荣；然而，当掌权者的权力动机与人民群众的利益相背时，就会造成社会上种种不公正现象，带来社会腐败和倒退。"① 也就是说，公权力的本质属性是公共性，但是，由于权力代理人（行使者）与权力委托人（所有者）之间存在着信息不对称的情况，这就为公权力的异化提供条件。这一点，马克思主义理论者是这样描述的："公权力从其产生开始，就存在着被异化的可能。"②

那么，什么是公权力的异化呢？一般而言，异化概念表征的是事物性质朝着相反方向发展变化的趋势和结果，所谓公权力的异化是指公权力的运行超越其既定的轨道，背离它的公共性本质，被公权力代理人用于谋求私人利益，成为掌权者的私有物，服务于掌权者的私利。③ 在当代中国，公权力的异化问题异常突出，其主要表现是公权力的私有化、商品化和运行的任意化。

首先是公权力的私有化。公权力私有化是指公权力被公职人员作为个人或集团的财产随意支配，为个人或集团谋取不正当的利益，其典型表现是公共利益部门化和部门利益私人化。

其次是公权力商品化，即以商品的形式来衡量公权力。从公权力的具体运作来看，任何权力的行使都是具体的而不是抽象的。而要有效行使权力，就必须有行使权力的机构和人员。根据理性经济人的假设，人都有趋利避害的本性，因而"自利性"是人的基本属性之一。一般认为，抽象意义上的公权力本身与利益是没有关联的，但由于行使公权力的个人和机

---

① 焦健：《公权力运行误区——权力错位》，天津人民出版社 2001 年版，第 10—11 页。
② 张维新：《公权力异化及其治理》，《行政论坛》2011 年第 2 期。
③ 张康之：《行政体制转型期公权力的异化》，《探索与争鸣》1997 年第 2 期。

构有利益的需求，否则机构就无法运转、个人也无法生存。在这些利益需求中，有些是合理的，如个人正当的利益所得，有些是不合理的，如利用公权力谋取的私利。由于个人和机构都是理性经济人，都有实现个人利益最大化的冲动，因此他们就有可能利用公权力为自身牟取不正当的利益。[①] 这样，公权力越界的现象也就出现，利用公权力换取金钱、名誉、地位、机会，换取房产、股权、矿产资源的现象也时有发生。

最后是公权力运行的任意化，公权力容易被滥用。公权力滥用指公权力的行使不符合程序和法律规范，致使公权力背离或止步于增进公共利益的价值目标。滥用是中国极为常见的一种公权力异化形式，其主要表现是在公权力该涉足的公共领域如公共产品的供给公权力却出现缺位，而在公权力不该作为的市场领域、私人领域公权力却常常越位。例如，利用公权力干预市场、干预社会的发展，甚至利用公权力干预家庭私生活，公安干警到家里扫黄等。同时，公权力行使手段失当、不合理甚至不合法是公权力滥用的表现之二。比如，在该罚款的领域用行政强制手段，而在该使用行政强制手段的时候却采取罚款。此外，"公权力行使目标失准，即公权力的运行脱离为公众服务的正当轨迹而异化为谋求私利的工具也是公权力滥用的表现。[②]" 2009 年的"钓鱼式执法"案件就是这种类型的典型例子。该案件引发大家对公权力的深层思考。惩恶扬善、维护社会公平正义、彰显公共利益本是公权力有效运行的主要目的，但"钓鱼式执法"却将公权力作为城管"谋私"的工具，显然偏离了公权力运行的目的。为此，李传良指出："公权力不可过多地介入市场行为，不应与民争利，更不应侵扰公民的个人隐私，否则，难免走向滥用，导致腐败，严重损害社会公众利益。"[③] 由于公权力有扩张和异化的趋向，大量政治和智力能量都投到了限制权力转换、限制它的使用以及界定政治领域中受阻碍的交换等努力中，这使得很少有人关注权力本身的运行机制和运行程序，这将进一步导致公权力的异化，异化的公权力会对其他领域产生支配。

---

① 潘爱国：《论公权力的边界》，《金陵法律评论》2011 年第 1 期。
② 池忠军、王浩：《遏制公权力异化与腐败的制度伦理向度》，《南昌大学学报》2007 年第 4 期。
③ 李传良：《现阶段中国公权与私权的冲突及调适》，《山东社会科学》2009 年第 8 期。

二 异化的公权力：支配与控制

那么，异化的公权力会对哪些领域产生哪些支配呢？从应然状态来看，有对经济、政治、文化、福利等领域的支配，有对公共领域和私人领域的支配。结合当代中国实际，公权力对私人领域、经济领域、文化领域的支配值得进一步探讨。

（一）公权力对私权利的侵犯

按其属性来源，权利可划分为以政治性权利为主的公权利，以及以社会性权利和自然性权利为主的私权利。私权利是一种自足的权利，不需要以其产生的条件为基础。例如，只要是人，就应当有人权。私权利还是公权力的基础，私权利是维持人的生存和发展的基本权利，按照自然法的观点，权利是先于权力而存在的。[①] 例如，霍布斯认为，公权力产生于结束"一切人对一切人战争"的需要，洛克认为公权力产生于解决自然状态下各种权利冲突的需要，卢梭认为公权力来自人民权利的让渡和委托。无论从哪个角度来看，公权力都是私权利的一种让渡和转化，私权利都是公权力的主要来源，没有私权利，公权力也就在不存在。但是，在日常生活中，公权力越过自身的边界，侵犯私权利的事件频频发生，常见的表现有：以侮辱、公开、透露公民隐私的方式对公民的"名誉权"进行侵害，以刑讯逼供、非法限制人身自由的方式对公民的人身权进行侵害，以征用、罚款、查封、摊派、没收等方式对私人的财产权进行侵犯。此外，政府通过快速圈地和房屋拆迁谋利的行为也层出不穷。所谓"风能进、雨能进、国王不能进"，这种强拆行为是对公民合法权益的严重侵犯。正是由于公权力对私权利的严重侵犯，市民社会中的部分行为规则被破坏，私权领域被浸染。[②] 于是，为了确保私权利的实现，私权利不得不进一步依附于公权力，这进一步加速了公权力的扩张。此外，公权力对私权利的不作为也是一种侵犯，是侵犯私权利的一种表现。

（二）公权力对经济领域的干预

改革开放以后，中国的行政权力逐渐进入市场，控制经济资源的调节

---

① 潘爱国：《论公权力的边界》，《金陵法律评论》2011 年第 1 期。
② 汪渊智：《理性思考公权力与私权利的关系》，《山西大学学报》2006 年第 4 期。

和分配，这使得市场与政府之间的关系日益微妙和暧昧。异化的公权力对市场的支配是影响市场机制有效运行的重要因素，日益扩大的贫富差距就是最好的例证。目前，中国的贫富差距已经接近或超过国际警戒线。面对日益增大的贫富差距，人们开始思考中国社会财富的分配机制。市场机制会对贫富差距产生一定的影响。但是，中国城乡之间、阶层之间、地区之间、行业之间、领导干部和普通群众之间贫富差距过大的原因远没有这么简单。因为，目前中国贫富分化的一个显著特征就是以职业、身份、地区、职位等为标志的群体性差距。这说明，中国社会成员的财富差距不是个体自身因素和市场经济竞争的结果，而更多地与某一群体的权力有关。

就宏观而言，中国公权力主导着矿产、土地、资金等重要生产资料，这使得公权力在财富的分配中享有垄断性优势。[1] 从微观层面来看，公权力参与财富分割的现象也层出不穷。而一旦发生这种现象，就必然挤压和剥夺生产要素和人员应得的合理回报。权力参与财富分割的方式有显性的和隐性的两种，显性的方式是以制度化的途径对国有企事业单位和行政部门工作人员的工资、福利、待遇等进行定级，按等级的高低获取资源。[2] 隐蔽的支配主要指通过钱权交易、权力寻租等非法途径，将公权力渗透到经济领域，以攫取高额利润和不正当的收益。也就是说，贫富差距悬殊的深层原因是权力的支配性，市场经济的盲目性、失序性只是表征。

由于公权力对市场领域的越位介入，公职人员以权谋私就有了大好机会，其结果是败坏社会风气、流失国有资产、提高行政成本和市场经济活动成本，市场上的"豆腐渣工程""有毒食品""劣质物品"屡见不鲜。而公权力支配经济领域最明显的另一个例子就是中国的房地产市场。中国当前的房地产市场之所以在供需严重失衡的情况下价格仍然居高不下、畸形发展，就是因为政府过多地参与和瓜分房地产中的利益，以致地方财政成为名副其实的"房产财政"和"土地财政"，即权力介入房产市场才是高房价的幕后黑手。为此，有学者指出，与其说中国的房地产问题是经济

---

[1]　卓纳新、樊安红：《试论权力因素对财富分配的影响》，《当代经济》2007 年第 12 期。
[2]　同上。

问题，还不如说是政治问题、是社会问题，因为中国房地产问题的核心不在于房价，而在于"权力资本化"的运作。在此运作下，权力和房地产开发商勾结起来，各自获取足额的利润，共同哄抬房价。[①] 正所谓"与行政集团结盟是利益集团获取行动效果最有效的办法"，卖地、开发、招商引资等已经成为利益与权力结盟的主要表现。这意味着，由于房地产行业是权力资本化的多发地，因而房地产开发商并不是高房价的罪魁祸首，地产中的腐败成本才是高房价的真正原因。

（三）公权力对学术领域的浸染

自由、平等、民主、开放、包容的学术[②]精神是大学的灵魂。但是，现在大学行政权力泛滥，不仅在机构设置上体现出行政权力的等级性，在大学学术组织内部也存在大量的等级关系。大学的学术精神之所以丧失，这与政治权力向学术领域渗透有莫大的关系。一般而言，政治权力向学术领域的渗透表现在以下三个方面。

一方面，学者官僚化、商人化和世俗化，甚至有不少学者为了经济利益，不惜出卖学术良心，常常以专家的身份参与利益集团。

另一方面，政界人物利用手中的权力轻松获得学术成果和学术称谓。再加上中国的高校实行的是以官本位为特征的官僚制体制，这就使得学术领域也被灌进大量的官场权力潜规则，如"钱权交易、权力腐败"。现在，中国高校存在大量的"行政权力泛化，学术与行政权力"合二为一的现象。按道理，只有崇尚自由和平等的学术才能维持学术的创造力和生命力。但是，现在的一些学术研究机构或学术评审负责人大多时候是由政府权力机构任命的行政首长来担任，博（硕）导或博导组的组长也往往是"日理万机"的校长们的专利，其结果是现在的学者既是运动员又是裁判员，这种特殊的身份使他们在学术资源和学术利益的分配和占有方面具有得天独厚的优势，学术腐败由此滋生。

---

① 柴效武：《公权力不能向"金钱"低头》，《人民论坛》2008 年第 1 期。

② 有些学者将权力与学术联系在一起，称为"学术权力"，似乎不妥。抛开权力产生的自然论和契约论不说，权力本身的特征如支配性、等级性和强制性等就与学术的自由、平等精神相悖。这意味着，一旦学术也成为一种权力，哪怕行政权力没有过多地介入其中，学术的自由、平等精神也就丧失了，这样的学术还能称为学术吗？所以笔者一直坚持的一个观点是：行政权力向学术领域而非学术权力渗透过多。

此外，中国高校管理体制的过度行政化倾向越来越突出。"这种荒唐现象不是世界上仅有，也绝对稀罕。"① 孙立平的一项研究显示，20 世纪 90 年代以来高校改革的这些变化归于政府"行政吸纳"政策的一部分。"正是这样的行政吸纳，不仅令行政权力彻底压制了大学本该具有的自治精神，更令体制中不算优良的行政权力逻辑一级一级地复制到大学之内。"② 就连学生会这样的社团组织也不放过。在此影响下，大学内部的行政管理体制也有明显的等级化色彩，不仅大学校长和党委书记由上级部门任免，大学内部行政机构的设置也与行政权力部门相似，校长等于副部长、正厅级或副厅级官员，二级学院的院长相当于副厅级、正处级或副处长待遇，大学下面还如政府部门一样，有正副处长和正副科长之分，由于高校成为行政机关的附庸，校长主要的职责是对上负责而不是倡导大学精神和培养人才。这说明，"权力还是离学术远点好，否则权力在学术知识界通吃，必然要使教育文化等学术界的独立性受到极大的破坏。甚至，学术界唯权力马首是瞻，唯利是图，将变成俗不可耐的权力的社会后花园，成为整个社会文化以及学术沙漠化的罪魁祸首。③"

正是由于高校管理的行政化色彩过于浓厚，使得真正有学问做学问的人在学术管理中的地位日益下降。而要提高学术地位和学术影响力，最好的途径就是走行政岗位"当官"。这使那些本有学术潜力、潜心做学问的常常要屈尊于行政权力的支配，高校成了行政权力的支配物，一方面大学们被逐渐的边缘化，学术的管理和决策权主要集中在大学党政领导及行政部门手中，另一方面学术也不再是人们追逐的至高目标，人们不再甘心仅当教授，还挤破脑袋往行政队伍里钻，其结果是学术影响力服从于权力影响力，学术权威不再推崇学术而是推崇行政权力，扼杀学术的灵性和玷污学术的殿堂。

① 郑良勤：《高校官本位行为意识的不良影响与消除对策》，《郑州大学学报》2002 年第 4 期。

② 羽良：《中国大学的权力斗争逻辑论》，2007 年 6 月 15 日，搜狐新闻（http：//news. sohu. com/20070615/n250591351. shtml）。

③ 仁还：《让权力和财富离学术远一点》，《人才资源开发》2012 年第 2 期。

三　公权力异化及其支配性：扩大差等正义的范围

如果发生异化，公权力代理人会滥用权力运行的规则，运用掌握的权力绑架公共利益，以公共利益为幌子从中满足自身的需要，公共利益就会变成官僚谋取个人私利的工具。公权力向其他领域的扩张也使公共组织制定的公共政策背离其应有的公平性、公正性与公共性旨趣，以致政府提供的公共服务质量下降，政策执行的效果也大打折扣，甚至影响到政府运行的合法性。同时，公权力的支配性还将营造不良的行政文化，使工作人员的精力从关心民众利益、公共利益转到专研个人升迁、讨好上级的不良轨道上去，这会对公共组织的运行效率产生巨大的影响。一言以蔽之，公权力异化及支配其他领域的结果使公共组织最终走上失信于民的道路。

目前，在计划经济体制向市场经济体制转变的过程中，公权力的支配性是造成社会不平等最重要的现实原因。关于此，沃尔泽是这样描述的："尽管社会存在许多小的不平等，但不平等不会通过转换过程而增加，也不会在不同的物品之间累加，这样的平等叫复合平等。"① 要达成沃尔泽笔下的复合平等，就要求不同领域的不平等之间不要相互渗透和染指，不同的有社会意义的物品之间不要相互支配和控制。然而，作为最有意义的社会物品之一，公权力对其他物品的支配性却昭然若揭，这种支配必然会造成中国不平等程度的加深和范围的扩大。正如沃尔泽自己所指出的，"无论何时，只要国家官员的权力不受制衡，他们就会成为暴君；无论何时，只要财富不受制衡，资本家也会变成暴君；如果两个都不受制衡，最高的暴政形式——极权主义就会形成，极权主义会带来极端的不平等，这种不平等是任何一种平等理论都无能为力的。②" 其实，在任何一种社会形态下，公权力的滥用与不平等都是一对孪生姊妹。就理论上而言，不平等的形成与社会结构有关，然而，在实际生活中，公权力干预资源分配引发的不

---

① ［美］迈克尔·沃尔泽：《正义诸领域：为多元主义与平等一辩》，褚松燕译，译林出版社 2009 年版，第 18 页。

② 同上书，第 373—374 页。

平等却日益增多。例如，由于没有形成有效的调节和监管机制，权力的掌握者在财富的分配上处于绝对有利的地位，要么利用手中的特权有偿调拨国家资金，要么在股份制改造和股票上市过程中上下串通大捞原始股，或通过批条子、批地，内外串通炒作房地产等形成一大批特权阶层。为此，有学者指出，贫富差距的根源在于不合理的权力结构，以及依照权力结构分配财富的差序格局，这也是引发社会秩序失衡、导致社会冲突的最主要因素①。也就是说，公权力的异化及支配会导致正常市场秩序的破坏和混乱，导致贫富差距的非正常扩张和社会成员身份地位的悬殊。这一点，许多巨贪案例给了警示。巨贪者并不是因为缺钱、愁儿女的工作或纯粹满足情妇的胃口而贪，他们贪污的目的很大程度在于追求"金钱、名誉、尊严、人格"和拜倒在权力"石榴裙"下的快感，追求无情践踏权力时的那份"从容和欣喜"，在于证实并彰显权力的巨大威力。

简言之，公权力异化及其支配性是造成社会经济、政治资源向强势群体集中的重要原因，其结果必将扩大差等正义的范围，使一个领域的差等正义向另一个领域扩张。

第五节　差等正义的传递：经济不平等及其渗透性

经济不平等除收入不平等之外，还包括不同收入的人群在健康状况、死亡率、生活水平、营养状况以及社会地位等方面的差异。② 经济不平等影响的不仅仅是经济领域，对其他领域也有深远的影响。正如南茜·弗雷泽所言，"经济不是一个文化自由的区域，而是文化工具化和文化顺从化的区域。因此，名义上的经济问题不仅影响经济地位，而且影响社会参与者的身份和特性。③"为此，政治权利上不被承认不仅意味着政治问题，

---

① 赵晓：《分配公平的关键在于规范权力而不是诅咒市场》，《中国发展观察》2007 年第1 期。

② 贾俊平、谭英平：《社会经济不平等及其测度》，《统计研究》2003 年第 3 期。

③ ［美］南茜·弗雷泽、［德］阿克塞尔·霍耐特：《再分配，还是承认？——一个政治哲学对话》，周穗明译，上海人民出版社 2009 年版，第 49 页。

更意味着经济问题，因为参与平等是民主公共领域的基本要素，而大致的社会经济平等是参与平等的前提。① 这意味着，经济不平等是人们政治不平等的主要制约因素，也会导致差等正义的传递和扩大。

一　经济不平等：内涵及理解

经济权是人在经济活动中享有的平等权利。作为人类生存和发展的基础，社会经济权利决定着人的生命权、发展权、政治权和人格权。正所谓"经济基础决定上层建筑"，经济权对人的生存和发展具有重要作用，是人区别于动物的有目的地进行社会再生产以维系人的生存和发展的需要，是每个人都不应该被剥夺和被歧视的权利。但在日常生活中，经济不平等却常常发生。经济不平等指人们在经济义务和经济权利等方面的不对等。作为一个"关系性"范畴，经济不平等不仅指各经济主体在经济资源分配中享有不平等的份额，而且还指他们在经济活动中享有的自由权是差等的。② 当然，经济平等并不绝对的排斥"区别待遇"。这一点，哈耶克是这样认为的：人人是生而不同的，财富不均才是社会进步的巨大动力。任何人为的财富分配要求，无论是国家干预还是集体控制，这些试图缩小贫富差距的分配方式都会对自由市场造成损害，由此带来的资源分配和财富分配是极为不公正的，也是低效率的。③ 克里斯蒂安·安斯佩格也指出，经济组织内部的性别歧视和等级制度都是社会经济系统的主要特征。没有这种特征，经济系统内在的逻辑基础就会轰然倒塌。④ 南茜·弗雷泽认为，资产阶级公共领域的自由主义模式需要排除经济地位的不平等，这种公共领域是这样一个舞台，其中对话者将出身和财产等差异性特征搁置在一旁进行对话，似乎他们在经济和社会上的地位是平等的。在此，起作用的是"似乎"一词。事实上，对话者之间的社会不平等不是被消灭而只是被排除了（因为参与障碍有形式上的和

① ［美］南茜·弗雷泽：《正义的中断——对〈后社会主义〉状况的批判性反思》，于海青译，上海人民出版社2009年版，第95页。
② 鲁篱、黄亮：《论经济平等权》，《财经科学》2007年第11期。
③ 叶敏：《浅析哈耶克之经济不平等论》，《开放时代》2001年第6期。
④ Cohen G. A., *History, Labour and Freedom*, Oxford: Oxford University Press, 1988, p. 66.

非形式上的）。① 这说明。在资本主义社会，经济不平等是社会不平等根源的特征更为明显。

在中国贫富差距越来越大的情况下，经济不平等会进一步拉大社会的贫富差距，影响实质公平；经济不平等还容易引发贫困的累加，导致贫困的代际和代内传递。更严重的是，经济不平等会制造富裕者和贫困者之间的紧张关系，容易激化社会矛盾，不利于和谐社会的建设。因此，经济不平等是根源性不平等，对社会不平等的影响深入而广泛。在此意义上，经济平等的重要性不言而喻。甚至在一定程度上可以说，经济平等权已经成为整个社会系统的基础性要素。罗伯特·A. 达尔指出，在我们自己的文化中，我们会发现金钱拥有一种诱使芸芸众生顺从于不同目的的魔幻力量。② 如果经济权利平等，政治和文化的平等就容易达成。同时，由于经济权利与个人利益密切相关，是个人参与社会竞争的支柱性力量，因而经济领域的平等也是个体平等的基础，与社会生活息息相关。③

二　经济不平等：权利缺失的根源

有学者指出，经济不平等会引发权利缺失和劳动力市场排斥，而劳动力市场排斥会引发大面积且持久的贫穷，进而加深社会孤立和消费市场排斥，由此形成空间隔离，降低失业者再就业的可能性。④ 这意味着，经济不平等已不再单独地体现在经济权利、经济利益和经济义务上的不平等，而是渗透到政治、文化和社会生活的方方面面。

（一）经济不平等引发政治参与不平等

从应然层面讲，平等的政治、经济和文化权利是每一位公民都应该享有的。但是，在现实生活中，经济不平等常常带来文化领域的排斥和政治生活的缺失，从而使"经济贫困"这一经济不平等的保守含义以"非制

① ［美］南茜·弗雷泽：《正义的中断——对〈后社会主义〉状况的批判性反思》，于海青译，上海人民出版社 2009 年版，第 82 页。

② ［美］罗伯特·A. 达尔：《谁统治：一个美国城市的民主与权力》，范春辉、张宇译，江苏人民出版社 2011 年版，第 250 页。

③ 鲁篱、黄亮：《论经济平等权》，《财经科学》2007 年第 11 期。

④ 张元鹏、李寿荣：《法律身份的经济歧视对社会公平的影响》，《经济导刊》2011 年第 11 期。

度性的社会权利失衡"展现在世人面前。一般认为，经济不平等更多地表现为分配不公，而分配不公对政治参与的影响是显而易见的。一如弗雷泽所指出的："再分配诉求表明，现存的经济安排否认他们对于参与平等的必需的客观条件。"① "参与平等是民主公共领域的基本要素，而大致的社会经济平等是参与平等的前提。"② 这意味着，经济地位的不平等为人们的参与平等设置了障碍，即经济因素对政治领域产生较大的影响。在当代中国，这种影响的突出表现是：一些拥有较多财富的优势地位者利用其地位优势控制政治话语，以维护他们的既得利益或获取更多更大的利益。③ 对于贫困群体而言，他们的人数最多、政治参与的诉求最强烈、参与的功效也最明显，但是，他们借助体制内的渠道表达诉求的机会并不多，在人大代表、政协代表、中国共产党党代表等的正式参与中并不多。为此，他们不得不借助体制外的渠道进行参与，其表现就是游行、静坐、示威事件日益增多，以"聚访、闹访"为特征的越级上访日益频繁，群体性事件也越来越多。在中国，特别是浙江，先富群体的政治参与比例在逐步提高。陈剩勇等人的研究表明，富裕群体在利益表达方面有更多的话语权和优先权，他们通过这些话语权和优先权来影响政府政策，进而获得更多的政治和经济地位优势。例如，2003 年召开的温州市十届人大一次会议上，非公有制经济界人士有 151 名，这一比例占市级全部人大代表的 27.7%。④

在达尔看来，经济不平等是制造政治不平等的罪魁祸首，因为经济不平等可以直接变为不平等的政治资源，而政治资源的不平等积累将会把政治不平等推到巅峰，其结果是权力、影响力和很多特权阶层的权威积累起来，会进一步拉大不平等。⑤ 到后来，没有多少普通公民有能力，当然也

---

① ［美］南茜·弗雷泽、［德］阿克塞尔·霍耐特：《再分配，还是承认？——一个政治哲学对话》，周穗明译，上海人民出版社 2009 年版，第 30 页。

② ［美］南茜·弗雷泽：《正义的中断——对〈后社会主义〉状况的批判性反思》，于海青译，上海人民出版社 2009 年版，第 95 页。

③ 朱光磊：《中国的贫富差距及政府控制》，生活·读书·新知三联书店 2001 年版，第 288—289 页。

④ 陈剩勇、林龙：《权力失衡与利益协调》，《青年研究》2005 年第 2 期。

⑤ ［美］罗伯特·A. 达尔：《论政治平等》，谢岳译，上海世纪出版集团 2010 年版，译者序第 6 页。

许不愿意去克服这种不平等的力量，因为政治斗争的成本会变得很高，很少有公民愿意牺牲自己的时间、金钱和其他资源而采取行动。久而久之，经济的不平等分配就会演化为政治资源的过度集中与政治行为的过度极权，而这些就如资本主义与民主的内在张力一样是难以克服的。① 由是观之，经济不平等会引发政治不平等，由此带来的政治权利缺失在中国已经非常明显。正所谓"要求经济再分配的主张往往建立在人的平等的道德价值基础之上，因而，经济的再分配是一种对人的平等身份权的承认。②"

（二）经济不平等会引发教育不平等

教育平等包括起点平等、过程平等和结果平等。虽然教育平等的影响因素很多，但经济发展程度无疑是最显著的影响因素。经济发展水平对教育的影响主要表现在以下三个方面：第一，发达地区教育水平普遍较高，教育资源也比较多，这已在第四章第三节详述过。第二，高等教育领域的收费制度使贫困地区的学生因交不起学费而无法踏入大学校门。第三，贫困群体的子女不仅受教育的机会有限，享有优质教育资源的机会更是屈指可数，而富裕群体的子女在这两个方面都享有较多的优先权。这在基础教育中表现得尤为明显：一方面，由于经济贫困，农村寄宿制学校的师资和基础设施建设都得不到有效保障。关于这个问题，谢治菊的调查③可以证实。2011 年 4—7 月，谢治菊对贵州省极贫地区——雷公山、月亮山贫困地区农村寄宿制学校建设情况进行了调查。调查显示，贫困地区农村寄宿制学校不仅师资严重不足，例如，在调查的 12 所学校中，有心理健康辅导老师和生活指导老师的学校分别只有 31.2% 和 49.5%，尚不足三分之一和二分之一。更让人忧心的是，这些学校的心理和生活指导老师没有一个是专职的，均是上课老师兼职的。当问及老师的确切身份时，仅有

① ［美］罗伯特·A. 达尔：《论政治平等》，谢岳译，上海世纪出版集团 2010 年版，译者序第 6 页。

② ［美］南茜·弗雷泽：《正义的中断——对〈后社会主义〉状况的批判性反思》，于海青译，上海人民出版社 2009 年版，第 18 页。

③ 该调查是 2011 年 4 月—7 月对贵州黔东南州"两山"腹地的 X 县、Y 县和 Z 县农村寄宿制中小学建设情况进行的大规模的实证调查。调查共涉及 12 所学校。其中，小学 7 所，中学 5 所。调查共发放问卷 500 份，回收有效问卷 447 份（教师问卷 53 份，学生问卷 394 份），问卷回收率为 89.6%。

13.5%的老师表示他们是一般老师，没有兼任其他任何职务，但分别有40.4%、23.1%和5.7%的老师表示，他们又同时兼任班主任、管理员和心理辅导员等其他职务。此次调查显示，这种兼职老师的总比例是非兼职老师的5.1倍。而且，这些地区学校的硬件建设也极为缺乏。数据显示，有64.1%的同学表示他们所在学校没有澡堂，63.2%的学生表示宿舍没有卫生间，90.6%的同学表示没有图书室，68.3%的同学表示没有专门的体育场地。不仅如此，即使有学生宿舍，宿舍的空间也极为狭小，数量严重不足，且条件差。在雷山县某小学调研时谢治菊也发现，由于宿舍少，普遍存在两位同学共用一张0.8米宽的床的情况，或上下两铺床共睡四个甚至六个学生的情况。① 另一方面，由于父母的经济能力有限，流动儿童在城市中应享有的教育权也受到极大的限制。例如，冯帮的研究发现，经济不平等对流动儿童的教育起点、教育过程、教育结果都会产生影响，会使这些农民工的孩子在面临高昂的学费、原户籍限制和文化素质障碍时失去更多的优质教育资源机会。② 虽然近年来各级政府出台了一系列促进农民工子女上学的政策，这些政策的实施也确实降低了流动儿童的入学门槛，但流动儿童在城市中受到的教育歧视仍然大面积存在。朱玲对四川九寨沟和松潘县的调查发现，贫困户的财力不足以支撑其子女的初中或高中学业，因而他们的子女小学或初中毕业后就进入劳动力市场，进而延续了家庭的贫困。然而，一些贫困家庭也在挣扎，他们正奋力托举自己的孩子翻越贫困这道门槛，试图借助知识改变整个家庭的命运。富裕群体则把子女送进了特级教育轨道，亦希望借此手段提升个人和家庭的社会地位。③ 诸多研究表明，受教育程度与贫困家庭的可持续发展或改变贫困家庭的生活现状有密切关系，因为受教育程度是贫困家庭平等进入劳动力市场的决定因素，因而，贫困人口的教育缺失与经济贫困会形成一种恶性循环，即越贫困教育水平越低、教育水平越低经济越贫困。为此，经济学家托达罗曾一针见血地指出："如果

---

① 谢治菊主持的21世纪教育研究院的课题《贵州黔东南"两山"贫困民族地区农村寄宿制中小学情况调查研究》的结题研究报告。

② 冯帮：《经济排斥与流动儿童的教育公平》，《教育与经济》2011年第1期。

③ 朱玲：《基础教育不平等背后的社会经济不平等》，《阴山学刊》2005年第2期。

财富和劳动力是在非常不平等的情况下分配的，那么平等的教育机会就没有任何实际意义。"①

（三）经济不平等容易诱发各种歧视

经济不平等会引发社会歧视和人格歧视。社会歧视现象由来已久，常常在法律和社会政策的字里行间呈现，当然也会在宗教的主题中发现②。歧视是指"相同的人（事）被不平等地对待或者不同的人（事）受到同等的对待"③。在当代中国，受到社会歧视的群体主要包括农民、妇女、少数民族、残疾人、欠发达地区民众等亚文化群体，这些群体在劳动就业、政治参与、社会保障、高考招生、权益维护、利益表达等方面都处于劣势地位，而导致他们劣势的根源是他们在经济生活中遭遇的不平等。因为经济不平等会在增加一部分社会成员机会的同时剥夺另一部分社会成员的机会，导致社会分化为强势与弱势群体两大泾渭分明的阶层。这容易引起不平等群体的"逆反、仇恨、报复"等心理，制造社会矛盾，引发社会不公正，不利于和谐社会的建设。

不仅如此，经济不平等还会引发人格歧视。所谓人格歧视，是指强势群体侮辱、蔑视他人人格尊严的行为。④ 人格平等是社会平等的前提和基础。就应然状态而言，任何人，无论残疾还是健康、贫穷还是富裕都应该享有平等的尊严，应被平等的尊重。每个人也不分年龄、民族、种族、性别、宗教信仰，人们的人格都是平等的，有独立的思想、意识和行为，有独立承担责任的勇气，是一个独立的个人。然而，由于经济地位不平等，一些经济劣势者的人格往往容易受到优势者的践踏。或者一些经济劣势者会攀附经济优势者，做"攀援的凌霄花"，希望借助强势群体这棵高枝炫耀自己，使其人格成为经济优势者的附庸。站在这个角度，经济歧视是人格歧视的根源，人格歧视是经济歧视的外在表现。

---

① 范先佐：《筹资兴教——教育投资体制改革的理论与实践问题》，华中师范大学出版社1999年版，第108页。

② 庄孔韶：《认识社会歧视的思想与行为》，《思想战线》2005年第5期。

③ ［美］安塞尔·M. 夏普、［美］查尔斯·A. 累吉斯特、［美］保罗·W. 格兰姆斯：《社会问题经济学》，郭庆旺等译，中国人民大学出版社2000年版，第150页。

④ 刘心稳、元培冰：《"人格歧视"离我们有多远》，《人民法院报》2002年5月21日第3版。

三 经济不平等及其渗透性：加速差等正义的传递

经济不平等违反了中国的法律规定。我国《宪法》第 48 条和 1999 年修正案的第 16 条都有关于经济平等权的规定。同时，中国经济法律部门中的《反不正当竞争法》《价格法》《消费者权益保护法》和《劳动法》等都是落实经济平等权的几部主要单行法律。① 但是，尽管如此，一个不争的事实是，中国现有的经济不平等在很大程度上存在，且有进一步扩大的趋势，主要表现就是富人的政治资产颇多。关于富人的政治资产有哪些，达尔是这样描述的：第一，富人拥有两种具有一定价值的政治资源——金钱与社会地位；第二，在所有与商业事务有关的方面，富人的观点在民众中有较强的影响力，这种影响力会对政府决策产生很大的影响；第三，富人在城市里的金融利害关系为他们参与其利益直接相关的市政决策提供强大而稳定的刺激源；第四，富人通过俱乐部、商业事业和服务组织的交流比社区中的其他人都更多一些；第五，在地方层面，富人们并没有持续稳固的、组织化了的公众批评者；第六，以报纸为主的地方媒体往往由经济和社会中的一个主要家族所拥有，他们会对富人的权利和特权进行捍卫。② 经济不平等会强化差等正义的第一个表现是经济不平等使穷人与富人之间政治资源、社会资源的巨大差距成为可能。

正因为穷人与富人之间的政治资源、社会资源存在巨大差距，整个社会就会出现明显的社会分化和阶层分化。所谓阶层化是指这样一种社会：其基本的制度性框架在统治和从属的结构性关系中产生不平等的群体。③由于长期处在收入低、受教育机会少、居住条件差的社会环境中，贫困阶层常常被区别对待，难以融入社会主流文化之中，极易形成刘易斯所说的"贫困文化"。所谓"贫困文化"是指由于被区隔在一定的地域范围之内，穷人的身份地位得不到合理的承认，从而形成一种与主流文化脱节的贫困亚文化。贫困亚文化最大的危害在于这种文化具有代际传递的趋势和自我

① 鲁篱、黄亮：《论经济平等权》，《财经科学》2007 年第 11 期。

② ［美］罗伯特·A. 达尔：《谁统治：一个美国城市的民主与权力》，范春辉、张宇译，江苏人民出版社 2011 年版，第 84—86 页。

③ ［美］南茜·弗雷泽：《正义的中断——对〈后社会主义〉状况的批判性反思》，于海青译，上海人民出版社 2009 年版，第 86 页。

增强的机制。在此背景下，即使穷人拥有平等发展的能力，获得了平等发展的机会，贫困亚文化也会制约其发展而阻碍其适应新的生存环境。这意味着，经济不平等会强化差等正义的第二个表现是经济不平等容易使穷人形成贫困文化，进而产生更深层次的差等正义。

综上所述，经济不平等是社会不平等的根源。对于社会转型期的中国而言，这一根源尤为突出。在中国社会的转型期，物品的社会意义被不断地解构和重构，计划经济体制下原先由政府供给的物品如住房、医疗、教育等，如今正在逐渐地市场化。而在市场化的过程中，金钱和权力就发挥了通天的本领，对市场领域、公共领域、家庭生活领域和私人领域进行了极大的支配和干扰，在这个社会，"有钱能使鬼推磨"，钱权交易、钱学（学术）交易的情况时有发生。经济领域的不平等会引发政治、文化和教育领域的更大不平等，而这些不平等又会反过来制约经济不平等，形成不平等的累加和传递。可见，经济不平等会加速差等正义的纵向和横向传递。纵向传递是指差等正义的代际传递，横向传递指一个领域的差等正义向另一个领域的传递。而不管是横向还是纵向传递，都会加速差等正义的累加与扩散。

第 六 章

差等正义类型考察及批判

泰戈尔在《戈拉》中指出，种姓制度使人对人如此蔑视和侮辱怎能叫人不谴责它呢？要是这还不算罪大恶极，我真不知道什么是罪大恶极了。那些嫉妒鄙视自己同胞的人绝不能变为伟大，他们注定了也会受到别人的轻蔑。尽管从哲理上讲平等，但还是看见低种姓的人连神殿也进不去。如果在神的殿堂里都不讲平等，哲学中有没有平等概念又有什么关系呢？这意味着，虽然与古代社会相比，现代社会的等级制度已在很大程度上得到缓解，但以印度种姓制度为代表的社会等级制度依然存在，这种等级制度是孕育差等正义的土壤，由此引发的男女不平等、种族不平等在西方国家比比皆是，当代中国也毫不例外。为此，本章拟结合当代中国的现实情况，对公共管理视域中的差等正义进行类型化分析。

第一节　政治失语型差等正义:代表权不足

政治失语有两种类型：一种类型是指因参与缺乏和代表权不足而在政治领域丧失了话语权；另一种类型是尽管有参与权和代表权，但为了个人利益、集团利益或政府利益，一些人有话语权却不表达或错误表达，呈现出个人失语或集体失语的状态。本书指称的政治失语主要指第一种类型，即弱势群体的政治话语权丧失。参与缺失是弱势群体政治失语的主要表现，这里的参与主要指政治参与。政治参与是政治领域研究最多、最重要的主题之一，学界的研究成果不胜枚举，这些研究凸显出政治参与的重要性。政治参与有广义与狭义之分。广义的政治参与除投票、选举活动之外，还包括政治辩论、政治表达、政治讨论等。狭义的政治参与主要指参与投票、选举等政治活动。本书倾向于从狭义的角度考察民众的政治参与，因为：一方面，投票和选举是制度化程度最高、参与人数最多、最为集中的形式。另一方面，与其他参与类型相比，投票和选举参与所需的技巧和专业知识更少，更容易表达民众的真实心态和现实诉求。为此，本节将对农民、妇女和少数民族等弱势群体在投票选举、参政议政过程中被差等对待的事实进行分析和诠释。

一　政治失语：差等正义的政治维度

平等参与是拥有话语权的前提和基础，话语权是人们表达意愿的资格与权利，也是人们表达诉求、影响政府决策的主要手段之一。前述指出，本书所指涉的政治失语意味着政治话语权的丧失，而丧失的主要原因在于缺乏平等的参与。这与弗雷泽的观点"人们获得话语权的主要方式是平等参与"是一致的。但是，弗雷泽指出，假如政治话语是作为参与平等而存在的话，这就意味着现实生活中存在明显的政治话语障碍，这种障碍起源于一种与阶级结构或身份秩序相对立的社会政治结构。那么，获得政治话语权的障碍有哪些呢？达尔指出，平等的政治话语权是应当争取的理想目标，是在理想目标支持下行动的一种道德义务。然而，获得平等政治话语权的障碍也很大，以至于总是与完全获得的目标之间保持相当的距离。[①] 这些障碍包括：政治资源、技能与动机的分配，不可复归的时间限度，政治制度的规模，市场经济的盛行，国际体系的存在以及严重危机的必然性。[②]

政治资源是一个人能够用来影响其他人行为的一种手段。政治资源包括金钱、信息、实践、理解、食品、武力威胁、工作、友谊、社会地位、有效的权利、投票和很多其他的东西。[③] 在这些东西中，只有少数如投票权会被平等的分配，其余的大多数都集中在特权阶层的手中。然而，即使代表权和选举权被平等的分配了，公民们投票的能力也是不平等的。这表

---

① ［美］罗伯特·A. 达尔：《论政治平等》，谢岳译，上海世纪出版集团2010年版，第31页。

② 同上书，第34页。

③ 同上书，第35页。

明，即使政治资源被平等地分配了，公民们有效使用政治资源的能力——政治知识与政治技能——也被不平等的分配。一般而言，底层群体的政治知识较少，对政治问题和候选人的知识尤其缺乏。至于政治技能，普通民众远远及不上政治家。为此，亚里士多德（麦金泰尔也有类似的观点）指出，只有具有美德并践行美德的人才是正义之人，这样的人才有资格参与政治生活。而规模难题对政治不平等的影响表现在：规模越大，公民直接做决定的可能性越小；代表规模不能随着选民规模的增加而无限度地增加，代表数量只能控制在一定的限度内，选民越多，代表的代表性越弱。[①] 同时，市场经济会引发资源分配的不平等，这些不平等直接表现为工资收入的不平等，进而影响到信息、地位、教育等其他方面的不平等，这些不平等将迅速地转化为政治资源，它们能够被用来获得影响、权威和权力。也就是说，市场经济通过在公民中制造大量的不平等会不可避免地、经常地对某些公民产生严重伤害，这些不平等和伤害也培育了公民的政治不平等。[②] 至于国际组织，它们会用条约或国际协定对做决定的政治家与官僚精英进行限制，这也会对政治平等产生影响。此外，由于每个政治制度都会面临国际与国内的危机，如战争、自然灾害、饥荒、失业、经济萧条和通货膨胀或恐怖主义，平等政治话语权的阻碍因素又多增加一个。既然平等政治话语权的障碍如此之多，政治平等就更难实现，进而阻碍参与平等，导致参与缺失。这有两大原因：一方面，制度对参与平等形成阻碍，导致参与缺失。根据平等道德价值原则的最根本的民主解释，正义需要一些社会安排，这些社会安排能够允许所有的人以平等的身份参与到公共生活中去，而克服不公正意味着分解阻止一些人以与其他人平等身份参与活动的制度化障碍。[③] 另一方面，参与缺失是弱者对社会不平等的无声抵抗。然而，一个值得注意的事实是：与弱者对于不平等的抵抗付出的高成本相比，强者对不平等的维护所付出的代价也是旗鼓相当的。其原因在于劣势者越认为优势者的特权是不公平的，他们的反抗就越强。在此

---

① ［美］罗伯特·A. 达尔：《论政治平等》，谢岳译，上海世纪出版集团 2010 年版，译者序第 7 页。

② 同上书，第 44 页。

③ ［美］南茜·弗雷泽：《正义的尺度——全球化世界中政治空间的再认识》，欧阳英译，上海人民出版社 2009 年版，第 16 页。

背景下，要维持劣势者对不正义制度的忠诚，优势者付出的代价就比较高，因为他们说服、引导、强迫或威胁劣势者都要花费一定的资源。尤其是，当优势者之间相互竞争、猜忌、敌对甚至冲突的时候，劣势者更会采取尽可能多的方式如不忠诚、抗税、破坏财产、不服从命令、磨洋工、怠工等进行反抗。让弱势群体通过平等参与拥有话语权是提高政治效能、降低政治成本的有效手段。站在这个角度，政治失语是差等正义在政治领域的典型表现。

二　政治表达贫瘠：农民代表权缺失

原户籍制度对人的身份进行区隔，直接把中国的人口分为"农业人口和非农业人口"两类身份差异悬殊的阶层。正是由于这种划分，中国农民的很多权利如教育权、社会保障权、选举权等都没有享受到同等的国民待遇，以致农民的政治代表权严重缺失，享有的政治权利极不平等。

在中国，农民政治权利不平等主要表现为选举权不平等。选举是农民制度化程度最高、人数最多且最为集中的参与形式。然而，尽管宪法明确规定中国公民在选举权与被选举权方面是平等的，但与城市居民相比，农民的选举权还是呈现出极大的不平等。很长一段时间，全国人大中的农民代表都是按照"农村每一代表所代表的人口4倍甚至8倍于城市每一代表所代表的人口数"① 的原则分配的，这意味着在相当长的时间内，城市人口的选举权是农村人口的4倍或8倍。即如果10个城市居民中有1个人大代表，那么，40个或80个农民才有1个人大代表，这种以原户籍为基础来划分公民选举权的行为是典型的歧视，不利于和谐社会的构建。当然，将城乡居民选举权按平均主义的原则分配也是不合理的。因为受文化水平、工作性质、信息接受能力等因素的影响，农民的选举意识、选举能力、选举水平、选举技巧与城市居民确有一定的差距，但这种差距在逐渐缩小，而且这种差距存在较强的地域性，因而以4∶1或8∶1的比例来强

---

① 1953年版的《选举法》对农村与城市每一代表所代表的人口数作了不同规定，即自治州、县为4∶1；省、自治区为5∶1；全国为8∶1。这个比例一直延续到1995年，新《选举法》才统一把各级人民代表选举中的农村与城市每一代表所代表的人数改为4∶1。

制分配城市居民与农民的普选权是不合理的。

让人欣慰的是，2010 年新《选举法》做出"城乡按照相同人口比例选举人大代表"的规定，人们期盼已久的"城乡同票同权"得以实现。这是改革开放后首次将农民的选举权与城市居民等同起来，意味着选举权的城乡二元格局被打破。但从各类报刊、网络、杂志查询到的数据来看，政府对十二届全国人大农民代表的实际人数和实际比例一直含糊其辞。例如，第十二届全国人大发言人傅莹在回答本届人大代表结构变化时说："与上一届人大代表相比，来自一线的工人、农民代表增加了 155 人，提高了差不多 5 个百分点，农民工代表有 31 位。"① 从这句话可知，傅莹只是提出新一届人大代表中工农代表的比例有所增加，但具体到农民代表，增加了多少？增加后是多少？是否真的实现了"城乡同票同权"？这些问题还不得而知。而从历史来看，农民代表的实际名额与应得名额之间的差距依然很大。如表 6—1 所示，第六届到第十届全国人大农民代表的实选数量与应选数量悬殊均很大，二者的比例从 27.4% 到 52.1% 不等。以第十届农民代表为例，《2003 年中国统计年鉴》显示，2002 年年末，全国总人口为 128453 万人，乡村人口为 78241 万人，乡村人口占总人口的比例为 60.9%②，但实选农民代表数在代表总数中的比例却仅为 8.4%。换一个角度，如果按农村每 96 万人选 1 名代表的规定，当年全国农村应选出全国人大代表 815 名，可实际上只有 251 名，实选占应选的比例为 30.8%，还不到三分之一。

表 6—1　第六届到第十届全国人大代表中应选和实选农民代表对比　　单位：人

届别	时间（年）	代表总数	应选农民代表数	实选农民代表数	实选占应选的比例	备注
第六届	1983	2978	668	348	52.1%	每 120 万农村人口选举 1 名全国人大代表
第七届	1988	2970	680	312	45.9%	
第八届	1993	2978	708	280	39.6%	

---

① 《工农代表增加 155 人》，《农民日报》2013 年 3 月 5 日第 01 版。

② 《2013 年中国统计年鉴》。

续表

届别	时间 （年）	代表总数	应选农民 代表数	实选农民 代表数	实选占应选 的比例	备注
第九届	1998	2981	876	240	27.4%	每96万农村人口 选举 1 名全国人 大代表
第十届	2003	2985	815	251	30.8%	

资料来源：潇潇流云博客：《农民代表在全国人大代表和地方各级人大代表占的份额太少》，http：//blog. 163. com/mqt9716@126/blog/static/29368104200921094118290/，2009 - 3 - 10。

也就是说，从历届全国人大代表的身份构成来看，农民代表的比例一直是极低的。由于统计口径不同，不同学者提供了不同的数据。例如，周其明指出，第六届到第十届全国人大代表的农民比例分别为11.7%、10.5%、9.4%、8.1%与8.4%。[①] 史卫民、郭巍青、刘智的数据表明，第九届、第十届、第十一届全国人大代表的农民比例仅为4.63%、3.76%和5.93%。[②] 不管哪种数据，与中国乡村人口占总人口70%左右的比例都相去甚远。这一点，表6—2的数据可以进一步证实。

表6—2　　　　　2007—2008年省级人大代表中的农民比例

省级单位 名称	农民实选 代表数（人）	农民实际 代表比例（%）	当年乡村人口 比例（%）[③]	实际比例/ 人口比例（%）
北京	21	2.73	15.5	17.6
内蒙古	102	19.4	49.85	38.9
黑龙江	27	4.75	46.1	10.3
上海	13	1.51	11.3	13.4
江苏	46	5.74	46.8	12.3
安徽	90	12.33	61.3	20.1
福建	74	13.38	51.3	26.1
湖南	114	14.94	59.55	25.1

① 周其明：《农民平等权的法律保障问题研究》，《法商研究》2002年第2期。

② 史卫民、郭巍青、刘智：《中国选举进展报告》，中国社会科学出版社2009年版，第410—411页。

③ 《2008年中国统计年鉴》第3章3—4部分。

续表

省级单位 名称	农民实选 代表数（人）	农民实际 代表比例（%）	当年乡村人口 比例（%）①	实际比例/ 人口比例（%）
贵州	80	13.27	71.76	18.5
西藏	52	11.69	71.7	16.3
甘肃	69	13.56	68.41	19.8
宁夏	14	3.33	55.98	6.0

资料来源：史卫民、郭巍青、刘智：《中国选举进展报告》，中国社会科学出版社 2009 年版，第 410—411 页。

表 6—2 统计的是 2007—2008 年部分省级人大代表中的农民比例。从绝对数来看，上海、北京和宁夏的农民实际代表比例最低，分别为 1.51%、2.73% 和 3.33%，而这三个省当年乡村人口占总人口的比例却分别为 11.3%、15.5% 和 55.98%，两组数据相差悬殊。从相对数来看，引入"乡村人口比例"这一变量后，农民实际比例最低的却是宁夏、黑龙江和江苏三个省，因为这三个省农民实际比例与人口比例的比值分别为 6.0%、10.3% 和 12.3%（详见表 6—2）。可见，无论从绝对数还是相对数来看，人大代表中的农民比例都是极低的，这与《宪法》规定的"人人享有平等的参与权"是格格不入的。不仅如此，历届政协会议中的农民比例也微乎其微，往往千余人中仅有 1—2 人。更滑稽的是，第十届政协会议中农业界别内的委员没有一个是真正的农民，这是一个令人尴尬的事实。

此外，农民代表权不足的问题在地方选举中也较为明显，自 1983 年以来，虽然县乡一级的农民代表比例是稳中有升，但省、市人大代表中农民代表的比例却一直在原地徘徊，均未超过 20%，省人大代表中的农民比例甚至还有稍微下降的趋势，这与中国农村人口占全国总人口的比例相差太大（详见表 6—3）。

---

① 《2008 年中国统计年鉴》第 3 章 3—4 部分。

表6—3		1983—1999 年各级人大代表中的农民比例			单位：%
年份	全国	省	市	县	乡
1977—1981	20.59	20.19	—	49.26	53.2
1983—1987	11.69	13.3	—	61.67	65.36
1988—1990	—	11.97	17.73	41.16	72.65
1993	9.4	11.89	17.29	40.87	70.93
1996—1999	8.06	10.47	17.76	37.28	71.5

资料来源：刘智、史卫民、周晓东等：《数据选举：人大代表选举统计研究》，中国社会科学出版社 2001 年版，第 348、350、355、360、366 页（每一横排对应一页）。

　　由于参与不足，农民在政府决策中的代表权严重不足，力量相当薄弱。既然农民在政府决策中没有足够的代表权，那么农民表达自身合法权益的途径和手段就相对贫瘠，这就会扩大城乡差距，造成社会分裂，形成社会危机，激化社会矛盾。农民选举权的缺失使他们在体制内的影响力越来越小，表达利益的渠道也越来越窄。受此影响，一旦遇到他们认为不公平、不公正的事，就会通过非制度化参与的途径来发泄，致使"缠访""闹访""聚访""越级上访"等非制度化行为增多。这一点，贵州 L 县 Z 村村民尹某就是一个典型的例子。为了让自己的违章建筑在修高速公路时得到不合理的赔偿，夫妻 2 人曾 5 次直接越级到北京上访。为了解决此问题，该乡曾 5 次派工作人员将其从北京接回，前后产生费用共计 34 万元。由于非制度化参与的农民一般带有强烈的愤怒与怨恨情绪，因此，对农村社会的稳定、乡镇工作人员的工作秩序以及行政成本都会产生严重的负面影响。[①]

　　概言之，农民也是中华人民共和国公民，理应享有平等的权利，虽然理论上"同票同权"，但实际上将数十个农民的代表权折抵一个城市居民的做法，造成农民在政治代表权方面的缺失，这种缺失使农民在政治领域的话语权越来越微弱，进而对其利益表达和权利维护产生阻碍，这是典型的差等正义。

---

　　① 谢治菊：《村民非制度化政治参与的现实审视与路径优化——基于西部民族地区的实证研究》，《云南行政学院学报》2011 年第 3 期。

三 政治话语微弱：女性参与权旁落

妇女参政是指妇女作为正式的群体参与政治生活、行使政治权利、表达政治诉求、管理社会公共事务的过程。[1] 妇女参政包括两方面的参与：一是民主参与，即妇女行使法律所赋予的公民民主权利，包括选举权和被选举权，对各级领导班子进行民主监督，以及通过言论、出版、结社发表自己政治见解的权利。二是权力参与，即妇女进入国家各级政权领域，直接参与国家政治、经济、文化等各项事务的决策与管理，直接担任各级各类领导职务，直接管理国家和社会事务的过程[2]。也有学者把妇女参政分为知政、议政、参政和从政四个方面[3]。但不管怎么划分，女性参与选举和被选举的基本层面和参与国家权力运作的实质层面都是衡量女性参政的主要指标。

中国女性参与权旁落的首要表现是女性在高层参政席位的缺失。这里的高层参政主要指妇女参加全国人大、政协委员、政治局常委等决策机构的情况，以及妇女参与国务院各部门的决策情况和在各部门任要职的情况。改革开放以来，中国女性在全国人大代表及常委，全国政协委员及常委中所占的比例始终徘徊在 20% 左右。[4] 如表 6—4 所示，第五届到第十二届全国人大代表中的女性比例分别为 21.2%、21.2%、21.3%、21.0%、21.8%、20.2%、21.3% 和 23.4%，全国人大女常委的比例分别为 21%、9%、11.9%、12.3%、12.7%、13.2%、16.2% 和 15.5%。也就是说，虽然女性代表和女常委的比例是稳中有升，但女代表的比例始终在 20% 左右徘徊，女委员的比例却始终在 13% 左右浮动，女性的比例是男性的四分之一到五分之一，这与社会赋予女性"半边天"的称号相去甚远。与此相似的还有全国政协女委员的比例，始终在 12%—18% 左右徘徊。政协女常委的比例更低，约为 10% 左右，不及男性的十分之一

---

① 周敏：《中国参政、就业政策中的性别平等问题研究》，博士学位论文，吉林大学，2011年，第 75 页。

② 唐娅辉：《中国女性参政模式的时代追问》，《妇女研究论丛》2011 年第 9 期。

③ 丁娟：《男女平等基本国策研究》，中国妇女出版社 2005 年版，第 121 页。

④ 甄砚：《早日实现在各级决策层有 30% 女性的目标》，2010 年 3 月 10 日，搜狐新闻（http：//news.sohu.com/20100310/n270710989.shtml）。

（详见表6—4）。

表6—4　　改革开放后历届全国人大代表及政协委员中的女性比例

届别及召开年份	人大代表				政协委员			
	女代表		女常委		女委员		女常委	
	人数	百分比	人数	百分比	人数	百分比	人数	百分比
第五届（1978年）	742	21.2	33	21	289	14.5	24	7.6
第六届（1983年）	632	21.2	14	9	258	12.5	33	11
第七届（1988年）	634	21.3	16	11.9	288	13.8	28	10
第八届（1993年）	626	21.0	19	12.3	283	13.5	29	9.2
第九届（1998年）	650	21.8	17	12.7	341	15.5	29	9.0
第十届（2003年）	604	20.2	21	13.2	373	16.7	35	11.7
第十一届（2008年）	637	21.3	26	16.2	396	17.7	—	—
第十二届（2013年）	699	23.4	25	15.5	400	17.9	—	—

资料来源：中华全国妇女联合会编著的《中国妇女儿童状况：事实与数据》（2003年），以及由新华网、新浪网上的相关数据整理而成。

　　不仅如此，虽然女中国共产党党员、女中国共产党党代表的比例在逐年稳步增长。例如，2000年、2002年、2004年、2006年、2007年女中国共产党党员的比例分别为17.4%、17.8%、18.6% 19.7%和20.4%。与此同时，中共十五大（1997）、十六大（2002）、十七大（2007）、十八大（2012）中国共产党党代表中女代表的比例分别为16.8%、18.1%、20.1%、23%，上升趋势也比较明显[①]。但是，中央委员和中纪委委员的女性比例与男性的差距却逐渐拉大。中央政治局常委、中央委员、中央候补委员和中纪委委员中的女性比例远远低于中国共产党党代表的女性比例。其中，中央政治局委员和中央委员的比例最低，低于10%，常年在5%左右徘徊；中央候补委员和中纪委委员的比例稍高，但也从未超过15%（详见表6—5）。

　　之所以出现高层参政中的女性比例严重失调的情况，其最主要的原因

---

　　① 蒋永萍：《世纪之交中国性别平等与妇女发展状况》，中国妇女出版社2008年版，第66页。

是女干部任正职的人数过少，而中央委员的基本要求是各大单位的正职负责人。也就是说，在中国最重要的决策机构中，女性的比例非常低。这再次证明，从纵向的历史来看，中国女性高层参政的增速十分缓慢，在有些岗位上甚至还处于下降的趋势；而从横向来看，国外的女性高层参政比例在飞速前进，以致中国妇女的参政情况在国际上的地位日益下滑，已从20世纪90年代初的中上水平滑至现在的中下水平。

表6—5　　　　　改革开放后中国共产党历次代表大会的女性比例　　　　（%）

届别及召开年份	中国共产党党代表	中央政治局委员	中央委员	中央候补委员	中纪委委员
十二大（1982）	—	4	5.2	9.4	9.1
十三大（1987）	—	0	5.7	10.9	11.6
十四大（1992）	—	0	6.3	9.2	8.3
十五大（1997）	16.8	0	4.1	11.2	12.1
十六大（2002）	18.1	4.2	2.5	13.9	11.6
十七大（2007）	20.1	4	6.4	14.4	13.9
十八大（2012）	23	8	3.4	13.5	9.2

资料来源：根据"中国共产党历次全国代表大会数据库"中的数据整理而成，http://cpc.people.com.cn/GB/64162/64168/106155/106156/6439183.html。

　　女性参与权旁落的第二个表现是女性的参政结构失调。唐娅辉指出，中国女性参政、议政的结构方面也存在很多问题，例如，边缘部门多，主干线少；副职多，正职少；虚职多，实职少等"三多三少"现象，以及"权力尖端缺损"[1]现象，这些现象使得目前中国女性参政的状况不容乐观。这意味着，妇女在参政结构中处于边缘状态，处于核心权力的外围，其表现是：一方面，女性干部任副职的居多。近年来，中国女性领导干部的队伍不断壮大，但增长速度缓慢。根据国家统计局的统计，省部级及以上干部中，女性所占的比例由2000年的8%上升到了2006的10.4%，上升2.4%；地厅级干部中，女干部的比例则由10.8%上升到13.3%，增幅

①　唐娅辉：《中国女性参政模式的时代追问》，《妇女研究论丛》2011年第5期。

为 2.5%；县处级干部中，女领导的比例则升至 17.5%，增幅也为 2.4%（详见表6—6）①。由此得出两个结论：一是女领导在地方政府中的比例在逐年增加，但增幅却极为缓慢，远远落后于男性；二是越到上层政府，女性干部的比例尤其是正职女干部的比例越低。2003 年，在省部级、地厅级和县处级三级领导干部中，女性任正职的比例分别为 0.2%、1.7% 和 4.6%；而 2006 年，这组数据虽然分别上升为 1.0%、2.0% 和 5.1%②，但是，上升后的比例仍然很低。这在中央层面尤为明显。2000 年，国家领导人中有 4 位副部长是女性；2003 年，吴仪兼任卫生部部长时，女性才在国内高层决策层崭露头角。另一方面，即使女性担任领导职位，也主要是被安排在科教文卫等领域。也就是说，即使女性参政，也是远离决策和核心层面的，这是实现女性平等参政的隐形障碍，会直接导致女性在决策层的话语权缺失，进而产生政治情感疏离。

表 6—6　　　　　2000—2006 年地方政府女性领导干部情况　　　　（%）

年份	女干部比例			女正职干部比例		
	省部级及以上	地厅级	县处级	省部级及以上	地厅级	县处级
2000	8	10.8	15.1	—	—	—
2001	8.1	11	15.5	—	—	—
2002	8.3	11.7	16.1	—	—	—
2003	9	12.5	16.7	0.2	1.7	4.6
2004	9.9	12.6	16.9	—	—	—
2005	10.3	12.9	17.2	—	—	—
2006	10.4	13.3	17.5	1.0	2.0	5.1

　　资料来源：根据网上资料《中国妇女参政》和沈奕斐专著《中国特定政策领域中的性别主流化》第35页的数据整理而成。

　　女性参与权旁落的第三个表现是女性在基层组织中的参与比例失

① 《中国妇女参政》，2010 年 2 月 24 日，中国网（http://www.china.com.cn/）。
② 同上。

调。近年来，随着民主化、法治化进程的加快，妇女参与社区居委会和村委会等基层政权的比例在逐步提高。其中，居委会的女性参与比例一直在 60% 左右徘徊，大多数时候是过半的。村委会中的女性参政比例呈稳步上升趋势。例如，2003 年，全国村民委员会成员中，女性比例为 16.1%，2005 年为 25.5%，2006 年达到了 23.2%，比 2003 年提高了 7.1 个百分点（详见表 6—7）。尽管如此，在女性比例较低的村委会中，绝大多数女性的职位都是妇女主任、会计等边缘性岗位，村主任、村支书等关键性岗位的女性比例尤为低下。这一点，谢治菊在 2011—2012 年贵州民族大学举办的 10 余期村主任培训班上所做的调查结论可以印证。

表 6—7　　　　2000—2006 年居委会、村委会中的女性比例　　　　（%）

年份	居委会女性比例	村委会女性比例
2000	59.1	15.7
2001	58.7	15.5
2002	60.5	16.1
2003	58	16.1
2004	—	—
2005	58.7	25.5
2006	48.2	23.2

资料来源：根据新浪网资料《中国妇女参政》中的相关数据整理而成。

作为授课教师，谢治菊参加了 3 期培训班，分别是 2011 年 11 月毕节市威宁县村主任培训班、2012 年 4 月与 6 月贵阳市花溪区村主任培训班。三次调查共回收有效问卷 213 份。数据显示，在 200 位明确填写身份的村支书和村主任中，女性仅有 9 位（村支书 6 位，村主任 3 位），比例为 4.5%（详见表 6—8）。虽然此次调查没有完全按科学的方法抽取样本，但是按片区划分的培训名单中女性比例极少的事实还是让人吃惊。这与 2004 年国家统计局在《中国社会中的男人与女人——事实与数据》中的调查结论不谋而合。那次调查显示，在全国各地的 1184 个村委会班子中，女性主任仅占2.3%，女性村支书仅占2.5%。①

表6—8　　　　　　　　　村干部职务与性别的交互分析

职位		您的性别是		合计
		女	男	
村支书	人数（个）	6	155	161
	百分比（%）	3.7	96.3	100
村主任	人数（个）	3	32	35
	百分比（%）	8.6	91.4	100
支书兼主任	人数（个）	0	4	4
	百分比（%）	0	100	100
合计	人数（个）	9	191	200
	百分比（%）	4.5	95.5	100

资料来源：作者根据相关调查数据自制而成。

　　由是观之，中国妇女参政的事实是：中高级女性领导、正职女性领导、在重要职位上女性领导的比例偏低，而次要职位的女性、副职女性以及次要位置的女性领导比例明显偏高。基层女干部尤其是乡、镇、村一级的女干部尤为匮乏，即使有，也主要是负责分管卫生、教育、科学以及妇女方面的工作，而在综合部门、经济管理部门、科技部门等比较重要的领域，基层女干部的比例明显偏少。仔细分析不难发现，这些职位几乎都是女性传统角色、家庭角色的延伸。如果用图来表示，中国女性干部呈"菱形"。高层尤其是中央层面的女性干部很少，基层尤其是农村的女性干部更是凤毛麟角，中间层的女性干部数量较多。这说明，女性参政的数量、层次、领域等都比较狭窄，有被边缘化的趋势，其结果必然导致女性政治话语微弱，影响政治决策的力量贫瘠，这也是典型的差等正义。

四　政治失语型差等正义：代表权不足

　　政治失语的典型表现是政治参与缺失。政治参与是现代政治学中的一

　　① 国家统计局人口和社会科技统计司主编：《中国社会中的男人与女人——事实与数据》，中国统计出版社2004年版。

个术语，前人已做了大量的研究。早在古希腊时期，政治学鼻祖亚里士多德就孕育着政治参与思想，他认为公民参与是符合正义的，由于全体公民都有上天赋予的平等地位，所以，无论从政是一件好事还是一件坏事，都应该让全体公民都参与政治①。现代意义的政治参与思想来源于与近代民主理论中有关人民权利的思想，卢梭、密尔等人把公民参政视为公民的权利，提倡公民参政。林肯提出"民有、民治、民享"的政治思想后，政治参与的思想渐趋明朗化，政治参与在当代资产阶级民主制下有了新发展，出现丹尼·贝尔的精英民主论、熊比特的修正民主理论、罗伯特·达尔的多元民主论等多种论断。② 20世纪50年代，法国政治学家托克维尔在《论美国的民主》一书中强调了公民参与的实践意义和理论意义，向人们指出"民主即将在全世界范围内不可避免地和普遍地到来"③。参与是民主政治的核心，而"民主是一种社会管理体制，在该体制中社会成员大都能直接或间接地参与影响全体成员的决策。④"在中国，政治参与的重要意义在于：不仅有利于正确行使公民的权利、表达公民的利益，而且还能促进公共决策的科学化、民主化和合法性，促进基层政治的发展和增强政府运作的透明度，拓宽民众的利益表达渠道。我国《宪法》规定："中华人民共和国的一切权力属于人民""人民有权依照法律规定，通过各种途径和形式，管理国家事务，管理经济和文化事业，管理社会事务。⑤"民众参与能使公民个人或社会组织的主张和利益诉求得以彰显，从而实现公民权利和利益的保护。

但是，由于利益争夺失衡、文化传统阻碍、组织化程度较低、参与意识薄弱，部分公民的政治参与往往处于缺席状态，这与公共管理制度的排斥性有莫大的关系。也就是说，一些公共管理制度不仅没有保证弱势群体的政治参与，反而进一步阻碍和离间了他们的政治参与，这些制度包括原

---

① [古希腊] 亚里士多德：《政治学》，吴寿彭译，商务印书馆2006年版，第15—16页。

② 谢治菊：《风险社会下农民非制度化政治参与的蝴蝶效应解析》，《行政论坛》2011年第5期。

③ [法] 托克维尔：《论美国的民主》，董果良译，商务印书馆1998年版，第1页。

④ 孙彩虹：《试论公民参与政府管理是构建和谐社会的基础》，《南京社会科学》2007年第3期。

⑤ 《中华人民共和国宪法》第一章第二条。

户籍制度、职务晋升制度等。例如，农民代表权缺失的罪魁祸首就是原户籍制度。中国社会的户口差别，或者说社会差别在户口这一维度上的表现已是不争的事实，这种差别比其他差别如民族、性别、种族差别带来的社会负面影响更大，因为这种差别承载了太多不该承载的权利和利益。正如李昌平所指出的，中国的户籍制度"时时刻刻都昭示着城乡隔离体系下城市居民和农村居民的不同遭遇"①。

其实，个人的身份往往是由一组社会事实或社会事件构成的，比如，何时何地出身、父母是谁、婚否、教育背景、职业以及居住何处，等等。在人与人熟悉到不假思索的乡土社会，个人的这些事实和身份是不需要借助文本记载来强化的，因为彼此之间已经把对方的身份常识化了。这时，个人身份的簿籍化是社区公共管理的需要。然而，随着社会交往的扩大，人与人的知晓度越来越弱，关系越来越冷漠，身份登记不仅是权力部门的需要，也成为大众需要。在此背景下，个人身份的意义在于把一个人与另一个人区别开来。但是，在不同的制度和价值观影响下，一部分人为了保护自己的特权和利益，往往将人与人之间的肤色、性别、年龄以及家庭出身等身份要素的区别渲染和夸大，甚至将他们符号化和制度化，这样，人的身份就具有了等级制的色彩，并通过言行、举止、服饰和行为规范将这种身份结构固化，使其成为根植于人们头脑之中的意识形态，并最终演变为社会的等级结构。而中国的原户籍制度不仅没有减弱这种等级结构，反而将人与人之间自然的身份差别演化为社会地位的差别。例如，在中国，农民、工人和干部，农业户口与非农业户口等就是典型的社会身份。他们的意义不是简单的反映人与人之间的职业差别，而是一种权利和权力有关的地位差别。在这些差别中，森严的边界和壁垒就建立了起来。这些界限和壁垒将不同身份的人隔离开来，将一个个具体的人抽象为无差别化的个人，使人与人之间形成一种身份等级结构。在此背景下，社会身份差异的强化导致社会结构的等级化，个人与个人之间的差异演化为群体与群体之间的差别，不同群体的身份、权利和地位之间存在高低之别。② 久而久之，这种高低状态就会演化为社会等级。所以，从这个角度来说，中国原

---

① 李昌平：《中国原户籍制度：城市的耻辱》，《中国经济时报》2005 年 4 月 30 日第 2 版。
② 陆益龙：《原户籍制度：控制与社会差别》，商务印书馆 2003 年版，第 434 页。

户籍制度是农民代表权缺失的"源泉"。

再如，女性参与权旁落的问题。既然中国的性别平等已经写进了公共政策和法律中了，为什么至今还存在广泛的性别歧视问题呢？有人认为，这与传统的"男尊女卑"的封建思想有关；也有人认为，这与女性本身的生理因素有关，也与社会因素和一个国家的历史文化传统有关，更与用人单位作为"理性经济人"追求利益最大化的诉求有关。但是周安平博士却另辟蹊径，认为之所以在法律领域禁止性别歧视的规定在实际生活中不那么起作用，其主要的原因在于私人领域的性别平等和公共领域的性别平等是脱节的。他指出，"公共领域性别平等的法律效力反而因为私人领域中的性别歧视而得以消减……尤其是因为女性在法律上的失语。①"也就是说，性别不平等的关键原因在于法律认可的性别平等只限制在公共领域的参与者之间，对私人领域的不平等影响较小。于是，私人领域的不平等就不断地建构、复制、渗透到公共领域。长此以往，女性平等参与的环境必将受到破坏。

制度导致的政治失语型差等正义具有以下三个特征：一是意味着公民权利的扭曲，二是彰显着对弱势群体代表权的伤害，三是预示着弱势群体代表权的不足。本来，弱势群体是想参与公共生活的，这种参与能反映弱势群体内心的真实愿望，应有良好的效果。但是，制度安排却阻滞了他们的参与，这使公民参与的稳定、和谐功能受到极大程度的挤压，致使公民参与的价值被颠覆，其表现就是参与是目的而不是手段、被动参与多余主动参与、消极参与大于积极参与、形式参与强于实质参与，这种凭借身份和阶层分配参与权的行为是典型的差等正义，其结果必将导致弱势群体代表权不足，影响其话语表达。

第二节　经济歧视型差等正义：利益分配失衡

歧视是社会不公的典型表现，其大意是社会上某一类人群遭受的不公平待遇或排斥性行为，寓意着一个群体对另一个群体的剥夺。而经济歧视则指人们依据财富的多寡而对社会成员采取有所区分的态度

---

① 周安平：《性别平等的法律建构》，博士学位论文，苏州大学，2004年，第1页。

和行为①。经济歧视意味着经济上处于优势的人群对处于劣势的人群的差别对待。也就是说，经济歧视意味着不同身份地位的人享有不同的经济权利和经济义务，劳动就业中的"同工不同酬"、经济赔偿中的"同命不同价"和所有制运行中的差序格局是经济歧视的典型表现。

一　经济歧视：差等正义的经济维度

作为歧视的一种，经济歧视具有排他性、主观性和渗透性等特征。经济歧视会引发分配歧视、收入歧视、就业歧视，对社会产生的危害十分严重。经济歧视会产生经济排斥。经济排斥是指特定的群体被排斥在合理合法的经济权利之外，不能顺利进入劳动力市场的过程。经济排斥的结果是被排斥者的收入水平、消费能力、生活环境、社会地位和社会资本都较差，有时候甚至难以维持基本的生活需要。② 劳动力市场排斥、消费市场排斥和收入贫穷是经济排斥的主要衡量指标，这些指标之间紧密相连且相互制约。

在当代中国，经济歧视最直接的表现就是分配不公。一般而言，按照社会物质财富的状况和社会平等的程度，可将社会分为四种：一是患寡亦患不均的社会，这种社会是生活资料匮乏和占有不平等的社会；二是患寡不患不均的社会，这是一个物质资源匮乏但却比较平均的社会；三是不患寡而患不均的社会，这种社会的物质财富比较富足但分配不合理；四是不患寡也不患不均的社会，这是高度平等和高度富足的社会（详见图6—1）。当代中国处于第三种类型，即不患寡而患不均。因为自改革开放以来，中国经济发展快速增长，相应地，社会财富和居民收入亦大幅度增加，但与之相反，社会财富分配不合理、收入差距扩大、贫富差距悬殊等矛盾也日益凸显，这严重影响社会的稳定和发展。所以，合理调整收入分配关系、增加居民可支配收入、缩小贫富差距已成为当前群众呼声最强烈的问题。为此，本节拟通过组织层面的经济歧视——所有制歧视、个人层面的经济歧视——"同工不同酬"和"同命不同价"对经济层面的差等正义进行解析。

---

① 吴忠民：《歧视与中国现阶段的歧视》，《江海学刊》2003 年第 1 期。
② 熊光清：《欧洲的社会排斥理论与反社会排斥实践》，《国际论坛》2008 年第 1 期。

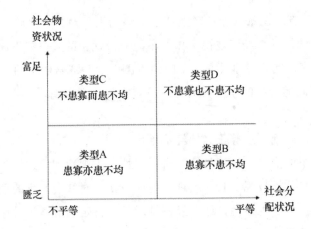

图 6—1 社会类型图

资料来源：何怀宏：《公平的正义——解读罗尔斯〈正义论〉》，山东人民出版社 2002 年版，第 229 页。

二 利益格局失衡：所有制运行中的差序格局

"所有制是所有者和生产资料相结合的社会形式，表现为再生产中生产、交换、分配和消费各个领域具体关系的总和。"[1] 所有制是生产关系的总和，是经济制度的核心。现阶段，中国的所有制形式有三种：公有制、非公有制和混合制。目前，中国的所有制以公有制和非公有制为主，混合制经济较少。所谓公有制经济是指全体社会成员或部分社会成员共同占有生产资料的所有制形式。公有制经济包括国有经济和集体经济，也包括混合制经济中的国有成分和集体成分。[2] 非公有制经济即私有制，是指生产资料私人占有的所有制形式。在现阶段，中国非公有制经济主要包括个体经济、私营经济和外资经济。"混合制经济是指两种或两种以上的基本所有制形式的联合和结合形式，是由不同所有制的经济主体通过资本联合或经营联合而构成的一种新型的所有制形式。"[3] 虽然在社会主义初级

---

[1] 李楠：《中国现阶段所有制结构及其演变的理论与实证研究》，武汉大学出版社 2008 年版，第 59 页。

[2] 《江泽民文选》第二卷，人民出版社 2006 年版，第 19 页。

[3] 李楠：《中国现阶段所有制结构及其演变的理论与实证研究》，武汉大学出版社 2008 年版，第 67—68 页。

阶段中国的经济结构是"以公有制为主,允许私营经济适当发展"。但经过 30 余年的发展,中国的所有制结构已发生了一定的变化,其表现就是私营经济迅猛发展、混合制经济崭露头角。

就理论上而言,无论是公有制经济还是私有制经济,抑或是混合制经济,都是中国的经济成分,都应该是平等的。但在现实生活中,公有制经济却如中国古代的长子,处处享有优先权;私有制经济就像古代的"庶出",时时饱受排挤和歧视之苦。为此,本书所指称的所有制歧视,就是指中国的私有制经济在发展过程中所遭遇的不平等待遇,这些不平等主要包括市场准入、税费缴纳、融资状况和产权保护等方面的不平等。也就是说,中国的公有制经济和私有制经济之间存在身份等级差别,这种待遇差别类似于中国古代的"正出和庶出、正房和偏房、长子和次子"所享有的身份差别,这种差别是一种典型的差等正义。

改革开放以来,中国私有制经济成为社会经济的有益补充,这对所有制经济在市场中的平等竞争具有重要的作用。然而,在现实生活中,中国的私有制经济还未完全获得平等的市场主体地位,其发展面临一系列体制性障碍,遭受着歧视。为此,早在 1997 年,刘文烈就呼吁要破除所有制问题上的"等级观念""优劣观念""对立观念",为消除所有制歧视扫清障碍。[①] 吕益民也指出,中国按所有制性质对待企业,对国有企业进行保护,对非国有企业则进行限制、阻碍和歧视,究其原因,主要是受传统体制和"唯成论"等传统观念的影响。李铮则对中国民营企业所遭受的歧视现状、原因、危害和对策进行了诠释,并指出中国的个体经济和私营经济所遭受的歧视主要表现在产权保护不平等、金融融资较困难、税赋不公平、市场准入机会不平等几方面。[②] 当然,中国对非公有制经济的"歧视"有其特定的历史必然性,观念僵化、职能错位、垄断保护、自身缺陷是非公企业被歧视的重要原因。那么,中国非公有制经济在发展过程中到底面临哪些歧视呢?

首先是非公有制经济融资困难。非公有制经济在融资中往往被差等对

---

① 刘文烈:《所有制歧视亟待消除》,《生产力研究》1997 年第 6 期。

② 李铮:《非公有制经济发展面临的"所有制歧视"及其纠正》,《现代经济探讨》2004年第 12 期。

待。据调查，中国个体非公有制经济中，99% 是中小企业，其中 77% 面临资金短缺问题。[①] 在多数行业中，国有企业或国有控股企业是间接融资放宽政策最大的受益者，但非公有制经济却受到极大的歧视。[②] 这些歧视表现在：一是非国有企业很难获得国有垄断银行的贷款，因为在中国的银行业中，贷款给非国有企业被认为面临极大的风险；[③] 二是在融资渠道上，非公有制经济主要以短期信贷为主，长期信贷和发行债券等融资渠道被堵死；三是虽然中国的中小银行和非银行金融机构比较多，但大多处于弱势、被边缘化的地位，非国有金融机构发展依然很缓慢；四是非公有制经济在贷款担保时被要求的担保手续和环节过多过繁，不仅需要财产抵押，而且还要有合适的担保人，公有制经济却可以凭借自身的信誉从银行贷款；五是非公有制经济呆账坏账必须归还，而公有制经济的呆账坏账常常会被核销，这对国有资产的流失是巨大的打击；六是银行工作人员承担的责任不同。对于非公有制企业的贷款，一旦回收有问题，银行工作人员就要承担相关的连带责任，而如果贷款不归还的单位是公有制经济，银行人员承担的责任就会小很多。[④]

其次是非公有制经济在产权、税负和市场准入中的尴尬。这些尴尬表现在：

一是产权保护不公平。私有产权对公有制经济的发展至关重要。然而，中国现有的法律对非公有制经济的产权保护严重不足，这被称为是非公有制经济发展面临的最严重体制性障碍；二是税收领域的税赋不公平。目前，中国对非公有制经济存在税率过高、税负过重、重复征税等问题，征管的随意性较大，这与公有制经济享受的待遇大相径庭；三是市场准入障碍。当前，中国非公有制经济面临着巨大的市场准入障碍，这一障碍在通信、信息、金融、基础设施和融资行业又特别突出。即使在竞争性领域

---

① 李铮：《非公有制经济发展面临的"所有制歧视"及其纠正》，《现代经济探讨》2004年第12期。

② 袁诚、周培奇：《中国中小企业间接融资的所有制歧视：来自双差分估计的经验证据》，《南方金融》2010年第12期。

③ 刘瑞明：《金融压抑、所有制歧视与增长拖累——国有企业效率损失再考察》，《经济学》2011年第1期。

④ 向静：《民营企业在信贷市场面临的所有制歧视分析》，《理论与改革》2006年第2期。

中，非公有制经济也受到不同行政部门的干预。这意味着，为了维护垄断，国家抬高了市场准入的门槛，以致非公有制经济难以获得平等的竞争机会。

最后，股市中的所有制歧视问题也十分明显。在股市中，政府往往将资产的所有制性质作为企业能否上市的主要标准，不批准非公有制企业的上市资格，甚至连少量的上市都不允许，这是极其荒谬的。[①]

为此，魏杰指出，既然非公有制经济是社会经济的重要成分和补充，是法律认可并鼓励发展的合法经济形式，非公有制经济就应该得到平等的对待。[②] 但是，在中国，非公有制经济在市场准入、融资、生产、销售、税收、上市等方面遭到严重的歧视，这种以所有制姓"公"还是姓"私"作为制定政策和分配资源的依据，完全忽视企业的经济实力和运行模式，是典型的差等正义，不仅会阻碍非公有制经济的可持续发展，而且对中国经济环境的正常运行造成破坏；不仅如此，所有制歧视还会扭曲经济发展格局，阻碍经济发展，降低政府公信力，诱发社会矛盾和群众的不公平感。此外，所有制歧视还会导致行政垄断，破坏公平竞争的市场环境，降低资源配置效率，败坏市场的有序竞争。更严重的是，所有制歧视会导致经济增长动力不足，减少投资需求，腐蚀经济可持续发展的根基，影响国民经济的现代化进程。最后，所有制歧视会导致官商勾结、钱权交易，导致国有资产流失，滋生腐败，降低政府公信力，甚至会引发合法性危机。为此，破除所有制问题上的等级观念、优劣观念和对立观念已势在必行。

三　贫富差距悬殊：收入分配中的"同工不同酬"

许多人认为，中国的收入分配差距已达到了国际警戒线，其表现是中国的基尼系数过高。2013 年 1 月 18 日，国家统计局宣称，中国的贫富收入差距太大，2003 年、2006 年、2008 年、2009 年和 2012 年的基尼系数分别为 0.479、0.487、0.491、0.490 和 0.474[③]。从官方数据描绘的数据来看，中国的基尼系数呈现出逐步扩大后又逐步缩小的趋势。然而，一些

---

① 魏杰：《坚决破除股市中的所有制歧视》，《金融与经济》1998 年第 11 期。

② 同上书。

③ 《中国公布基尼系数：去年版 0.474》，2013 年 1 月 19 日，凤凰网（http：//financ［美］E. ifeng. com/news/macro/20130119/7578702. shtml）。

民间调查机构的说法则令人触目惊心，以西南财经大学的报告为例。该报告称：2010 年中国家庭的基尼系数为 0.61，比全球 0.44 的水平高38.6%。其中，农村社会的贫富差距分化更为严重，农民家庭内部的基尼系数高达 0.6，比城镇家庭内部的基尼系数高 0.04。[1] 该报告指出，当前中国的家庭收入差距巨大，而家庭收入差距最大的主要是城乡差距、行业差距和地域差距。

首先看城乡差距。王小鲁等人将城镇居民的隐性收入和灰色收入算在内，分别用城镇最高收入和农村最低收入 20% 的家庭来近似地代表全国最高和最低收入 10% 的家庭，那么全国最高 10% 家庭的人均收入是 9.7万元，而最低 10% 家庭的人均收入是 1500 元，两者在 2008 年相差 65 倍，由此推算出城镇居民收入分配差距过大的结论[2]。事实上，经过 30 多年的改革开放，中国城乡居民的收入都在逐步增加，但收入差距却在逐步扩大。1978 年，城乡人均年收入情况，城市是 343 元，农村只有 133 元，相差 2.6 倍[3]。至 2007 年，这一比例上升到 3.33 倍，2011 年，这一比例稍降，为 3.13 倍（详见表 6—9）。

表 6—9　　　　　　　　　　城乡居民家庭人均收入对比

年份	城镇居民家庭人均可支配收入	农村居民家庭人均纯收入	城镇/农村
2007	13785.8	4140.4	3.33
2008	15780.8	4760.6	3.31
2009	17174.7	5153.2	3.33
2010	19109.4	5919.0	3.23
2011	21809.8	6977.3	3.13

资料来源：《2012 年中国统计年鉴》第十章 10—2 部分，http：//www.stats.gov.cn/tjsj/ndsj/2012/indexch.htm。

---

[1]　高晨：《中国家庭基尼系数 0.61 贫富悬殊世所少见》，2012 年 12 月 10 日，腾讯网（http：//news.qq.com/a/20121210/000069.htm）。

[2]　王小鲁：《巨额灰色收入不容忽视》，《商周刊》2010 年第 16 期。

[3]　王小鲁：《中国收入分配现状、趋势及改革思考》，《中国市场》2010 年第 20 期。

从百户家庭拥有的耐用消费品数量来看，农村居民也大大低于城市居民。如表6—10所示，市场经济初期的1995年，每百户城市居民拥有摩托车、洗衣机、电冰箱、彩电、照相机和空调的数量是农村居民的1.3、5.3、12.9、5.3、21.5和44.9倍。随着市场经济的深入推进，城乡居民在上述普通家庭耐用品上的拥有量都在增加，农村的增加大于城市。尽管如此，在一些更加高端的耐用消费品如汽车、计算机、摄像机和健身器材的拥有上，农村居民却大大低于城市居民。可见，受原户籍制度的影响，城乡居民形成了明显的城市高于农村的等级结构，这严重阻碍了城乡、阶层、单位与地区间的自由流动，使劣势阶层陷入结构性的机会不公平状态。

表6—10　　城乡居民平均每百户家庭年底耐用消费品拥有量对比

指　标	1995 年		2000 年		2005 年		2011 年	
	城市	农村	城市	农村	城市	农村	城市	农村
摩托车（辆）	6.29	4.91	18.80	21.94	25.00	40.7	20.13	60.85
洗衣机（台）	88.97	16.90	90.50	28.58	95.51	40.2	97.05	62.57
电冰箱（台）	66.22	5.15	80.10	12.31	90.72	20.1	97.23	61.54
彩色电视机（台）	89.79	16.92	116.60	48.74	134.80	84.08	135.15	115.46
照相机（台）	30.56	1.42	38.40	3.12	46.94	4.05	44.48	4.55
空调（台）	8.09	0.18	30.80	1.32	80.67	6.4	122.00	22.58
计算机（台）			9.70	0.47	41.52	2.1	81.88	17.96
移动电话（部）			19.50	26.38	137.00	58.37	205.25	43.11
固定电话（部）				4.32	94.40	50.24	69.58	179.74
淋浴热水器（台）	30.05		49.10		72.65		89.14	
组合音响（套）	10.52		22.20		28.79		23.97	
摄像机（架）			1.30		4.32		9.42	
微波炉（台）			17.60		47.61		60.65	
健身器材（套）			3.50		4.68		4.09	
家用汽车（辆）			0.50		3.37		18.58	

资料来源：来自2012年《中国统计年鉴》第十章10—10、10—34部分的数据，http://www.stats.gov.cn/tjsj/ndsj/2012/indexch.htm。

不仅如此，行业收入差距也在逐步扩大。《证券日报》2011 年 3 月 24 日报道，中石油职工平均年薪已达 13.43 万元。然而同年城镇居民和农村居民的家庭人均年收入只有 13785.8 元与 4140.4 元，中石油职工的平均收入分别是城镇和农村居民的 9.7 倍与 32.4 倍。陈宗胜、武鹏等的研究表明，在 1990—2008 年，以基尼系数计算的中国行业收入差距由 0.067 上升至 0.181，扩大了近两倍，年增 6.5%，而同期全国居民收入基尼系数年均增幅只有 1.5%。若不考虑从业人员比重，仅以行业特征计，则中国行业收入差距的基尼系数将进一步上升至 0.257。[①] 人力资源与社会保障部劳动工资研究所的研究表明，中国按行业细分标准，2008 年职工平均工资最高的证券业为 172123 元，是工资最低行业畜牧业 10803 元的 15.93 倍，居世界之首。[②] 国家统计局的调查则进一步表明，2009 年电力、石油、金融、保险、水电气供应、烟草等国有行业的职工不足全国职工总数的 8%，但工资和工资外收入总额却相当于全国职工工资总额的 55%。[③] 可见，行业间的收入差距有进一步扩大的趋势，其主要表现是垄断行业的工资收入大大高于非垄断行业。

此外，地域差距也比较惊人。2011 年，中国东中西部城镇居民的人均总收入分别为 29226.04 元、19868.19 元和 19868.03 元，人均可支配收入分别为 26406.04 元、18323.16 元和 18159.40 元。从数据可知，东西部的人均收入差距较大，东部地区城镇居民的人均可支配收入为西部地区的 1.5 倍[④]。同年，中国东中西部农民的人均年收入与现金收入分别为 12495.33 元、8790.86 元、7854.70 元与 11687.85 元、7599.10 元与 6535.93 元，东部农民的现金收入是西部农民的 1.8 倍[⑤]。如果算上灰色收入和隐形收入，这一差距将达到 5—6 倍。

从上述情况可知，收入分配中的同工不同酬现象十分突出。所谓同工

[①] 陈宗胜、武鹏：《影响收入分配的"三大差别"》，《人民日报》2010 年 11 月 3 日第 16 版。

[②] 富吉祥：《行政垄断造成行业收入差距过大的原因及对策探讨》，《改革与开放》2011 年第 5 期。

[③] 同上。

[④] 2012 年版《中国统计年鉴》第十章 10—6 部分。

[⑤] 2012 年版《中国统计年鉴》第十章 10—28 部分。

不同酬是指按"身份"分配薪酬的劳动分配制度。干同样的活拿相差数倍的报酬，付出同样的劳动却得到大相径庭的回报。在中国，公有制员工与非公有制员工、垄断行业职工与非垄断行业职工、东部居民与西部居民、男人与女人、城市居民与农村居民等群体的劳动报酬均存在不同程度的"同工不同酬"现象，这是典型的身份歧视和差等正义。当然，造成"同工不同酬"的原因是多方面的，其最主要的原因是中国收入是按社会等级秩序进行分配的，不同等级群体和阶层之间的收入差距较大。也就是说，虽然市场经济会扩大收入差距、导致贫富两极分化，但社会等级关系格局才是中国"同工不同酬"的根本原因。

中国的财富分配分为初次分配和再分配，初次分配反映的是生产要素的占有情况，在初次分配上，受教育、机会、人脉关系和成长环境的影响，劣势群体没有优势；再分配则反映社会各阶层的力量博弈和国家调控的价值取向，这就使得社会上的弱势阶层在再分配中处于十分不利的地位。再加上为了取得明显的政绩，政府大多数时候执行的是扶强扶优的政策，这使国家再分配的价值目标被扭曲，反而会加大城乡、行业和地区之间的收入差距。因此，在将市场和能力因素引入分配体制后，仅有少数人凭借能力或运气（如中彩票）迅速发家致富，缩小了与特权阶层的差距。而由于监督不力，大部分官二代、富二代或垄断行业的人员凭借其手中拥有的权力和资源进行创收，形成"八仙过海、各显神通"的特色收入分配机制，使城乡居民、一般居民和特权居民，垄断行业与非垄断行业的隐性收入差距过大，以致成为影响社会稳定的重要因素。也就是说，虽然收入差距扩大与政府政策、经济发展和体制改革有关，但是，这些因素比较复杂且难以量化，而按社会等级和身份地位分配财富则比较明显，这说明社会等级关系格局是财富收入分配差距、民众"同工不同酬"的主要原因之一。

四　经济赔偿标准异化："同命不同价"中的身份区隔

从字面上理解，所谓"同命不同价"是指同样的生命却具有不同的价格，这一表述与"生命无价"是矛盾的，生命是没有价格可言的，为什么还会有"同命不同价"之说呢？实际上，"同命不同价"反映的是不同身份的人在面临同样的伤害时所获得的赔偿不同。那么，"同命"是否应该"同价"呢？"同命不同价"是否是差等正义呢？请看下面的分析。

"同命不同价"的提出来源于 2004 年 10 月 27 日清晨湖南省长沙市的车祸和 2005 年 12 月 15 日凌晨 6 时重庆市的一起交通事故两个案例。在这两起交通事故中，农业户口的死亡人员所得经济赔偿的比例大大低于非农业人口。例如，重庆案中，城镇户口的两个女孩家属被赔偿 20 多万元，原农村户口的却只有 8 万元。① 这种赔偿差异的依据是 2003 年发布的《最高人民法院关于审理人身损害赔偿案件适用法律若干问题的解释》第 29 条的规定："死亡赔偿金按照受诉法院所在地上一年度城镇居民人均可支配收入或者农村居民人均纯收入标准，按 20 年计算。但 60 周岁以上的，年龄每增加 1 岁减少 1 年；75 周岁以上的，按 5 年计算。"②

上述两个案例"同命不同价"的根源在于原农村户口与城市户口的差异。但是，这并不是"同命不同价"的所有内涵。也就是说，"同命不同价"并不仅仅反映城乡之间的不平等，还存在不同"行业、职业、国籍、地域和年龄"之间的"同命不同价"问题。例如，就国家差异而言，国内航空对空难者的赔偿金额是 40 万元，国际航空是 109 万元，国内航空赔偿额是国际航空的 36.7%；就行业差异而言，国内航空赔偿是 40 万元，国内铁路赔偿却是 4 万元，航空赔偿是铁路的 10 倍。③

"同命不同价"赔偿金的性质采用的是"继承丧失说"，"继承损失"说的原理是：假如受害人没有遇害，他在未来就可以持续地获得收入，这些收入有可能会作为法定继承人的财产被继承。现在，受害人遇害了，那么他的亲属继承他财产的愿望也就落空了，因此，被继承人就获得了向加害人主张死亡赔偿金的权利。④ 尽管许多人认为"同命不同价"反映城乡之间的不平等⑤，但是，也有理性的法学专家指出，"同命不同价"的缺

---

① 《同遇车祸赔偿金相差 12 万》，2006 年 2 月 14 日，潇湘晨报（http://xxcb.rednet.cn/show.asp?id=779088）。

② 傅蔚冈：《"同命不同价"中的法与理——关于死亡赔偿金制度的反思》，《法学》2006 年第 9 期。

③ 同上。

④ 同上书，第 28 页。

⑤ 相关文献：吴萍的《人身损害赔偿的理念与标准》，《法学》2003 年第 12 期；吴萍、廖多福的《平等与合理差别——兼论统一人身损害赔偿标准立法》，《西南政法大学学报》2003 年第 6 期；石春玲的《死亡赔偿请求权基础研究》，《法商研究》2005 年第 1 期；刘士国的《论人身损害赔偿的定额化赔偿》，《法学论坛》2005 年第 6 期，等等。

陷在于定额化的死亡赔偿金制度将人与人之间的区别抹杀掉了。这种论调纠正了人们对"同命不同价"发出的"消除城乡差别待遇，统一人身损害赔偿标准"的感慨，弥合了大众逻辑与专业逻辑的裂缝，有助于更为理性地看待"同命不同价"现象。"生命有价"是主张"同命同价"的学者的预设前提。而之所以认为生命是有价的，是因为受害者的继承人所获得的死亡赔偿金是受害人生命被非法剥夺的等价方式，因此，同命应该同价。然而，死亡赔偿金到底是对生命的赔偿还是对受害人收入损失的赔偿？目前存在两派截然不同的观点。①

一种认为"同命不同价"是不平等的，侵犯了人与人之间平等的生命权，违反了宪法人人平等的规定，违背了宪政的价值要求。持这种观点的学者认为，生命都是一样的，不应当有贵贱区别，而在中国却因为死者的身份存在城乡差别赔偿金就各不相同，城市标准接近农村标准的三倍甚至更多，这是不公平的。诚如亚里士多德所言，"分配正义要求按人的优劣进行配，而矫正正义则是对损害进行的一种补救与惩罚。所谓的矫正正义是各得其所应得，各失其所应失。②"哪怕在亚里士多德眼中，矫正正义也抛开了人的身份因素，将人作为均等的补偿对象。亚里士多德倾向于认为不考虑人的差异的"均等"赔偿才是合理的赔偿，同命是同价的。而现行的死亡赔偿金赔偿的理应是人生命权丧失的损失，因此，应该同命同价。③ 另一种观点认为，人的生命是无价的，因而不能用金钱来衡量。因此，死亡赔偿金所赔偿的只是受害人死亡所造成的损失，而非对生命利益本身所作的赔偿④。因此，"同命不同价"是公平的。那么，"同命不同价"到底公平还是不公平、合理还是不合理的呢？这就要先从两种平等观谈起。

人是有差异的，如果抽去了附着在人身上的一般共性，人与人之间的差异就显现了出来。从这个角度来说，"承认人的差异"的平等才是实质

① 彭绍征、胡玉国：《"同命同价"还是"同命不同价"——对侵害生命权损害赔偿的民法思考》，《人民论坛·学术前沿》2012 年 12 月（中）。
② 亚里士多德：《尼各马科伦理学》，苗力田译，中国社会科学出版社 1990 年版，第95 页。
③ 杨立新：《制定侵权责任法应着力解决的五个问题》，《河北学刊》2008 年第 3 期。
④ 姚辉、邱鹏：《论侵害生命权之损害赔偿》，《中国人民大学学报》2006 年第 4 期。

的平等。而要承认人与人之间的差异，就要求在抽象的权利平等的基础上适当考虑人的差异所引发的不平等或平等问题。生命本身是无价的，对生命的赔偿，赔偿的是生命消逝带来的各种损失而非生命本身，赔偿的是与消逝生命相关的活人的利益而非消逝者的价值，其目的在于对生命的尊重。既然对逝者生命的赔偿不是对他生命权的赔偿，而是对其死亡后继承人可能遭受损失的赔偿，那么，这种赔偿适当考虑逝者生前的"身份、地位、年龄和行业"又有一定的合理性，至少有些法学家是这样看待的。

　　但是，站在政治哲学的高度，平等是无条件的，是抽象的，对生命权的平等对待是平等的最基本要求，法律面前人人平等是写在宪法当中公民享有的基本权利。而从公共管理的实践来看，法律前面的人人平等总与现实有一定的差距，这一方面是因为绝对的平等是难以实现的，另一方面是因为平等并不意味着获取权利的机会和达成权利的手段都是"整齐划一"的，应该允许有合理的差别。但是，最关键的问题是什么样的差别才是合理的？最高人民法院司法解释中关于原户籍和地区的说法都不能构成平等权中的"合理差别"。为此，傅蔚冈指出，"同命不同价不平等的根源并不在于城乡差别，也不在于行业、地域、国籍差别，而是在于一个定额化赔偿的制度抹杀了人与人之间的差别，将原本收入不一致的个人变成一个抽象意义的有等级的个人，从而使得死亡赔偿金制度偏离了其最基本的填平损失的功能。[①]"站在这个角度，"同命不同价"是一种典型的差等正义，因为其"不同价"的依据是人与人之间的行业、原户籍和国籍等方面的抽象差别，这种抽象差别简单地将人分为"城里人与乡下人、中国人与外国人、蓝领工人和白领工人"等。这种将抽象的权利平等运用到具体赔偿事务中的做法会导致赔偿标准的"身份异化"，即将赔偿标准建立在人的身份、地位之上，不考虑人的实际收入和实际生活状态。例如，一个有钱的农民和一个吃低保的城市居民，两者虽然原户籍不同，但二者所创造的社会价值和留给后人的财富显然不是城市和原农村户口能够衡量的。一个航空行业的清洁工和一个铁路行业的乘务长[②]，二者如果同时遇

---

　　① 傅蔚冈：《"同命不同价"中的法与理——关于死亡赔偿金制度的反思》，《法学》2006年第9期。

　　② 前述已经指出，航空与铁路的赔偿标准是不同的。

难，他们是否应该按照行业的不同享受不同的赔偿呢？这显然是不对的。因此，"同命不同价"将人们对生命的尊重和对继承人的补偿建立在个人抽象的身份和等级基础之上，而不考虑个人的合理差异如收入水平、需要抚养和赡养的人员数量等，这显然是不平等的。就其将人简单分为"农民与城市居民、外国人和中国人、蓝领与白领"的价值取向来说，这是一种典型的差等正义，势必遭到唾弃。

五　经济歧视型差等正义：利益分配失衡

马克思指出，"人们为之奋斗的一切，都和利益有关"。近几年，中国社会阶层发生了较大的分化，而阶层分化的核心是利益分化。利益分化强调利益主体、利益需求、利益获取途径的多元化，对社会政治、经济、文化具有双重的影响：适度的利益分化能促进社会的发展，而过度的利益分化则离间了人与人之间的关系，影响社会的和谐、稳定。这意味着，经济歧视型差等正义的核心是利益分配失衡。

当代中国利益分配为什么会失衡呢？这与利益分配的标准有关。法国学者勒鲁认为，人类社会存在家庭等级制度、国家等级制度和所有制等级制度三种等级制度①。在古代中国，利益主要是按照家庭和国家等级制度分配的。在当代中国，随着性别平等的推进，利益分配的家庭等级制度在弱化，国家等级制度和所有制等级制度却依然存在，甚至在某些领域出现一定的强化趋势。社会等级关系是社会政治、经济、文化的交互作用所形成的社会秩序。在中国，利益分配不仅仅依赖制度安排和市场经济，还是社会生活中各阶层权力博弈的结果。因此，利益分配的过程也是社会等级的控制过程。按照马克思的描述，"在过去的各个历史时代，我们几乎到处都可以看到社会划分为各个不同的等级，看到社会地位分成多种多样的层次。②"正因为如此，中国的收入分配制度与社会等级有莫大的关系。虽然现代分配制度与劳动者的能力、贡献和绩效挂钩，但这种建立在看似平等关系上的交换关系却最终导致不平等的结局，其主要原因在于利益分配不公的根源是有差别的等级权利。对此，韦伯是这样描述的，"任何对

---

① ［法］皮埃尔·勒鲁：《论平等》，商务印书馆1996年版，第246—247页。
② 《马克思恩格斯选集》第1卷，人民出版社1995年版，第272页。

机会、尤其是对统治（权力或获益）机会的固定的占有，都会倾向于导致等级的形成。而任何等级的形成，都倾向于导致对统治权力和获益机会的垄断性占有。[①]"这种垄断性的危害很大。一如沃尔泽所言，垄断意味着你独自拥有某一种物品。经过垄断，这些支配性的善或多或少有规律地转化成所有其他种类的东西——机会、权力或名誉。其结果是，财富被强者占有，荣誉被出身名门的人占有，职务被教养良好的人占有[②]。因此，垄断意味着在某一领域占有绝对的优势，如中国的电力、电信和石油部门，但垄断往往与权力、金钱、财富、政府决策有着千丝万缕的联系，相应地，垄断就容易造成对这些领域的支配，所以，垄断又与社会等级关系有一定的关联。

反过来，社会等级与垄断又是相互强化的。由此，社会等级关系对利益分配形成决定性制约，这一制约在计划经济体制下的中国尤为明显。那时，国家财富和福利的分配是严格按照单位外部和内部的等级制进行的。在此背景下，农民、妇女、残疾人等处于社会底层，他们对社会财富的拥有情况与城市居民、男性、健康者大相径庭。在计划经济体制下，一个人身份的改观只有依赖于政府，农民和城市居民成为具有世袭特色的两种身份。实行市场经济以来，市场成为资源配置的首要手段，社会财富的分配更多地考虑贡献、能力等个人因素，按等级分配财富的情况有所改观。但是，原户籍制度所带来的城乡二元格局、所有制所引发的权利差序格局、国家扶优助强政策所导致的东西部差距却并没有缩小，反而在进一步扩大。因此，经济歧视的本质是利益分配失衡。这也意味着，利益分配是否公平、合理，是否具有有效的利益协调机制对社会稳定、和谐意义重大。

第三节　社会排斥型差等正义：身份认同危机

当代中国进入了经济高速发展和现代化进程的关键时期，在此背景

---

① ［德］马克斯·韦伯：《经济与社会》，商务印书馆1998年版，第339页。
② ［美］迈克尔·沃尔泽：《正义诸领域：为多元主义与平等一辩》，褚松燕译，译林出版社2009年版，第11—12页。

下，社会结构断裂、利益分化加剧、思想观念扭曲、社会矛盾增多、社会秩序失范、社会风险频发等问题深深地困扰着人们。如何实现当代社会的顺利转型、促进现代社会的可持续发展成为摆在人们面前的一道难题。而要解决这些问题，重塑社会价值在社会转型和现代化进程中的作用就显得尤为迫切。要做到这一点，社会排斥及其现象就成为绕不开的话题。

一　社会排斥：差等正义的社会维度

20 世纪 80 年代以来，西方国家的经济在高速增长的同时，社会问题也频频发生，不仅很多人缺乏财富、就业不稳定、社会参与度低下，而且人与人之间的关系越来越冷漠，侵权、越轨、自杀、吸毒、犯罪等问题越来越突出，这让人们意识到造成上述事实的原因不能仅仅归结为贫困，物质、精神和文化层面的匮乏兼而有之，政治、经济、文化方面的歧视也逃脱不了干系。为此，能够包容这一切的社会排斥概念就应运而生。1974 年法国学者勒内·勒努瓦明确提出的"社会排斥"概念主要用于指称没有正式工作岗位和收入保障而被排斥到特定社会边缘群体的状态。从此以后，更多的人开始关注社会排斥问题。随着政治、经济一体化进程的加快，欧洲各国的利益分化、社会矛盾与社会冲突日益加剧，各国之间的政治、经济交往不断增加。在此背景下，要防止欧洲社会的分裂，就要求加强全欧洲的社会整合力度，社会排斥再次成为关注的焦点。只是这一时期的社会排斥概念从最初的个人排斥发展到整体排斥，认为社会排斥是对公民地位、公民的政治权利和社会权利的否定，是对民主社会的严重破坏。

其实，社会排斥不仅意味着被排除出劳动力市场、陷入持久的贫困，而且意味着封闭的社会交际网络和权利的贫乏。阿马蒂亚·森提出的能力贫困理论为社会排斥注入了新鲜的血液。该理论认为，贫困不仅仅意味着收入的低下，更是能力不足的表现。照此推之，社会排斥不仅意味着对低收入人群的排斥，还意味着对低能力人群的排斥，即"社会排斥这一概念的多层面性使社会政策的制定更关注社会功能与社会能力，而不仅仅是关注收入和物质资源的缺乏。"[1] 社会排斥理论对传统社会政策进行了批

---

[1]　Ruud J. A. Muffels, Panos Tsakloglou, David G. Mayes, *Social Exclusion in European Welfare States*, Cheltenham: Edward Elgar, 2002, p. 312.

评，并对社会政策的制定具有启发作用。

那么，什么是社会排斥呢？从字面上理解，排斥的意思是不相容。如果用城池来表示，受各种因素的影响，排斥则意味着 A、B 均无法进入对方的城池，或者城池外的人不能进入城池内。这种理解为界定社会排斥概念奠定了基础。对于社会排斥，学界有两种主流观点。

一种观点认为，社会排斥意指一个人的政治、经济、文化等权利在社会系统中处于被边缘化的状态。例如，沃克尔认为，社会排斥是社会成员从政治、经济、文化和社会系统中被排斥出来。持相同观点的还有格雷厄姆·罗姆和英国政府"社会排斥办公室"。前者认为，"我们使用社会排斥这一概念时，意味着我们提及这样一类人群，他们正遭受着多方面的窘迫境遇，忍受着他们居住社区物质和文化环境持续的、不断加强的恶化，并且他们与外部世界的社会关系出现相当程度上不可逆转的分裂。①"后者则认为，社会排斥是人们遭受的诸如失业、丧失健康、收入低下、住房困难、家庭破裂、技能缺乏等综合性问题。② 其实，持这类观点的学者是从广义的角度界定社会排斥的，这样一来，社会排斥的概念就比较大，包括政治排斥、经济排斥和文化排斥等方面。

另一种观点认为，社会排斥是狭义的，单指成员遭遇的某一方面的排斥，这里又有三种不同的侧重点：一是认为社会排斥是社会成员参与不足。持这种观点的学者有布尔察特和罗姆。布尔察特认为，社会排斥是指在社会生活中有参与意愿的人因制度原因不能以平等的公民身份参与到正常社会生活的状态。罗姆也认为，"社会排斥意味着社会参与不足，缺乏社会整合和缺乏权利。③"二是将社会排斥与能力不足联系起来。森认为，贫困除了意味着收入低下之外，更多地意味着对收入能力的剥夺，这种剥

① Graham Room, *Social Exclusion*, *Solidarity and the Challenge of Globalisation*, International Journal of Social Welfare, Vol. 8, No. 3, 1999, pp. 166 – 174.

② 孙炳曜：《制度转型过程中的社会排斥和边缘化——以中国大陆的下岗工人为例》，《华人社会中的社会排斥与边缘性》，香港理工大学应用社会科学系政策研究中心，2003 年。

③ Room G., "Social Quality in Europe: Perspective on Social Exclusion", In W. Beck, L. V. D. Maesen & A. Walker（ed.），*The Social Quality of Europe*, London: Kluwer Lao International, 1997, pp. 255—262.

夺就是一种社会排斥[①]。欧洲理事会发展了这一概念，并提出社会排斥是某些个人由于贫穷、缺乏基本技能、学习机会或能力低下，致使其在社会生活中被边缘化的过程。[②] 三是将人的社会权利、社会身份与社会排斥联系起来。这一点，欧洲共同体委员会的定义比较明显。该委员会认为："社会排斥是指由于多重的和变化的因素导致人民被排斥在现代社会的正常交流、实践和权利之外。贫困仅仅是其中最明显的因素之一，社会排斥也指不能享受住房、教育、健康和服务的充分权利。"[③] 这一定义认为，被社会排斥的高危人群主要包括残疾人、16—29 岁的青年人、单身父母、退休人员、自杀者、老年人、病人、越轨者等[④]。这些研究者的结论表明，社会排斥概念是对已有的贫困、被剥夺、被边缘化等概念的丰富和深化，与之不同的是，这一概念有更少的政治意蕴和意识形态特点，在视角上更加注重对平等身份、精神家园和制度符号的关注，主张通过包容性政策建构来达成社会和谐。

本书比较赞同狭义的社会排斥概念，尤其认可"社会排斥是社会成员遭受的社会权利剥夺和社会身份剥离"这一观点。因为如果将社会排斥分为"政治排斥、经济排斥、文化排斥和社会排斥"四种类型，这一做法与人们在宏观上将"社会"分为"经济、社会、文化和政治"四种类型的逻辑是一致的，这种划分过于宏大，与前述的两种类型"政治失语型和经济歧视型"不是一个层面的概念。为了与前面两种差等正义类型匹配，在此将社会排斥理解为狭义的排斥，即将社会排斥理解为某些人的合理身份得不到承认和平等对待的状态。社会排斥容易造成

---

① ［印度］阿马蒂亚·森：《论经济不平等：不平等之再考察》，王利文、王占杰译，社会科学文献出版社 2006 年版，第 168 页。

② 李保平：《中国转型期公共政策的社会排斥研究》，博士学位论文，吉林大学，2006 年，第 16 页。

③ Commission of the European Communities, *Background Report: Social Exclusion Poverty and Other Social Problems in the European Community*, ISEC/B11/93, Luxembourg: Office for Official Publications of the European Communities. Quoted in Janie Percy-Smith (ed.), *Policy responses to social exclusion: towards inclusion?* Buckingham; Philadelphia: Open University Press, 2000, p. 3.

④ Sue Middleton, Matt Barnes, Jane Miller, *Introduction: the dynamic analysis of poverty and social exclusion*, in Eleni Apospori, *The Dynamics of Social Exclusion in Europe: Comparing Austria, Germany, Greece, Portugal and the UK*, Cheltenham: Edward Elgar, 2003, p. 8.

社会歧视。歧视就是不以人的能力和贡献为标准，而是以民族、性别、宗教信仰、家庭出身、社会经济资源拥有状况等作为分配的依据。社会排斥和社会歧视都是一种社会不公现象，是一种否定性和排他性的社会行为或制度安排。① 因此，社会排斥是差等正义的另一维度。

二　文化空间挤兑：高考招生中的地域歧视

在城乡、区域和阶层之间的经济差距不断拉大的情况下，中国教育差距比经济差距拉得更大更快，这将使教育差距与经济差距形成"相互激励"的晕轮效应，这不仅损害了弱势群体受教育的基本权利，而且也成为影响社会稳定的一个潜在危机。为此，促进教育均衡发展是走出经济贫困与教育落后之间恶性循环的最佳现实选择，对保障弱势群体的平等教育权，推进教育体制改革进程，促进教育社会化都有重要的意义。然而，纵观现实，中国教育资源分配既在城乡之间、地区之间、阶层之间不均衡，也在基础教育和高等教育之间有差距。事实上，高等教育资源分配不公是教育不公平的主要表现。而作为高等教育资源分配的起点，高考资源分配公平性问题的影响更为深远，意义更为重大。可以说，高考不公平是社会的最大不公平，它危及一个社会最基本的公平底线。高考资源分配不公平主要包括地域不公平、阶层不公平和城乡不公平。其中，地区歧视最能体现高考资源分配中的差等正义。

按照经济发展水平的程度，中国可分为经济发达地区和经济欠发达地区；按照地理位置，中国可分为东部、中部和西部地区。经济发达地区主要指东部地区，经济欠发达地区主要指西部地区，这两个地区经济发展水平的差异极大，由此带来了教育上的巨大反差。在此背景下，如果单纯追求"分数平等"，这就容易造成欠发达地区事实上的不平等，从而进一步拉大区域差距。为了追求区域平等，中国制定了按区域划分录取分数线的高考入学政策。但是，中国高等院校按地区分配录取配额的做法并没有完全体现平等的原则，尤其是没有体现出个人能力和勤奋程度在高考中的贡献，以致相同分数的考生在各省被录取的概率相差太大，其结果是考生参

---

① 黄家亮：《论社会歧视的社会心理根源及其消除方式——社会心理学视野下的社会歧视》，《思想战线》2005 年第 5 期。

加高考所在的地域位置决定考生的命运。例如，北京考生考北京大学与清华大学、上海考生考复旦大学、南京考生考南京大学、天津考生考南开大学的机会远远高于省外考生，这是极大的不公平，实际上是将北京、上海、天津等地变成特权地区。为此，洪可柱指出："这种教育水平和录取分数形成两个极端，由于录取的分数线不统一，教育环境较好的大城市录取分数线要低于教育条件相对较差的城乡，意味着前者侵占后者的学生享受优质教育的机会。"① 长此以往，教育对人的经济、社会地位必将产生显著影响，即名校的优质资源必将使学生毕业后有更好的工作前景和更优越的工作待遇，进而提升他们的社会地位和社会身份。

（一）普通高考录取分数线的地域差异十分明显，不同地域的学生难以获得平等的高等教育入学机会

虽然从形式上看，中国的高考制度是公平的，但由于采取了分省定额画线的办法，实际上各省的录取比例和录取分数大相径庭，从而加剧了原本已经存在的教育不公平。例如，从 2010—2012 年大陆 31 个地区高考录取分数线来看，分数线较低的省份有青海、海南、天津、北京、上海、宁夏、新疆等，其中，作为全国的政治、经济、文化中心，北京、上海同时又是录取机会较大的城市，2012 年文理科一本录取线分别为 495 分、438 分和 477 分、423 分，这一分数线分别仅为当年文科录取最高分数 590 分的浙江的 84% 和 82%，分别是当年理科录取最高分数 585 分的广东的 75% 和 0.72%（详见表 6—11）。录取分数线较高的省份有四川、山东、黑龙江、湖北、湖南、河南等，主要原因是这些省份高考报名人数多，录取机会相对较少，分数线被"抬高"②。这凸显出高考分数线地区差异的两种类型：一是经济与教育都发达的地区与欠发达地区的差异，二是津、京、沪等高考低分区与湖北、河南、湖南、山东等高考大省的差异。若说西部省区因为经济落后、高教资源缺乏，致使其录取分数线很低而能被人们接受，因为这符合补偿理论。但是，教育资源更多的是向大城市倾斜，这使得越发达的地区学生高考的分数越低、难度越小，而一些生源大省和

① 洪可柱：《拿掉发达地区的高考特权》，《基础教育》2006 年第 4 期。
② 王厚雄：《中国高考政策的公平性研究》，博士学位论文，华中师范大学，2008 年，第173 页。

落后地区却年年面临巨大的竞争。

以北京为例，北京等直辖市均属于经济发达、集中了全国所有的资源，其录取分数线之低无论从哪个原因来讲也是无法让人信服的。"对于经济、社会和教育最为发达的北京、上海和天津，给予政策和资源优惠……这也是人们诟病现行高考政策的焦点之一。"① 由于经济发展水平和教育水平不同，不同省域之间的高考分数呈现出一定的差距是合理的，欠发达地区的高考分数低于发达地区也是无可争辩的。但是，如果教育资源最为集中的津、京、沪地区学生的高考分数还大大低于其他地区，那就将考生的前途和命运打上了深深的身份和等级烙印，预示着这些地区的考生比其他地区的考生要高人一等，这是对考生平等人格的剥夺，体现的是一种等级特权，应该予以废除。

表6—11 2010—2012年大陆31个地区"一本线"录取分数及录取率对比

地区	总分	2010年			2011年			2012年		
		录取分数		录取率	录取分数		录取率	录取分数		录取率
		文科	理科	（%）	文科	理科	（%）	文科	理科	（%）
北京	750	524	494	20.1	524	484	27	495	477	25.5
天津	750	519	509	19.7	519	515	22	549	530	—
上海	630	464	465	18	468	462	19.7	438	423	20.51
海南②	900	670(558)	624(520)	12.8	671(559)	615(512)	13.79	668(557)	614(512)	13.99
黑龙江	750	523	532	7.6	540	551	9.28	526	514	—
吉林	750	517	530	—	537	548	11.9	529	515	—
辽宁	750	518	531	—	535	520	10.8	563	517	—
河北	750	539	561	4.4	562	581	7.45	572	564	—
广东	750	595	621	6.4	580	568	7	589	585	—
山东	750	606	580	7.1	570	567	11	573	582	9.46
福建	750	557	539	6.4	535	573	10.6	557	546	12.34

① 樊本富：《"高考移民"问题研究》，硕士学位论文，厦门大学，2005年，第55页。
② 若按750分计算，海南2011年文理科的录取线应该分别是559分、512分。

地区	总分	2010 年			2011 年			2012 年		
		录取分数		录取率	录取分数		录取率	录取分数		录取率
		文科	理科	（%）	文科	理科	（%）	文科	理科	（%）
浙江	810	606	593	9.6	571	550	12	590	551	—
江苏①	480	341（533）	340（531）	8.2	343（536）	345（539）	8.45	341（533）	340（531）	—
湖南	750	578	567	4.6	583	572	—	571	520	10.08
湖北	750	530	557	6.4	547	571	—	561	551	
山西	750	533	536	4.8	543	570	—	539	530	
河南	750	532	552	3.5	562	582	—	557	540	6.9
安徽	750	573	562	5.7	547	534	8	577	544	9.05
江西	750	521	515	5.7	532	531	8.1	570	547	8.9
陕西	750	559	556	6.6	543	540	8.8	556	517	11.29
重庆	750	573	533	7.6	564	533	8.4	554	522	9.22
四川	750	543	512	5.1	533	519	—	516	518	3.99
广西	750	510	500	4.9	519	506	—	544	528	7.09
甘肃	750	511	531	—	504	501	—	533	517	6.22
宁夏	750	496	474	9.5	500	486	11	489	440	—
内蒙古	750	475	510	—	486	482	8.8	492	469	11
云南	750	495	500	6.9	495	465	8.9	520	465	—
贵州	750	514	481	5.9	516	448	11.66	539	470	7.9
青海	750	430	405	12.7	430	380	—	433	401	—
新疆	750	485	471	—	504	473	12.86	493	445	—
西藏②	750	455	455	—	485	450	—	490	460	—

资料来源：根据"新浪教育"数据整理而成，http：//edu. sina. com. cn.

（二）不同地域学生高考录取率的差异映射出中国高等教育入学机会的地域差等分配

高考录取率等于报考人数和录取人数的比例。这一比例越高，高考的录取率越高。例如，2000 年，如果将全国的平均录取水平简化为 1，那么，

① 若按 750 分计算，江苏 2011 年文理科的录取线应该分别是 536 分、539 分。

② 西藏 2009—2012 年少数民族——本书理科录取线分别是 290 分与 260 分、293 分与 282 分、315 分与 270 分、320 分与 280 分。

北京的录取率则为 5.23、上海、天津、辽宁和江苏别为 3.62、2.86、1.68
和 1.39。北京的水平是贵州的 10.93 倍、是山东的 2.72 倍。[①] 这一趋势在
2010—2012 年的招生录取中也特别明显。如果以报考人数为基准，2010 年、
2011 年、2012 年高考"一本"录取率较高的省（市）分别是北京、上海、
天津和海南等，"一本"录取率较低的省（自治区）分别是贵州、四川、云
南、广西、河南、湖北等。以北京为例，从 2010—2012 年，北京考生"一
本"录取率年年最高，分别为 20.1%、27% 与 25.5%，这一比例分别是
2010 年录取率最低的河南的 5.7 倍，是 2012 年录取率最低的四川的 6.4 倍
（详见表 6—11）。可见，相对于报考人数来说，全国高等学校在各地的招生
比例大相径庭。也正因为如此，不同省（市、自治区）考生接受优质高等
教育的机会也截然不同。这一点，也可以从表 6—12 "985" 高校更多地倾
向于招收本地生源的趋势中窥知。

表 6—12　2010 年 "985" 高校在各省（市、自治区）的录取率统计

序号	地区	录取率（%）	序号	地区	录取率（%）	序号	地区	录取率（%）
1	上海	5.129	12	四川	2.417	23	云南	1.418
2	天津	4.378	13	福建	2.290	24	贵州	1.380
3	北京	4.069	14	黑龙江	2.216	25	广西	1.259
4	吉林	3.814	15	宁夏	2.2	26	河北	1.191
5	重庆	3.690	16	湖南	2.122	27	内蒙古	1.177
6	辽宁	3.527	17	江苏	1.933	28	山西	1.168
7	青海	3.458	18	山东	1.801	29	安徽	1.035
8	湖北	3.201	19	新疆	1.700	30	河南	0.987
9	海南	3.074	20	陕西	1.687	31	西藏	0.979
10	浙江	2.790	21	甘肃	1.646			
11	广东	2.742	22	江西	1.437			

资料来源：根据"新浪教育"数据整理而成，http://edu.sina.com.cn.

由表 6—12 可知，"985" 2010 年在各省（市）区的平均录取率为

①　彭世华：《发展区域经济学》，教育科学出版社 2003 年版，第 84 页。

2.32%①。其中，高于该平均数的有 12 个地区，分别是上海、天津、北京、吉林、重庆、辽宁、青海、湖北、海南、浙江、广东、四川。剩下的 19 个地区"985"高校的录取率均低于平均数。仔细分析不难发现，上海的录取率最高，为 5.129%，天津和北京的录取率分别次之，为 4.378% 和 4.069%，这些录取率分别是西藏录取率的 5.2、4.5 和 4.2 倍。而录取率最低的河南和西藏，仅为平均数的 42.5% 和 42.2%。可见，优质高校的录取也具有明显的地缘化特征和地域特色，尤其集中于京、津、沪等权力中心，这是典型的地域歧视。

（三）高校的省际分布也呈现出差等格局

由于地域之间的经济发展不平衡，中国高等教育的地区分布存在较大的差异，特别是后期以调整政策的方式建设的重点大学较多地集中在东部发达地区，这样就形成学校总数分布和优质高等学校分布的省际差异。2010 年，大陆地区全国普通高校 2358 所，平均每个地区 76.1 所。但实际上这个分布并不均匀。例如，东部 901 所，占总数的 45.4%；中部 599 所，占总数的 30.2%，西部 483 所，占总数的 24.4%。其中，高校最多的省份是江苏，有 122 所，接近平均值的 2 倍。高校最少的西藏只有 6 所，江苏与西藏相差 20.3 倍。② 从简单的数据来看，普通高校的地域差异比较显著。

这一差异也可从优质高校资源的地理分布情况看出。如表 6—13 所示，截至 2010 年 3 月 31 日，在全国 39 所 985 高校中，北京、上海、天津三个地区就占了 14 所，超过三分之一，剩余的 25 所也大都分布在广东、江苏、浙江、东北等地。其中，贵州、西藏、新疆、云南、广西等 13 个落后地区 1 所 985 高校也没有。211 院校的情况也相似。在全国 112 所 211 高校中，北京、江苏、上海三地共有 46 所，占 41.1%；而西部的十二省中，除四川和陕西之外，其余地区都只有 1—2 所（大部分地区是 1 所）211 大学。也就是说，以"985"和"211"为主的优秀高等教育资源呈"东中西"部依次递减的趋势。而在东中西内部，也存在较大的差异：就东部而言，主要集中在北京、上海、天津、江苏等地；就中部而

① 表 6—12 中大陆 31 个地区录取率的简单平均数。
② 2011 年版《中国统计年鉴》。

言，主要集中在湖北、湖南两省；就西部地区而言，主要集中在陕西、四川两省。这意味着，中国优质高等教育资源呈现出按地区等级分布的状态。

表6—13　　2010年"985"院校和"211"院校地理分布情况①

地区	985高校数（所）	211高校数（所）	地区	985高校数（所）	211高校数（所）
北京市	8	26	甘肃省	1	1
上海市	4	9	浙江省	1	1
天津市	2	3	新疆	0	2
陕西省	3	7	河北省	0	1
湖南省	3	3	河南省	0	1
江苏省	2	11	海南省	0	1
湖北省	2	7	云南省	0	1
四川省	2	5	江西省	0	1
广东省	2	4	贵州省	0	1
辽宁省	2	4	山西省	0	1
山东省	2	3	青海省	0	1
黑龙江省	1	4	内蒙古	0	1
吉林省	1	3	广西	0	1
安徽省	1	3	宁夏	0	1
重庆市	1	2	西藏	0	1
福建省	1	2			

资料来源："新浪教育网"，211高校地理分布网址：http://edu.sina.com.cn/gaokao/2011-03-31/1515290772.shtml；985高校地理分布网址：http://edu.sina.com.cn/gaokao/2011-03-31/1549290785.shtml。

　　但是，如果将各省的人口总数除以普通高校数量，结果又会有较大的变化。如表6—14所示，2010年，全国普通高校2358所，总人口13.4091亿人，平均数是每56.6万人拥有一所高校。接近这个平均值的有浙江、江苏、内蒙古、新疆、湖北、江西、安徽7省区，它们的比值分别为53.9、52.5、56.2、59.1、47.7、52.5和53.7。比值接近平均值一

---

① 此表的数据截至2010年10月31日。

半的地区有三个：北京 22.6，天津 23.6，上海 34.4，排在第四位的宁夏是 42.4。而比值最大的是河南，为 87.9，接下来是广东、云南和山东，比值分别为 79.7、75.4 和 72.6。

能进一步说明此情况的是损益率。损益率等于各省人口与普通高等院校数量的比例除以全国人口总数与普通高校总数的比例，这一比例越小，高校的资源越丰富。反之亦然。从表 6—14 可知，损益率最小的是北京、天津和上海，分别为 0.40、0.42、0.61，损益率最大的分别是河南、广东与云南，分别为 1.55、1.41、1.33，比值最小的北京是比值最大的河南的约 4 倍。这意味着，如果报考本地区的院校，北京考生被录取的概率是河南考生的 4 倍，这是极其不公平的（见表 6—14）。

表 6—14　　　　2010 年大陆 31 个地区人口数量与高校数量对比

序号	地区	人口（万人）	高校数量（所）	比例（万人/所）	损益率	序号	地区	人口（万人）	高校数量（所）	比例（万人/所）	损益率
1	北京	1962	87	22.6	0.40	17	湖北	5728	120	47.7	9.84
2	天津	1299	55	23.6	0.42	18	湖南	6570	117	56.2	0.99
3	河北	7194	110	65.4	1.20	19	广东	10441	131	79.7	1.41
4	山西	3574	73	49	0.87	20	广西	4610	70	65.9	1.16
5	内蒙古	2472	44	56.2	0.99	21	海南	869	17	51.1	0.92
6	辽宁	4375	112	39.1	0.69	22	重庆	2885	53	54.4	0.96
7	吉林	2747	56	49.1	0.87	23	四川	8045	92	67.4	1.19
8	黑龙江	3833	79	48.5	0.86	24	贵州	3479	47	74	1.31
9	上海	2303	67	34.4	0.61	25	云南	4602	61	75.4	1.33
10	江苏	7869	150	52.5	0.93	26	西藏	301	6	50.2	0.89
11	浙江	5447	101	53.9	0.95	27	陕西	3735	90	41.5	0.73
12	安徽	5957	111	53.7	0.95	28	甘肃	2560	40	64	1.13
13	福建	3693	84	44	0.78	29	青海	563	9	62.6	1.11
14	江西	4462	85	52.5	0.93	30	宁夏	633	15	42.4	0.75
15	山东	9588	132	72.6	1.28	31	新疆	2185	37	59.1	1.04
16	河南	9405	107	87.9	1.55	合计		134091	2358	56.8	1

资料来源：根据 2011 年《中华人民共和国统计年鉴》第三章、第二十章相关数据整理而成。

可见，无论是横向对比还是纵向对比，是对比绝对值还是对比相对值，是对比录取率还是对比高校数量，是对比普通高等教育资源还是对比优质高等教育资源，北京、上海、天津这三个发达地区的考生都是高考中的最大赢家。这意味着，在同样的分数面前，这些地域的考生面临更多被录取尤其是被优质高等院校录取的机会。进而言之，上述分析表明，各地区考生在高考中拥有大相径庭的入学机会。而入学机会大相径庭的原因不是其他地区的学生不努力、不聪明、不勤奋，而是因为他们参加高考的地域没有分配到更多的高等教育资源。也就是说，他们在高考中面临明显的地域歧视，这种歧视会演变为一种身份排斥。可以说，这种将高考录取建立在考生身份和区域位置上的做法具有明显的社会排斥意蕴，是典型的差等正义，其实质是不正义。这种不正义不仅会加剧区域之间的教育不平等程度，而且会进一步扩大城乡"二元化"格局。

三 传统观念蔓延：劳动就业中的两性不平等

本质而言，中国的性别平等问题已经在法律文本中得以解决，但这只是一种应然状态。事实是，受传统观念、组织利益或社会整体价值偏好等因素的影响，当代中国性别歧视现象与性别等级模式依然存在，这种存在虽不是公共管理制度排斥的直接产物，但与非正式制度中"男尊女卑""男女有别"的传统文化有关，是一种非正式制度排斥。站在政府的角度，非正式制度排斥与其施政纲领没有太大的关联，但是，政府明明知晓女性在就业、参政中遭遇了大量事实而非法律上的排斥，却没有采取更强有力的措施来予以矫正，也鲜有以正式文件的形式对招致女性"同工不同酬"的组织或个人进行惩罚，这说明政府对中国女性面临的事实上的社会排斥持保守态度，这种态度是不正义的，有默许甚至纵容之嫌。因此，本书将劳动就业中的两性不平等纳入身份排斥型差等正义的范畴。

人与人之间有许多差异，有些差异是相对的，如高矮胖瘦，有些差异是绝对的。作为人与人之间相对性或绝对性差异①，性别的划分并不仅仅具有生物学意义。相反，性别的社会学意义更为浓厚。事实的确如此，

———————

① 尽管现代社会存在中性人或阴阳人（雌雄同体），但从某种程度上说，男女的性别划分还是具有一定的绝对性。

"千百年来，作为生物个体而相对独立的人，总是以其特定的身份存在于人类社会之中。[①]"正因为如此，如果性别的划分没有价值、地位和等级上的差别，那么这种分类是毫无争议的，可以被人们接受和认可。但是，许多人很早就意识到，性别不是作为一种简单的生物学分类而是作为一种等级差异而存在的。在现实生活中，社会性别的差异表现为在两性生物差别的基础上经由社会制度化力量的作用而形成的一系列行为规范和社会角色以及性别分层和性别等级。正所谓"女人并不是天生的，而宁可说是逐渐形成的。[②]"这一点，爱泼斯坦也有描述。他指出，"……除了性和生育功能外，男女两性生物上的差别对他们的行为和能力几乎没有影响；甚至在早期社会化中所形成的社会性别特征，也可能被成年后的经验所改变。……社会权力的分配对男女所处不同社会状况的影响，要比他们与生俱来的生物差异的影响大得多。[③]"既然生理上的"性别差异"被放大成了社会中的"性别等级"，性别所带来的就不仅仅是"男人"与"女人"的问题，而是"支配与被支配""从属与被从属"的关系。从这个角度来说，作为一种问题的存在，性别歧视或性别排斥就不是某一阶层、某一群体或男性的行为，而是整个社会文化长期发展的结果，是社会政治、经济、文化、意识形态等多维度作用的结果。为此，从社会排斥的视角探讨两性不平等，有利于破除性别歧视的根源，将社会学意义上被建构的性别归还到生物学意义上来。

公共领域和私人领域都存在一定程度的性别歧视。其中，最明显、影响最大的是就业中的性别歧视，这种歧视在世界范围内长期存在，并被国际公约严格禁止，中国的法律也明确规定在就业中不得有性别歧视。在此影响下，中国妇女就业保障机制和就业方式发生了巨大的变化，出现"机遇与挑战"并存的局面。以国务院2005年8月发布的官方数据为例："2004年，全国城乡就业总人口为7.52亿人，其中，女性为3.37亿人，

---

① 李小江：《妇女研究在中国》，载杜芳琴、王向贤《妇女与社会性别研究在中国》(1987—2003)，天津人民出版社2003年版。

② ［法］西蒙娜·德·波伏娃：《第二性》（第二卷），陶铁柱译，中国书籍出版社1998年版，第309页。

③ 周颜玲：《有关妇女、性和社会性别的话语》，载王政、杜芳琴《社会性别研究选择》，生活·读书·新知三联书店1998年版，第383页。

占全部从业人员的 44.8%。"[1] 可见,随着社会的发展,女性的就业问题得到了一定的改善。但不可否认的是,女性的就业率仍然大大低于男性,而且女性在就业中存在更多的隐性歧视,如对就业女性提出更为严苛的条件、进行职位性别隔离、降低就业女性的报酬和待遇等,这一点,连受过高等教育的女硕士、女博士也不例外。

(一) 就业机会不平等

机会平等是就业平等的首要前提,意味着在求职的过程中男女求职者享有平等的进职机会。就业机会中的性别歧视使得女性在谋取工作时,仅由于性别原因而非工作效率的问题受到用人单位的限制,使其不能和男性一样平等地获取工作,其表现就是在条件相同的情况下女性更难找到工作,或者要花费更多的时间和精力来谋取与男性同样的工作。就业中的机会不平等是就业性别歧视的首要表现。

文振、刘建华、夏怡然对厦门大学 2002 年本科毕业生的毕业调查表明,87.8% 的女生在找工作中遭到过性别歧视。[2] 劳动与社会保障部对大陆 62 个城市的调查显示,67% 的用人单位有性别歧视,或明文规定女性在聘期不得怀孕生子。[3] 北京大学"高等教育规模扩展与劳动力市场"课题组 2005 年对高校毕业生的大规模抽样调查表明,女生就业率比男生低 15.9%。正因为如此,近年来女生出国、读研、读博的比例节节攀升。不仅女大学生会遭受性别歧视,女研究生的求职之路也是举步维艰。据国内一所大学对 2005 届研究生进行的一次调查显示,超过 7 成的调查对象认为,在同等条件下,招聘单位会优先考虑男生。很多的企业在录用女性时,要求是不得超过 25 岁或者是已经结婚生子的女性。对女博士而言,这也是被排斥和歧视最为冠冕堂皇的理由。尽管调查主体、调查对象和调查方法不同,但都得出了大致相同的结论,即女性在就业机会中面临各种各样的歧视。正是由于这些歧视,女性比男性更难找工作,或更难找到好的工作。

---

[1] 游钧:《2005 年版:中国就业报告——统筹城乡就业》,中国劳动社会保障出版社 2005 年版,第 2 页。

[2] 文振、刘建华、夏怡然:《女大学生的"同工同酬"》,《中国人口科学》2002 年第 6 期。

[3] 田文生:《女大学生就业难怨谁?》,《中国青年报》2003 年 5 月 29 日第 5 版。

至于用人单位歧视女性的原因，婚孕是主要的原因。国家统计局的调查表明，26.4%的单位表示女生怀孕会影响工作，分别有24%和20.5%的单位表示女性休产假和哺乳期也会影响工作，三者合计为70.9%。[①] 除婚孕限制外，一些用人单位更是将女性的相貌、身高、体重等外在条件作为招聘的标准，不符合要求的就会被拒之门外。这表明，劳动力市场的性别歧视由显性转为了隐性。但不管是显性还是隐性，都意味着将就业的机会建立在男女不同的身份基础之上，将就业中的男性划归为更高的等级，这是典型的差等正义。

（二）就业待遇不平等

工资的性别差异是劳动力市场的普遍现象，但差异的大小和差异中性别歧视的比例是因时因地因环境而异的。即使在同一国家，不同经济体制、不同区域间、不同单位的工资性别差异也有很大的不同。在中国，男女劳动者的收入差距在计划经济时代较小。随着市场经济的发展，这一差距却呈逐步扩大的趋势。[②] 这一点，妇联的调查比较详实。全国妇联和国家统计局联合全国30个省404个县、市、区的48192个样本，实施了第二期妇女地位调查。此次调查显示，1999年城镇就业女性的收入是男性的70.1%，这一比例比1990年的差距高7.4%。这一点在农林牧副渔领域更为突出。该领域1999年的女性年均收入仅为男性的59.6%（女性为2367元），比1990年的比例高19.4%。2004年上海妇联对上海10所高校所做的调查也表明，转正前后男性收入分别比女性高5%和9.8%。[③] 福建女性发展研究中心在对厦门大学2002届1068名本科毕业生进行的就业调查发现，有64.8%的女性签约时拟付工资低于2000元，而男生的这一比例为50.8%；有78.8%的女性签约时拟付工资在2000—3000元之间，而男生的这一比例为67.5%。如果控制其他变量不变，签约单位对男生的拟付工资平均要高出女生11%。[④] 厦门统计局2005年年底发布的统计数据也显示，厦门市男

---

① 国家统计局：《中国社会中的男人与女人》2004年版，第104页。

② 宁光杰：《中国的工资性别差距及其分解——性别歧视在多大程度上存在?》，《世界经济文汇》2011年第2期。

③ 姜澎：《性别歧视已非女大学生就业主障碍——校际差异成就业难题》，《文汇报》2004年8月8日第1版。

④ 刘丽丽：《女大学生就业难的原因及经济学分析》，《北方经济》2006年第1期。

女用工收入存在差别，与女性相比，男性就业人员的平均工资收入高出近30%。在科学研究技术服务领域，男女从业人员工资收入比是 2.12：1。就连无明显体力差异的工作，男性工资也高于女性，这与世界劳工组织第100 号公约规定的"对男女工人同等价值的工作给予同等报酬"，以及中国劳动法规定的"男女同工同酬"是相悖的。

不仅如此，中国的高收入人群也主要集中在男性。据第三期妇女社会地位调查，2010 年，城镇男性工资是女性工资的约 1.5 倍，与 1999 年相比，女性工资收入比男性低 2.8%，男女之间的收入差距在不断扩大。调查还显示，在 0.25 万以下的极低收入组，上海、广州、北京女性劳动者的比例分别比男性高 5.8%、17.8%、9.9%；在 0.26—0.75 万的低收入组，上海、广州、北京女性劳动者的比例分别比男性高 4.3%、0.1%、3.8%；在 0.76—1.2 万的中低收入组，三个城市女性的比例分别比男性高 3.3%、2.6% 与 1.7%；在 1.2—1.8 万的中等收入组，上海女性比男性高 8.2%，广州和北京女性则分别比男性低 6.1% 和 0.5%；在 1.8—2.7 万的中等收入组，三个城市的女性比例分别比男性低 7.2%、3% 与 1.5%；在 2.7—4 万的中高收入组，女性劳动者在三个城市的比例分别比男性劳动者低 1.3%、4%、4.1%；而在 4 万以上的高收入组，三个城市女性的比例分别比男性低 13.3%、8.6%、7.4%（详见表6—15）。可见，女性在低收入组的比例都高于男性，而随着收入的增加，男性与女性的比例差距逐渐扩大，收入越高，男性比例与女性比例的差距越大。

表6—15　　　　　社会性别视角下不同城市的工资收入对比　　　　单位：%

收入水平	上海		广州		北京	
	女性	男性	女性	男性	女性	男性
4 万及以上	8.6	21.9	6.5	15.1	4.9	12.3
2.7—4 万	15.4	16.7	10.4	14.4	10.8	15.9
1.8—2.7 万	21	28.2	9.5	12.5	21.4	23.7
1.2—1.8 万	22.9	14.7	10.7	16.8	13.9	14.4
0.76—1.2 万	10.1	6.8	15	12.4	13.3	11.8
0.26—0.75 万	11.8	7.5	18.2	18.1	16.6	12.8
0.25 万以下	10.1	4.3	29.6	10.8	19.2	9.2

资料来源：北京大学中国社会科学调查中心《中国报告·民生·2010》，2010 年。

不仅男女在职场中的工资存在差距，他们在职场中的福利待遇方面也有一定的差距，女性在单位所享受的福利待遇普遍低于男性。如图6—17所示，女性在福利待遇比例方面普遍低于男性。其中，女性在公费医疗或医疗保险、退休金或养老金、失业保险、工伤保险、病假工资、住房补贴或住房分配、带薪休假等方面的福利待遇的享受比例分别为男性的0.82、0.91、0.81、0.76、0.86、0.84与0.82倍，即女性的福利待遇享受率分别为男性的76%—91%不等。这说明，无论哪个领域的福利待遇，女性的享受程度都低于男性。

表6—16　　　　　　　单位提供的保险福利待遇的性别差异

保险待遇类型	享受比例		女/男
	女（%）	男（%）	
公费医疗或医疗保险	50.74	61.51	0.82
退休金或养老金	63.32	69.84	0.91
失业保险	25.41	31.25	0.81
工伤保险	30.99	40.99	0.76
病假工资	53.06	61.85	0.86
住房补贴或住房分配	36.84	44.12	0.84
带薪休假	35.86	43.54	0.82

资料来源：陈桂荣：《和谐社会与女性发展》，社会科学文献出版社2007年版，第86页。

其实，女性在就业中的待遇歧视在其他国家中也不同程度地存在，已成为国际普遍现象。如表6—17所示，中国女性的收入与男性的比例为0.66，与老牌资本主义国家美国、德国和高福利国家瑞典、奥地利、澳大利亚相比，中国女性与男性在职场中的收入比较低；但与亚洲国家日本、印度、巴西、伊朗，以及南非相比，中国女性收入与男性收入之比又处于更为均衡的位置。这表明，就业中的性别待遇歧视在每个国家都一定程度存在。

表 6—17　　　　　　　　世界部分国家女性收入与男性收入之比

国家	比值	国家	比值	国家	比值	国家	比值
美国	0.67	瑞士	0.65	中国	0.66	俄罗斯	0.64
英国	0.61	瑞典	0.77	日本	0.58	澳大利亚	0.73
德国	0.71	波兰	0.62	印度	0.38	伊朗	0.29
法国	0.59	奥地利	0.74	巴西	0.42	南非	0.45

资料来源：根据《2004 年国际统计年鉴》《2004 年人类发展报告》相关数据整理而成。

　　可见，在不同的行业或同一行业中，男女"同工不同酬"已成为事实。那么，男女的工资差异是生产率的真实反映还是性别歧视呢？为此，一些学者进行了研究。Gustafasson 与 Li 运用 Oaxaca 分解方法研究中国的工资性别差距发现，男女的工资差异有一半左右可以用性别来解释，另一半与男性的教育回报率有关。[1] 谭嗣胜与姚先国通过对 2002 年城市居民住户调查资料的分析表明，在男女工资报酬差异中，54.4% 归结为个体特征差异的影响，45.6% 归结为歧视的影响[2]。宁光杰则运用中国健康与营养调查（CHNS）2006 年的数据对劳动者的工资性别差距进行测度和分解。研究发现，"在控制个人特征和单位特征后，男性劳动者的小时收入比女性劳动者高 23.8%，考虑就业选择偏差后的工资性别差距更大一些，可达 25.2%。由于劳动者特征差异形成的工资差异很小，由女性的个人性别特征引起的工资差异较大，这在一定程度上反映性别歧视的存在。[3]"这种歧视会严重影响女性与男性劳动的收入差距。刘泽云利用 2005 年国家统计局的城市住户调查数据，从工资性别歧视的角度阐释了教育收益率性别差异。结果发现，2004 年中国城镇职工的教育收益率为 10.9%，而女性职工的教育收益率比男性高出约 2 个百分点。这进一步证实，职工的

----

　　[1]　Gustafasson B，S. Li，"Economic Transformation and the Gender Earnings Gap in Urban China"，*Journal of Population Economics*，13（2），2000，pp. 304 – 329.

　　[2]　谭嗣胜、姚先国：《中国城市就业人员性别工资歧视的估计》，《妇女研究论丛》2005 年第 6 期。

　　[3]　宁光杰：《中国的工资性别差距及其分解——性别歧视在多大程度上存在？》，《世界经济文汇》2011 年第 2 期。

教育水平与其面临的工资性别歧视呈反向关系，因此，低教育水平的女性面临更大的工资性歧视①。这一点，陈桂荣的调查也可以证实。如表6—18所示，虽然上学年限与工资收入成正比，即上学年限越长，工资收入越高。但值得注意的是：一方面，不管是小学文化、初中文化、高中文化还是大学本科，是硕士生还是博士生，女性的收入均低于男性；另一方面，男女的工资收入差距与上学年限成反比，即文化水平越高，男女的工资收入差距越小。例如，在小学及文盲阶段，女性的收入仅为男性的51%，但是到了大学阶段，这一比例就上升到71%，而及至研究生阶段，这一比例已提升至81%。可见，男女生的工资差异随学历程度的提高而降低。

表6—18　　　　　　　　　不同上学年限的男女工资差异

上学年限	平均年收入（元）		女/男
	女	男	
小于6年	2681.87	5213.62	0.51
6—9年	4554.23	6469.28	0.70
9—12年	6585	9019.94	0.73
12—16年	9430.32	13237.24	0.71
16年以上	10455.61	12948.34	0.81

资料来源：陈桂荣：《和谐社会与女性发展》，社会科学文献出版社2007年版，第88页。

综上所述，人们更多地倾向于认为男女的工资差异是由男女性别特征而非男女的工作能力造成的，即普遍认为性别差异中存在广泛的歧视。这种歧视是违反联合国公约和中国的法律规定的，是典型的差等正义，应该予以矫正。

（三）职务晋升不平等

女性在高层职位的比例低于男性是一个普遍的现象。例如，在2009年财富500强企业的经理层职位中，女性仅占13.5%②。到底职场晋升中

---

① 刘泽云：《教育收益率的性别差异分析》，《妇女研究论丛》2008年第2期。

② 数据来源于2009 Catalyst Census：Fortune 500 Women Executive Officers and Top Earners. http：//www. catalyst. org/。

的性别差异有多大，卿石松利用 2006 年中国综合社会调查（CGSS2006）数据中的城市样本，利用 Probit 回归模型为分析工具，考察了性别对职位晋升的影响，结果表明："在控制教育程度、在职培训和技术等级等人力资本变量，以及中国共产党党员身份等虚拟变量后，职位层级、过去三年职位晋升概率以及预期职位晋升机会存在显著的性别差异。"[①] 由此得出"性别歧视是女性职位晋升不平等的重要原因"。这一点，张抗私也有类似的发现。从表 6—19 可知，在部门经理这一层面，除人力资源经理、行政经理、财务经理、公关经理等职位女性的比例较高之外，其余职位的女性比例均大大低于男性。而在总经理和生产厂长的职位上，女性的比例竟然为 0。这说明，在一些生产性、技术性、前沿性等有前途的岗位上，女性的职位比例远远低于男性，女性有被边缘化的趋势。

表 6—19   广州企业高级人才中的女性比例

人才类型	比例（%）	人才类型	比例（%）	人才类型	比例（%）
人力资源经理	80	技术经理	2	总经理	0
建筑设计总监	15	生产经理	10	生产总监	10
金融投资高管	15	采购经理	30	财务经理	60
行政经理	90	物流经理	20	CEO	10
销售经理	40	公关经理	50	COO	20
工厂厂长	0				

资料来源：张抗私：《劳动力市场性别歧视问题研究》，东北财经大学出版社 2005 年版，第 91—92 页。

女性升迁中这些看不见的障碍被称为"玻璃天花板"效应。"玻璃天花板"效应是指虽然女性进入了管理等级层的第一道门，但是在某处她们会撞上一个看不见的障碍，这个障碍阻止了她们进一步向管理高层晋升。[②] 对此，莫里森是这样阐释的："玻璃天花板是一个透明的障碍，使

① 卿石松：《职位晋升中的性别歧视》，《管理世界》2011 年第 11 期。
② 沈奕斐：《被建构的女性》，上海人民出版社 2005 年版，第 241 页。

女性在公司无法升迁到某一水平之上……它适用于仅仅因为是女人便不能进一步高升的女性群体。"[1] "玻璃天花板"不仅意味着女性在工作环境和管理层中面临着不利的条件或歧视，而且意味着随着女性向更高等级迈进，这种相比于男性的不利条件还会增加。越往上，阻碍越大，"玻璃天花板"越难突破。[2] 当然，两性不平等的原因有政治、经济、文化、女性本身等多种原因，但最根本的与社会排斥有关，这种社会排斥是几千年来"男尊女卑"封建思想的产物。为此，当提到性别的时候，往往将其与不平等、歧视或排斥等字眼联系在一起，并且大部分时候认为且事实上也是"男性的权力大于女性，男性的地位高于女性"。正如美国著名的女性主义者凯特·米利特所说："两性关系的制度进行公正调查后发现，从历史到现在两性之间的状况，正如马克斯·韦伯所说的那样，是一种支配与从属的关系。在社会秩序中，基本上未被人们检查过的甚至常常被否认的是男人按天生的权力统治女人。一种最巧妙的内部殖民在这种体制中得以实现，而且它往往比任何的种族隔离更为坚固，比阶级的壁垒更加森严、更加普遍，当然也更为持久。"[3] 美国女权主义学者克瑞斯汀·丝维斯特也认为："男性和女性在身体特征上只有细微差别，他们在政治化过程中才形成不同的主体身份，这种身份通过劳动分工、个性形成、地位的分派、权力的分配不断得以强化，女性地位的非自主性只是不平等的男权社会的政治文化标志。"[4] 其他女权主义者也认为，男女两性的生物学差别并不足以构成男女社会地位的差别，男女社会地位的差别是由几千年来男尊女卑、男女有别的封建文化思想建构于社会化过程的结果，以致男女的生理差别被放大为社会差别，进而成为政策制定和法律制定的性别标准。当然，男女性别平等并不意味着忽视男女的生理差异而走向完全的性别均等。这一点，托克维尔的描述比较精彩。托克维尔在《论美国的民主》中指出："我们不难想到，强制两性平等，反而会损害双方；应叫男子去

---

① 沈奕斐：《被建构的女性》，上海人民出版社 2005 年版，第 241 页。

② [美] 埃里克·奥特·赖特：《后工业社会中的阶级：阶级分析的比较研究》，陈心想译，辽宁教育出版社 2004 年版，第 333 页。

③ [美] 凯特·米利特：《性政治》，宋文伟译，江苏人民出版社 2000 年版，第 33 页。

④ [美] 克瑞斯汀·丝维斯特：《女性主义与后现代国际关系》，余潇枫、潘一禾、郭夏娟译，浙江人民出版社 2003 年版，译者序第 3 页。

做本来应当由女子去做的工作或者相反，必然出现一些柔弱的男人或一些粗野的女人。美国人确信，进步并不是使性别不同的人去做几乎相同的工作，而是让男女各尽其能。"① 试想一下，如果男女平等没有注意到女性由于生理与心理的自然差别以及社会建构的性别权力的差别，而给予妇女以特殊的法律保护，男女平等保护的结果就只能是妇女权利在实际上受到侵犯，最终导致女性对男性的制度性屈从。

凯特·米利特指出，"两性间的许多差异实际上是文化性的而不是生物性的，所谓男子气质和女人气质可以完全独立于生物性的性，性别角色是后天决定的，与解剖学和生理学毫无关系。②" 这意味着，文化才是男女社会差异的主要原因，文化对男女的性别建构远远大于生物学对他们的建构。也正因为如此，传统社会中"男尊女卑、男女有别"的文化观念使妇女在社会中处于弱势地位，遭遇身份认同危机，这是典型的社会排斥。

四　社会排斥型差等正义：身份认同危机

社会转型期，中国社会的贫困和不平等现象呈现出新的特征，这些特征主要表现为社会排斥的隐蔽性、复杂性与传递性。在阶层分化严重的社会中，权利不平等的社会群体往往发展出具有不平等价值的社会风格，其结果是社会风格带来了强大的非正式压力，这些压力使得从属群体成员的日常生活以及在公共领域中的贡献被边缘化。而且，在外在环境的影响下，这种压力是加重了而非减轻了，再加上为公共领域提供信息的媒介具有追逐私利的特性，因而从属的社会群体往往不能获得平等参与所需的物质手段。这样，社会排斥就使从属群体在结构上被边缘化了。正因为如此，名义上的经济问题不仅影响经济地位，而且影响社会参与者的身份和特性。同样，名义上的社会排斥问题不仅影响社会身份，而且影响人们的政治和经济地位。为此，社会排斥最大的影响就是会扭曲社会成员的身份，引发身份认同危机。以妇女遭受的社会排斥为例。圣经上说，夏娃是

---

① ［法］托克维尔：《论美国的民主》（下卷），董果良译，商务印书馆 2006 年版，第753 页。

② ［美］凯特·米利特：《性政治》，宋文伟译，江苏人民出版社 2000 年版，第 37 页。

用亚当的肋骨制造的，这意味着女人是男人的天然附属物，女人是属于男人的，是男人身上的一个物件，这在不同文明的国度里几乎是共同的。[①]慢慢地，妇女在家庭里的从属地位就演变为社会中的性别歧视，这种歧视直接导致妇女法律主体的缺失，其典型表现是妇女在公共领域的参与不足。正如美国女权主义学者朱蒂思·贝尔所尖锐批判的："对法律来说，女人是什么呢？而对女人来说，法律又是什么呢？曾经一度，大多数的女人所扮演的角色，就只是一个男人谈话中的客体——被谈论的客体、被指示的客体，以及被处理的客体。"[②] 为此，弗雷泽认为，性别是一个二维的社会差异，既不仅是阶级也不仅是身份群体，性别是起源于社会的经济结构和身份制度的一个混杂的类别，因此，性别排斥会引发人们的身份认同危机。

对任何个体来说，身份认同都是一个内在的基础行为要求，因为身份认同对个人获得安全感和自信心、维持心理健康、塑造自我认同有重要作用。[③] 身份认同对消除"我是谁"的焦虑，消弭异化文化心理下的矛盾，建构"我到底是谁"的理想尤为重要。但是，由于冲突的产生，主流文化对非主流文化产生压制、排斥。为了生存，非主流文化不得不屈从于主流文化，这就导致文化认同危机。所谓文化认同危机是指文化主体与他所从属的文化发生了断裂，从而产生危机和焦虑体验。这种焦虑会使人对自身的身份产生怀疑，进而产生身份认同危机。一般认为，身份认同危机是指人们对自身存在的意义和价值产生的恐慌和焦虑感，这种感觉有可能来自环境的变化，也有可能来自外在的压力，但引起这种感觉最关键的是焦虑主体被其他群体所排斥，以致被排斥主体对自身原有的文化价值产生怀疑，感觉无所适从，进而产生身份认同危机。

---

① ［澳］马格利特·桑顿：《不和谐与不信任——法律职业中的女性》，信春鹰、王莉译，法律出版社 2001 年版，译者序言第 1 页。

② ［美］朱蒂思·贝尔：《法律之前的女性——建构女性理学》，官晓薇、高培植译，商周出版社 2000 年版，第 214 页。

③ 乐黛云：《文化传递与文化形象》，北京大学出版社 1999 年版，第 332 页。

第 七 章

差等正义矫正方式及路径

南茜·弗雷泽指出，"为了矫正分配不公，人们必须通过再分配排除经济上的障碍，因而必须对参与平等的客观条件进行经济上的重建；同样，为了矫正错误承认，人们必须通过承认去除文化障碍，通过将阻碍参与平等的文化价值模式去制度化，并以培育参与平等的模式取而代之；而为了矫正政治上的排斥和边缘化，人们必须通过民主化排除政治上的障碍。①" 可见，对于如何达成正义，弗雷泽认为应该实现经济上的再分配、政治上的平等参与和文化上的公平承认，这为差等正义的治理路径提供了借鉴。在阐释具体的治理路径之前，应对国外治理差等正义的经验与方式进行概括和提炼。

第一节 他山之石：西方国家遏制差等
正义的方式与经验

美国的"肯定性行动"是帮助在历史上长期受歧视的弱势群体如妇女、残疾人以及以黑人为主的少数族群等改变其劣势地位的有效措施，其具体做法是在能力和资格基本相同的情况下，使这些群体在劳动就业、升学考试、颁发奖学金、接受政府贷款和分配政府合同等方面享有一定的优先权，以保障他们的合法权益。

---

① ［美］南茜·弗雷泽、［德］阿克塞尔·霍耐特：《再分配，还是承认？——一个政治哲学对话》，周穗明译，上海人民出版社 2009 年版，第 57 页。

一 美国"肯定性行动计划"：对少数族群权利的承认

自二战以来，种族——文化冲突已经成为当今世界中政治暴力最常见的根源，而且这些冲突并没有表现出缓和的迹象。之所以有种族——文化冲突，是因为少数族群和多数族群日益在诸如语言权利、区域自主、政治代表、教育课程、土地归属、移民和归化政策，甚至国家象征物——例如，国歌的选择或者公共假日等问题上发生冲突。① 面对日益严重的种族歧视和被歧视者的权利诉求，美国在 20 世纪六七十年代出台了"肯定性行动计划"。该计划主要以配额制和校车制的形式分别在就业和教育领域得以贯彻。但由于该计划触动了统治种族的价值观和利益，且计划本身的内在运行机制存在一系列问题，因而引发了旷日持久的争议，这些争议对弱势群体和以黑人为主的有色人种的未来命运产生深远影响②。

（一）美国"肯定性行动计划"的背景

为改善以黑人为主的有色人种和以妇女为主的弱势群体的社会经济状况，美国政府在 20 世纪 60 年代以总统行政命令的形式颁布了消除就业和教育等领域的种族和性别歧视的补偿性计划，这一计划的重要受益群体是黑人。③"肯定性行动计划"的推出与黑人的民权斗争与经济地位的改善诉求有关。当然，白人自由主义者对社会不平等的抵抗也起到了推波助澜的作用。

美国是世界上最大的移民国家，移民群体与美国的少数种族一起构成被歧视的庞大群体，这一群体主要是以黑人为主的有色人种和少数民族，以有色人种为主的低收入贫困阶层，以及长期受到歧视的残疾人、同性恋者、吸毒者等。由于种族的多样性，美国的文化多样性特征十分明显。美国文化多样性有两个根源：根源之一是在一个既定的国家内至少有两个民族共同存在，"民族"在这里意指一个历史性共同体，它在制度上或多或少是完整的，占据着一块既定的区域或领土，共享着一种独特的语言和文

---

① ［加拿大］威尔·金里卡：《多元文化公民权：一种有关少数族群权利的自由主义理论》，杨立峰译，上海世纪出版集团 2009 年版，第 1 页。

② 张爱民：《美国"肯定性行动计划"述评》，《南开大学学报》2000 年第 3 期。

③ 同上。

化。实际上，较小的文化实体构成"民族性少数族群"，这些族群拥有语言和土地使用方面的权利，大多数少数民族都是相对较小的，在地理上是相对孤立的，它们合起来在美国的比例也比较少。因此，这些少数民族的地位往往是被边缘化的。但是，这里提到的民族性群体，并不是由种族或者血统来界定的，不是人种或血统的群体，而是文化的群体。这符合自由主义的少数民族权利观念，即以是否融入某个文化共同体而不是血统来界定民族成员身份。这意味着，民族身份应该向愿意学习这个社会语言和历史的所有人开放，而不管他们的种族和肤色是什么。① 美国文化多元主义的第二个根源是移民。如果一个国家接受了大量来自其他国家的个人或家庭移民，并允许他们保持某种程度的种族特殊性，那么它就会表现出文化多元主义。这一现象在美国、澳大利亚和加拿大比较普遍。实际上，世界合法移民总量中的一半以上都去了这三个国家②。

有学者指出，有色人种是美国政治冲突和政治稳定的根源。然而，金里卡认为，美国移民的权利诉求与少数族群的权利诉求不同。移民群体不是民族，并且不占有故土。他们的独特性主要表现在他们的家庭生活和自愿的联合体上，并且与对他们制度上的整合相一致，他们依然参与主导性文化的公共制度，讲主流语言。虽然他们拥有越来越多的表达种族特殊性的权利，但他们的典型做法是希望在英语社会或法语社会的公共制度内实现这一点。虽然他们拒绝同化，但他们并不像民族性少数族群要求的那样建立一个平行的社会。③ 因此，促进移民在文化成员身份方面的利益，主要是通过一个提供语言训练和反对各种模式的歧视与偏见来达成，而非赋予其特殊的权利。"一般来说，这更多地是一个严格执行共同的公民身份权利的问题，而不是提供群体上有差别的权利问题。只要共同的公民身份事实上创造进入主流文化的平等途径，那么，就实现了关于文化成员身份平等的问题。"④ 威尔·金里卡的分析再次证实，有色人种的少数民族族群问题才是美国政治动荡的主要根源。因此，约翰逊总统在哈佛大学作演

---

① ［加拿大］威尔·金里卡：《多元文化公民权：一种有关少数族群权利的自由主义理论》，杨立峰译，上海世纪出版集团 2009 年版，第 29 页。

② 同上书，第 13—16 页。

③ 同上书，第 18 页。

④ 同上书，第 147 页。

讲时指出：机会之门敞开是不够的，只有将黑人带到同一条起跑线前才能使他们享有充分的民权。①"肯定性行动计划"就是打开这道机会之门的有益尝试。

（二）美国"肯定性行动计划"的争议

"肯定性行动"一词最早可追溯到肯尼迪总统，他在1961年签署的总统第10925号行政命令中明确提出：政府合同承包商不得有种族、信仰、肤色、祖籍的歧视，要为少数族裔提供平等的就业机会。美国"肯定性行动计划"的主要法律依据是1964年颁布的民权法案。该法案中的第四条"禁止在学校中实行种族隔离"和第七条"禁止就业中的种族、肤色、宗教信仰、性别歧视或隔离"是反种族歧视的典型条款。美国"肯定性行动计划"的宗旨是改变少数民族、妇女等弱势群体在就业、升学、颁发奖学金、职务晋升、接受政府贷款以及合同分配中的劣势地位，使其在能力相同或相似的情况下，有被优先录用或得到优先分配份额的权利。目前，学界一般把美国的"肯定性行动"分为以维护少数族群成员权益为主的"维权时期"（20世纪40年代初—60年代末）、以优待少数族群成员为主的"优待时期"（20世纪60年代末—80年代中后期）以及以实现多数族群成员与少数族群成员人人平等的"平等时期"三个时期。在这三个时期中，有两次转折点，这两次转折点分别是：第二时期尼克松总统被迫提出的"对少数族群成员采取优待性措施"和第三时期联邦最高法院在克罗森案中确定的"今后对所有具有种族意识的肯定性行动计划将适用严格审查标准。②"

美国"肯定性行动计划"旨在通过联邦政府强制的法律政策消除黑人、妇女、外来移民等弱势群体在就业、教育等领域遭受的歧视和不公平待遇。"肯定性行动计划"对改善美国弱势群体的利益有重要的帮助。"肯定性行动计划"出台之后，许多美国大学对少数族裔学生的录取标准降低了；同等条件下，在一些政府性资助和劳动就业招工中，残疾人、黑

---

① Franklin, John H., Starr, Isidor E. eds., *The Negro in 20th Century America*, New York, 1967, pp. 227 – 229.

② 王凡妹：《美国"肯定性行动"的历史沿革——从法律性文件的角度进行回顾与分析》，《西北民族研究》2010年第2期。

人和妇女等弱势群体被优先考虑，其结果是在一些大学招生和企业招工中符合条件的白种人没有被录取。四十多年来，"肯定性行动计划"取得了一定的成效。尽管如此，但仍然有人认为"肯定性行动"形成一种对白人的"逆向歧视"，其中最典型的就是"艾伦·贝基"案。20世纪70年代，美国加利福尼亚大学戴维斯分校医学院开始按照普通招生计划与特别招生计划招生，每年的招生名额普通招生计划人数为84名，特别招生计划人数为16名，合计100名。艾伦·贝基为白人男性申请者，曾以优异的成绩在1973年与1974年递交入学申请书，但因申请较晚且其他申请者竞争性更强，贝基的申请最终落空。而在1974年贝基被淘汰之前，留给特别招生计划的名额中仍有4个名额空缺。虽然贝基考试和面试分数大大超过特别招生计划的分数，但贝基的入学申请仍然没有得到批准。为此，贝基将加州大学①告上了法庭②。该案引发人们对"美国肯定性行动"的思考，引发出两派观点：反对派与赞成派。

有许多人质疑为什么要给少数族群更多的"特殊权利"，例如，在教育、就业、住房保障中优先录取或优先照顾。这些反对者提出了各种各样的理由，比如，埋怨黑人抢走了白人的饭碗，憎恨黑人夺走了他们在劳动就业、职务晋升中的机会，他们认为这种做法会形成对白人的"逆向歧视"。实际上，连一些黑人知识分子也认为"肯定性行动计划"对他们有施舍之嫌，对他们的自尊心和人格造成了侮辱。他们认为，"肯定性行动计划"把黑人当成特殊群体来对待，这是违背他们意愿的。黑人民权运

---

① 但极具讽刺意味的是，加州大学虽然在20世纪60年代曾是全美大学争取平权运动的排头兵，但在20世纪90年代，加州大学却摇身一变成为争取废除平权法案的急先锋。1997年加州大学董事会趁当年加州全民公决废除平权法案之际，投票通过决议，宣布加州大学今后在招生、雇人、工程招标时不再照顾少数族裔和妇女，从而使加州大学成为美国第一个公开宣布废除"肯定性行动"政策的公立机构。加州大学宣布废除"肯定性行动"政策一事表明，这项特殊照顾政策只是一个具有临时性和补偿性的民族政策，绝非一个修改美国社会中竞争规则的永久性法律，它不可能无限期地执行下去（参见陈伟《美国的"肯定性行动"政策》，《中国审判新闻月刊》2006年第10期）。

② 1978年6月28日，该案的最后判决是双重的：一方面，法院判决录取定额制度违反了宪法第14条修正案，贝基应被录取；另一方面，部分判决加州大学有权实行一些使学生来源和校园学术环境多元化的特殊政策，在录取新生时，可以把族裔背景作为附加（plus）因素之一来考虑，这一判决的功臣是鲍威尔法官（陈伟：《美国的"肯定性行动"政策》，《中国审判新闻月刊》2006年第10期）。

动领袖杰西·杰克逊曾义愤填膺地说："黑人不要依赖政府，而是要靠自己的首创精神去摆脱贫困。"① 不少有地位的黑人也支持他的这种看法。

　　但是，金里卡指出，对于美国的"肯定性行动"，以前的争论几乎都集中于基于种族好恶的录取或雇佣是否在原则上是错误的。这种认识过于简单。人们普遍承认，在一些机制和背景下，非洲裔美国人和其他一些少数群体确实处于劣势，所以人们应该用什么来加以补偿。因此，反对反歧视行动，不是因为偏离无种族偏见规则在原则上是不公正的，而是因为现有的反歧视行动政策并没有真正地惠及最需要的人，同时反歧视行动的代价又主要落到年轻白人男性的肩上，他们中有些本来就处于劣势，再者人们明明可以找到更有效的政策来帮助那些黑人。②

　　可见，人们谴责"肯定性行动计划"的原因主要有两个：一是受配额代表制的限制，本不符合条件的人被录用或提升，符合条件的人却没得到应有的份额，这将使无辜者（如白人中的底层群体）承担一部分本不应该承担的责任，也会使从未受过歧视的人（如黑人中的富裕人群）凭空获益。这一点，自由主义者是这样认为的："群体配额代表制会使群体差别制度化，并且赋予群体以政治上的突出地位，而且这会严重危及社会团结。"③ 但是，少数族群利益的维护者金里卡却认为，群体配额制本质上并不是反自由主义或反民主的，它是现有的民主传统的合理扩张，而且，它是保证少数族群的利益和观点得到充分表达的最适合方式。因此，"自由主义者应该承认人们在他们自己的社会性文化中的成员身份的重要性，因为这种成员身份对使个体能够进行有意义的选择和支持自我认同起着重要作用。④" 也就是说，反对者认为，"肯定性行动计划"最大的问题在于以歧视纠正歧视，从而剥夺了许多人的合法权益。在许多人看来，这项政策是以人种、性别、肤色等群体差别为标准"一刀切"政策，只要你是黑人、女性或其他少数民族群体，无论你健康与否、财富拥有多少，

---

① 古真：《漫话美国的"肯定行动计划"》，《国际展望》1991年第11期。

② ［加拿大］威尔·金里卡：《少数的权利：民族主义、多元文化主义与公民》，邓红风译，上海世纪出版集团2005年版，第23页。

③ ［加拿大］威尔·金里卡：《多元文化公民权：一种有关少数族群权利的自由主义理论》，杨立峰译，上海世纪出版集团2009年版，第192页。

④ 同上书，第135页。

在社会中所处的位置如何，你都可以在竞争中受到若干照顾。相反，只要你是白人、男性，不管你处于什么样的状况，哪怕再受歧视也没人心疼你。① 因此，"肯定性行动计划"忽视了人的真正需求和社会地位，是典型的逆向歧视。甚至有反对者认为，既然"肯定性行动"已经与配额、目标、预留合同、种族优待、政治正确等弊端联系在一起，就应该被禁止。② 二是对少数群体权利的总体趋势形成一种威胁，会侵蚀维持一个健康的民主制度所需要的品德、认同和习俗。为什么多元文化政策会被看为不稳定的呢？潜在的担忧是少数族群权利导致种族政治化，而任何提高种族在公共生活中显要性的措施都是离间性的。随着时间的流逝，它们在各族裔群体之间制造日益加剧的竞争、不信任和对抗。因此，凸显族裔认同的政策被认为"像是金属上的腐蚀剂，蚕食掉把我们联结成一个国家的纽带。③"概言之，反对少数群体特殊权利的论点，传统上总是用公正性这样的辞令来言说的。批评少数群体权利的人很久以来都坚持公正性，要求国家机构必须是无种族偏见的，按特定群体归属来授予权利被认为本质上具有道德任意性和歧视性，不可避免地会制造出一等和二等公民。④

但是，这种包容族裔文化差异而偏离无差异待遇规则本质上并非是不公正的。实际上，反肯定性行动所面临的问题不是要不要多元文化政策，而是采纳何种形式的多元文化政策更加可靠。诚如 Glazer 所言："我们现在都是多元文化主义者，尽管某些多元文化政策的价值在看法上有很大的分歧。"⑤ 金里卡也指出："我曾提出，能进入一种社会性文化，对于个体自由来说是本质性的。我也提过，大多数人与他们的文化具有一种深刻的联系，而且证明他们对保持这种联系有一种合法的利益。"⑥ 因此，赞成

① 古真：《漫话美国的"肯定行动计划"》，《国际展望》1991 年第 11 期。
② 张敏杰：《美国的"肯定性行动"及对中国社会政策的启示》，《浙江学刊》2007 年第5 期。
③ Ward, Cynthia, "The Limits of Liberal Republicanism: Why Group-Based Remedies and Republican Citizenship Don't Mix", *Columbia Law Review*, 91/3, 1991, pp. 581-607.
④ ［加拿大］威尔·金里卡：《少数的权利：民族主义、多元文化主义与公民》，邓红风译，上海世纪出版集团 2005 年版，第 21 页。
⑤ Glazer, *We are all Multiculturalists Now*, Harvard University Press, Cambridge, Mass, 1997.
⑥ ［加拿大］威尔·金里卡：《多元文化公民权：一种有关少数族群权利的自由主义理论》，杨立峰译，上海世纪出版集团 2009 年版，第 137 页。

美国肯定性行动的原因之一在于"肯定性行动"承认文化多元的合理性，而文化多元能够帮助保留少数族群的文化特质，这是人类社会最宝贵的财富。不仅如此，"肯定性行动"还能体现民族平等与民族融合，彰显"法律面前人人平等"的价值。更重要的是，金里卡认为，那种认为"肯定性行动"会制造麻烦和不团结的说法有太多闭门造车的空想，反过来似乎更有道理：正是由于缺乏少数群体权利，公众团结的纽带才会被侵蚀。因此，承认少数群体的权利实际上能加强团结、促进政治稳定。例如，加拿大和澳大利亚在移民问题的处理上比其他任何一个国家都做得好。他们将移民融入共同的民事和政治机构方面，这使两个国家的种族偏见大幅弱化，而族裔间的友谊与通婚也在明显增加。一项对全世界族裔冲突的调查一再说明："尽早地大部分的分权绝对会阻止而不是煽动族裔分离主义。"① "而政府拒绝给予少数民族自治权，或者用更恶劣的态度即取消已经存在的自治权的做法才是导致政治不稳定的原因。"②

事实上，美国"肯定性行动"的实质是对美国少数种族的公民身份的承认问题。大多数自由主义理论家一直承认，"公民身份不仅是一种由一系列权利和义务所界定的法律地位，也是一种认同，一种对人们的在一个政治社群中的成员身份的表达。③"但是，在现实中，好多权利是典型地为公民所有，而公民身份又不是人人都具有的，是一个本质上有群体差别的概念，除非人们愿意放开"公民"的边界，否则，基于公民身份来分配权利和义务就是一种歧视。这一点，自由主义者常常犯错。他们常常提倡人人享有平等的权利，但是，正如塞缪尔·布莱克所指出的："自由主义者常常从讨论人们的道德平等开始，但却以讨论公民们的平等结束，而且没有作出解释，甚至没有注意到这种转变。"④ 当然，也许不是他们没有注意到这种转变，而是他们不愿意这种转变发生。按照意思，公民身

---

① Horowitz D. L., *Ethnic Groups in Conflict*, University of California Press, Berkeley, 1985.

② Gurr, Ted, *Minorities at Risk: A Global View of Ethnopolitical Conflict*, Washington: Institute of Peace Press, DC, 1993.

③ ［加拿大］威尔·金里卡：《多元文化公民权：一种有关少数族群权利的自由主义理论》，杨立峰译，上海世纪出版集团 2009 年版，第 245 页。

④ Black, Samuel, "Individualism at an Impasse," *Canadian Journal of Philosophy*, 21/3, 1991, pp. 347–77.

份的大致意思是把人们当作依法享有平等权利的个体来对待。那么，是否存在有差别的公民身份呢？金里卡指出，在一个有群体差别权利的社会中，某些群体的成员不仅是作为个体，而且是通过群体和他们的一些在部分意义上依赖于他们的群体成员身份的权利，并被纳入了政治共同体，这就是有差别的公民身份①。如果将有差别的身份定义为接受因群体而不同的多种族权利、代表权和自治权，那么，实际上每个现代民主国家都承认某种形式的有差别的公民身份。正如帕瑞克所指出的："现代公民身份比起政治理论家们曾经预设的观点来，是一个有更多差异性且更少同质性的概念。"② 但是，一些批评者也指出，如果公民身份是有差别的，那么，某些群体就会受到鼓励聚焦于他们的差别而不是其他，这将失去"公民"概念的整合功能。这样，就没有什么东西可以把社会中的各个群体联结在一起。如果公民身份是有差别的，它就不再提供一种能够共有的经验或共同的地位，这样，公民的身份就不能成为团结的诱因。为此，"有差别的公民身份的批评家们指出，公民身份应该成为一个人们超越各自的差别并思考所有公民的共同利益的论坛。③"基于此，张爱民指出，"肯定性行动计划"是少数民族权利的重要保障机制，是对起点不平等的弱势群体的补偿，是一种实质平等。④

二　欧盟"反社会排斥"政策：对弱势群体身份的包容

随着欧洲经济整合与社会整合的加快，欧共体各成员国因经济发展程度不同而对"欧洲化"的适应不同，这使得各国在"欧洲化"的过程中都面临一些社会排斥问题。针对这一情况，欧盟积极促进社会融合并发挥重要作用，由此推动了反社会排斥政策的创立。社会排斥是将弱势群体的权利排除在合理的公民权利之外。被排斥的权利包括政治、经济、文化、

---

① ［加拿大］威尔·金里卡：《多元文化公民权：一种有关少数族群权利的自由主义理论》，杨立峰译，上海世纪出版集团 2009 年版，第 222 页。

② Parekh, Bhikhu, "The Rushdie Affair: Research Agenda for Political Philosophy," *Political Studies*, 1990, p. 702.

③ Kukathas, Chandran, "The Idea of a Multicultural Soceity and Multiculturalism and the Idea of an Australian Identity", in Chandran Kukathas (ed.), *Multicultural Citizens: The Philosophy and Politics of Identity* (Center for Independent Studies, St Leonard's), 1993, p. 156.

④ 张爱民：《美国"肯定性行动计划"述评》，《南开大学学报》2000 年第 3 期。

社会关系、公共服务等方方面面，被排斥的群体包括吸毒者、无家可归者、残疾人、艾滋病者、青少年、失业者、单亲家庭、女性、老年人等。被排斥群体在住房、教育、健康等权利上处于弱势地位，处于被边缘化的境地，使其在社会融入、教育机会获取和社会网络活动中处于劣势。结果，这些人不能平等地分享政治、经济和文化权利，在公共决策中也基本不能享有话语权。

（一）欧盟反社会排斥政策的产生与发展

自 20 世纪 80 年代末以来，关于社会排斥与反社会排斥的理论与实践研究在欧洲社会蓬勃发展，欧洲共同体和欧洲各国开始采取多种措施控制社会排斥。在 1988 年，欧共体委员会在反贫困接近尾声时首次运用了"社会排斥"概念，并于 1989 年将其写入欧洲社会宪章的序言。随后，社会排斥理论在许多欧洲国家和国际组织的社会政策中占据重要地位，有的甚至将其作为社会政策的关键性目标。至 1994 年，欧盟委员会在其颁布的白皮书《增长，竞争，就业》中，大力呼吁反社会排斥与反贫困问题，并将压缩劳动力成本、提高劳动力市场效率、增加职业培训投资、推进就业密集型经济增长、整合失业者与妇女进劳动力市场五个方面确立为五个行动的"优先领域"[1]；进入新世纪后，反社会排斥问题在欧洲一体化进程中获得了前所未有的重视，其表现是：2000 年的里斯本策略对欧盟就业战略的"社会融合"目标进行了重点关注；2004 年，欧盟在荷兰召开的欧盟各国部长会议则将焦点转向具有移民背景的青年人；2005 年，欧盟执委会提出新社会议程，新社会议程实施的重点是就业、对抗贫穷与促进机会平等。[2] 新议程的内容主要包括：第一，提出完善劳动市场和推进社会保障制度的现代化问题，这两项措施将有助于欧盟成员国在保护社会弱势群体的同时，也能拥有一个快速流动的劳动市场；第二，新议程提出通过职业津贴转换的方式使成员国国内或成员国之间的劳工在迁移时仍享有完整的退休金和社会保障权利，进而创造一体化的欧洲劳动市场；第三，支持妇女从家庭中解放出来，进入劳动力市场，让妇女等弱势群体拥有更多更好的工作机会；第四，对欧洲民众非常重视的一些问题提出行动

① 林闽钢、董琳：《欧盟反社会排斥政策探讨》，《公共管理高层论坛》2006 年第 1 期。
② 同上。

方案和计划，这些问题包括减少贫穷、保障退休金、提供社会保障、健康问题、环境问题、人身安全等；第五，新议程更新了劳动法，并提出新的工作期限概念和健康安全策略；第六，新议程借助协商对话机制和劳资团体协商方式促进跨国间的劳资协商谈判，以进行公司重建。① 欧盟反社会排斥政策的工具主要是各种基金会。例如，欧洲社会基金会，该基金会的主要目的是抑制青年工人失业与改善他们的工作环境，并加强教育与职业培训。该基金会在反社会排斥如失业、妇女歧视、残疾人歧视等方面发挥了重要的作用。

　　欧盟反社会排斥政策的对象主要是落后地区与国家，以及特定的丧失正常生活权利的群体，包括青年人、老年人、残疾人、妇女等。其中，青年人的就业关系到他们能否正常生活的问题，因而成为反社会排斥的核心与重中之重。为了实现充分的就业，欧盟还推出一系列就业策略。至于两性平等，欧盟则从 1980 年开始召开每四年一期的"两性平等机会之行动计划"。这些行动计划主要旨在提高女性的性别平等待遇、女性的就业机会平等、女性参加公共事务决策的机会平等、怀孕妇女工作权等。通过该行动计划，欧盟将两性的平等机会整合到所有的政策及行动中，并倡议所有机构要平等地对待女性，建议国会要为两性平等创造机会，要使女性在经济和政治决策过程中享有更多的代表权。随着欧洲一体化的不断推进，外来劳工的社会排斥问题成为焦点。在沃尔泽看来，外来劳工如瑞典的客籍工人往往不具备某个共同体的成员资格，因而他们的大部分权利如福利权、教育权等是被排斥在共同体之外的。因而国家对他们的态度是不正义的。为此，欧盟制定了反社会排斥政策。该政策的目的是通过提高就业机会、改善生活质量、增加劳动者收入和推动经济可持续增长来实现反社会排斥的目标。该政策的具体内容包括：第一，构建以社会保险和社会福利为主的社会保护体系，其具体方式是政府通过补偿机制和财政再分配的形式来减缓社会不平等现象，如英国的再就业津贴计划；第二，推行最低收入计划；第三，为社会保障的全面实施提供资金支持；第四，为公民提供公路建设、交通工具、基础医疗等基础设施，提供完善的公共服务体系。为了实施该政策，欧盟通过重塑政府角色、发挥营利组织与非营利组织在

---

①　林闽钢、董琳：《欧盟反社会排斥政策探讨》，《公共管理高层论坛》2006 年第 1 期。

反社会排斥中的作用等方法来保障反社会排斥政策的落实。

（二）对欧盟反社会排斥政策的反思

作为社会政策的主要理论支撑，欧盟的社会排斥理论对现代福利国家的危机问题做了直接的回应。社会排斥意味着社会成员的参与障碍和公民权利的缺失。欧盟的反社会排斥政策鼓励社会成员有效地参与劳动力市场，对推进积极的老年人就业、女性就业和移民就业有重要的帮助。同时，该政策还提升工人的适应能力和发展能力，减少劳动力市场的风险。此外，该政策注重对弱势群体人力资本的投资，打破失业与贫穷所形成的恶性循环，增加社会成员参与劳动力市场和资源转化的能力，提高弱势群体的社会融入水平。总之，欧盟的反社会排斥政策对于解决就业和社会贫困问题有重要的帮助。

欧盟反社会排斥政策对当代中国也有重要的借鉴意义，其可借鉴性主要表现在以下四个方面：一是应增加弱势群体参与劳动力市场和共享信息资源的机会；二是应以包容性的政策鼓励更多的妇女、残疾人、老年人、少数民族等参与到政治生活中，使这些弱势群体有一定的话语权；三是应出台反歧视法案，制定公平正义的公共政策；四是解决贫困问题要从人力资本而不是经济扶持入手，解决社会成员的社会孤立问题也可以从劳动力市场参与入手。

反社会排斥政策在很大程度上能把社会各个层面尤其是作为弱势群体的参与者建构成同等的有能力参与公共生活的人，如果这样，这些弱势群体就被赋予平等的身份，得到社会和他人的承认；而对他人的承认则表示对他人尊严的认同。在现代社会，人们更多地用尊严来表示人格上的问题。现代社会的尊严是一种平等主义和普遍意义上的概念，在民主社会中，这是人人都应享有的。这意味着，对于民主社会来说，反社会排斥的公共政策是不可或缺的。因此，让妇女、老年人、残疾人、流浪儿童等处在社会下层的人在道德和事实领域中与其他人一样的平等，这是反社会排斥政策的题中之意。

三 经验与启示：承认弱势群体的代表权

任何社会、任何时代、任何阶层都有弱势群体。在中国，弱势群体主要指妇女、残疾人、少数民族或低收入者。弱势群体生活在社会的最底层，处于经济贫困和政治权利缺失的状态，长期遭受公共政策的歧视和排斥，这必然对社会稳定和团结构成威胁，使政府治理的合法性遭受危机。这些严峻的现实使得西方各国对弱势群体的关注日益增多，纷纷出台政策予以矫正，美国的"肯定性行动"与欧盟的"反社会排斥政策"就是其典型代表。这些行动与政策对解决中国的差等正义问题有重要借鉴意义。

（一）弱势群体受排斥的根源在于政策歧视

无论从横向还是纵向来看，中国目前的社会都发生着剧烈的社会转型与社会变迁，工业化、城市化、现代化是其主要特征，阶层分化加剧、社会流动加快是其主要表现。现代乡村向城市的急剧变迁使得人们犹如失去根基的"浮萍"一般，迷失了方向。再加之信仰缺失、贫富分化扩大、社会不公正感增强，在制度缺位、道德滑坡、利益分化、社会流动加速的价值观驱使下，社会结构出现"断裂"之势，由此带来的社会矛盾增多、干群关系紧张、群体性事件多发、阶层分化明显、公民政治信任度普遍降低等诸多问题深深地困扰着人们。① 在此背景下，社会结构急剧转型，由此带来的社会分层和阶层分化使弱势群体这一特殊群体逐渐浮出水面，规模日益扩大。尽管近年来中国弱势群体的脱贫解困问题得到扶贫、就业等公共政策的大力支持，但政府在保障弱势群体的权利方面还缺少根本性的制度保障。不仅如此，反而还制定了一些具有歧视性的公共政策，如原户籍政策、社会保障政策、劳动就业政策等，从根本上掐灭了弱势群体公平竞争的机会。为此，要消灭弱势群体面临的歧视，就必须减少甚至杜绝公共政策的歧视性规定，从根源上解决弱势群体面临的歧视问题。

（二）弱势群体的平等参与是遏制差等正义的有效手段

无论是美国的"肯定性行动"还是欧盟的"反社会排斥政策"，都是少数族群长期斗争的产物。当前，中国的弱势群体社会不公平感和相对被剥夺感越来越强烈，利益分配不公引发的心理失衡越来越突出。弱势群体不仅在经济分配中处于劣势、在文化上得不到承认，在政治生活中也处于被边缘化的尴尬境地。为了克服这些弊端，欧盟的"反社会排斥政策"与美国的"肯定性行动"都把给予他们平等的参与权作为提升其社会地

① 谢治菊：《转型期中国乡土文化的断裂与乡土教育的复兴》，《福建师范大学学报》2012年第4期。

位的有效手段。正如弗雷泽所言,"对于还有一些人来说,正义要求所有公民赢得通向他们所需资源与尊重的途径,以便使他们能够与其他人拥有平等的参与权,成为政治共同体的完全成员。①"弗雷泽进一步指出:"在我看来,正义的一般含义是参与平等。根据平等道德价值原则的最根本的民主解释,正义需要一些社会安排,这些社会安排能够允许所有的人以平等的身份参与到社会生活中去,而克服不公正意味着分解阻止一些人以与其他人平等身份参与活动的制度化障碍。"② 参与平等这一原则所表达的含义是双重的:一方面,这一原则是一种结论性概念,它详细说明正义的一个有实质意义的原则,依据这一原则,人们会认为当且仅当所有人都能平等参与社会生活的时候,政府才具有合法性,社会的制度安排才是恰当的。另一方面,参与平等也是一个过程性概念,它详细说明一个过程的规范,依据这种规范,人们可能评估规范的民主合法性:当且仅当规范保证所有人都能公平合理的表达自己意见的时候,这些规范的民主才是合法的。③ 为此,要提高弱势群体的地位,使他们的身份被合理地承认,政府就要广开言路,增加公共决策的透明度,使群众尤其是社会弱势群体广泛参与到公共生活中来,使他们的诉求和利益得以正确地表达。

(三) 建立反歧视法案是解决差等正义的主要手段

在一定程度上可以说,西方法治国家的人权抗争史就是反歧视、反排斥的历史。作为社会主义国家,对平等和正义追求应有更高远的目标,应致力于全面保护儿童、妇女、残疾人、老年人或低收入者的合法权益。而要做到这些,法律上的反歧视规定就是根本保障。虽然中国早在 2005 年就批准了国际劳工大会通过的《1958 年消除就业和职业歧视公约》,但是中国在反歧视的具体法律法规方面还面临巨大的空缺,以致现实生活中的歧视事件如原户籍、城乡、地域、阶层、民族、性别和残疾人歧视等现象层出不穷却又"诉法无门"。为此,可以借鉴美国的"肯定性行动"或欧盟的"反社会排斥政策",推出有中国特色的反歧视法案与反社会排斥政

---

① [美] 南茜·弗雷泽:《正义的尺度——全球化世界中政治空间的再认识》,欧阳英译,上海人民出版社 2009 年版,第 13 页。

② 同上书,第 16 页。

③ 同上书,第 28—29 页。

策，以落实与保障弱势群体的公民权利，保障弱势群体的利益。

（四）各阶层和睦相处有利于遏制差等正义

四十多年过去了，美国"肯定性行动计划"仍没有从根本上消除对黑人的歧视，但是这四十多年里，美国"肯定性行动"却产生巨大的社会效果，黑人、妇女等弱势群体的地位提高了，不仅就业率和政治权利得到有效的保障，种族关系得到很大的改善，种族隔离和种族歧视也有所缓解。奥巴马连续两届成功当选美国"总统"就是典型的例证。但是"肯定性行动"也面临一些矛盾，被诟病最多的就是"肯定性行动"会变成一种"逆向歧视"，这对于促进弱势群体与其他社会群体、阶层与阶层之间的相互理解和融合有一定的障碍。而这样的障碍在当代中国也凸显得淋漓尽致，只不过，中国的障碍与"肯定性行动"带来的障碍不一样："肯定性行动"的障碍是对弱势群体的过多关注而带来的种族之间的融合问题，而中国的最大障碍则是社会贫富差距过大带来的"马太效应"以及由此引发的不公平感增强。在社会转型期，阶层分化一方面促进着社会的进步与生产力的发展，另一方面又不断地制造着新的社会不平等。这种不平等不利于社会各阶层的融合与交流。为此，政府就应通过再分配的手段向弱势群体提供完善的社会福利和社会保障，同时也通过做大蛋糕的方式促进强势群体的利益，实现强势群体与弱势群体的融合、交流，使社会政策能体现坚固公平和效率。

总之，一个正义的社会是把人的注意力从个人转向整个弱势群体。社会正义不仅关心弱势群体，关心后代的需要，社会正义更关心弱势群体与强势群体的均衡发展和权利平等，关注社会整体"善"的提升和优化。作为社会不可或缺的一部分，只有弱势群体的权利和利益得到平等的对待，整个社会才能更加和谐有序的发展。当然，如果政府一味地通过再分配手段强调弱势群体的"应得"，那么，就会打击"强势群体"的积极性和他们是否"应给"的悲壮心理，其结果就可能是整个社会分裂成"强势群体"与"弱势群体"两大阵营，从而导致民族关系、种族关系的恶化。因此，无论是"肯定性行动"还是"反社会排斥政策"，都应本着实事求是的原则，注意民族融合和民族团结，在均衡弱势群体与强势群体关系的前提下，承认弱势群体的代表权。

第二节　法治与德治:治理差等正义的价值选择

权力的支配性是当代中国公共管理领域中差等正义的重要原因，也是近年来贪污腐败日益增多的主要原因。由于公权力具有支配其他领域的惯性，缺乏监督和制约的权力是危险的，是权力滥用的根本原因。而要遏制权力滥用，法治与德治就必不可少。

一　法治规范：矫正公权力的任意性

改革开放以来，中国的法制建设取得巨大的成就，公权力的法治化也取得长足的进步，其主要表现就是依法治国方略的实施以及大批制约公权力的法律法规、监督机制的完善，这些都促进了公权力的法治化进程。这些法律法规包括各机关组织法、行政许可法、行政诉讼法、国家赔偿法、公务员法、行政检查法等。但与此同时，由于缺少有效的监督尤其是法治监督，中国公权力法治化仍然存在不少问题，主要表现为公权力的法律约束机制不健全，公权力结构设置不科学，公权力中的自由裁量权控制偏弱，公权力行使者的主观伦理责任淡薄、缺乏道德自律性，等等，这就要求对公权力进行严格的限制。权力是一种特殊商品，它的特殊性就在于它既有自身的社会意义，有自身的分配标准和分配机制，是需要分配的物品。同时它又保护、捍卫或者干预、影响着其他领域的分配。① 要达成沃尔泽笔下的复合平等，就必须发挥权力的正向作用，强制性对某些分配（如再分配）给予干预，否则，真正的平等分配就难以达成。这一点，于建嵘提出的维权抗争、群体行动等社会泄愤事件更为突出。可以说，社会泄愤、维权事件的深层原因是公权力的无限扩张。因为公权力在汲取政府和民众养分的同时，也不断地挤压公民社会的生存空间。这种公权力的嵌入式扩张，既源于政府的现实利益之需，也是执政当局彰显执政合法性的理由。正因为如此，即使是意识到问题的严重性，泄愤事件在抗争性政治困局中依旧作为既得利益者而勉力维持着"排斥性

---

① 翁祖彪：《复合平等理论及其对转型期中国的借鉴意义——读沃尔泽〈正义诸领域：为多元主义与平等一辩〉有感》，《中国农业大学学报》2008 年第 4 期。

体制与刚性稳定"①。权力有一种自我膨胀、自我表现、为所欲为的内在冲动，所以对权力的分配及其作用要给予重点考察。而要保持权力的边界，划清国家与市场、国家与公民、国家与社会的界限，既要寄希望于公民个人，也要寄希望于制度体制本身。这就要求权力间的相互制约。权力制约是指任何一个实体性权力有效的，必须受到来自人民和国家权力机关的制约。制约权力最重要的力量来自人民的监督，没有人民对公权力的有效监督，甚至连权力制约权力这一手段都会失效，近年来的重大腐败案件大都由群众检举而查处的事实就说明这一点。为此，权力的分配必须设定一定的资格条件，依法进行。而且，在权力分配和运行的过程中，要尽量避免金钱财富、美女美色、家庭背景、人际关系、社会地位等对其的控制和支配，防止钱权、权色交易。此外，由于权力的支配性较强，故而权力的运行一定要受到严格的制约和监督，否则它会对其他领域如经济领域、文化领域甚至私人领域都形成支配，进而产生垄断。对公权力的监督包括群众监督、媒体监督、司法监督、权力机关监督和专门机关的监督。而最关键的，是要实现权力运行的法治化。

事实证明，法治是矫正公权力任意性的有效手段。依据民主和法治的原则，公权的取得、享有和行使都必须遵守法律确定的条件和程序，即取得公权要有法律程序，行使公权也要有法律程序。为此，孙宪忠指出，从民主和法治的原则看，公权力必须纳入法治的轨道，这是一个最基本的道德底线。② 而当前中国推进法治进程的最大障碍就在于公权力缺乏边界、行使规则不统一、程序不健全。为此，要建立健全法律体制，从立法上完善权力运行规则。与私权力不同，公权力的权力来源是法律授权，其运行规则是"法无授权即禁止"③，即没有法律依据，任何公权力的行使都要受到限制。因此，制约公权力的根本途径是制定与完善相关的法律法规。这就要求：第一，对权力运行主体的职责和范围进行法律限制，对权力运行规则、运行结构、运行模式进行法制化调解，对过分集中的权力进行分

---

① 于建嵘：《抗争性政治：中国政治社会学基本问题》，人民出版社 2010 年版，第37 页。

② 孙宪忠：《公权力必须纳入法治轨道》，《财新中国改革》2011 年第 11 期。

③ 李艳红、王希江：《中国公权力法治化思考》，《理论探索》2010 年第 4 期。

权、放权与制裁，对权力的滥用与寻租进行严格的规制。第二，应通过立法确立权力行使的责任机制，尤其要明确权力滥用、寻租、越位、错位、缺位的责任追究，让权力行使者对自己的行为后果负责。第三，健全行政司法机关的任人、育人制度，对公权力的拥有者进行道德教化和法治意识的培养，必要时可以法律的形式把对公务员的道德要求固定下来。第四，应当建立并完善行政组织法和行政程序法，将行政权力的边界纳入程序化轨道，有效预防腐败的发生和权力滥用。第五，完善监督机制，健全法律监督体系，强化权力制约机制，强化立法机关、司法机关、新闻媒体以及社会公众对公权力的监督，实现政府信息的公开化，积极推进公民的决策参与，建立公民与政府之间的良性互动关系。只有在法治的规制下，公权力才能按既定的轨道运行，从而减少公权力对政治、经济、文化和社会领域的支配。

二 伦理叙事：激发行政人员的道德自主性

近年来，行政人员的道德自主性成为一个热门话题，学界在积极探求行政人员获得道德自主性途径的同时，对道德自主性的历史前提、缺失现状及发生的原因进行思考。特别地，当人们把行政人员的道德自主性作为矫正法律和权力不良运行的有效手段时，道德自主性对社会的修正作用也就不言而喻。那么，什么是道德自主性呢？"道德自主性是强制性与自主性的统一，一方面它体现了道德规范的强制性，另一方面它又是道德行为的自主性，道德的强制性是道德主体自觉接受的强制，是通过道德主体的内在的道德意识而实现的对道德主体自身所施加的强制性影响。"[1] 道德自主性是指道德主体通过内在的道德规范和道德意识对自身应遵循的道德原则和行为规范所施加的强制性影响。受官僚制和新公共管理运动的影响，行政人员的道德自主性极度匮乏。其原因之一是官僚制是一个靠技术理性支配的"非人格化"体系，运转其内的公务员只需按照相应的指令和组织规则行事，无须有过多的自主性。而新公共管理运动又主张效率优先，提倡市场化的改革路径，这对公共人员的道德自主性也是极大的伤害。正因为如此，行政伦理才要求用行政人员的道德自主性来矫正行政体

---

① 张康之：《寻找公共行政的伦理视角》，中国人民大学出版社 2003 年版，第 246 页。

系运行中的控制导向、机械性、被动性等问题，去防止公共行政对社会要求的"回应性"不足等问题。① 其实，失去了道德意志，公务人员就失去了拥有自主性的前提，这样一来，他们就成为行政执行的工具，这是公共行政发展的悲哀，更与法治与德治交融的治理目标大相径庭。

需要指出的是，尽管"法制"及其"法治"在外在表现上所突出的是权力制约和为权利提供保障，力求在权力分散的基础上去对权力腐败进行制度上的防范，而在实质上，法律在限制权力的同时也从根本上排除了道德，在法律治理的明确性与可操作性的追求中，道德被看作无关紧要的东西。② 因此，公共行政中的法律和伦理、行政与道德就发生了背离，在需要权力制约的领域和需要用法来为人的权利实现提供保障的领域，法制支配着一切，伦理和道德的缺位却成了不争的事实。③ 虽然以沃尔多与弗雷德里克森为代表的新公共行政运动对公共行政中道德规范做出了呼吁，要求确立公共行政的公共、公平、责任、公民精神等伦理价值，强调社会公平应与经济、效率一同成为官僚制的三大支柱，但是，在以法为纲领的治理理念之下，公共领域与私人领域的道德秩序，道德规范只有在与法、与经济效率不冲突的前提下才能得到认可。④ 对此，张康之给予了深刻揭示："如果说统治行政还拥有虚假的道德外衣的话，那么管理行政连这一层面纱也撕破了，对于管理行政来说，完全封闭了伦理化的道路，它的法律制度化与科学化要求在本质上是反伦理的。"⑤ 道德自主性在当代社会的缺失可见一斑。

当然，道德自主性的缺失与人们所处环境的道德状况有莫大的关系，环境决定着行为者实施道德行为之后收益的大小。在行政领域中，个人同样为追求最大化的个人利益而做出不同的道德选择。要构建和谐社会，不但要有以行政伦理法律为主的道德他律措施，也要为行政道德培育良好的

---

① 张康之：《行政人员的道德自主性及其合作治理》，《中共福建省委党校学报》2006 年第 8 期。

② 张康之：《论伦理精神》，江苏人民出版社 2010 年版，第 143—144 页。

③ 谢治菊：《社会治理模式演进中伦理精神的迷失与回归——基于张康之〈论伦理精神〉的社会治理历史反思》，《学习论坛》2012 年第 4 期。

④ 同上。

⑤ 张康之：《论伦理精神》，江苏人民出版社 2010 年版，第 132 页。

环境。这就要求重新树立不同于以往社会治理体系的人性观和哲学观，强化公民、社会和政府的责任心和道德感。① 值得注意的是，作为理性经济人，公共行政人员也有自利性的一面。因此，更应当唤起他们的道德自主性，并通过文化感召与民主制度的建设去激发和唤醒他们善的一面；同时，还应通过物质和精神补偿对公共行政人员进行道德激励，使其遵循道德规范、履行道德义务过程中的道德成本得到认可，促进良好社会道德环境的生成。综上，要提高行政人员的道德自主性，就应该加强行政道德立法，培育行政道德文化，进行行政道德教育，让行政人员在良好的道德环境中实现对道德意识的自我建构。

三　法治与德治的交融：实现伦理责任的社会建构

责任是建构行政伦理学的关键。既然责任是建构行政伦理的关键，那么，公共行政人员要承担哪些责任呢？公共责任是一个由行政责任、法律责任与道德责任组成的责任体系，由于道德责任的确立，行政责任与法律责任才有效地统合在一起，才有充分实现的可能性。② 因此，道德责任在该责任体系中处于核心地位。库珀把这种责任归属为主观责任与客观责任。客观责任源自于法律、组织机构、社会对行政人员的角色期待。既包括对某人或某集体负责，也包括对某一任务、下属员工人事管理和实现某一目标负责。其典型的表现是对民选官员负责、对上级与下级负责与对公民负责。主观责任却根植于人们自己对忠诚、良知、认同的信仰，是职业道德的反映，受个人的价值观、态度与信念的影响。由此看来，库珀所强调的行政人员应承担的责任中，无论是主观责任还是客观责任中对公民的责任，其实都是承担道德责任的表现。而对公共利益负责是行政伦理的重要责任，这种责任主要表现为道德责任。道德责任才是与德治最相匹配的责任形态。③

在实践中，主观责任与客观责任经常发生冲突，这些冲突经常来源于对组织负责还是对公民负责、对上级负责还是对下级负责、对制度负责还

---

① 谢治菊：《服务型社会治理模式中的行政伦理建设研究》，《广西社会科学》2011 年第6 期。

② 张康之：《论伦理精神》，江苏人民出版社 2010 年版，第 227 页。

③ 谢治菊：《公共行政伦理责任的理性建构与社会建构》，《广东行政学院学报》2011 年第 3 期。

是对良知负责的价值徘徊。库珀指出，冲突性的责任是公共行政人员体验伦理困境的最典型方式。当个体在组织中工作时，带有主观判断的个体责任会与组织所负的客观责任发生冲突，如何选择就成为"只有组织或者个人能够回答的问题"。根据汉斯·乔纳斯的观点，对伦理责任进行选择的障碍主要是对行动者、主观或者精神真实性进行否定的科学唯物论。这就要求人们从本体论意识的主观性与思想的可能性出发，关注经验与个体感知，通过"创造感知"而使伦理具有主观意义。韦伯认为，社会现实依赖于官僚制中行动者的主观理解。斯库兹对现实世界认知的现象学观点也表明，人们做出伦理选择最重要的是对伦理意识的主观理解。因此，能将道德责任内化为自身的行动是社会建构选择主观责任的主要理由。①

全钟燮认为，主观责任是一种微观策略。它是建立在人们具有省察反思、思辨性、解释性与自主性的基础之上的。在这种责任中，人们做出的伦理责任判断往往来自个体的理解。行政管理者不仅仅是记住伦理准则与章程，关键是要对其进行自我省察，这种省察能促进管理者更具批判性，更富有责任感，更能做出符合伦理的选择，更能将公平正义作为责任选择时的首要考虑因素。这种伦理自我的超越只有在社会建构的途径中才能进行。全钟燮还指出，责任的社会建构是达成行政伦理的中观层次，它的假设是伦理判断始于个体对伦理情况的主观理解，个体有能力行动、解释与实践省察，有能力做出伦理选择。它还强调，由于个体在与他人的关系中扮演了积极的角色，所以可通过自己与他人之间的对话与话语方式而达成一个伦理决策，建构伦理生活（详见表7—1）。②

表 7—1   伦理责任透视

责　任	强调的层次	伦理构成	人性假设
客观责任	宏观策略：强调社群主义、忠诚与责任	法律与制度的需要：法律、条例、伦理准则；角色执行；对权威的义务	随机应变的自我；被动的和反应性；按照组织利益行动；不会挑战规则；功能性责任的自我意识

---

① 谢治菊：《公共行政伦理责任的理性建构与社会建构》，《广东行政学院学报》2011 年第 3 期。
② 同上。

续表

责　任	强调的层次	伦理构成	人性假设
责任的社会建构	中观策略：强调自我超越、美德与关系	社会交互作用：沟通行动；对话与话语；致力于主体间关系；文化对道德特征的影响；文化背景下的社会实践	社会的自我：致力于人与人之间的关系；通过对道德的关注而重塑未来的可能性；与其他人一起参与社会进程的自我
主观责任	微观策略：强调个人主义、自我自治域裁量	解释与理解伦理问题：自我反省意识；个体实践；完整性和自我培养；道德实践的相对性	道德的自我：道德意识；主动建构自我认同感；省察和解释的能力；反对道德普遍化

　　资料来源：全钟燮：《公共行政的社会建构：解释与批判》，北京大学出版社 2008 年版，第 146 页。转引自谢治菊《公共行政伦理责任的理性建构与社会建构》，《广东行政学院学报》2011 年第 3 期。

　　更进一步讲，在社会建构途径下，当人们对主观责任与客观责任的冲突无所适从、不知该如何选择的时候，他们可以通过对话、参与、共享等与其他人一起讨论自己的道德焦虑从而使"道德秩序成为可能"[1]，人们也可以团结起来发出自己的声音去抵御强大的利益集团，而不至于做出不道德或不人道的决定。因此，社会建构主义者认为，伦理责任的社会建构有三个重点：一是伦理责任的含义能够通过个体的理解来形成；二是可通过个体与他人交流和沟通自己的观点过程来形成，这些人也许存在或不存在共同的观点；三是当个体从微观层次的理解转变到中观层次，而不是从宏观层次转向微观层次时，辩证的和反省的伦理建构（或是分享共同利益的）也有可能[2]。也就是说，只要人们具有自我反省的能力，具有主观能动性，愿意与他人交流，服从普遍的伦理标准，主观伦理责任的实现就

---

　　① Wolf E. *Whose Keeper? Social science and Moral Obligation*, Berkeley：University of California Press，1989，p. 213.

　　② ［美］全钟燮：《公共行政的社会建构：解释与批判》，柏瑛等译，北京大学出版社 2008 年版，第 150 页。

有可能。①

第三节 民主与参与:治理差等正义的政治场域

罗伯特·A. 达尔在《多元主义民主的困境》一书中认为,公权力应该能为社会利益群体、政治组织和自治团体所分享,要防止公权力的支配与滥用只有采取允许大众广泛参政的多头政治,实现政府与民众关系的双边控制,才能使政府的公权力受到有效的约束和控制。② 看来,控制公权力支配性的主要办法是推行民主,倡导平等参与,构建政府与民众的良性互动关系。

一 多元民主:制约公权力的支配性

民主是制约权力任意性的有效手段。前述指出,罗尔斯与诺奇克希望通过统一的分配原则来分配所有领域的物品,这意味着国家要用连续不断的干涉来打破或限制早期的垄断并抑制支配的新形势,但这样的话,国家权力就会成为人们竞相追逐的目标,不同的群体都会试图去垄断国家权力以方便他们对别的物品的控制③。这样一来,政治权力就变成人类历史上最重要、最不可或缺、最危险的"善"。如果不加以控制,它就会侵吞私人生活空间,将市场变成权力的玩物,将公民装扮成权力的木偶,玩弄于股掌之间。④ 为此,必须对国家权力进行限制,而限制的最好办法就是"民主",即每个人都拥有平等的权利。⑤ 诚如马克思所指出:"民主在本质上是一个反思体系,反映着起主导作用的以及正在出现的社会物品的分配。"⑥ 这意

---

① 谢治菊:《公共行政伦理责任的理性建构与社会建构》,《广东行政学院学报》2011 年第3 期。

② [美] 罗伯特·A. 达尔:《多元主义民主的困境》,尤正明译,求实出版社 1989 年版,第 1 页。

③ 谢治菊:《沃尔泽的复合平等理论及其对当代中国的启示》,《社会主义研究》2012 年第5 期。

④ 同上。

⑤ 同上。

⑥ Marx, Engels, *Selected Words*, Moscow, vol. II, 1951, p. 31.

味着，民主是限制公权力的有效方式。① 即使民主信条中的普遍信念不能确保民主制度的稳定，但民众共识的实质性削弱将极大增加极度不稳定的风险。职业政治家们如何行动、拥护什么、可能会相信什么都会受到对存在于整个社会中的民主信条广泛坚持的制约。如果有很大一部分人开始质疑民主信条，很快就会有职业活动家出来对这一质疑煽风点火②。而要实现民主，公民权利的平等就显得尤为重要。这意味着，正义并不是只靠政府去维护的，也需要公民用权利去捍卫。③ 而公民要捍卫正义，还必须在平等权利的基础上拥有行使权利的能力与意愿。④ 诚如达尔所指出："如果大多数公民开始拒绝承认不仅对于某些少数人，而且对于所有的少数人的被民主信条所规定的诸如权利和权力的话，那么对社会公众提出的诉求可能迟早会在战斗的号令中终结。为此，在民主信条和政治平等上普遍持有的信念，对于领导者们能够用来塑造政治共识的途径和方法仍旧是一种具有决定性作用的限制条件。"⑤ 简言之，倡导多元民主、实现权利均衡是矫正中国公权力支配性的有效手段。

　　这一点，达尔的表述更为明确。他指出，如果说平等在一个国家是可以达到的，那么，关键是达成的路径是什么，即如何才能实现平等？达尔认为，只有统治国家的政治制度是民主的，政治平等才能实现，即实现社会平等与正义的最好方式是"民主"，只有在民主的社会里才能实现平等。从这个意义上说，争取政治平等的过程就是民主建设的过程，那些公开倡导政治不平等的社会当然是民主革命的对象，而那些打着"人民统治"幌子的假民主社会同样也应当被"革命"⑥。达尔认为，理想的民主

---

① 谢治菊：《沃尔泽的复合平等理论及其对当代中国的启示》，《社会主义研究》2012 年第 5 期。

② ［美］罗伯特·A. 达尔：《谁统治：一个美国城市的民主与权力》，范春辉、张宇译，江苏人民出版社 2011 年版，第 356 页。

③ 谢治菊：《沃尔泽的复合平等理论及其对当代中国的启示》，《社会主义研究》2012 年第 5 期。

④ 同上。

⑤ ［美］罗伯特·A. 达尔：《谁统治：一个美国城市的民主与权力》，范春辉、张宇译，江苏人民出版社 2011 年版，第 356 页。

⑥ ［美］罗伯特·A. 达尔：《论政治平等》，谢岳译，上海世纪出版集团 2010 年版，译者序第 5 页。

至少具备以下特征：有效的参与、平等的投票权、获得启发的理解、议程的最后控制权、包容以及根本权利。① 然而，现实中，民主的气质远远少于这些，如果能让民众在适当的时间和地点（范围内）讨论、辩论、修正与建议，让他们投票，并且让所有的选票都得到平等的计算，最后按少数服从多数的原则宣布结果，民主的价值也就基本实现了。

在中国，民主常常受到公权力的挤压。而公权力之所以可以挤压民主，是因为公权力过于集中，尤其是过于集中在"一把手"手中，即一把手的"权力黑洞"。原湖南省郴州市委书记李某利用 1992—2006 年间在郴州任市委书记的便利，收受贿赂三千二百余万元和一批无法估价的贵重物品。记者采访的时候，他忏悔说："导致腐败的第一原因是国家对一把手的监督太弱，因为一把手的权力太集中，以致有些地方出现一元化、一人化领导。在郴州，我是老大，组织部长、纪委书记、检察院检察长、法院院长和宣传部部长都是我任命的，谁敢监督我？第二个原因是权力过于集中，一把手说你行你就行，说你不行你就不行。"② 为此，当记者问其该怎样改变官员之间的人身依附关系时，李某说，关键是适当分散和制约一把手的权力，让司法独立，实现一把手的差额选举，真正做到对一把手问责。③ 原湖南省郴州市副市长雷某因贪污和挪用公款上千万而被判刑二十年时也感慨道："我之所以会走向犯罪的深渊，利用公权力为自己谋私利，其原因主要是监督不到位。监督太重要了，同级纪检监督不到位，干部一旦处于没人监管的地步就会蜕变。而为了搞好监督，纪检部门就应该独立，由上级部门直线管理，不属当地党委管理……当然，社会监督和财产申报制度也很重要，严格彻底的政务公开也是预防权力滥用的有效机制。"而要防止一把手的权力滥用，就要强化对领导干部特别是对一把手权力的监督。

上述案例表明，一把手腐败的主要原因是我们国家对一把手的监督太弱。作为一把手，权力太集中，有的地方一元化、一人化领导很严重。因

---

① ［美］罗伯特·A. 达尔：《论政治平等》，谢岳译，上海世纪出版集团 2010 年版，第 6 页。

② 王明高、沈跃强、蒋伟：《巨贪曾锦春》，湖南文艺出版社 2011 年版，第 203—204 页。

③ 同上书，第 205 页。

此，面对中国社会的诸多矛盾，"最根本的解决之策还是要积极推进政治改革，逐步建立体现民主和宪政精神的政治体制。[①]" 也就是说，民主是制约公权力腐败的主要手段。现在，虽然中国已经推出了全委会票决制、差额选举等中国共产党党内民主制度，但是由于司法没有独立、完善的监督系统尚未建立。为此，应广开言路、发扬民主，保障并落实民众的知情权、参与权、表达权和监督权。同时，还应完善民主选举制度，建立重大事务的民主表决机制，严格控制一把手的权力，防止权力滥用。

二 平等参与：保证弱势群体的代表权

参与平等意味着群体之间的参与平等和群体内部的参与平等，他们都对少数人和多数人的权利是否平等提出诉求。这些诉求表明，制度化的偏向多数人的文化规范拒绝少数人的平等参与是不合理的，必须予以纠正。因此，必须通过公共论辩的形式，争论关于现存的制度化的文化价值模式是否阻碍参与平等，和有关所倡导的替代选择是否会鼓励参与平等，即"关于承认诉求价值的公平的民主协商，需要对于所有现实的和可能的商谈者的参与平等"[②]。同时，参与平等也在两种意义上成就正义：一是它包含相互作用的所有人之间是相互平等的关系；二是它预设人类的平等道德价值。[③] 此外，参与平等这一原则具有表达民主正义反思性特点的双重性质。一方面，这一原则是一种结论性概念，它详细说明正义的一个有实质意义的原则，依据这一原则，人们会认为当且仅当所有人都能平等参与社会生活的时候，政府才具有合法性，社会的制度安排才是恰当的。另一方面，参与平等也是一个过程性概念，它详细说明一个过程的规范，依据这种规范，人们可能评估规范的民主合法性：当且仅当规范能控制所有人都能公平合理的表达自己意见的时候，这些规范的民主才是合法的。[④]

---

① 于建嵘：《抗争性政治：中国政治社会学基本问题》，人民出版社 2010 年版，导论第 7 页。

② [美] 南茜·弗雷泽、[德] 阿克塞尔·霍耐特：《再分配，还是承认？——一个政治哲学对话》，周穗明译，上海人民出版社 2009 年版，第 34 页。

③ 同上书，第 36 页。

④ [美] 南茜·弗雷泽：《正义的尺度——全球化世界中政治空间的再认识》，欧阳英译，上海人民出版社 2009 年版，第 28—29 页。

参与平等的目的是保证弱势群体的代表权，使弱势群体在公共领域中有表达权利的足够机会和能力。参与平等意味着正义是那种允许社会的全体成员作为平等的人彼此相互影响的社会安排。而为了参与平等成为可能，至少有两个条件需要满足：一是物质资源的分配必须确保参与者的独立性和发言权，这是参与平等的客观条件；二是要求制度化的价值模式对所有人都表达同等的尊重，并确保取得社会尊重的同等机会，这是参与平等的主体间条件。客观条件意味着将剥夺、剥削和财富、收入和休闲时间中的总体不均等进行制度化的社会安排，主体间条件排除了系统地贬低一些人种和与他们相关的品质的那些制度化概念。而不论是客观条件还是主体间条件，对参与平等都是必要的。客观条件使人开始关注传统上与分配正义理论相关的关系，尤其是关注属于社会的经济结构和经济上被定义的阶级差别的关系。主体间条件开始使人关注最近在承认哲学中突出的关系，尤其是关注属于社会的身份秩序和文化上被定义的身份等级制的关系。①

三　公共能量场：倡导平等的对话

传统公共行政是建立在威尔逊的政治与行政二分、泰勒的科学管理及韦伯的科层制基础上的，是工业文明与现代性的产物②。然而，随着人们对效率至上的批判，传统公共行政价值中立预设的缺陷逐渐暴露，新公共行政学派由此产生。新公共行政学派认为，英美等西方国家经济的"滞胀"困境，公民权运动、水门事件、能源危机引发的政治体系失效等都是传统公共行政重视理性忽视伦理价值的直接后果。③ 因此，至 20 世纪 80 年代，刻板、僵硬、缺乏人文关怀与弹性的官僚制受到全面质量管理运动与"重塑政府"的激烈挑战，泰勒效率至上论受到猛烈的攻击。面对各方的批评和诘难，公共行政陷入合法性危机之中。甚至有

---

① ［美］南茜·弗雷泽、［德］阿克塞尔·霍耐特：《再分配，还是承认？——一个政治哲学对话》，周穗明译，上海人民出版社 2009 年版，第 28—29 页。

② 谢治菊：《对后现代公共行政话语理论的解读与反思——福克斯、米勒话语理论评析》，《甘肃理论学刊》2011 年第 2 期。

③ ［美］查尔斯·J. 福克斯、［美］休·T. 米勒：《后现代公共行政——话语指南》，楚艳红等译，中国人民大学出版社 2003 年版，第 3 页。

人认为，作为一种可以接受的治理模式，传统的治理已经死亡。20 世纪末期，在对传统的治理模式及其替代模式进行批判和反思的基础上，福克斯和米勒从后现代主义理论视角出发，在对哈贝马斯"交往行动理论"和"商议政治"吸收和扬弃的基础上，提出一种全新的公共行政或公共政策的规范理论，即后现代公共行政的"话语理论"。该理论从批判现代性入手，从本质上颠覆传统公共行政的工具理性、效率主义、独白式话语垄断范式，试图构建一个没有价值预设和判断标准的公共能量场。因此，公共能量场是话语理论最核心的概念之一。"场"来自库特·卢因的场理论，其意思是作用于情境的力的复合。情境指解决某一个问题时的特殊语境和具体性。公共能量场包含着情境、语境和历史性，是公共政策得以制定和修改与表演社会话语的场所。在公共能量场中，身处其间的参与者试图说服、渗透与压制对方。由于公共能量场具有超越和包容现存体制、组织和官僚制度的倾向，因此，福克斯和米勒主张将公共行政领域的模式从官僚制转换到公共能量场。这样，公共能量场在实践上就为公共话语的实现提供一个真实而恰当的时空维度，即具有制度化特征的重复性实践的对话竞技场。[①]

为了争夺资源，在这个竞技场中，各种隐喻、比喻、类比、策略性的巧妙讨论随处可见。为了避免利己主义者采取修辞艺术干预场面，扭曲真实的建议，福克斯与米勒进一步呼吁公共能量场中平等话语的产生。在公共能量场中，话语的正当性成为可能。阿伦特认为，在话语中，参与对话的双方既是平等的，同时又是对抗的、相互辩驳的，他们期望着辩论、反驳、分歧而不是和谐的异口同声。[②] 这一点，在全钟燮的社会建构理论中也得到充分的体现。全钟燮认为，公共行政的社会建构途径要求公共人员与社会成员之间有充分的互动、对话与信息共享，而要做到这一点，行政管理者就必须具有自我省察、批判性反思、自治意识以及

---

① ［美］查尔斯·J. 福克斯、［美］休·T. 米勒：《后现代公共行政——话语指南》，楚艳红等译，中国人民大学出版社 2003 年版，第 98 页。

② 谢治菊：《对后现代公共行政话语理论的解读与反思——福克斯、米勒话语理论评析》，《甘肃理论学刊》2011 年第 2 期。

致力于思考等公民美德，这样的美德使社会建构从理论基础到方法论都不同于理性建构。① 反思性、对抗性的争辩可以避免陷入官僚制民主模式的独白性言说中。不过，无论话语是和谐统一还是对抗争辩，规则在这样的话语体系中都是必要的。由此，福克斯和米勒提出话语正当性的四个根据：真诚、切合情境的意向性、自主参与、具有实质意义的贡献。他们还指出，唯有建立在这四个基础之上的话语体系才是正当的。也只有这样，才越接近话语的理想，政府也才越少是"他们"而越多是"我们"②。

公共能量场是平等对话的载体，而要实现平等对话，并不是人越多越好，也不是人越少越好，人数的适中即"部分人"的对话是最好的。因为，少数人的对话常常代表精英理论家在评论，这除了导致强权之外，还有可能导致公众冷漠等更大的问题。"这样的对话不应完全受责备，但它是不符合标准的，会扭曲民主的含义"③。而多数人的对话则容易导致懒散的闲聊与无政府主义，不仅看不出真诚，也很难评估每个人的意图，公众的意见难以达成一致。更严重的是，由于规范、习惯和重复性实践的缺席，多数人对话不可能有实质性、切合意境的贡献。在福克斯和米勒看来，这种对话仅是"一种异化的交流，是对话的幻象"。与其他两种对话形式相比较，"部分人的对话"虽然在一定程度上限制了部分人的参与，但是，"一些人的对话优于少数人的对话和多数人的对话，虽然它针对特定语境的话语形式和不愿遭受愚弄与任意差遣的话语要求在某种程度上限制了参与，但是，合乎情境的意向性和真诚性的提高大大超过了它的缺点。④"所以，尽管"部分人的对话"会导致一些人话语权的丧失，但是这种形式最接近理想的真实话语形态，更有利于平等参与，应该提倡。

---

① [美] 全钟燮：《公共行政的社会建构：解释与批判》，孙柏瑛等译，北京大学出版社2008年版，第150页。

② [美] 查尔斯·J. 福克斯、[美] 休·T. 米勒：《后现代公共行政——话语指南》，楚艳红等译，中国人民大学出版社2003年版，第124页。

③ 同上书，第133页。

④ 谢治菊：《对后现代公共行政话语理论的解读与反思——福克斯、米勒话语理论评析》，《甘肃理论学刊》2011年第2期。

第四节　再分配与共享:治理
差等正义的经济维度

托尼·布莱尔、杰哈德·施罗德在一份联合政策文件中指出:"公共与社会公正、自由与机会均等、团结一致与对他人有责任心,这些价值观是永恒的,社会民主制度永远不会放弃他们。为了使这些价值观与当今世界联系在一起,就需要有现实主义的和富有远见的政策来面对 21 世纪的挑战。"① 21 世纪最富有远见的政策就是破除经济特权,实现经济的包容性发展。

一　打破垄断：贫富差距的控制

垄断是指排除、限制竞争以及可能排除、限制竞争的一种状态。垄断有自然垄断、法律壁垒、技术垄断和人为垄断之分,这其中,影响最大且最难以矫正的是人为垄断。而人为垄断之所以形成,在于政府投资乃是中国经济增长方式的主要手段,而政府投资需要国有企业作为载体,这就无疑让权力为国有企业撑起一把保护伞。在中国,人为垄断的主要表现是公权力插手和干预经济活动所带来的排他性后果。公权力插手经济活动的形式主要有：利用权力和职位上的影响向主管的企业或者个人采用暗示、授意、指定、批示、强制性执行等手段使其非法的意图得以实现;而插手和干预经济活动的领域主要包括工程建设项目的招投标,承包、土地使用权的转让,房地产用地的开发和审批,矿产资源开发权,各类行政许可,归其管理的国有企业的重组、改制、兼并、破产、资产转让等重大经营活动项目。以房地产为例,开发商为了获取土地就不得不依附于公权力,于是,钱权交易的问题就会出现。正是由于土地被政府以极低的价格圈在手中,然后以平价或较高的价格卖给开发商,开发商在获取土地的同时还要缴纳各种名目的税费和"关系"费,高昂的土地价格和房地产价格就形成了,垄断由此产生。

---

① ［美］亚历克斯·卡利尼克斯:《平等》,徐朝友译,江苏人民出版社 2003 年版,第 44 页。

经济学鼻祖亚当·斯密曾预言:"从制度经济学的角度讲,少数企业凭借雄厚的经济实力对生产和市场进行控制,并在一定的市场领域内从实质上限制竞争的垄断行为,是市场经济体制下天然的弊病。"[①] 在中国,垄断的部门有水电气供应、电力、电信、金融、保险、烟草、能源等行业,这些垄断行业的收入差距是中国现阶段行业收入差距扩大的主要原因。实际上,垄断与非垄断行业的收入差距确实呈两极分化的态势。武鹏的研究表明,垄断行业的过高收入水平导致中国行业收入差距上升25%左右,垄断行业要比非垄断行业的平均劳动报酬多出相当于全社会各行业平均收入水平70%的额度,其中不合理的部分相当于行业平均收入水平的1/4。[②] 至2010年,平均工资最高的金融业和平均工资最低的农林牧渔业的收入差距已扩大到4.2倍之多,如果再加上工资外收入和福利待遇上的差异,实际收入差距可能在5—10倍。[③] 这意味着垄断对收入差距的影响是相当明显的,劳动者行业选择的不同将带来数倍差距的收入,这种"同工不同酬"现象是一种典型的差等正义,不仅扭曲了按劳分配的原则,对社会稳定也造成破坏性的作用,必须予以矫正。

要破除垄断、缩小贫富差距,就要做到实行垄断行业的财产申报制度,以累进税的方式对垄断行业的红利或利润征税;同时,要积极鼓励非国有企业参与竞争,降低垄断行业的准入门槛,打破劳动力市场上或明或暗的壁垒,通过促进行业间劳动力的竞争流动来实现劳动贡献与收入水平的匹配;要实行阳光工资制度,取缔垄断行业的灰色收入、隐形收入;要转变政府投资方式,对低收入行业进行补贴。此外,也要打破垄断行业中的高管人员流动,减少垄断行业与政府部门的联系,弱化利益集团对垄断行业的控制。还可将垄断行业的成本节约作为考察其业绩的主要指标,并将其与企业领导者的升迁奖惩挂钩。

二 再分配:经济不平等的救济

为什么需要再分配呢?形象地讲,再分配就是把社会财富从一个

---

① 任五星:《垄断:一根拉大收入差距的绳索》,《金融经济》2008 年第 8 期。

② 武鹏:《行业垄断对中国行业收入差距的影响》,《中国工业经济》2011 年第 10 期。

③ 惠宁、郭淑娟:《行业垄断与行业收入差距研究》,《山西财经大学学报》2012 年第 8 期。

阶层手里转移到另一个阶层的过程，是政府通过个人所得税、政府的福利计划、财政公共支出及转移支付等手段均衡社会资源的过程。若从成本、效率的角度分析，再分配有一定的局限性，因为再分配会减少效率，不利于社会整体功利的增加。但是，如果从公平的角度来说，再分配就成为维持社会正义的美德，原因在于再分配是社会福利权的基本体现，可以促进罗尔斯互惠互利的合作体系的建立，有利于社会公平正义的实现。

　　一般而言，当公众的经济平等权不一致，同时国家已不再拥有解决众多问题的必要的、充足的能力的时候，不具包容色彩的经济分配模式就不能缓和社会矛盾、缩小贫富差距的作用。但是，在今天，社会正义的呼声越来越强烈，人们对正义的渴求越来越让人难以置信。正如人们所看到的，全球化不得不使有关"怎样"的问题被问题化，这一点就像它使"谁"的问题政治化一样。① 虽然有关正义诉求的内容有极大的差异，但对经济再分配诉求光彩夺目的倾向却是极为普遍的，甚至是世界范围内的，这与再分配的政治含义有关，以致在再分配受到争议与负载权力的时候，再分配的诸多功能并未得到限制，因为他们是经常被视为需要由国家加以裁决的。为此，再分配被视为社会关系和社会稳定形成的空间，它涉及谁以及在什么条件下共享经济成果的问题。此外，再分配还被认为是将经济资源配置假设为一种政治力量的工具，可以动员公民社会，让官员保持责任感且确保国家行动能够表达全体公民的集体意愿。正如弗雷泽所指出："当我们讨论的集体接近被剥削工人阶级的理想类型时，我们面对的是需要再分配矫正的分配非正义。相反，当我们讨论的集体接近受蔑视性关系的理想类型时，我们面对的是需要承认矫正的错误承认的非正义。"② 这意味着，再分配是矫正经济不平等的有效手段。

　　再分配一般与阶级政治等同，依次与关于性别、性、民族、种族和"人种"等个人身份相关。其实，由于各群体诉求的多元化，再分配的范

---

　　① ［美］南茜·弗雷泽：《正义的尺度——全球化世界中政治空间的再认识》，欧阳英译，上海人民出版社 2009 年版，第 27 页。

　　② ［美］南茜·弗雷泽：《正义的中断——对〈后社会主义〉状况的批判性反思》，于海青译，上海人民出版社 2009 年版，第 21 页。

式不但能包含阶级中心的政治倾向，而且能够寻求矫正性别和人种——种姓不公正的社会经济转型和改革的那些女性主义和反种族主义的形式。因此，这比常规意义上的阶级政治更为宽泛。这样看来，再分配的矫正重点是：社会经济结构带来的社会经济不公正和某些类型的经济结构调整，如被剥夺、被剥削和经济边缘化行为。为此，再分配将群体差异看作不公正差异的显现，全然不是这些群体的内在特征，这些差异是被社会地构成的一种不公正的政治经济的结果，因而，再分配强调的是要废除而不是承认群体的差异。① 要缩小贫富差距、破除经济不平等，再分配就是一个有效的手段。

三　成果共享：经济平等的承诺

经过 30 多年的改革开放，中国的综合国力明显增强，人民的生活水平也发生了翻天覆地的变化。与此同时，社会各阶层的利益格局也发生了变化，利益分化和利益矛盾凸显。在此背景下，如何平衡利益格局、均衡利益资源、维护弱势群体利益就成为当下实现社会公平正义最紧迫的任务。现代社会的利益格局之所以比较明显，是因为改革发展的成果没有在全社会共享。因此，如何共享劳动成果、破除经济不平等就成为新时期各级政府所肩负的时代责任。

作为一种价值追求，成果共享已经超越了经济发展和执政党领导层面的价值诉求，成为当代社会发展的内在逻辑。与其说发展成果共享是哲学问题，还不如说是政治命题，是解决当今社会发展中利益矛盾的思维方式和价值取向。② 为此，中国共产党的十七大提出要把"发展为了人民、发展依靠人民、发展成果由人民共享"作为政府的重要责任。2009—2010年间，胡锦涛主席多次提出"包容性增长"的概念。包容性增长意指在社会公平正义原则的指导下，坚持以人为本、公平与效率相结合的方针，让社会的经济、政治、文化等成果惠及所有国家、所有民族、所有地区、

---

① ［美］南茜·弗雷泽、［德］阿克塞尔·霍耐特：《再分配，还是承认？——一个政治哲学对话》，周穗明译，上海人民出版社 2009 年版，第 9—10 页。

② 谢雅琳、罗建文、李静：《成果共享：当代中国政治哲学的核心范畴》，《湖南科技大学学报》2011 年第 6 期。

所有阶层与所有人。包容性政策就是"包容性增长"理念在社会政策层面上的体现。包容性政策在于公民权利的平等拥有，主要通过对弱势群体赋权来减少公共政策对他们的排斥和歧视。而包容性增长的目标是成果共享，在此意义上，成果共享已经被提升到中国共产党和政府的执政理念中。成果共享是实现社会公平正义的内在要求，是人类进入文明时代的标志之一。在某种意义上，公平正义本身就意味着人们的利益共享问题，这就要求不同利益主体在追求自身利益过程中的合作，而这种社会合作正是公平正义的重要内容。"在这种正义原则之下开展合作，他人不再是自我实现的障碍，反而成了自我实现的条件；每个人自我实现的目标不仅不具有排他性，反而获得了利他的性质……合作的共生共赢性质决定合作进程中不会形成话语霸权……所以每个人都是平等的和不受歧视的[①]。"合作治理实现了参与合作的双方或多方的价值，政府也可通过行动框架与规范的提供来保障不同行动者价值的实现符合共生共赢的目标，保障合作正义的实现。这意味着，合作治理是当下实现社会正义的有效途径。既然合作治理是实现社会正义的有效途径，而合作的基础是公平与平等，那么，要实现合作治理，就必须实现社会的公平与平等，让全体人民共享劳动成果。正如温家宝所指出："一个公正的社会，就是让大众来共享改革发展成果的社会。"[②] 为此，要实现经济平等，让所有人都过上有尊严的生活必须实现成果共享。

当然，成果共享应是有尊严的共享，是社会公共利益和个体利益兼顾的共享，是普遍受益和合理差别的共享，是发展型共享和普遍型共享相统一的共享[③]。坚持经济成果共享就要从衣、食、住、行、用，生、老、病、死、教等民生问题入手，坚持全面、协调和可持续发展战略，积极实现公共服务的均等化和教育强国战略，促进社会公众的全面参与，改善和保障民生，稳定就业，完善社会保障，保障人民的基本生活。同时，还要发展基层民主，切实保障人民群众享有更多的民主权利，加强权力的制约和监督，坚决杜绝侵害人民利益的不正之风和腐败现象，保护好人民群众

---

① 张康之、张乾友：《政治哲学视野中的正义》，《浙江社会科学》2010 年第 12 期。

② 《民意在网络上聚集：温家宝总理与网友在线交流》，《人民日报》2009 年 3 月 1 日。

③ 张贤明、邵薪运：《改革发展成果共享与政府责任》，《政治学研究》2010 年第 6 期。

共建共享的积极性①。

第五节　包容与承认：治理差等
正义的文化向路

弗雷泽指出："社会成员遭遇的任何结构性非正义最终都溯源于文化
价值结构，这一非正义的根源与核心，将是文化排斥，而任何与之相伴而
生的经济非正义最终源于这一文化根源。所以，从根本上说，用以纠正这
一非正义的矫正，将是倡导文化的包容性。"②

一　包容性政策：社会排斥的实质矫正

中国传统的社会结构是政治、经济、文化等领域高度重合的总体性社
会。总体性社会也是社会结构呆板、凝滞，社会主动性与积极性匮乏，社
会生存空间受到挤压，国家与社会、国家与市场高度统一的社会。简言
之，总体性社会主张整齐划一、步调一致，对社会差异、社会差别和个性
特征包容性较差。然而，随着时间的推移，当代中国的社会分层与利益分
化在新世纪表现得尤为活跃，这对传统的总体性社会是一种突破、超越与
挑战，个体化社会的来临成为今天不得不面临的事实。在贝克看来，个体
化是指个体行为的框架以及制约条件的社会结构逐步松动，以致失效，个
体从诸如阶级、阶层、性别、家庭的结构性束缚力量中相对解放出来。③
个体社会意味着社会差异和社会差别的增多，意味着社会结构的求同存异
和社会个性的解放。诚如英国社会学家齐格蒙特·鲍曼所言，个体化社会
是一个"轻巧"且"液化"的社会，它的形成主要是个体主义解脱共同
体束缚的过程，是对国家主义和集体主义的反叛④。也就是说，随着个体

---

①　潘玲霞：《"共同富裕"与"成果共享"——中国特色社会主义理论体系中的民生思
想》，《社会主义研究》2009 年第 1 期。

②　[美] 南茜·弗雷泽：《正义的中断——对〈后社会主义〉状况的批判性反思》，于海青
译，上海人民出版社 2009 年版，第 20 页。

③　[德] 乌尔里希·贝克：《世界风险社会》，吴英姿、孙淑敏译，南京大学出版社 2004 年
版，第 159 页。

④　[英] 齐格蒙特·鲍曼：《个体化社会》，范祥涛译，生活·读书·新知三联书店 2002 年
版，第 49 页。

化社会的来临，公共政策面临巨大的挑战，这些挑战表现为：一是使社会个体严重分化，这些分化成为社会问题的根源；二是对传统社会的整合力造成冲击；三是使社会中普遍存在焦虑心态；四是使个体之间的情感淡化，原子化的个人成为常态；五是造成人们公共意识、公共情愫的迷离。正是由于个体化社会具有上述特征，社会的差异性、多元性、复杂性和不确定性才越来越明显，这就要求公共政策不能仅仅考虑宏观层面的整体性问题，还必须对个人的社会化差异进行建构，包容不同群体的"个性化需要"，以容纳更多的群体。① 因此，个体化社会的来临要求承认个体差异的社会政策建构，社会排斥与社会歧视的大量存在则为包容性政策的提出提供现实基础。

那么，什么是包容性政策呢？在谈及"包容性政策"之前，先看看"包容"的意义。达尔将包容看作民主的一种气质。他指出："理想的民主至少具备以下特征：有效的参与、平等的投票权、获得启发的理解、议程的最后控制权、包容以及根本权利。②"塔斯基·福托鲍洛斯在《当代多重危机与包容性民主》一书中对包容性民主进行了阐释。他指出，包容性民主将作为一种新的民主范式取代市场经济。③包容性民主既认可构成不同亚群体的社会团体的不同身份，主要诉求是多国家化市场经济的主要失利者，也同时承认一种整体性社会——经济制度的存在。如阿马蒂亚·森笔下的家庭妇女群体，她们在做家务、照顾孩子、维持家庭关系上付出了很大的努力、耗费了很多的时间，但是，与那些在外工作的女性相比，她们获得的尊重与参与家庭决策、公共决策的机会更少。如果能给家庭妇女提供更多的就业机会，让她们融入社会生活中，社会的"包容"就得以呈现。④ 这也导致在社会和人类发展过程中国家角色的觉醒⑤。觉醒后的国家既要在市场自由的进

---

① 文军：《个体化社会的来临与包容性社会政策的建构》，《社会科学》2012 年第 1 期。

② ［美］罗伯特·A. 达尔：《论政治平等》，谢岳译，上海世纪出版集团 2010 年版，第 6 页。

③ ［希］塔斯基·福托鲍洛斯：《当代多重危机与包容性民主》，李宏译，山东大学出版社 2008 年版，第 194 页。

④ ［法］Claude Didry：《"共和构想"是社会包容性政策的核心思想》，《社会科学》2012 年第 1 期。

⑤ 同上。

步和发展中有所作为，也要在社会公平正义的领域大展拳脚。这样的思想正是"社会包容"政策的出发点。Claude Didry 认为，包容性政策主要包括五个方面：一是公共服务，即包容性政策应为公民提供均等化的公共服务；二是对教育的扶持，公共政策应为社会保障提供经费，为义务教育提供保障；三是民主参与，包容性中政策允许所有的人平等地参政议政，具有参与交换的自由；四是独立的司法机构。只有独立且不腐败的司法机构才能对公权力进行有效的监督；五是安全网的存在及完善。王耀东认为，包容性社会政策是以包容性增长为理念，制定消除社会排斥、促进社会包容，使每个公民个体都能够分享到经济增长和社会发展成果的社会政策。① 可见，包容性政策的内涵都是一致的：一是倡导对弱势群体的关注，反对社会排斥；二是主张机会均等，反对社会歧视；三是呼吁平等对话，反对话语霸权；四是积极促进弱势群体就业，构建完善的社会福利保障体系；五是发扬民主，促进社会和谐共生。基于此，包容性社会政策应指"包容性政策就是在公平正义理念的指导下，为消除社会排斥与社会歧视、承认社会的合理差异，使全体民众共享经济社会发展成果而制定的一系列包容社会差异、促进社会和谐发展的政策"。

　　包容性政策的实现路径是什么呢？福托鲍洛斯指出，包容性民主的实现策略一方面在于阶级冲突形式中集体行动的重要性，另一方面在于社会直接行动与活动的重要性问题。② 哈贝马斯则指出，"在一般情况下，要想消除歧视，不能依靠民族独立，而只能依靠包容。包容对于个体或群体的不同文化背景特别敏感。在多元文化社会中，这个问题会更加突出。在联邦制国家中，实现承认差异的包容性政策的途径有：联邦制的权力分配；国家职能的转换与分解，特别是要在保护文化自主性、特殊集体的权利、平等政治以及为了有效保护少数民族方面要采取稳妥的措施"。③ Tandon and Zhuang 也认为，弱势群体之所以在经济收入、教育、医疗卫生服务等方面享有不平等的发展机会，其关键在于民众尤其是贫困人口和

---

① 王耀东：《中国迈向社会政策时代》，《政治与法律》2011 年第 2 期。
② ［希］塔斯基·福托鲍洛斯：《当代多重危机与包容性民主》，李宏译，山东大学出版社2008 年版，第 201—202 页。
③ ［德］尤尔根·哈贝马斯：《包容他者》，曹卫东译，上海人民出版社 2002 年版，第167 页。

弱势群体的政治权利、经济权利和社会权利等基本人权被剥夺和被侵蚀，以及由于等级地位、权势和财势、城乡分割制度、地理位置、性别以及无能力等原因而遭受到的各种社会排斥[①]。中国学者向玉琼论述道："包容性政策的理念支撑是平等承认与尊重，主体建设是对底层群体及弱势群体的赋权，建构过程更应注重政策过程的民主化秩序，建构行动规则是多元主体的平等参与，建构路径是对话与协商。"[②] 田毅鹏认为，"弱势群体之所以被置于弱势，不仅仅是基于财富占有的多寡，同时还包括其社会联结和社会资本的状态。在克服过激竞争的社会中，为使弱者获得自立和公平的权利，弱势群体参与某些共同和共同体是不可或缺的。[③]"可见，包容性政策的构建路径离不开"民主、参与、平等、协商、赋权"等手段。而无论是民主、参与还是平等、协商，都与赋权有直接的关系。因此，包容性政策最核心的构建路径就是赋权，即赋予弱势群体必要的政治、经济、文化和社会权利。包容性政策强调对被排斥对象的包容，倡导平等协商与平等对话。而要做到这一点，就要努力关注不同弱势群体的利益，对底层群体赋权。因此，对底层群体赋权和增权是提升他们经济社会地位的有效途径。

那么，该如何对弱势群体赋权呢？为了使赋权落到实处，就要有相应的制度安排和政策保障。包容性政策能平等对待每个人权利的原因在于它是以承认个人的社会差异为前提的，这种承认差异的尊严政治是对身份政治的扬弃和超越。其次，要提高弱势群体的素质，提升弱势群体的能力即资源转化率。能力贫困是阿马蒂亚·森贫困经济学的核心概念。阿马蒂亚·森认为，如果将贫困看作对能力的剥夺就很有意义了。当一个人免于饥饿、营养不足或无家可归的实际机会时，人们可能会一致认为他正处于贫困中，森对这些最低限度的能力和一些基本的社会生活方面的能力，比

① Tandon, A. J. Zhuang, "Inclusiveness of Economic Growth in the People's Republic of China: What do Population Health Outcomes Tell Us?" *ERD Policy Brief Series*, No. 47, Economics and Research Department, Asian Development Bank, Manila, 2007.

② 向玉琼：《社会正义的实现：从"排斥"走向"包容性政策"》，《南京农业大学学报》2012年第4期。

③ 田毅鹏：《共生思想与包容性社会政策体系的构建》，《社会科学》2012年第1期。

如，体面地出现在公众面前的能力和参与公共生活的能力，进行了论述。① 但是，这一说法并不否认低收入与贫困之间的关系，贫困除了意味着低收入之外，更多地意味着对收入能力的剥夺。正因为如此，阿马蒂亚·森就指出，"如果我们仍在收入中考察贫困问题，则考虑到从收入到能力的转化差异，其相关的贫困概念就应该被定认为是收入不足，即收入无法实现最起码的能力，而不是收入低。只有这样，才能合理地看待其中的某些转化差异。②"能力贫困必将转化为权利贫困，即能力贫困者在信息获取、公共参与、利益表达、合作等方面的权利将受损。因此，提高弱势群体的素质和能力，对于平等赋权具有重要的意义。

二　承认多样性：文化认同的多元叙事③

多样性是现代社会的主要特征，宗教多样性、种族划分多样性以及语言多样性等是其典型表现。正是由于文化的多样性存在，全球的意识形态和社会思潮日益多元化。除了占主导地位的马克思主义之外，还存在自由主义、保守主义、生态主义、后现代主义、社群主义、无政府主义、女性主义等多种价值形态，这些形形色色的价值形态昭示着文化多样性视角下人们价值观念的差异性和多元化。其实，进入 21 世纪以来，人们对社会发展中文化多样性的探讨逐渐升温，并在主流学者中间达成某些共识，其中之一就是文化多样性是国家、国民甚至全人类共有的财富，是一个国家文化不断发展繁荣的不竭源泉。然而，随着时代的变迁与进步以及全球化的到来，文化的多样性正面临着前所未有的挑战，因此，如何有效保护文化的多样性，成为新时期各级政府的当务之急。

腾星指出，中华民族的文化是多元一体的文化，这种多元文化对维持社会稳定发展、传承民族精神有重要作用，必须予以保护。为了保护文化的多样性，自 1998 年起，联合国就多次召开会议予以部署。2002 年第三

---

① ［印度］阿马蒂亚·森：《论经济不平等：不平等之再考察》，王利文、王占杰译，社会科学文献出版社 2006 年版，第 168 页。

② 同上书，第 171 页。

③ 谢治菊：《重拾精神的家园——贵州乡土教育的实践与探索》导论和第一章，西南交通大学出版社 2012 年版。

次文化部长圆桌会议通过《伊斯坦布尔宣言》，强调非物质文化遗产的重要性，它是文化多样性的熔炉，又是可持续发展的保证，从宣言中不难看出，国际社会表现出对非物质文化遗产的深切关注和重视。[①] 中国政府也从 2004 年开始出台了一系列保护非物质文化遗产的政策和活动，这对维持文化多样性有重要的帮助。维持文化多样性的目的是为了保持不同群体的文化认同。

文化认同回答的是"我是谁"的问题。亨廷顿曾指出，不同民族的人们常以某种象征物如旗帜、图腾来表示文化认同，用他们认为最有意义的事物如祖先、语言、宗教、习俗和历史等来回答"我们是谁"的问题。文化认同是指对一个民族文化价值和习俗方式的基本认可，是凝聚民族共同体的精神纽带和精神基础，是这个民族共同体生命延续的精神基础。文化认同虽然是一种自我认同，但也受到国家制度、政府决策和其他因素的影响。例如，弱势群体文化没有被认同的一个不引人注意的表现是公共节假日的规定。目前，政府机关在周末和主要的节假日（国外有复活节、圣诞节等，中国有国庆节、春节、劳动节等）都会停止办公，从宗教信仰的角度来看，这对其他群体是不公平的。例如，中国的国庆节、春节等主要是汉族的节日，而政府都把这些节日当成官方的节日。相反，那些少数民族的节日如中国布依族的六月六、四月八等却没有引起官方的重视，最多以民间的形式搞搞活动，这对其他宗教信仰或其他民族的人来说是不公平的。这些群体只是要求他们的宗教或少数民族需要能够得到与基督教或汉族的同等待遇，即在他们节日的那一天能以官方的名义给他们放假，而不要求基督教或中国的汉族也遵守此规定。在 2012 年 7 月 28 日至 8 月 3 日举行的"贵州民族自治州行政管理体制改革"的座谈会上，许多到会的少数民族干部均表示，官方不能正视当地少数民族的节假日，这让他们觉得受到歧视，一位妇联主任激动地说："为什么要我们过汉族的端午节、中秋节和春节，而不允许我们在布依族节日公开放假庆祝？这伤害了

---

① 苏德、陈晨：《安顺市"贵州省首批民族民间文化教育项目学校"个案调查研究》，《广西民族大学学报》（哲学社会科学版）2011 年第 1 期。

多少少数民族同胞的心!"① 可见，在一些人看来，连公共节假日也成为实现文化认同的障碍。也就是说，政府关于语言、国内界限、公共节假日和国家象征物的决定，不可避免的包含着承认、包容和支持特定的种族性和民族性群体的需要和认同。② 因此，承认文化的多样性对维持多元化尤其是弱势群体的文化认同具有重要的帮助。而要维持文化认同，就要承认多民族文化的差异。

三 包容差异性：文化价值的本真表达

在某种程度上可以说，差异性是文化价值的本真表达。正义的诉求并不排除尊重特别的身份、多样的历史和特别的义务。为了包容性，人们必须认真对待他们如何生活和他们所面临的环境。如果伤残人没有工作、学习和行动的能力，他们就不能完全参与共同体生活，共同体必须特别承认他们的特别需要和潜在的贡献，如果不尊重其特别的历史和传统，宗教、政治和少数民族的相容就是无意义的。③ 在美国 2000 年的大选中，副总统戈尔肯定"肯定性行动"，强调包容性和差异性的关系。他指出："首先应当建立对差异绝对和真正的相互尊重。尊重差异必须包括对差异所引起的特别痛苦和由于差异所带来的特别馈赠和贡献的正确评价，并对建立在差别基础上的特别视角进行基本的正确评价。然后第二步才是超越差异，包容我们在人类精神方面所共有的所有因素。"④ 这意味着，要承认差异就需要包容，如果不包容就不会平等，不平等会弱化社会根基、侵蚀对别人的尊重，会把富人和穷人划分为不同的社会圈子。不受限制的不平等为下层阶级提供严酷的未来。对他们来说，财产是会被绝对剥削的。当他们吃不好、穿不好、住不好、得不到良好的教育、机会被剥夺并要求自尊的

① 此处材料来自 2012 年 7 月 26 日至 2012 年 8 月 5 日笔者所做的贵州省委政策研究室重大委托课题《三个自治州行政管理体制改革研究》的调查。

② ［加拿大］威尔·金里卡：《多元文化公民权：一种有关少数族群权利的自由主义理论》，杨立峰译，上海世纪出版集团 2009 年版，第 149 页。

③ ［美］菲利普·塞尔兹尼克：《社群主义的说服力》，马洪、李清伟译，上海人民出版社 2009 年版，第 113 页。

④ Nicholas Lemann, *Gore Without a Script*, New York, July 31, 2000, p.62.

时候，他们无法融入这个需要维持家庭和工作的世界，抑或以歪曲的方式部分地融入其中。① 为了公正地对待穷人，人们必须要求社会是平等和包容的。按照社群主义者的逻辑，他们会选择一个财富和收入差异不大的社会、一个在人们的贡献和得到的报酬之间没有巨大鸿沟的社会、一个感受到个人的财富归功于共同体的资源和制度真理的社会。在这个社会中，人们可以要求富人掏出腰包为穷人的福利贡献力量，需要工作和薪水的人都能平等地享有机会。也就是说，优厚的薪水和好的工作环境，这才是包容、自尊、社会正义的最佳路径。为此，达尔指出，与弱者对于不平等的抵抗付出的高成本相比，强者对不平等的维护所付出的代价也是旗鼓相当的。其原因在于劣势者越认为优势者的特权是不公平的，他们的反抗就越强。

在所有自由民主国家中，包容文化差别的主要机制之一是保护个体的公民权利和政治权利。无论怎么强调结社自由、信仰自由、言论自由、迁徙自由和建立保护群体差别的政治组织之自由的重要性，都不为过。但是，自由主义的各种各样的批评者们，其中包括某些马克思主义者、社群主义者和女权主义者，一直宣称自由主义对于个体权利的关注反映一种原子论的、唯物主义的、工具式的或者冲突性的人类关系观。金里卡认为这种批评是完全错误的，因为个人权利能够被用来而且一直典型地被用来维持广大范围的社会联系。为此，包容差异性要求承认不同群体的至少三种权利：一是自治权。"在大多数民族国家中，各组成民族都倾向于要求某种形式的政治自主权或区域管辖权，以便确保他们的文化充分且自由地发展，并且确保他们的人民的最佳利益。"② 在极端的情况下，如果这些民族认为他们的自治在这个较大国家内是不可能实现的，那么它们就会希望分离出去。二是多民族权利。多民族权利是少数民族的重要权利，它的目的是帮助种族性群体和宗教少数群体表达他们的文化特性并为之自豪，而同时不会妨碍他们在主流社会的经济和政治制度中取得成功。三是特殊代

---

① ［美］菲利普·塞尔兹尼克：《社群主义的说服力》，马洪、李清伟译，上海人民出版社 2009 年版，第 114 页。

② 张慧卿：《金里卡少数族群权利理论及其逻辑困境》，《内蒙古社会科学》2012 年第 1 期。

表权。历史上，处于不利地位的群体的代表名额不足是一个普遍的现象。在美国和加拿大，按照妇女、种族性少数群体和原住民族所占的人口比例，他们应占据三分之一的席位，但实际上低得多，残疾人和经济上不利地位的人在代表名额方面也明显不足。① 同样，在社会平等的条件下，公共领域的渗透性、外部导向性和开放性能够促进不同文化之间的交往。此外，公共领域的无界限特征及其开放性取向允许人们不止参与一个公共领域，因此不同公共领域的成员可能部分重叠，这反过来又使得各种文化之间的交往在原则上成为可能。总之，一个社会平等、多元文化的社会与参与民主结合的可能性似乎并不存在任何概念上的障碍。这意味着，包容差异性在以单一性公共领域著称的阶层化社会和多元性公共领域著称的平等主义社会都是可以实现的。在阶层化社会中，起作用的是在统治与从属条件下形成的下层反公共领域；在平等主义社会中，对文化多样性的承认和民主参与的保证为上述目标的实现提供可能性。② 而在这些后社会主义的冲突中，群体身份取代阶级利益成为政治动员的主要媒介，文化统治取代剥削成为基本的非正义。相应的，文化承认取代社会经济再分配成为非正义的矫正和政治斗争的目标。③ 文化承认的主要方式就是走向承认差异的平等正义。

---

① ［加］威尔·金里卡：《多元文化公民权：一种有关少数族群权利的自由主义理论》，杨立峰译，上海世纪出版集团 2009 年版，第 34—41 页。

② ［美］南茜·弗雷泽：《正义的中断——对〈后社会主义〉状况的批判性反思》，于海青译，上海人民出版社 2009 年版，第 90 页。

③ ［美］南茜·弗雷泽：《正义的中断——对〈后社会主义〉状况的批判性反思》，于海青译，上海人民出版社 2009 年版，第 13 页。

第八章

差等正义的超越：走向承认
差异的平等正义

南茜·弗雷泽提到："当前学界对于正义理论的丰富讨论、灵动思维和批判精神，使人们仿佛看到了一个正义社会的全面愿景——一个将分配正义、文化认同、身份平等与民主参与相结合的愿望。"[①] 这种愿望为政府实现社会公平正义提供了方向，也引起了人们对"到底什么是公平正义"的深入思考。在现实生活中，每个人都存在差异，年龄的差异、智商的差异、身体状况的差异、性别的差异、民族的差异、宗教信仰与价值观的差异等构成人与人之间的差异性。这意味着，任何追求平等的尝试都必须在道德哲学中强调四个重要问题，这四个重要问题是：第一，平等是否意味着对差异的承认？第二，承认差异的理论基础是什么？第三，对少数民族权利的"差别对待"是逆向歧视还是实质平等？第四，良善的公共管理制度是如何建构承认差异的平等正义的？下面，拟通过四节的内容对这些问题进行阐释。

第一节　承认差异：平等正义的理性诉求

平等正义思想起源于卢梭，尽管他从来没有使用过这个概念。但是，当他意识到平等尊重对自由必不可少，并以一种自由平等来对抗等级制和以依附他人为特征的社会时，他对平等正义的贡献就开始了。他的"人

---

① ［美］南茜·弗雷泽：《正义的中断——对〈后社会主义〉状况的批判性反思》，于海青译，上海人民出版社 2009 年版，序言第 2 页。

生而自由却无所不在枷锁中"的呐喊表明,有尊严的自由对当时的人们是十分重要的。因为"在一个等级制的荣誉体系中,一个人的光荣必然是另一个人的耻辱,或者至少是另一个人的卑贱。①"在黑格尔看来,将荣誉观等级化的做法是完全不对的,其理由在于这种做法无法解释促使人们寻求承认的那种需要,而寻求承认的满意结局就是具有平等身份地位的人之间的相互承认。只有这样,"我"和"我们"的边界才基本等同。可见,平等正义强调的是所有公民都具有平等的人格、尊严、权利和资格。至于权利和资格平等的标准,则存在因时因地的变化,平等的公民权、选举权、经济权、教育权等都曾是人们追求的,虽然平等所指向的内容各异,但公民的平等身份原则是基本被大家所共同认可的。当代公民的平等身份是建立在充满差异的基础之上的,离开对差异时代的考察,就难以理解公民平等身份的内涵。

一 差异泛化:平等正义的时代背景

人与人之间在很多方面存在差异。从一出生,不同的人就继承不同的财富和责任,拥有不同的特质和不同的外部环境,具有不同的个性特质。生活的社会或社区也为人们做某事或不做某事提供不同的机会。除了自然环境、社会环境以及其他外部特征的差异外,每个人在性别、年龄、体质和智商等个体特征上也不同。即使有相同的收入,人们在值得做的事情和能力上也仍然可能存在较大的差异,如一个残疾人和一个正常人。人们之间的差异可以从许多方面来衡量,比如,他们各自的收入、财富、效用、资源、自由权、权利、生活质量,等等。如果人与人之间是完全相同的,则一个评价指标,如收入的平等就与其他评价指标如健康、快乐的平等相一致了。但是,正如阿马蒂亚·森所指出的:"正是由于无所不在的人际相异性,此域的平等到了彼域可能就不平等了,如果某项主张认为在某个重要的评价域里的不平等是正当的,则该主张的论证方式就是证明该不平等作为在另外某个评价域里平等诉求的结果。"② 其实,人与人、物与物

---

① 汪晖、陈燕谷:《文化与公共性》,生活·读书·新知三联书店 2005 年版,第 309 页。

② [印度]阿马蒂亚·森:《论经济不平等:不平等之再考察》,王利文、王占杰译,社会科学文献出版社 2006 年版,第 240—241 页。

之间的自然差异在社会结构中也有大量的映射，其表现就是当代中国社会结构的明显分化，利益主体的多元化、利益结构的多样性、利益过程的开放性和利益行为的分散性正在形成。

（一）社会结构的差异性

尽管古代社会人们在行为和思想上也有一定的差异性，但这种差异大多数时候是不被统治者认可的，也不敢明显地表现出来。因此，如果说当时是有差异性的话，那么这种差异性也是被同质性所掩盖的，是同质化的差异性。也就是说，中国传统社会结构呈现出政治、经济、文化等领域的高度重合，是"国家权力高度集中并几乎垄断所有资源"的总体性社会。总体性社会是社会主动性与积极性匮乏，社会生存空间受到挤压，国家与社会、国家与市场高度统一的社会。在这样的社会中，社会制度的政策建构表面是为大多数人实则是为国家意识形态服务。然而，随着时间的推移，当代中国的社会分层与利益分化活跃起来，这对传统的总体性社会是一种突破、超越与挑战，个体化社会的来临成为人们今天不得不面临的事实①。个体化社会意味着个体的利益、性格和行为而非家庭或国家是社会发展的主要依据，也意味着社会差异和社会差别的增多，意味着社会结构的求同存异和社会个性的解放。"随着个体化社会的到来，社会逐步从国家高度统一的、集权型的同质性结构中分离出来，形成'国家—公民社会—市场—家庭'的四维多元结构，社会领域也分化为公共领域、私人领域和日常生活领域三部分。"② 在此背景下，国家利益与公共利益、公共利益与私人利益、家庭利益和个人利益就可能发生分离与博弈，其结果是利益结构和利益主体的多元化，进而导致社会结构的差异性。

（二）利益主体多元化

在同质化程度较高的社会，国家权力体系对社会生活的影响是深远而广泛的，不存在独立的个体，人们的行为大都以集体利益为出发点，集体行动成了个体行动的代名词。因此，那时的个体只是国家权力体系的附

---

① 文军：《个体化社会的来临与包容性社会政策的建构》，《社会科学》2012 年第 1 期。

② 王文东：《从差异正义到综合正义——社会主义和谐社会视域下的治理原则探析》，《理论导刊》2010 年第 4 期。

庸，还不存在现代意义上的主体差异性和多元化。在文化多元主义日益明显与经济主体日益分化的当下，主体的差异性也随之产生。利益主体的差异性预示着当代社会中各阶层的利益分化比较明显。在当代中国，这种利益分化发生在不同的社会结构层次如城乡、地区、行业等之间，也发生在不同的所有制职工和阶层之间。① 所谓利益分化是指具有相对独立利益的利益主体不断分化、组合，以及各利益主体因利益实现渠道和实现程度不同而引起的利益差别。利益分化意味着利益主体、利益需求、利益结构、利益渠道的多元化，这将对政治、经济、文化产生双重影响。其中，对政治领域的影响尤为明显。一方面，利益分化可促进决策的民主化和科学化、合理配置资源，促进公民利益意识觉醒，促进公民社会和社会新阶层的形成，促进公民政治参与模式的现代转换，因而有利于民众的政治参与。② 但利益分化也必然带来消极影响，引发利益冲突，堆积社会矛盾，影响政治稳定，削弱民众对政府的信任；另一方面，利益分化还影响到民众的政治参与。利益分化不仅会扩大阶层与行业之间的差距，而且对城乡差距、地区差距也会产生影响，容易引发心理失衡和弱势群体的相对剥离感，诱发参与危机。③ 此外，影响民众的政治心理。随着利益分化的加剧，各利益群体政治心理变化加快、异质性增强、多元化日趋明显，不同社会阶层和利益群体的政治情感、政治态度以及由此决定的政治价值取向出现较大的差异。④ 总之，利益分化使当代社会存在一定的利益差异，合理的利益差异被认为是正当的，但不合理的利益差异，如巨大的贫富差距却是要遏制的。

（三）文化的多样性与差异性

21 世纪以来，文化的多样性问题日益受到重视。许多人认为，文化的多样性是现代国家的首要财富，是现代化背景下留住人们精神家

---

① 王文东：《从差异正义到综合正义——社会主义和谐社会视域下的治理原则探析》，《理论导刊》2010 年第 4 期。

② 于春洋：《刍议利益分化背景下少数民族的政治参与》，《黑龙江民族丛刊》2008 年第 5 期。

③ 同上。

④ 孔繁金：《失衡与和谐：当前农村阶层关系政治整合论析》，《学习与探索》2011 年版 4 期。

园的根基。文化多样性不仅体现在文化形式中，还体现在文化的生产、加工、传递、销售、消费中。文化的多样性对文化的差异性有重要的作用。那么，什么是文化的差异性呢？文化的差异性指不同地域、不同民族的文化性质、作用、特点及传承方式各有不同。可以说，人类文明发展的历史就是有差异的多元文化交流、融合的历史。这一点，马克思是这样解读的:"多元差异的文化就是依靠历史，通过历史并且同历史一起保存和发展起来的。"① 在当代中国，文化差异性体现为 55 个少数民族的语言差异、习俗差异、宗教信仰差异、价值理念差异和行为方式等方面的差异，这种差异性会促使多元文化形态的形成。而任何形态的文化价值都是平等的，这就要求他们都被平等的尊重。从这个角度来说，"拒绝承认不同的文化就完全可以看作偏见或恶意的结果，甚至可以说是对平等地位的否定。②"而文化的多样性意味着，所有的社会都越来越趋向于多元化。尽管如此，不同文化之间的相互交叉和渗透也越来越明显。在这种情况下，如果人们仅仅做出"文化与规则就是这样"而无视其他文化和规则，这是不能解决问题的。③ 也就是说，现代社会越来越多地面对着少数族群要求承认他们的身份，要求包容他们的文化差异，这常常被称作"文化多元主义"。但是，文化多元这个术语包含着许多不同形式的文化多元主义，每一种形式都提出它自己独特的挑战，这就要求承认文化多样性。④ 正所谓，"一个具有很强的集体目标的社会，只要能够尊重文化的多样性，尤其是尊重不赞成其共同目标的那些人及其文化，而且能够为这些人的基本权利提供足够的保证，就可以成为一个自由、平等的社会。⑤"

（四）生活方式差异化

生活方式是人们对生活的态度和价值取向的总和，是人的存在方式最重要的构成部分。人的存在方式就是人的生存方式，人的生存方式又与社

---

① 《马克思恩格斯全集》第 2 卷，人民出版社 1957 年版，第 140 页。

② 汪晖、陈燕谷:《文化与公共性》，生活·读书·新知三联书店 2005 年版，第 326 页。

③ 同上书，第 319 页。

④ ［加］威尔·金里卡:《多元文化公民权:一种有关少数族群权利的自由主义理论》，杨立峰译，上海世纪出版集团 2009 年版，第 12 页。

⑤ 汪晖、陈燕谷:《文化与公共性》，生活·读书·新知三联书店 2005 年版，第 318 页。

会的生产方式有关。马克思和恩格斯曾经指出，生产方式与人的活动方式有关，即他们是什么样的，既和他们生产什么一致，又和他们怎样生产一致。① 社会的生产方式状况对人的生活方式有决定性的影响。农业社会的农业生产方式决定家庭是人们主要的生活方式，以家庭为主的生活方式意味着人们生活内容的单一性和简单化。"同时，农业社会也是一种等级社会，在人的等级之间必然会生成一种社会力量，那就是权力。如果希望把人固定在其所在等级之中，让人各安其分，以形成稳定的社会秩序，就必然会依靠权力来进行社会治理。事实上，农业社会是在借助于权力而实现社会治理的，作为人的自然空间和社会空间的地域、种族、家族等因素是开展社会治理的环境，即行使权力只有顺应这种环境才能够实现亚里士多德所说的善治目标。在权力的强力支配下，农业社会人们的生活方式整齐划一、按部就班。"② 人类进入工业社会以后，由于分工和交换的发展、工具的革新，生产力水平的提高呈现出突飞猛进之势，社会的组织化、体系化程度迅速提高，机器化大生产带来了以"效率"为中心的管理理念。③ 在此背景下，以宗法关系和地缘关系为中心的社会结构被以城市为中心的生活形态所取代，人们的生活方式、生活内容、生活价值和生活形式日益丰富和多元化。④ 伴随全球化的到来，互联网将地球变成一个小小的村庄，传播媒介的扩张、知识经济的浪潮、信息技术的泛滥与职能生活的开启使人们从原来整齐划一、按部就班、等级有别的生活方式迈向虚拟化、泛空间化、多元化和差异化，生活方式的差异性由此形成。

社会的差异普遍存在于自然界和人类社会之中，没有差异就没有同一，没有差异就没有和谐，差异是社会进步的动力和源泉。然而，人们在神秘生态学中看到的是一种粗俗的简约主义，它无视生物进化已经产生的丰富差异性，而只看见一种普遍性的"整体"和"互相联系"，也就是主张一种不存在有意义的差异性的整体性，这是不可取的。可以说，随着社

①　《马克思恩格斯选集》第 1 卷，人民出版社 1995 年版，第 67—68 页。

②　谢治菊：《社会治理模式演进中伦理精神的迷失与回归——基于张康之〈论伦理精神〉的社会治理历史反思》，《学习论坛》2012 年第 4 期。

③　谢治菊：《公共管理模式嬗变的伦理学分析》，《理论与改革》2011 年第 5 期。

④　王文东：《从差异正义到综合正义——社会主义和谐社会视域下的治理原则探析》，《理论导刊》2010 年第 4 期。

会生产力的发展，社会的多元化和差异化将成为必然结果。概言之，现代社会是一个差异社会，社会政治、经济、文化的差异性和多元化对现代平等观念提出挑战。这使人们不得不思考一个问题：在社会差异泛化的当下，什么样的平等才是正义的？

二　平等正义：差异政治视角的诠释

从某种程度而言，平等思想的发展历程是人类追求平等、鞭笞不平等的历程。以统治型社会结构著称的农业社会崇尚的是一种横向的自发平等，这种平等比较朴素，带有明显的自然色彩。而在人们的等级分化肆无忌惮的奴隶社会和封建社会，纵向的"报复式平等"开始生成。在资本主义社会，人们崇尚"人人生而平等"的平等观。在此影响下，人们对人格和人权平等的意识开始觉醒。此时，纵向平等才向横向平等转化。为此，法国学者皮埃尔·勒鲁在其出版的《论平等》一书中也写道："我们正处于两个世界之间，处于一个即将结束的不平等世界和一个正在开放的平等世界之间。"① 在政治哲学中，平等的思想占据了大半壁江山。可以说，几乎每一位政治哲学家的思想里都包含有不同程度的平等思想，如罗尔斯的"民主平等"、诺奇克的"权利平等"、德沃金的"资源平等"、黑格尔的"经济平等"、森的"能力平等"、沃尔泽的"复合平等"、弗雷泽的"参与平等"等，即使是一些被认为是反对平等的思想或观点中，也有对平等的诉求。比如，诺奇克虽然不主张效用或基本"善"的平等拥有，但他却坚决主张自由权的平等，即任何人都不应该拥有比其他人更多的自由权。布坎南在关于"什么是良性运行的社会"的论述中也主张所有人都应该受到平等的法律和政治待遇。那么，功利主义也主张平等吗？功利主义并不主张每个人的效用是平等的，但是功利主义认为每个人的效用应得到平等地看待。如此一来，功利主义中的平等主义分析理路就显得尤为重要。由此可以得出一个结论：平等的标准并不是一成不变的，平等的内涵也不是千篇一律的，不同领域的学者或同一领域的不同学者对平等的理解是千差万别的。

为了深入理解这一问题，可以看看德博拉·斯通假设的蛋糕分配场景

---

① ［法］皮埃尔·勒鲁:《论平等》，王允道译，商务印书馆1996年版，第1页。

中的平等问题。德博拉·斯通设想有一个令人馋嘴的甜巧克力蛋糕，平等分配蛋糕的最好方式似乎是"清点一下教室的人数，再将蛋糕按照人数切块，再分给每一个人"。但是，这一看似平等的分配方案却受到以下八种挑战：一是那天没有上课或根本没有选修该课程的人认为这种分法是不公平的，这种分配被称为"平等的分配但不平等的邀请"；二是他的同事和系主任认为蛋糕应该按照个人的身份等级平等的分配，身份高的人如系主任应该多得，身份低的人如学生应该闻闻就可以了，所谓"同等等级同等大小的分配方案"；三是男人们认为应该按照性别群体均等分配，即将蛋糕分为均等的部分，男人一部分，女人一部分，这称为"对等的大块，不对等的小块"；四是没有得到或少得到食物的同学认为这块蛋糕应该分配给他们，因为他们在食物的分配上已经处于弱势地位，这块蛋糕正好可以作为弱势群体的补偿，这种分法似乎符合罗尔斯的"差别原则"，因而被称为"不对等的分块，但是对等的午餐"；五是不吃巧克力的人认为这块蛋糕对他没有任何价值，甚至会起副作用，因此，平等的分配方案应是不喜欢的人应部分或分一小块，喜欢的人应分得更多的份额，这叫"不对等的分块但对接受者来说是对等的价值"；六是主修经济学的同学认为平等的分配应是给每人一把叉子，让他们自己去吃，遵循所谓诺奇克的自由主义原则，这是"不对等的分块，但是对等的初始资源"；七是把每个学生的名字都写在一张纸条上，然后放进帽子里，抓阄，抓到谁，谁就得这个蛋糕，所谓"不平等的分块，但是平等的统计学机会"；八是学政治的学生却跳起来，认为应该按照由"杯形蛋糕办公室"的民主投票来决定这个蛋糕应该怎么分。他们的意思是"民主意味着不平等的分块，但是对等的票数"（见表8—1）。①

　　不管上述哪种方案，都是从这样一个简单的理念出发的，这个简单的理念就是："平等意味着对每个人来说得到同样大小的份额"，但是，这样的平等理念却受到八种挑战，这些挑战虽各不相同，但都主张他们的分配都是平等的，这就出现分配问题上的悖论："平等实际上意味着不平等；平等对待也许要求不平等的对待；由于人们的观点不同，同样的分配

---

① ［美］德博拉·斯通：《政策悖论：政治决策中的艺术》（修订版），顾建光译，中国人民大学出版社2006年版，第40—42页。

有可能被看作平等的或者是不平等的。"① 再深入思考就会发现，无论何种分配方案都涉及四种重要的要素：分配者、接受者、物品以及分配的过程②。如果按此划分，上述诸多分配方式就可以通过下面的一张表格展示出来。

表 8—1　　　　　　　　杯形蛋糕分配所反映的"平等"理念

角度	问题	分配主体	分配标准	悖论
接受者	1. 成员共同体的界限	共同体	成员资格	不平等的邀请，平等的分配
	2. 基于等级的分配	精英集团	社会等级	平等的等级，平等的分块
	3. 基于群体的分配	社群	社群利益	不平等的等级，不平等的分块
物品	4. 物品的界限	弱势群体	差别原则	平等的午餐，不平等的分块
	5. 物品的价值	社会大众	按需分配	平等的价值，不平等的分块
过程	6. 竞争	经济学家	起点平等	平等的叉子，不平等的分块
	7. 抽签	投机者	机会平等	平等的机会，不平等的分块
	8. 投票	政治学家	过程平等	平等的票数，不平等的分块

资料来源：[美] 德博拉·斯通：《政策悖论：政治决策中的艺术》（修订版），顾建光译，中国人民大学出版社 2006 年版，第 43 页③。

表 8—1 涉及八种分配标准，如功绩、成员资格、差别原则、能力，等等。就形式而言，按这些标准分配的结果都应是平等的。正是由于平等分配的标准不同，因而人们眼中的平等观才有天壤之别。比如，威廉·莱特温在一篇有趣的文章《反对平等的例子》中认为，既然人与人是不一样的，那么他们受到的不平等的待遇就应该是合理的，即"不平等反而是一种平等"。哈瑞·法兰克福也反对经济平等主义的主张，认为经济分配的最好状况——每个人都应获得相同的收入和财富——是不平等的，经济收入中的阶梯差距反而是平等的。这意味着，"平等"一词的使用是有

———————

① [美] 德博拉·斯通：《政策悖论：政治决策中的艺术》（修订版），顾建光译，中国人民大学出版社 2006 年版，第 42 页。

② 在这里，德博拉·斯通认为只有三个要素：接受者、物品和接受过程，笔者认为还应加上分配者，即谁再分配。因为物品分配总会受到利益的干扰，不同分配者的利益取向不同，对平等的理解不同，分配的方案和结果也会不同，她所提到的蛋糕分配案例就是一个典型的证明。

③ 笔者在此做了相应的修改，增加了"分配主体和分配标准"两栏。

范围的，某一领域的平等到另一领域就不平等了。例如，经济领域"基于应得的平等"放在社会福利领域就不合适了，社会福利领域"基于需要的平等"放在政治领域就不合适了。的确，正是在那些更为重要的评价域里的平等使得在另一评价域里可能出现对不平等的诉求。而之所以在某些领域可以容忍不平等，是因为这种不平等的合理性是建立在平等诉求的基础上的。那么，为什么有些不平等反而是平等的，有些平等反而又是不平等的呢？这与平等内涵的晦涩性、丰富性有关。

上述对于"为什么要平等"评价域的多样性认可容易使人们对平等理念的内容发生疑问。对于一些分析者来说，关于平等内容明显的"伸缩性"已经造成平等理念的尴尬处境。正如道格拉斯·莱在1981年所指出的："在抵制平等的诸多思想中，比起诸如秩序、效率或自由，更有力量的恰是平等本身。"① 其他人也有类似的看法，他们认为平等是一个徒具躯壳而没有实质内容的僵尸，尽管平等的内容已经渐趋饱和，但平等依然是"一个空泛的概念"。不阐明究竟"为什么要平等"这个问题而一味地诉求平等实际上不会有任何明确的内容。从这个角度来看，有关平等的内容是空泛的似乎有道理。但是，阿马蒂亚·森认为，只要平等的诉求在某个特别重要的评价域内存在，平等的内容是存在的，人类追求平等的动机是合时宜的，那么，"平等是空泛的"这一概念就不成立。其实，评价域的多样性并不是平等理念所独有的问题，也不构成所谓"空洞无物"的尴尬指责的理由。甚至有学者指出，"平等只会是弱者发出的呼唤"②。"这表明，人类的平等意识大概从那些成为失去平等状态而感到遭受压迫的'弱者'那里萌生的。当这种意识获得一种普遍意义的时候，求索平等就成为一种社会的普遍心理。"③ 而要求索真正的平等，承认社会差异合理性的差异平等就是必然的选择。

三　承认差异：平等正义的理性诉求

"差异"是政治哲学的重要范畴，也是马克思和黑格尔辩证法的重要

① ［印度］阿马蒂亚·森：《论经济不平等：不平等之再考察》，王利文、王占杰译，社会科学文献出版社2006年版，第243页。

② 冯亚东：《平等、自由与中西文明》，法律出版社2002年版，第4页。

③ 鲁篱、黄亮：《论经济平等权》，《财经科学》2007年第11期。

内容。差异通常被理解为"矛盾或对立的统一"①。然而，在以福柯为代表的后现代主义者眼中，"差异"的内涵却与辩证法有区别，他们认可"差异"的"差异性"而否认其"同一性"，反对将"差异"纳入更高的"统一"范畴之中。②前述指出，社会充满各种各样的差异，正是这些差异构成社会生活的大部分。差异的普遍性、广泛性和复杂性决定人们不可能忽视差异而追求绝对的平等，平等只能是建立在差异之上的有差别的"相对平等"。这意味着要对不同性别、年龄、种族、民族、肤色和不同宗教信仰、价值取向的人的差异性给予平等的承认，这样的平等才是实质平等，实质平等意味着个体获得的社会资源大体上相当。实质平等有利于对弱势群体的特殊保护，但保护过度也可能牺牲效率和公平。为此，承认差异的"差异政治"就应运而生。

差异政治是新近发展起来的政治哲学概念。"所谓差异政治，是指在后现代思潮中用差异性原则或策略对当代政治哲学或政治学理论的一种理解方式。它以多元主义政治观和差异政治观为基线，反对建构任何类似于启蒙理性那样的大一统政治哲学，反对宏大叙事，强调多元的小叙事及政治价值向度的多元化、多维化倾向，主张多元政治、差异政治等。"③差异政治要求承认人的差异性和被多数人或统治阶级的认同所忽视、掩盖甚至同化的独特性。总之，差异政治是后现代政治哲学的典型形态，其核心是强调政治文化、政治话语、政治情感的差异性。差异政治观强调主体的多元化，关注主体间关系的异质性与差异化，承认多中心治理的合法性与正当性。差异政治观有助于当代多元化的政治哲学思维的形成，进而推动世界向多级格局的转变。

目前，持有差异政治观念的典型代表人物有帕依、亨廷顿、查尔斯·泰勒、霍耐特和弗雷泽。帕依认为，当代社会的文化差异必然造成政治视野的差异，这对于消解"中心—边缘"的政治结构、"西方中心论"有重

---

① 任平、王建明、王俊华:《差异政治——后现代政治哲学探析之一》,《天津社会科学》2001年版3期。

② 卢太平:《帕依差异文化与亨廷顿差异文明比较之思索》,《甘肃社会科学》2009年第6期。

③ 任平、王建明、王俊华:《差异政治——后现代政治哲学探析之一》,《天津社会科学》2001年第3期。

要的推进，对于尊重多元政治价值观、促进多民族文化的共荣共生和不同群体的平等对话有重要的帮助。亨廷顿的观点则是：新的世界政治地图中意识形态的纷争和民族国家的纷争在逐渐弱化，取而代之的是多元文化的冲突，这种冲突将主宰全球政治，造成文明间的断裂。① 在亨廷顿看来，文明间的差异和冲突是导致人们价值观冲突、宗教冲突、政治冲突的根源。②

　　既然人类文明之间存在巨大的差异，而不同文明之间的冲突又是政治冲突的主要根源，那么，如何才能减少这种文明冲突呢？减少文化霸权，对不同文化予以平等的承认是解决文明冲突的根本之道。也就是说，无差别的平等会扼杀人们的效率、勤奋、人力资本、市场风险等因素。正所谓"不患寡而患不均"，这是孔子对贫富悬殊下的功利横行、贫民沦落的道德批判，而不是在罗尔斯词典序列意义上的"均"优先于"寡"，而孔子价值序列中的"富之""庶之""教之"，才是其基于现实、理性的乌托邦。③ 在经济领域，"承认差异的平等"的合理性更是十分明显。哪怕市场能给人们提供平等的准入权、参与平等竞争的机会和条件，也不能保证经济分配上的结果是平等的，这种结果的不平等完全能够获得道德上的辩护。相反，根据生产要素的合理差异带来的财富和收入分配上的合理差异反而能够充分发挥激励功能。也就是说，平等并不意味着平均，承认差别的"差异政治"才是实质平等正义之道。既然有差别的平等才是实质平等，那么，这种观点有理论支撑吗？下面，请看第二节的分析。

第二节　承认政治：承认差异的平等 正义之理论基础

　　弗雷泽指出："在后社会主义时期，面对具有攻击性的市场化以

---

　　①　［美］塞缪尔·亨廷顿：《文明的冲突》，张铭、谢岳译，《现代外国哲学社会科学文摘》1994 年第 9 期。

　　②　同上。

　　③　靳海山：《经济平等的内在规定》，《首都师范大学学报》（社会科学版）2005 年第6 期。

及急剧攀升的物质不平等，去中心化的平等正义的诉求显得越来越重要。"① 然而，由于政治文化的划时代变迁，今天的社会正义运动缺乏对正义本质的共识。例如，不同群体对于平等分配的诉求往往变成反对多数群体对于承认的平等需求；女性主义对于正义的诉求，经常与想象中的宗教或公众正义的传统形式相抵触，其结果是出现正义话语的异化，这向指称道德平衡的正义观念提出挑战。为此，弗雷泽提出正义的尺度。弗雷泽指出，正义的尺度有两层含义：一是指称道德的平衡。在这种平衡中，一种公平的判定掂量着具有冲突性的诉求的相对价值；二是地理学表达空间的一种尺度，这种尺度正鼓舞着人们展开战胜全球化的斗争，寻求更广阔的正义边界②。而那些为跨国的不公正开展争辩的激进分子们，极力反对那种认为正义仅仅只能在领土范围内被设想的观念，这一点是不足为奇的。在道德平衡性地图中，正义面临的挑战是正义是什么？是再分配还是承认或是代表权；在地理学空间的正义中，被质疑的问题是"谁算作正义的真正主体"。这表明，要谈论正义，有两个问题是绕不过的，一是什么是正义，二是对谁正义。在这里，需要加上第三个问题，即"为什么要正义"，承认政治正是围绕这三个维度而展开的。

一　为什么承认：承认的必要性

弗雷泽指出，"在后冷战时期，反资本主义的斗争扩展蔓延，但却以一种去中心化的、碎片化的方式，并缺乏任何一个可行的替代性的理念。其结果仍是对批判理论的一个决定性的挑战：郑重放弃对过时模式的怀旧之情和对后现代多元主义的庸俗庆贺。③" 在这种情况下，正义是"谁的"这个问题本身便被不恰当的加以界定了，因为受到影响的非公民们被错误的排除在考虑范围之内。例如，全球穷人的诉求躲到软弱无能或不成功的国家的国内政治舞台，同时也将他们拦在正视穷人遭受剥夺的海外资源之

---

① ［美］南茜·弗雷泽：《正义的中断——对〈后社会主义〉状况的批判性反思》，于海青译，上海人民出版社 2009 年版，序言第 3 页。

② ［美］南茜·弗雷泽：《正义的尺度——全球化世界中政治空间的再认识》，欧阳英译，上海人民出版社 2009 年版，第 1 页。

③ ［美］南茜·弗雷泽：《一个美国当代批判理论家的中国情结——〈今日西方批判理论丛书〉中文版序》，邝月译，《世界哲学》2009 年第 2 期。

外，结果出现一种特殊的、元政治的错误代表权，弗雷泽将这种制度称为错误建构。① 其实，围绕承认政治的这场争论的内容不仅限于道德哲学，也不是黑格尔的旧瓶新酒，更不是简单的政治哲学的概念之争，而是真正意义上的古为今用：在政治上，它体现了批判学派的知识左派在全球化时代为构筑新社会主义战略的理论基础和真诚努力。因此，围绕承认理论的这场争论，标志着霍克海默以来法兰克福学派批判理论的当代发展新阶段②。

查尔斯·泰勒指出："对于承认的需要，有时候是对承认的要求，已经成为当今政治的热门话题。可以这么说，这种需要正是政治上的民族主义背后的驱动力之一。今天，呼唤承认代表少数民族、贱民群体和形形色色的女性主义的诉求，这些诉求是政治尤其是所谓'文化多元主义'政治的中心议题。"③ "而如果得不到他人的承认，或者只是得到他人扭曲的承认，也会对认同构成显著的影响，对人造成伤害，成为一种压迫形式，它能够把人囚禁在虚假的、被扭曲和被贬损的存在方式之中。"④ 泰勒的表述意味着，当一个人或一群人被伤害或歪曲时，他们周围的人不是帮助他们减轻伤害或被扭曲的程度，反而向他们投射出不屑、蔑视的眼光，使他们看到自己狭隘、萎缩、卑下的一面，这些被蔑视者就会将这种图像内置于心中，认为自己天生就应该是这幅图像，从而失去了奋斗和反抗的动力，正如鲁迅笔下"怒其不幸，哀其不争"的阿Q形象。例如，在中国古代，女人的形象被卑贱化了，这种卑贱的形象已经内化为她们内心的伦理尺度，以致一些阻碍女人平等的障碍因素消除后很长一段时间，她们也踯躅不前、唯唯诺诺。这一点，印度的种姓制度更为明显，大多数时候，低贱种姓的人甘愿受高贵种姓的人的剥削，失去了反抗的意图和能力。"扭曲的不承认不仅表现为缺乏应有的尊重，它还可能造成可怕的伤害，

---

① ［美］南茜·弗雷泽：《正义的尺度——全球化世界中政治空间的再认识》，欧阳英译，上海人民出版社 2009 年版，序言第 6 页。

② ［美］南茜·弗雷泽：《一个美国当代批判理论家的中国情结——〈今日西方批判理论丛书〉中文版序》，邝月译，《世界哲学》2009 年第 2 期。

③ ［加］查尔斯·泰勒：《承认的政治》，董之林、陈燕谷译，载汪晖、陈燕谷主编：《文化与公共性》，生活·读书·新知三联书店 2005 年版，第 290 页。

④ 同上。

使受害者背负着致命的自我仇恨和自卑感，而正当的承认不是我们赐予别人的恩惠，它是人类一种至关重要的需要。"① 也就是说，"不承认或错误承认……可能是一种压迫形式，它将人们禁锢在一种虚假、扭曲、简化的生存方式之中。它不只缺乏尊重，还能造成严重伤害，使得人们产生极强的自我憎恨情绪。应有的承认不只是一种礼貌，也是一种至关重要的人类需要"。②

弗雷泽也认为，我们时代的关键词之一是承认。她指出："作为黑格尔哲学的一个古老范畴，这一概念被近代政治理论家所复兴，以证明努力将今天为身份和差异的斗争概念化的重要性。无论要求承认的主体是本土的要求还是妇女的劳动家务，是同性恋婚姻还是穆斯林的女性面纱，道德哲学家们逐渐使用'承认'这一术语去揭示政治诉求的规范基础。"③ 也就是说，从前集中在分配上的社会正义话题，现在逐渐划分为一方面再分配的诉求和另一方面承认的诉求，而承认的诉求逐渐趋于主流地位。在承认的基础主义和进步主义的形式中，共产主义的逊位、自由市场意识形态的喷涌以及"身份政治"的兴起，所有这些发展已经共谋去中心化，即使并非清除平等主义的再分配要求。"而在一些传统中，承认指明主体之间的一种理想的相互关系，其中每一主体视另一主体为他的平等者，同时也视为与他的分离。这一关系被认为对主体性是建构的，一个人只有凭借另一主体的承认和被承认才能成为一个独立的主体。"④

现在，承认的重要性已在社会的各层面得到认可：在私人层面，承认意味着对他人权利的尊重；在社会层面，承认是人与人之间平等交往的基础，这种认识使平等承认的政治正逐渐成为当代政治哲学的中心议题，这也为当代女权主义、种族关系和文化多元主义的存在提供了依据，一如赫尔德的箴言"作为人，我们每一个人都有独特的存在方式和尺度"。这里

---

① ［加］查尔斯·泰勒:《承认的政治》，董之林、陈燕谷译，载汪晖、陈燕谷《文化与公共性》，生活·读书·新知三联书店 2005 年版，第 291 页。

② Charles Taylor, *Multiculturalism and The politics of Recognition*, Princeton: Princeton University Press, 1992, p. 25.

③ ［美］南茜·弗雷泽、［德］阿克塞尔·霍耐特:《再分配，还是承认? ——一个政治哲学对话》，周穗明译，上海人民出版社 2009 年版，第 1 页。

④ 陶火生:《多元承认视角中的生态正义》，《东南学术》2012 年第 1 期。

的意思是，每人都存在某种特定的作为人的方式，那是"我的方式"而不是他人的方式，这是我的本真生活。在现代社会中，这种本真意味着人们对尊严的维护，这是等级社会衰落的标志。因为在等级社会中，人们对自己的认同取决于自己所处的社会位置，以及该位置所确定的社会角色和社会行为。为此，人们从出身的那一刻就决定自己的阶级和地位，没有本真的理想。即使有，也不起作用，仍然必须在符合自己的社会地位上行动。也就是说，在等级社会中，人与人之间的认同和承认模式被格式化，人们没有意识也没有必要谈论此问题。因为"在前现代社会，人们并不普遍谈论认同和承认，不是因为他们没有认同也不是那时候的人不依赖于承认，而是因为这些东西对他们来说完全不成问题，根本没有必要进行那样的主题化"。① 当然，在寻找差别对待人们的理由的时候，应该寻找那些合理的正当理由而非任何差异。"差异的正当性本身就包含着一种价值判断，这种判断在其他事物中取决于社会的态度和问题产生的前因后果。"② 这种引发差别对待的差异性必须符合公正的原则，这种差异性常常是不可改变的属性，如性别、肤色和民族等。

为承认而斗争迅速成为 20 世纪末政治冲突的典型形式，对承认差异的需求会推进在民族、族群、种族、性别、性关系旗帜下动员起来的群体斗争，这些群体斗争容易产生冲突。在这些冲突中，群体身份成为政治动员的主要媒介，文化统治意味着基本的非正义，文化上的承认成为矫正社会非正义的根本目标。当然，这不是事情的全部，为承认而进行的斗争发生在一个物质不平等急剧恶化的世界中，这种不平等不仅表现在收入、财产所有权、获得有酬工作、教育、医疗、休闲时间等方面，而且更表现在寿命预期以及发病和死亡率等方面。因此，获取平等的承认是差异化时代的必然诉求。

二　承认什么：承认还是再分配

以批判著称的承认理论是对西方社会后现代化悖论的一种解读，是对

---

① ［加］查尔斯·泰勒：《承认的政治》，董之林、陈燕谷译，载汪晖、陈燕谷《文化与公共性》，生活·读书·新知三联书店 2005 年版，第 299 页。

② ［澳］维拉曼特：《法律导引》，张智仁、周伟文译，上海人民出版社 2003 年版，第 222 页。

全球化背景下产生的新问题、新矛盾的理论回应，是超越法兰克福学派理论困境的一种尝试。事实证明，这种尝试是成功的。承认是指个体之间、共同体之间、个体与共同体之间基于平等的认可、认同与确认。在全球化时代，承认意味着对不同个体和共同体的自我认可与肯定。因此，自 20世纪 80 年代西方国家推行多元文化政策以来，查尔斯·泰勒、威尔·金里卡、南茜·弗雷泽和霍耐特等围绕承认政治的内容展开了论争。弗雷泽指出："差异族群争取平等身份的文化斗争在当代已经不可忽视，新自由主义全球化下经济不平等在增长，分配正义问题同样不可漠视，因此，对正义的理解必须包含为承认而斗争和为分配而斗争。"[1] 金里卡则明确提出要对少数族群的自治权、特殊代表权和多民族权利予以承认。泰勒则认为承认政治的直接目的是把平等权利原则引入文化领域，借以调和个体权利与群体权利、权利的普遍性和差异性之间的矛盾。霍耐特提出"承认一元论"的观点，认为承认是基础性的、统摄性的道德范畴，而分配是承认的附属物，是承认的派生[2]。弗雷泽则认为，经济上的再分配、文化上的承认以及政治上的代表权才是承认的综合表现。

　　再分配与阶级政治有关，承认政治与关于性别、性、民族、种族的身份政治有关。其实，由于各群体诉求的多元化，再分配的范式不但能包含阶级中心的政治倾向，而且可以修正对抗性别不平等和人种不平等的具体形式的不足。与此相似，承认政治不但能矫正被不公正地贬低的身份政治，如女权主义和黑人政治，而且对拒绝传统身份政治的"基础主义"有解构作用。如是，再分配和承认两种范式至少在以下四个方面有所不同：一是两者对不公正的矫正重点不同，再分配矫正的是社会经济结构带来的社会经济不公正，如被剥夺、被剥削和经济边缘化行为；承认范式矫正的是文化上的不公正，例如文化上的支配与被支配，文化上的蔑视与不承认，等等。二是它们对不公正提出的矫正类型不同。承认矫正的是文化的和符号的变化，再分配矫正的是某些类型的经济结构。三是他们对遭受

---

　　① ［美］南茜·弗雷泽：《正义的尺度——全球化世界中政治空间的再认识》，欧阳英译，上海人民出版社 2009 年版，中文序言第 8 页。

　　② 周穗明：《N. 弗雷泽和 A. 霍耐特关于承认理论的争论——对近十余年来西方批判理论第三代的一场政治哲学论战的评析》，《世界哲学》2009 年第 2 期。

不公正集体的概念不同。承认的受害人是身份群体，再分配是阶级群体。四是二者对群体差异的理解也有区别。再分配将这些差异看作不公正差异的显现，全然不是这些群体的内在特征，这些差异是被社会地构成的一种不公正的政治经济的结果，因而，再分配强调的是要废除而不是承认群体的差异。承认则将差异看作先天的文化等级模式或当代的建构性话语，因而承认眼中的差异是应该被赞扬而不是被消除的。然而，有些学者认为再分配和承认可被描绘为相互替代的模式选择，前者的倡导者如理查德·罗蒂（Richard Rorty）、布莱恩·巴里（Brian Barry）、托德·基特林（Todd Gitlin），他们认为以身份政治为标志的承认是对经济分配不公的事与愿违的转换。相反，承认政治理论的一些倡导者如艾利斯·马里恩·杨（Iris Marion Young），认为"缺乏差异眼光的再分配政治可能由于错误地将主流群体的规范普遍化而强化不公正，要求服从地位的群体同化于他们，并错误的承认服从地位的群体的独特性"。① 由于这些差异，再分配和承认就被许多人看成相互对立的概念。为此，弗雷泽指出，参与平等意味着正义是那种允许社会的全体成员作为平等的人彼此相互影响的社会安排。而为了保证参与平等，物质资源的平等分配和去制度化的价值模式就成了主体间平等参与的客观条件。平等参与还有主观条件，主观条件意味着将剥夺、剥削、财富、收入和休闲时间中的总体不均等进行制度化的社会安排。客观条件使人开始关注传统上与分配正义理论相关的关系，尤其是关注属于社会的经济结构和经济上被定义的阶级差别的关系。"主体间条件开始使人关注最近在承认哲学中突出的关系，尤其是关注属于社会的身份秩序和文化上被定义的身份等级制的关系。因此，一个参与平等的概念包含再分配和承认，不能将任何一方简化到另一方。"②

在黑格尔看来，相互承认的关系结构都是相似的：一个主体对另一个主体的承认是社会的内在动力，有助于保障自由的实现。然而，霍耐特指出："无论在黑格尔那里还是在米德那里，我们都没有发现一种对蔑视的系统思考。蔑视，作为对应于承认关系的否定等价物，可能迫使社会行为

① ［美］南茜·弗雷泽、［德］阿克塞尔·霍耐特：《再分配，还是承认？——一个政治哲学对话》，周穗明译，上海人民出版社2009年版，第9—10页。
② 同上书，第28—29页。

者认识到他们被拒绝承认。"① 因此，霍耐特认为，承认的对立面不是不承认，而是作为其否定等价物的蔑视，蔑视可能迫使社会行为者认识到他们被拒绝承认，强暴、剥夺权利和侮辱是蔑视的三种形式。② 那么，为什么承认是正义的表现呢？这是因为从文化的角度来看，承认可把参与者建构成不同的类型：一方面，可把参与者建构成同等的有能力参与公共生活的人，那么，这些参与者就被赋予平等的身份，得到社会和他人的承认；另一方面，制度化的文化价值模式也可把参与者解释成劣等的、受排斥的、整体不同的或完全无形的。在此背景下，对参与者的承认是错误承认，这种错误承认导致人们之间制度化的身份服从关系，是对正义的侵害。因此，"被错误承认将不是作为受他人贬低的结果，遭遇被扭曲的身份或被损害的主体性，被错误承认不如说是被制度化的文化价值模式所建构，以这种方式阻碍人作为同等的人参与社会生活"。③ 从这个角度来说，承认就是将阻碍参与平等的文化价值模式去制度化。由此可见，经济上的再分配、文化上的承认和政治上的平等参与三个维度构成承认政治的核心概念④。尽管弗雷泽与霍耐特在是否是这三个维度上存在一定的分歧，但是，作为平等的三个主要衡量标准——政治、经济、文化上的平等无疑体现了平等的核心价值。因而，承认政治的核心既不是单纯的文化上的承认，也不是单纯的经济领域的再分配，而是政治、经济与文化领域的全方位承认。认清这一点，承认政治的平等意蕴就更加鲜艳夺目。

三　对谁承认：弱势群体情怀

当且仅当公众舆论被动员为一种支持公权力承担责任的政治力量，并且保证后者的执行反映公民社会受到尊重的意志时，公共领域理论才被认为是有效的。因此，现有公共性的合法性批判不仅必须拷

---

① 〔德〕阿尔塞克·霍耐特：《为承认而斗争》，胡继华译，上海人民出版社2005年版，第101页。

② 同上。

③ 〔美〕南茜·弗雷泽、〔德〕阿克塞尔·霍耐特：《再分配，还是承认？——一个政治哲学对话》，周穗明译，上海人民出版社2009年版，第23页。

④ 周穗明：《N. 弗雷泽和A. 霍耐特关于承认理论的争论——对近十余年来西方批判理论第三代的一场政治哲学论战的评析》，《世界哲学》2009年第2期。

问现有公共性"怎样"的问题，而且还要拷问"谁"的问题。或者，更准确地说，它必须通过追问"在谁之中的平等正义"而将平等与包容一起加以拷问。①

弗雷泽指出，关于正义的讨论将注意力放在有边界的政治共同体成员内部，什么东西应该算作一种参与平等的关系上。由于专注于探讨合法性的"怎样"问题，所以，争论者明显感到争论"谁"的问题是没有必要的。随着威斯特伐利亚框架②安全地处于合适的位置上，这个"谁"就是指国家全体公民，这已成为不言而喻的了。③ 但如果要问正义的第二个问题，即"对谁正义"，就会发现正义不仅仅包括现代领土国家，公民也应是现代正义的主体。正如弗雷泽所指出："在一些人的眼里，公民相互有义务能满足公民在法律面前人人平等的诉求；在另一些人看来，机会平等也是需要的；对于还有一些人来说，正义要求所有公民赢得通向他们所需资源与尊重的途径，以便使他们能够与其他人拥有平等的参与权，成为政治共同体的完全成员。"④ 这一点，阿迈·古特曼的观点也是毋庸置疑的。古特曼认为，"全面的公共承认应该包含两种形式：一是尊重每个个体的独特认同，而不管他们的性别、种族或人种如何不同；尊重下层群体成员所青睐或与他们息息相关的行为方式，实践形形色色的世界观；这里所说的下层群体除了妇女外，还包括亚裔美国人、非裔美国人、印第安人以及美国境内的其他各种群体。"⑤ 其实，承认政治针对的是所有不被"平等

① ［美］南茜·弗雷泽：《正义的尺度——全球化世界中政治空间的再认识》，欧阳英译，上海人民出版社 2009 年版，第 110—112 页。

② 《威斯特伐利亚和约》是现代意义上的第一个国际关系条约。它的主要内容是：欧洲领土的局部分割，限制皇帝的权力，承认了各诸侯具有独立的内政、外交权。该和约对近代国际法的产生与发展起重大作用，不仅开创了以国际会议解决国际争端的先例；划定了欧洲大陆各国的国界，承认了国家的独立和主权，并将国家主权、国家领土、国家独立等原则已经确立为国际关系中应遵守的准则；而且首次创立并确认了条约必须遵守和对违约的一方可施加集体制裁的原则；承认新教和旧教享有同等的权利，打破了罗马教皇神权统治下的世界主权论；在欧洲开始确立常驻外交代表机构的制度，各国普遍设立了外交使节，进行外事活动。《威斯特伐利亚和约》不但结束了 30 年战争，而且在欧洲大陆形成了一个力量相对均衡的政治格局，建立了威斯特伐利亚体系。但它在调和原有矛盾的同时，又造成新的矛盾，从而摆脱不了最终瓦解的命运。

③ ［美］南茜·弗雷泽：《正义的尺度——全球化世界中政治空间的再认识》，欧阳英译，上海人民出版社 2009 年版，第 108 页。

④ 同上书，第 13 页。

⑤ 汪晖、陈燕谷：《文化与公共性》，生活·读书·新知三联书店 2005 年版，第 340 页。

承认"的对象，包括妇女、少数民族、有色人种、低收入者、残疾人、老年人，等等。

近代以来的自由主义者主张，人的权利与自由是天生不可剥夺的，每个人无论其地位、种族、财产、宗教信仰是什么，存在多大的差异，都同等地享有平等的权利，这种将同等的尊严与权利赋予每个群体和个人的主张在思想界产生了强烈的轰动效应，是掷向传统等级社会的一个"潘多拉"魔盒。在封建社会里，不管是对贵族还是平民，是对自由人还是奴隶，身份等级制都是一样的，阶级之间和阶级内部都存在等级划分，这种划分意味着身份是等级的标志和不平等的尺度。从这个意义上来说，尚不存在一种可以对抗阶级不平等原则的公民平等原则。① 而自由主义思潮产生以来，建立在传统等级结构基础上的荣誉体系宣告终结，现代平等政治就开始发端。自此以后，将承认差异的差异政治引入政治哲学概念中。

由是观之，以弗雷泽和霍耐特为代表的承认政治理论批判了资本主义社会在性别歧视、种族蔑视、宗教迫害、语言排斥等方面的不平等问题。"为承认而斗争"的口号如此彻底地抓住女性主义的构想，因而更加适合于平等社会的构想，其趋势是让社会斗争服从于文化斗争，再分配服从于承认政治。更准确地说，根据文化变革支持者的推测，女性主义者的身份政治与差异政治起到了增进、加强甚至反对社会不平等斗争的作用②。虽然承认政治理论鞭挞的是西方社会，解决的是西方社会矛盾，发展的是西方民主，但对促进当代中国的公平分配和平等权利也有很大的启发。众所周知，转型时期的中国所面临的现代化悖论和西方有相似之处，经济高速发展和文化建设落后的矛盾、市场经济的诉求和政治体制改革滞后的沉疴、社会建设的急迫性与公民社会不发达的鲜明对比使全球化背景下的中国现代化面临日积月累的新旧矛盾的冲击和挑战，这些矛盾处理不当就极易引发社会冲突。因此，与其说弗雷泽和霍耐特的承认政治理论是对西方资本主义社会的现实鞭挞和指责，倒不如说是对当代中国社会现实和社会

---

① 郭忠华、刘训练：《公民身份与社会阶级》，江苏人民出版社 2007 年版，第 3 页。

② ［美］南茜·弗雷泽：《正义的尺度——全球化世界中政治空间的再认识》，欧阳英译，上海人民出版社 2009 年版，第 123 页。

矛盾淋漓尽致的表达和批判。也许他们的理论没有切中中国社会矛盾的固有制度逻辑，也许他们的思想因为执着于规范而稍显学术化，也许他们的表达不符合中国人的思维习惯，但他们的理论有一种正义的道德力量，有热情的政治伦理情怀，有对弱势群体的殷殷关切和倡议平等的社会责任感。① 如果将他们的理念投射到当代中国社会，就要求处理好弱势群体如少数民族、艾滋病人、农民工、残疾人的权利问题，使他们在政治、经济、文化生活中享有平等的成员资格。同时，还要求尊重少数民族传统文化，承认少数民族或亚群体文化的合理偏好，给弱势民族及其传统文化以公平、平等、合理的承认。此外，还应解决市场经济中个人权利和集体权利的失衡问题，既不能过分强调个人权利也不能过于强调集体权利，而是实现个人权利和集体权利的均衡发展。概言之，对化解矛盾冲突有帮助、规范伦理失范有作用、推进社会公平有促进、实现文化平等有增强、建设和谐社会有贡献的承认政治理论对当代中国的借鉴意义重大而深远。

既然承认政治理论对当代中国的借鉴意义较大，那么，在现实生活中，中国政府在哪些方面对"承认政治理论"做了回应呢？近年来中国政府出台的"残疾人就业政策""女性就业保障策略""少数民族教育优惠政策"等皆属于此列。这其中，最明显、最典型的就是政府对少数民族教育权的差别对待。

第三节　承认差异的平等正义：少数民族教育权的差别对待

根据文化再生产理论，中国现行的教育制度在促进城市文化再生产的同时却延缓甚至阻碍了农村文化再生产，造成"城市优势文化圈和农村劣势文化圈封闭循环"的悖论，形成城乡教育的不公平现状。② 为了改变

---

① 周穗明：《N. 弗雷泽和 A. 霍耐特关于承认理论的争论——对近十余年来西方批判理论第三代的一场政治哲学论战的评析》，《世界哲学》2009 年第 2 期。
② 余秀兰：《中国教育的城乡差异——一种文化再生产现象的分析》，教育科学出版社2004 年版。

这种状况，国家先后颁布实施了许多扶持少数民族教育发展的政策，如少数民族高考加分政策、少数民族预科教育政策、少数民族"高层次骨干人才计划"、双语教学的优惠政策等，这些政策为发展少数民族教育事业做出了重大贡献。但是，这些政策却又被许多人诟病，有人认为这是一种典型的"逆向歧视"，违背了"公平正义"原则，对汉族考生不公平，应该予以纠正。也有人认为对少数民族教育权的"差别对待"是对起点不平等的矫正，体现的是实质平等，应该倡导。那么，对少数民族教育权的"差别对待"到底是"实质平等"还是"逆向歧视"呢？

一　少数民族教育权的差别对待：现实解读

布尔迪厄指出："在一个给定的社会构成中，由于主灌输方式有助于满足统治阶级，即合法对象的利益，所以主教育工作在它实施对象的不同集团或阶级中产生的不同生产力总是随初始教育工作为不同集团或阶级灌输的初始习性与主教育工作灌输的习性之间的距离大小而变化。"① 这意味着，主教育工作如学校教育所得的习性与受教育者的初始习性之间距离越小，主教育与初始教育之间的相似性就越高、融合度越好，从而达到更好的学业成就，反之则相反。对少数民族学生而言，由于他们的文化与主流文化之间有一定的差异，因而他们要想完全融入主流文化就必须在很大程度上脱离或部分脱离原有的文化习性。而在融合的过程中，融合度的高低又受到文化背景、地理分布、经济发展水平、社会发展程度、家庭背景等因素的制约，导致其教育文化的再生产能力不高，进而产生不平等。布尔迪厄指出："教育有助于维护一个不平等的阶级社会，并使之合法化。"② 这说明，一个阶级在社会中所处的位置是由文化再生产能力的高低决定的。少数民族群体的文化再生产能力低，这对少数民族获得社会的承认和社会地位是极其不利的。而为了改变这种不利的现状，国家制定了一系列优惠的少数民族教育政策。在众多的政策中，"高考加分政策"和

---

① ［法］P. 布尔迪约、［法］J. - C. 帕斯隆：《再生产——一种教育系统理论的要点》，邢克超译，商务印书馆 2002 年版，第 56 页。

② ［法］布尔迪厄：《文化资本和社会炼金术》，包亚明译，上海人民出版社 1997 年版，第 7 页。

"少数民族高层次骨干人才计划"是最明显、文化再生产能力最强的两种政策。

少数民族高考加分政策是中国民族教育招生优惠照顾政策的重要内容，先后经历了"从宽录取""优先录取""适当降分""择优录取"等发展过程。从1983年起，教育部就规定要在内蒙古、西藏、新疆、贵州、宁夏、青海等9省区以及工作环境比较艰苦的国家重点建设项目单位实行定向招生、定向分配，那时的招生院校仅限于农、林、医和师范院校，同等条件下，这些院校可在低于录取分数线20分内择优录取。同时，国家还在民族高等院校开办了预科教育和民族班，按比例降分录取少数民族考生，给少数民族更多受高等教育的机会。[1] 21世纪以来，中国继续贯彻少数民族教育优惠政策，高考中对少数民族考生降分录取。由于各地经济水平和人口差异较大，降分的标准和具体内容不同，从5—80分[2]不等，跨度较大。[3] 可以说，少数民族高考加分政策是中国民族优惠照顾政策的重要内容，对于维护社会公平正义、提高少数民族对国家的认同、培养和选拔少数民族人才、增强少数民族的文化再产生能力具有重要作用。[4]

表8-2 2012年部分"985"高校公共管理专业硕士研究生录取分数线

招生学校	正常录取线	"少民计划"录取线
清华大学	总分350分，单科政治与英语不低于50分，业务课不低于90分	总分不低于290分，单科不限
北京大学	总分360分，单科政治与英语不低于50分，业务课不低于90分	总分不低于290分，单科不限

[1] 滕星、王军：《20世纪中国少数民族与教育理论·政策与实践》，民族出版社2002年版，第296—305页。
[2] 如广东省，少数民族本、专科预科班和民族班的录取标准相对较低，最低可降80分，少数民族聚居区的汉族考生也可给予适当降分照顾录取。
[3] 邱瑞贤：《广东高考少数民族考生报考最低可降80分》，《广州日报》2004年3月4日第2版。
[4] 王升云：《坚持和完善少数民族加分政策研究》，《中南民族大学学报》2012年第1期。

续表

招生学校	正常录取线	"少民计划"录取线
南京大学	总分 360 分，单科政治与英语不低于 60 分，业务课不低于 90 分	总分不低于 260 分，英语和政治不低于 40 分，专业课不低于 60 分
浙江大学	总分 365 分，单科政治与英语不低于 60 分，业务课不低于 100 分	总分不低于 280 分，单科成绩不低于 40 分
复旦大学	总分 375 分，单科政治与英语不低于 60 分，业务课不低于 90 分	对为少数民族地区定向或委托培养且符合基本培养条件的少数民族考生，在国家政策允许的范围内适当照顾

　　高考时对少数民族的"降分录取"与"优先录取"还不足以有效提升少数民族的文化再生产能力。为此，自 2005 年起，国家教育部根据国家民委等五部委的意见制定了《培养少数民族"高层次骨干人才"计划的实施方案》（以下简称《方案》），随后出台了"少数民族高层次骨干人才计划"（以下简称"少民计划"）。该计划要求为新疆、内蒙古、西藏等西部少数民族地区培养一批热爱中国共产党、扎根西部、乐于奉献、具有创新能力和较高人文素质的"骨干人才"。该计划包括硕士生与博士生两个层次的培养计划。截止到 2010 年，全国共招收"少民计划"硕士生17100 名、博士生 4300 名。[①] 为了照顾和保障少数民族考生的利益，参加"少民计划"的考生可享受两项优惠待遇：一是无论是硕士还是博士，只要是按"少民计划"录取的，均不用交学杂费；二是"少民计划"考生在录取分数上有较大的优惠。据不完全统计，就硕士而言，"少民计划"学生的录取分数往往比正常录取分数低 60—100 分，单科画线也要低10—40 分左右。如表 8-2 所示，在中国一流的高等学府清华大学、北京大学、南京大学、浙江大学、复旦大学等学校里，公共管理类硕士专业学生的正常录取线均在 350 分以上，而"少民计划"的学生仅在 280 分左右。不仅如此，"少民计划"考生的单科线也大大低于普通考生，清华与

---

　　① 王军：《"少数民族高层次骨干人才计划"基础强化阶段教育问题的研究——以北京地区基础强化培训基地为例》，硕士学位论文，中央民族大学，2011 年，第 1 页。

北大则以更包容的情怀规定"少民计划"的单科成绩不限,这为培养西部少数民族地区高层次人才做出重要的贡献。在博士的录取中,"少民计划"的学生往往比正常录取的学生的单科成绩少 10—20 分,在博士"破格录取"的问题上,招录"少民计划"的导师也有更大的自主权(详见表 8 – 2)。

二 少数民族教育权的差别对待:溢出效应

溢出效应指某项活动除完成预定的目标外,还会对组织之外的人与事产生影响,即活动产生的正外部性。对少数民族教育权的"差别对待"为什么会产生溢出效应呢?金里卡指出,包容性差别是真正平等的精髓。而且,因群体而不同的权利是包容差别所需要的。因此,对某些少数民族权利的特殊照顾并不会造成不平等。相反,由于某些群体在文化市场中被置于不公平的不利地位,"差别对待"反而可以矫正这种不利地位。不仅如此,这种差别对待还能保护文化的多样性,捍卫少数民族的语言文化权利,补偿少数民族在教育起点上的不公平。

(一)"差别对待"有利于保护文化的多样性

可以肯定的是,跨文化的多样性与文化内的多样性一样有助于丰富人们的生活[1]。这种论证是有吸引力的,因为它能避免只是依赖群体成员的利益而代之以集中关注较大社会怎样才能从有差别的权利中获益。正如理查德·福尔克所指出的那样:"通过丰富经历,扩充文化资源,社会的多样性增加了生活的质量。因此,保护少数民族文化越来越被认为是所有开明的自我利益的一种表达。"[2] 金里卡也指出,文化的多样性之所以被认为是有价值的,原因在于:一是文化的多样性既体现在准审美意义上,即他创造一个更加有趣的世界,又是因为其他文化保存着替代性社会组织模式,这对适应新的环境可能是有利的;二是文化多样性价值论证中包含着某种真理。文化多样性为人们带来了更多的选择,让人们可以在不同性质

---

[1] Schwartz, Brian, *First Principles, Second Thoughts: Aboriginal Peoples, Constitutional Reform and Canadian Statecraft*, Institute for Research on Public Policy, Montreal, 1986.

[2] Falk, Richard, "The Rights of Peoples (in Particular Indigenous Peoples)", in James Crawford (ed.), *The Rights of Peoples*, Oxford University Press, Oxford, 1988, p. 23.

的文化中做出改变。当然，现实的情况是：主流社会中几乎没有人选择融入某种少数民族文化，而不能维持自己社会性文化的少数民族却被迫融入主流文化。但是，这并不影响文化多样性的价值；三是文化多样性还具有审美和教育上的益处。[①] 当然，文化的多样性也可能给多数族群人员带来损害，使其付出代价。例如，生活在布依族地区的汉族人，可能被要求服从和融入布依族的风俗，这些人在选举中也许更会处于不利地位。但是，正如金里卡所指出的："在我看来，只有在这些牺牲不是促进多数族群成员的利益所需要的，而是预防民族性少数群体成员的更严重的牺牲所需要的时候，这些牺牲才是与正义相一致的。"[②] 这说明，为了少数民族不受歧视而牺牲一些多数族群的利益有时候是正当的。当然，必须承认，多数民族通常具有强大的理由来拒绝增加少数民族文化多样性的自治权利，而恰恰是这些自治权利保存了少数民族文化的多样性。

（二）"差别对待"有利于捍卫少数民族的语言文化权利

金里卡指出："一种文化是否能生存下去的一个最重要的决定性因素是：它的语言是否是政府的语言，即是否是公立学校、法庭、立法机构、福利部门、公共医疗卫生服务等的语言。在政府决定公立学校的语言时，它是在提供社会性文化所需要的或许是最重要的支持形式，因为这可以保证这种语言和与其他相关的传统习俗是否能够传递给下一代。相反，拒绝提供以某种少数民族语言进行的公共教育，几乎不可避免地决定那种语言会日益边缘化。"[③] 也就是说，"当一个国家决定在公共教育中或在提供国家服务中运用哪一种语言时，它至少较多地承认了一种文化。国家能够在法庭上用世俗誓言取代宗教誓言，但是它不能在法庭上用静默不语取代宗教的使用"。[④] 这说明，语言的使用也是一种权利，这种权利被讨论得很少，但是语言权利所隐含的政治意蕴是不言而喻的。正如布莱恩·温斯坦所言："政治理论家们一直对政治的语言，即政治中的象征、隐喻和修辞设计有长篇的论述，但事实上却从来没有讨论过语言的政治，即关于在政

---

① ［加］威尔·金里卡：《多元文化公民权：一种有关少数族群权利的自由主义理论》，杨立峰译，上海世纪出版集团2009年版，第156—157页。

② 同上书，第157页。

③ 同上书，第142—143页。

④ 同上书，第143页。

治、法律和教育论坛中使用哪种语言的决定。"① 然而，正如 Horowitz（1985）所描述的，现实中的诸多政治冲突和暴力冲突表明，语言权利是最主要的罪魁祸首，这至少在加拿大、比利时、西班牙、斯里兰卡、土耳其和波罗的海各国是比较明显的。② 这意味着语言权利在政治生活中的重要性，而这种重要性主要通过某个族群的社会性文化显现出来。而要保护某个族群的文化，则可通过重新划定边界和分配立法权，使某个民族性少数群体在某个具体地区拥有不断增加的能力。这样一来，关键的问题在于，如何或者怎么做才算是公平、公正地承认语言、划定边界和分配权力呢？金里卡的答案是：如果能够确保所有民族性群体都有机会把自己作为一种独特的文化保存下去，那么这种分配就是正义的③。而要做到这一点，就要求用有差异的自治权来抵制无视少数文化成员个人选择权的不平等的环境。有差别的自治权则意味着"真正的平等不是相同对待而是有差别的对待，目的是包容不同的需要"。④

（三）"差别对待"有利于补偿少数民族在教育起点上的不公平

这与罗尔斯的差别原则和补偿原则有关。罗尔斯指出："补偿原则认为，为了平等地对待所有人，提供真正平等的机会，社会必须更多地注意那些天赋较低和出身于较不利的社会地位的人们。这个观念就是要按平等的方向补偿由偶然因素造成的倾斜。"⑤ 差别原则能补偿出身和天赋引起的不平等。不过罗尔斯指出，差别原则和补偿原则是有区别的：补偿原则单纯强调对弱势群体的补偿，差别原则除强调对弱势群体的补偿外，还强调对天赋较高或较利者的处境的改善。说得通俗一点，差别原则并不是通过"劫富济贫"的方式来分配社会"善"，而是通过做大蛋糕的方式使弱势群体和强势群体的收益都得到增加，而补偿原则就是一种比较简单的

---

① Weinstein Brian, *The Civil Tongue*：*Political Consequences of Language Choices*，Longman，New York，1983，pp. 7－13.

② Horowitz D. L. ，*Ethnic Groups in Conflict*，University of California Press，Berkeley，Calif，1985，pp. 219－224.

③ ［加］威尔·金里卡：《多元文化公民权：一种有关少数族群权利的自由主义理论》，杨立峰译，上海世纪出版集团 2009 年版，第 146 页。

④ 同上书，第 146 页。

⑤ ［美］罗尔斯：《作为公平的正义》，姚大志译，生活·读书·新知三联书店 2002 年版，第 102 页。

"劫富济贫"。由于各种得失攸关的利益、原则和历史环境的复杂性,仅保证少数民族有差别的权利是不够的,还必须要考虑如何保证这些有差别的权利该如何落实,即保证他们的发言权[①]。在中国少数民族教育权中,这一问题也非常明显。由于经济落后、交通不便、观念保守、教育资源分配不均衡,中国少数民族地区的教育资源极其匮乏,这使得少数民族学生首先输在了教育起跑线上。面临教育起点的极大不公平,如果不给少数民族学生在教育上的加分倾斜政策,那么即使给他们平等的发言权,他们也难以平等地行使这种发言权,所谓罗尔斯讲的"平等的机会平等地到达"就是这个意思。罗尔斯指出:"即在前途对才能开放的主张之外,再加上机会的公平平等原则的进一步限定。也就是说,各种地位不仅要在一种形式的意义上开放,而且应使所有人都有一个公平的机会到达他们。"[②] 那么,何为平等达到的机会呢?具体地说,"在社会的所有部分,对每个具有相似动机和禀赋的人来说,都应当有大致平等的教育和成就前景。那些具有同样能力和志向的人的愿望,不应当受到他们的社会出身的影响"。[③]既然要排除社会偶然性因素对同等才能的人的不利影响,那么,对少数民族教育权进行"有差别的对待"就具有合理性了。由于地理位置偏僻、观念落后和资源转化率低,中国的少数民族大多数分布在贫困地区,经济条件和文化素质比较低下,他们与多数民族的竞争显然不在一个起跑点上,也就是起点是不平等的。而即使人们给其更优厚的达到公平的机会和条件,其目的是为了达到结果公平,但由于诸多主客观条件的限制,这一目的也不一定能遂人愿,为此,仅仅考虑少数民族有差别的教育权的公平性还不够,还要考虑对这些权利加以界定和解释的决策程序的公平性问题。决策程序的公平性意味着少数民族的利益和诉求要得到聆听和考虑,也就意味着少数民族在投票、竞选、公共职位获取等方面有平等的参政机会。然而,正如个体性公民权利的拥有不足以保证公正地包容群体差别那

①　[加] 威尔·金里卡:《多元文化公民权:一种有关少数族群权利的自由主义理论》,杨立峰译,上海世纪出版集团 2009 年版,第 168 页。

②　[美] 约翰·罗尔斯:《正义论》(修订版),何怀宏、何包钢、廖申白译,中国社会科学出版社 2009 年版,第 56 页。

③　何怀宏:《公平的正义——解读罗尔斯〈正义论〉》,山东人民出版社 2002 年版,第 56—57 页。

样，个体性政治权利有时也不足以保证这些差别得到公正的对待。例如，在中国，少数民族在立法机构、司法机构和行政机构的代表名额严重不足。这一点，在美国、加拿大等国也比较突出，他们的纠正方法是重划选区和实行有保证的代表制，即对少数民族实行严格的比例代表制。中国理论上也是这样规定的，但在实践中却无法落实。而且由于前几十年民族成分审核不严，一些少数民族代表权都被"汉族"冒充了。为此，有人提出群体代表制，即依照群体来划分代表的比例，使每种群体都能共享国家政治、经济、文化和社会发展的成果。当然，如果处于不利地位或边缘群体的少数民族需要有足够的代表权，那么，在中国，处于同样地位的妇女、穷人、农民、残疾人是否也应该有足够的代表权呢？答案是显而易见的。而之所以要让这些人拥有平等的代表权，是因为多数群体不能理解少数群体的利益、需要和主张。正如艾利丝·杨的主张："在一个其中某些群体享有特权而另一些群体受压迫的社会中，坚持认为人们作为公民应该超越他们的特殊关系和经验而去接受一般性观点，只会有助于强化特权，因为特权者的观点和兴趣将趋向于支配单一标准的公众，从而压制或把其他群体边缘化。"① 按照杨的观点，某些群体在政治过程中处于不利地位，应该为他们的代表权提供制度上的保障。

三　少数民族教育权的差别对待：实质平等

近年来，少数民族高考加分政策和硕士、博士研究生考试加分政策的公平性问题得到持续关注。2009 年"重庆高考加分事件"发生以来，人们对少数民族在各种考试中的加分政策是否合理进行了论辩。反对者认为，在"一分"压死人的高考独木桥上，少数民族的高调加分无疑会形成一种"逆向歧视"，这对汉族学生不公平。更何况，国家对出生人口民族成分的认定政策有漏洞，许多人假报、乱报民族成分，再加上并不是所有的少数民族家庭都与落后、贫穷有关，因此，这种仅以民族成分作为加分的依据实在不妥。"少民计划"也存在同样的问题。那么，少数民族享有的有差别的教育权是否真的形成"逆向歧视"了呢？

① Yong, Iris Marion, *Polity and Group Difference: A Critique of the Ideal of Universal Citizenship*, Ethics, 99/2, 1989, p.257.

其实，对中国少数民族教育权的差别对待是平等还是不平等反映"同一平等观"和"差异平等观"两种不同的平等思想。同一平等理论认为，强调对少数民族的特殊保护是建立在这样一个假设的基础上，即少数民族实际上不如汉族，因而需要特殊保护。而差异平等的理论总是依赖于人的差异性这一前提，因而其结果很可能带来这样一种危险，即强化社会的差异性①。平等并不意味着不加质疑地接受既定的标准，这就意味着少数民族不一定要依照汉族的平等标准行为或不行为。因此，同一平等遮住了人类的合理差异，其结果是强调无差异的平等。有学者指出，"同等地对待事实上的不平等是莫大的不公正"。② 由于同一平等对个人差异的忽视，平等反而会创造不平等，因为，"为了避免这一切弊病，权利不应是平等的而必须是不平等的"。③ 而差异平等则承认人与人之间合理的差异性，并据此作为差别对待的依据。也就是说，平等应是同一平等和差异平等的结合体。为此，金里卡指出，作为一种全面的正义理论，多元文化理论既考虑个体有差别的特殊地位和权利，又考虑人类的普遍性权力和利益。④ 可以这么说，同一平等涉及人的抽象属性，而差异平等则关乎人的具体差异。当然，差异的正当性和合理性就尤为关键。"差异的正当性本身就包含着一种价值判断，这种判断在其他事务中取决于社会的态度和问题产生的前因后果。"⑤ 按此逻辑，对中国少数民族的教育权进行有差别地对待遵循的是"差异平等"原则，这是一种实质平等。因为让少数民族拥有有差别的权利能保证文化多样性的正当存在，这不仅对少数民族本身是有利的，对多数民族也有极大的裨益，符合补偿理论的意蕴。补偿理论反映教育政策的基本价值取向，是实现教育平等的主要手段，对弥补弱势群体在教育中的起点不平等有重要的帮助。这一理念在西方

---

① ［法］珍妮微·傅雷丝：《两性的冲突》，邓丽丹译，天津人民出版社 2003 年版，第234 页。

② ［英］弗雷德里希·奥古斯特·哈耶克：《自由宪章》，杨玉生、冯兴元、陈茅等译，中国社会科学出版社 1999 年版，第 367 页。

③ 周安平：《性别平等的法律建构》，博士学位论文，苏州大学，2004 年，第 81 页。

④ ［加］威尔·金里卡：《多元文化公民权：一种有关少数族群权利的自由主义理论》，杨立峰译，上海世纪出版集团 2009 年版，第 7 页。

⑤ ［澳］维拉曼特：《法律导引》，张智仁、周伟文译，上海人民出版社 2003 年版，第222 页。

发达国家得到有力的贯彻，美国的双语教学、"黑白合校""先行一步计划"等政策法案就是对弱势群体进行教育补偿的典型例证。[①] 对弱势群体的教育补偿有利于实现教育平等、提升教育效益和增强教育政策的合法性。

其实，对少数民族教育权的差别对待与罗尔斯的差别原则思想不谋而合。罗尔斯指出："包括收入和财富、自由和机会、自尊的社会基础在内的所有社会价值都应被平等的分配，除非对其中一种价值或所有价值的不平等分配合乎最少受惠者的最大利益。"[②] 罗尔斯强调"不平等的分配只有顾及了最少受惠者的最大利益，这种不平等分配才是正义的"。为何这种分配又会给每个人带来好处呢？即"为什么最不利阶层的利益得到满足时社会中的每个人都会受益呢"？罗尔斯认为，前提条件是社会各阶层之间存在"链式联系"和"紧密啮合"。假设社会存在最有利者、居中者、最不利者三个阶层，"链式联结"预示着最不利阶层在提高自身期望的同时也会提高中间阶层和最有利阶层的期望。但是，反过来并不一定成立。因为即使最有利者期望的提高能提高中间阶层的期望，也并不意味着能提高最不利者的期望。[③] 在此情境下，"紧密啮合"就显得尤为重要。"紧密啮合"意味着社会各阶层的期望的降低或提高之间存在正相关关系，即任何一个阶层期望的提高都会引起其他阶层期望的相应提高。按此逻辑，最不利阶层利益的增加自然会引起中间阶层和最有利阶层利益的改善。差别原则并不仅仅强调使最不利者获利，而是认为，处于社会不同层次地位的人因最不利者的期望提高而获益。保证少数民族有差别的权利也是如此，能够通过这种保护提高少数民族的利益和生活质量。这与自由主义的理论家所依据的"对人们的同等尊重""个体的平等权利"是不矛盾的。这表明，"所有人和个体都拥有进入公共领域、参与政治生活并分享它的自然资源的平等权利"对每个人都是有益的。

---

① 刘复兴：《教育政策与弱势补偿问题》，《山东教育科研》2002 年第 9 期。

② ［美］约翰·罗尔斯：《正义论》（修订版），何怀宏、何包钢、廖申白译，中国社会科学出版社 2009 年版，第 8 页。

③ 姚大志：《差别原则与民主的平等》，《社会科学辑刊》2010 年第 4 期。

进而言之,虽然这些适用于少数民族教育权的"差别权利"是依据群体成员身份有差别地分配个体权利和政治权力,这使得它们表面上看起来似乎是歧视性的,但事实上与自由主义平等原则相一致,这与罗尔斯和德沃金所捍卫的"正义要求取消或补偿不应得的或道德上任意的不利"的观点也是不谋而合的。而如果没有这些有差别的权利,少数民族的成员就不会具备同等的能力在他们自己的语言和文化中生活和工作,即便这对多数族群文化成员来说是轻易能获得的。因此关于是否要承认少数民族权利的差别是十分重要的,这为维护少数民族的权利提供了理论支撑。为此,对少数民族教育权的"差别对待"不是"逆向歧视",而是一种实质平等,是达成社会公平正义的必要途径。

当然,过分强调少数民族有差别的权利会对国家的稳定造成伤害,特别是考虑到有些群体的动机是仇恨和不宽容的。在这种情况下,有差别的权利可能被滥用。例如,少数族群权利话语不仅曾经被纳粹党人使用或滥用,而且也曾经为种族隔离的辩护者们所使用。如此看来,人们对少数民族差别权利担忧是有道理的。由于这些权利可能被滥用,有些人受到诱惑把这些权利放到一边。然而,现在看来,这些反应似乎是受了误导,有被夸大的嫌疑,因为无论怎样划定边界和分配权力,政治生活中的民族性维度都是不可避免的,而要做的不是不去承认这些民族性维度,而是尽量采取措施防止别有用心的人的利用,防止不正义行为的产生。在金里卡看来,这些措施包括:"用来在每个民族性群体内部包容种族性群体和其他处于不利地位群体的多民族权利和代表权,使得与多数民族并存的民族性少数群体能够实现自主的自治权利。"①

简言之,少数民族有差别的权利是把双刃剑:过多强调会对国家的稳定形成潜在的威胁,但是拒绝承认也会对稳定有破坏作用,会促进仇恨甚至导致脱离。这样,不管人们是否回应有差别的权利,都会引起对社会稳定的关注。当然,有一点是要警惕的,即无论少数民族的权利是多么有差别性,都不应该让一个群体支配其他群体,更不应该使一个群体压制它自己的成员。换句话说,提倡少数民族教育权的差别性无可厚非,但要设法

---

① ［加］威尔·金里卡:《多元文化公民权:一种有关少数族群权利的自由主义理论》,杨立峰译,上海世纪出版集团 2009 年版,第 247 页。

保证群体之间的平等和群体内部的自由与平等，能做到这一点，对少数民族的"差别对待"就是实质的平等。而要做到这一点，良善的公共管理制度安排就必不可少。

第四节　超越差等正义：良善的制度对
平等正义的建构

对少数民族教育权的"差别对待"是否是平等的论辩反映了学界对"形式平等和实质平等、同一平等和差异平等"的不同看法。平等正义追求的是承认差异的平等，这种平等是实质平等。而要实现实质平等，良善的制度安排就必不可少。

一　制度正义：重要性及必要性

制度是一个社会正常运转的约束和保障。罗尔斯在《正义论》一书开篇即指出："正义是社会制度的首要价值，正像真理是思想体系的首要价值一样。一种理论无论它多么精致和简洁，只要它不真实，就必须加以拒绝和修正；同样，某些法律和制度，不管它们如何有效率和有条理，只要它们不正义，就必须加以改造和废除。"[①] 这意味着，制度正义是社会正义的保障。这意味着，制度改革不仅要诉诸法制，还得诉诸伦理。正如霍布豪斯所言，"政治必须从属于伦理……政治改革需要一个合理的伦理基础……这种力量的缺失，也可以部分地解释为什么各种进步的力量陷于混乱，而世界总是暴力横行"。[②] 这说明，制度的设计与安排需要有基本的价值理念和伦理道德。正是由于正义是社会制度的基本理念与价值诉求，只有通过正义的制度安排，社会各个阶层和利益群体才能实现良性互动和协调发展。换句话说，正义是衡量制度绩效的元指标，是实现个人生存和发展最基本的价值尺度。这一点，施惠玲也进行了明确的阐述。她指

---

① ［美］约翰·罗尔斯：《正义论》，何怀宏、何包钢、廖申白译，中国社会科学出版社1988年版，第54页。

② ［英］伦纳德·霍布豪斯：《社会正义要素》，孔兆政译，吉林人民出版社2006年版，第1页。

出:"公正或正义作为制度的价值集合体,是评价制度的价值标准,它具有对制度的批判和建议功能。如果说制度在一定程度上表明了个人的生存和发展状况,那么公正或正义则是衡量存在与发展状况的价值尺度。"① 博登海默也认为,"正义所关注的则是法律规范和制度性安排的内容……从最广泛的意义上讲,正义所关注的可以被认为是一个群体的秩序或一个社会的制度是否适合于实现其基本的目标"。② 基于此,博登海默认为正义的目标有三个:一是促进社会生产力的发展和进步;二是对个人的合理需要和利益主张予以满足;三是增强社会成员之间的凝聚力。霍布豪斯也有类似的观点。他指出:"各种社会制度和政治制度本身并不是目的。它们是社会生活的器官,是好是坏,要根据它们所蕴含的精神来判断。社会的理想不是在求索一种完善而没有变化的制度性的乌托邦,而是在探求一种精神生活的知识,以及这种知识无限制和谐增长所需求的永无断绝的动力。"③ 站在这个角度,合理的制度是指制度包含的价值判断是合乎人性的,它包括制度本身所蕴含的价值或价值追求,以及对制度正当、合理与否所进行的评价④。而制度合理性的基本原则是正义,它高居于诸价值理念之上,作为社会基本制度的主要理论要求应当满足的原则而存在。⑤

　　一个正义的制度必须将维护和实现自由和平等作为其基本目的,因为自由和平等是制度力求实现的终极价值。苏格兰哲学家威廉·索利主张,"如果不为平等与自由在社会组织规划中安排一个位置,就不可能提出一项令人满意的正义原则。"⑥ 秩序和效率属于制度的工具性价值,这是就他们本身是社会的存在和发展状态的体现而言的。秩序和效率并不是独立性的价值,因为制度是人类实践活动的条件和方式,对于人类具有工具或

　　① 施惠玲:《制度伦理研究纲要》,北京师范大学出版社 2003 年版,第 152 页。
　　② [美] E. 博登海默:《法理学:法律哲学与法律方法》,邓正来译,中国政法大学出版社 1999 年版,第 252 页。
　　③ 贺继明、李江源:《论教育制度与人的全面而自由发展》,《河北师范大学学报》2010 年第 1 期。
　　④ 施惠玲:《制度伦理研究纲要》,北京师范大学出版社 2003 年版,第 25 页。
　　⑤ 崔宜明:《道德哲学引论》,上海人民出版社 2006 年版,第 65 页。
　　⑥ [美] E. 博登海默:《法理学:法律哲学与法律方法》,邓正来译,中国政法大学出版社 1999 年版,第 255 页。

手段的意义。① 因此，制度的正义是正义之首。正如巴利所指出："社会正义成为当前整个欧洲社会民党的联合呼声，但产生激烈争论的是实现社会正义所需的各种制度，即社会制度的正义。"②

二 法律良善：制度良善的基础

自启蒙运动开始，先贤哲人们一直努力探索法的真谛与价值，他们除了留下对价值的争执与疑惑之外，同时也确立了自由、平等、人权、正义、人的全面发展等法的价值目标或价值准则，这是法悠长的演进历史与先祖们积极探索对现代国家和法最有力的忠告③。远离这份忠告，法的人文关怀和正义本质就难以实现。为此，作为制度的具体规范，法律的良善性是制度良善性最重要的体现。法律的良善性是法治精神的题中之意，是建构各时代、各民族、各国家的法律制度、法律价值和法律秩序最理想的凭证。所谓法律的良善性是指"法律内在的精神、价值、理性，这种精神和价值虽然是法律建构的理想状态，但它与法律应具有的人文关怀是一致的，因而是法律的基本属性，是法律合法性、普遍性、规范性、权威性的理性基础"。④ 早在两千多年前，亚里士多德就认为良法是法治的两项核心要素之一。后来的托马斯·阿奎那也曾指出，暴戾的法律与其说是法律，还不如说是法律的滥用。这与博登海默的观点"正义是衡量法律优良的尺度"是不谋而合的。

良善的法律与道德分不开。而道德与法律之所以不可分离，是因为法律的程序正义和人文关怀都与道德有关。朗·富勒指出，法律的道德性至少应包括八个要素：普遍性、公开性、非溯及力、明确性、一致性、可行性、稳定性以及官方行动和法律的一致性。⑤ 正因为如此，正当性与价值性就成为良善法律的两个特征。在这两个特征中，缺乏任何一个并不必然导致不合法的法律，但会导致不道德的结果。法律的正当性是法律形式的良善性，程序的正义性。从应然和实然层面来看，如果法律缺乏形式良善

---

① 施惠玲：《制度伦理研究纲要》，北京师范大学出版社 2003 年版，第 155 页。
② ［英］布莱恩·巴利：《社会正义论》，曹海军译，江苏人民出版社 2007 年版，第 5 页。
③ 谢治菊：《法治意境下的人文关怀探源》，《中共贵州省委党校学报》2004 年第 4 期。
④ 郑鹏程：《法律的良善性》，《中南民族学院学报》2001 年第 5 期。
⑤ 同上。

性，不仅法律的内在运行机制会失灵，而且法律的实体目标和外在道德也会难以实现，最终导致人们的权利被剥夺。法律的实质良善性是法律的价值性，这是法律的实质正义。

法律的价值极为重要。正如美国社会学家法学家庞德的评价一样："价值问题虽然是一个困难的问题，即使是最粗糙的、最草率的或最反复无常的关系调整或行为安排，在其背后总有对各种互相冲突和互相重叠的利益进行评价的某种准则。"① 在刻板的法律文字背后蕴含着深刻的价值因素。当然，法律的价值有很多表现，如维护秩序和公平、追求人性自由，但法律最根本的价值则表现为一种"人性"，对人的本性的尊重和维护。然而，人性是极其复杂的，不仅有"人性恶"之分，还有"人性善、人性中道"之说。在亚里士多德看来，人性永远倾向于贪婪、自私、逃避痛苦与追求快乐，这样，如果人类社会靠人来治理，则无异于"羊入狼口"，人性的贪婪会扭曲法律的精神，因此，人治是不可取的，必须靠法律来维持社会秩序。由此可知，法律的价值性和良善性就是法律要有人文关怀，体现人的道德性，捍卫人的人格，实现人的价值和尊严。可见，在法律史的各个经典时期，无论在古代还是近代，对价值准则的论证、批判或合乎逻辑的运用，都曾是法学家们的主要活动。②

由此，良善的法律必将是符合正义的法律。德国法哲学家古斯塔夫·拉德勃鲁赫指出："法律的终极目标是实现正义③。"正义是最高级的法，是法律最根本、最重要的内容，是衡量法律之善的最高尺度。"但是，正义并不是法律的唯一尺度，法律还必须解决一些必须问题，正义这一概念仍有其广泛的适用范围。因为正义的要求，除了包括其他东西以外，还包括防止不合理的歧视待遇、禁止伤害他人、承认基本人权、提供在职业上自我实现的机会、设定义务以确保普遍安全和有效履行政府必要的职责、

---

① 郑鹏程：《法律的良善性》，《中南民族学院学报》2001 年第 5 期。

② ［美］庞德：《通过法律的社会控制——法律的任务》，商务印书馆 1984 年版，第 55 页。

③ ［美］E. 博登海默：《法理学：法律哲学与法律方法》，邓正来译，中国政法大学出版社 1999 年版，第 168 页。

确立一个公正的奖惩制度等。"① 英国著名法官丹宁勋爵谈到法官的基本信念时说，主持公正是法官的基本职责，这一点，是极为重要的。② 作为法律工作者，应该打破那种"只关心法律事实上是怎样，而不是它应该怎样"的执行法律的刻板态势，在执行中创制或变通法律，而创制或变通的唯一理由是合乎正义。简言之，良善的法律是一个试图调和平等与自由之关系以使其均衡发展、合乎人性的法律，这样的法律才能推进社会的公平正义。

三　良善的制度：建构平等正义的灵魂

可以说，制度是维护社会公平正义的保障，但同时，它也可能是社会不公平不正义的罪魁祸首。③ 前面论及，平等是一个多维概念，它的范围可以是政治参与、收入分配、社会地位，也可以是法律待遇和机会平等，更可能是人类基本需要的平等。所谓法律平等，意指只要这些人或事在事实上是相同的或相似的，相同的人和相同的情形必须得到相同的或至少是相似的待遇，即"凡为法律视为相同的人，都应当以法律所确定的方式来对待"。④ 但是，平等待遇原则并不能自动排除对社会中不得势的群体采取压制性的待遇。因此，只有当人们宣称不能将诸如种族、性别、宗教、民族背景和意识形态信念等因素作为立法分类的标准时，人们才在迈向平等的道路上前进了一步。如是，社会上的许多权利如生命权、自由权、财产权、受教育权与政治参与权等都会得到平等的分配。当然，如果建立的是一个以权利为基础的社会秩序，那么这样的社会在通向消灭歧视的道路上就会有长足的进步。但是，对这些基本权利的认可，有可能只是从形式上提供行使这些权利的平等机会，而实际机会还是不平等的。例如，就业权的平等意味着要打破垄断，如果一个工作机会并没有向所有的人开放，那么这种就业平等就是形式而非实质

---

① ［美］E. 博登海默：《法理学：法律哲学与法律方法》，邓正来译，中国政法大学出版社1999 年版，第 270 页。

② ［英］丹宁：《法律的正当程序》，法律出版社 1999 年版，第 9—10 页。

③ ［美］E. 博登海默：《法理学：法律哲学与法律方法》，邓正来译，中国政法大学出版社1999 年版，第 285 页。

④ Chaim Perelman, *Justice*, New York, 1967, p. 24.

平等。受教育权的实施也同样如此，它取决于是否存在足够数量的教育机构以及这些机构所确立的收费标准。机会上的形式平等与实质平等之间的矛盾常常存在，甚至不可避免，为此，为了协调二者的关系，人们常常采取基本需要的平等补充基本权利的平等这一折中的办法来确保弱势群体的最低生活需要。① 如果事实如此，弱势群体就可以在生活陷入紧急状态时被赋予特权，例如颁布最低工资法案、实行社会救济、建立福利制度，这就是通过制度来矫正权利不平等的典型案例。而要做到这些，良善的公共管理制度就是不可缺少的。

　　何谓良善的制度呢？这里有目的论与权利论两种观点，功利主义和自由主义分别是其两种代表。功利主义认为，良善的制度就是可以实现社会成员福利（功利、效率）最大化的制度；自由主义则侧重制度的合法性和正当性，并以平等的自由权利是否得以实现作为衡量良善制度的标准。功利主义的良善制度标准有根本缺陷，这一缺陷就是"以功能本身规定制度的善，进而使制度本身只是在一种纯粹工具性、技术性的意义上被估量"。权利论的良善制度更加合理，但是若仅以是否能实现人们平等的自由权作为衡量的标准，这又是不合理的。自由主义的"良善制度"也有致命的缺陷，那就是"自由权尤其是财产的自由可能会损害人们的平等权"。那到底什么是良善的制度呢？先看什么是良善。哈贝马斯提到："后形而上学能否回答良善生活的问题呢？这里所说的良善，意思是指具有典范意义，无论是对个体的生活，还是对政治共同体的生活，都值得仿效。"② 也就是说，良善是具有典范意义的、值得效仿的一种状态。将这种状态映射到制度领域，与政治合法性一样，制度的良善性就呈现出形式良善性和实质良善性两个方面。形式的良善性指制度形式上的正当性，即是否违法。在中国，由于制度是较抽象的价值规范，因而这里的制度违法大多数时候指的是违反宪法。而所谓制度的正当性是指制度的程序正义性，是制度合法性的体现。制度的正当性包括以下几方面的内容：一是制度存在的根据是什么？该依据是否合法？二是制度创设的程序是否合法？

---

① L. T. Hobhouse, *The Elemntents of Social Justice*, New York, 1992, pp. 112 – 115.

② ［德］尤尔根·哈贝马斯:《后形而上学能否回答"良善生活"的问题》，曹卫东译，《现代哲学》2006 年第 5 期。

三是制度的使用依据是什么？即在什么样条件下使用制度才是正当的。四是制度的执行根据是什么？即一个国家、一个政府应该怎样具体执行各种制度才是合法的。五是制度执行的方式是什么？即以什么方式执行制度才被认为是合法的，等等。高兆明指出，一个形式上善的制度应当具有形式上的普遍性、运转上的高效性，一个善的制度是没有"潜规则"的制度，也是一个有效率的制度。① 但是，形式良善表现出来的工具性必须在具有实质性的善的充实下才能获得真实的价值。根据黑格尔的分析，工具性的善只有成为实质性的善的构成部分时，这种工具性的善才能发挥其价值。罗尔斯曾在良序社会话题之下讨论过"善"的制度应当具有的基本内容。根据罗尔斯的思想，当讨论一个制度的"善"与否时，并不是空洞抽象泛泛而谈，而总是在一个具体时代背景下的言说。"我们在当今时代所讨论的制度善，是基于现代民主政治制度而非宗法等级或专制制度这一历史背景。"② 其实，一个良善的制度首先应该具有基本的道德精神，没有道德精神，良善的制度就没有了实质性内涵。而根据罗尔斯的分析，一种良善的制度是"自由和平等的人们之间的公平合作体系"。③ 这种良善的制度至少具有如下特质：一是有公认的政治正义观念，即这个善的制度不是某些集团或阶级而是全体成员认可的善的制度，保护的是全体成员的共同利益和权利；二是社会结构和社会秩序受到这种价值精神的有效调节；三是生活在这种制度中的公民具有正义感，能够根据这个被公认的政治正义原则采取自己的行动，即符合马克思所说的合乎人性的生长环境。④ 罗尔斯的阐释可将其称为"制度的合理性"问题。因为任何一种制度设计得哪怕再精细，也是某种特定价值的呈现。离开了这种特定价值，良善的制度就无从谈起。

　　至于善的制度的内容，罗尔斯认为，善的制度包括善的基本制度和具体制度，基本制度提供的是"社会背景正义和程序正义，能够培育和塑

---

　　①　高兆明：《制度伦理研究——一种宪政正义的理解》，商务印书馆 2011 年版，第 54—55 页。

　　②　［美］约翰·罗尔斯：《作为公平的正义：正义新论》，姚大志译，生活·读书·新知三联书店 2002 年版，第 65 页。

　　③　同上书，第 24 页。

　　④　同上书，第 14—15 页。

造社会成员的道德能力",具体制度是社会基本制度的具体化和细化,与基本制度一起构成完整的社会制度。概言之,一个良善的制度就是一个正义的制度,一个正义的制度就是一个平等的制度,而一个平等的制度就要求平等对待所有的人,尊重所有人的人格和尊严。艾德勒指出:"人的尊严是没有等级的,世间人人平等,是指他们作为人在尊严上的平等;人的人格也是没有高低的。"①

良善制度对社会生活的作用十分明显,而最重要的是良善制度是良善生活的保障,而良善生活的实现则与道德有关,对此,马克思和杜威有比较精辟的论述。马克思和杜威都强调道德是具体社会制度中的生活方式,认为社会制度包含不同的良善生活形式,是实现良善生活的保障。但是,他们在良善生活的源泉、良善生活的构成和良善生活的实现方面则有不同的观点。在良善生活的源泉方面,马克思认为,良善生活存在于制度中,而制度的良善则主要通过道德来体现。"道德本身不可能是独立于社会的生产方式,同资本主义的法律和宗教一样,资本主义道德是伪装的资产阶级偏见的集中体现,而要克服资本主义的道德局限性,就必须依靠与新的社会形式,这种新的社会形式就是社会主义。"② 马克思认为,良好的道德规范和良好的道德生活只有建立在社会主义制度之中。杜威的看法则有些不同,他认为良善的生活是建构的,就如道德的建构性一样。杜威指出:"道德判断和道德责任是在社会环境中产生的,因而所有的道德都是社会的,不是因为应该考虑行为对别人的幸福的影响,而是因为事实使人们如此。无论我们是否意识到,行为总是社会建构的。"③ 正因为行为是建构的,杜威主张良善生活不是屈服于社会制度而是通过改变社会制度而获得的。在良善生活的构成方面,马克思认为,良善生活是人自由面发展的保障,每个人的自由发展是一切人自由发展的条件,这种全面发展是人的本质的实现。杜威则认为,良善生活就是由在具体的情境中找到正确的

① 〔美〕艾德勒:《六大观念》,陈德中译,生活·读书·新知三联书店1991年版,第170—172页。

② 马如俊:《社会制度中的良善生活——马克思和杜威的伦理学构架》,《江苏行政学院学报》2008年第3期。

③ John Dewey, *Human Nature and Conduct An Introduction to Social Psychology*, New York: The Modern Library, 1922, p. 283.

行为和善的行为构成的生活。但是，杜威认为良善生活也是建构的，不同的人良善生活的标准不同，即使是同样的人，在不同的情境下所认可的良善生活也有差异。而在良善生活的实现方式上，马克思则更倾向于通过改变生产方式来实现良善的生活。杜威则认为，民主对良善生活的实现至关重要。尽管存在一些分歧，但马克思和杜威都主张通过良善的制度来实现良善生活。这一点，马如俊是这样看待的："在社会层面上，良善生活依赖于社会制度所形成的各种生活方式的可能性中，好的社会制度能够更好地实现良善生活。"① 这意味着，良善的制度是实现良善生活的必要保障。

至于良善制度的实现，制度道德化或制度伦理化也许是最好的选择。制度的道德化意味着以人性的需要和发展作为制度确立和制度创新的根本目标。公共管理制度的道德化要求在公共管理制度建设中融入伦理、道德等因素，体现为民执政的思想和公平正义的理念，这对实现公共人员公共行为的道德化有重要的帮助。同时，由于任何制度要获得广泛的支持都必须具有为全社会所接受的道德正当性。因此，制度道德化对整个社会的道德建设具有根本性作用。这一点，张康之是这样描述的：社会价值体系的重建或"返魅"应明确定位在道德方向上，因为道德是社会治理体系的核心价值，其他价值都主要围绕道德因素而展开的。② 安东尼·吉登斯也认为，人与人的分离是一种现象，其实质则是在人的生活中失去了道德。为此，阿马蒂亚·森指出，那些单纯把人看成经济人的做法忽视了人类的伦理属性，是不可取的③。事实上，如果在制度建设中真的丧失了伦理考量，政府这架精密的机器网罗"最有资格的能手来操纵这个机器的办法愈是巧妙，隐患就愈大"。④ 上述分析意味着，制度的道德化是良善制度的主要实现进路。简言之，良善的制度就是不歧视、不排斥，提倡平等对话与协商、倡导平等协作的制度，这样的制度不仅是尊重人的人权，还尊重人的尊严，倡导人格的独立与平等。

---

① 马如俊：《社会制度中的良善生活——马克思和杜威的伦理学构架》，《江苏行政学院学报》2008 年第 3 期。

② 张康之：《论社会治理体系"返魅"的路径》，《南京社会科学》2006 年第 2 期。

③ ［印度］阿马蒂亚·森：《以自由看待发展》，中国人民大学出版社 2002 年版，第 52—53 页。

④ ［英］约翰·密尔：《论自由》，商务印书馆 1982 年版，第 120 页。

结　语

在祛魅与返魅之间:从差等
正义到平等正义

　　自启蒙运动以来，没有哪一种承袭的制度或经验，可以再诉诸传统或神授来证明其存在的合理性与正当性。每一种社会关系都可能受到质疑，并被无休止的讨论；在这些讨论中，每个人都必须被看成拥有同样权利和自由主体。正如恩格斯所指出："一切人，作为人来说，都有某些共同点，在这些共同点所及的范围内，他们是平等的。但是现代的平等要求更应当是，从人的这种共同特性中，从人就他们是人而言的这种平等中，引申出这样的要求：一切人，或至少是一个国家的一切公民，或一个社会的一切成员，都应当有平等的政治地位和社会地位。"① 虽然自柏拉图以来，平等正义一度被认作不同等级的人各司其职、各享其利的代名词，但在支持无限制资本主义经济的新自由主义者眼里，发达国家存在的不平等现象很大程度与个人在市场经济环境下自由选择地发挥他们的能力与才智有很大的关系。正如诺奇克在其著作《无政府状态、国家与乌托邦》中所极力申辩的那样，由此而引起的财富和收入方面的差距不足以构成一种需要采取政治行动来予以纠正的不公正现象。他们把社会上残留的不平等解释为国家插手干预市场运作的不正常结果。② 这是对不正义归因的一种误读，认为不正义来自政府的过度干预。正是由于新自由主义对不正义归因的误读，"9·11"事件之后，美国率领西方盟友打着"反恐"的大旗，借口阿富汗"支持恐怖主义"和伊拉克"发展大规模杀伤性武器"相继

---

① ［德］恩格斯：《反杜林论》，人民出版社 1972 年版，第100—101 页。
② ［美］亚历克斯·卡利尼克斯：《平等》，徐朝友译，江苏人民出版社 2003 年版，第 16 页。

出兵入侵两国的行为就是不正义的。虽然美国打着"民主与和平"的大旗，却在肆意践踏他国的主权和他人的人权。不管美国出兵的初衷是多么的"高尚"和"无可挑剔"，这种行为都是违背道德的，是被美国自己贴上正义标签的非正义行为，这样的非正义就是本书讨论的差等正义。

概言之，本书所讨论的差等正义是指被执政者以制度固化的方式贴上正义标签的不正义，这种非正义的历史源远流长。中世纪建立的是等级森严的科层制社会结构，该结构是以复杂的等级与资格划分为基础的。在那时，即使是承认法律面前人人平等的民主国家，人们都在竭力证明在选举权和其他法律权利方面给予妇女的不平等待遇是正当的，人们同时也在承认有钱人享有的一些实际特权与免受法律制裁的豁免权的正当性。为此，"在城市出现以前，劳动是奴役性的，但随着城市的出现，劳动的自由却变得自由了"①。但是，由于中世纪是典型的等级社会，城市市民的等级性也十分明显，因而这里的"自由"是需要加引号的。"在等级序列中，市民所处的位置是靠后的，但与农民相比，还是某种荣耀的象征。"② 在市民社会中，市民虽然享有一定的权利，但"权利"也是有等级的，行会成员的权利相对于社会整体仍是特权。"行会不仅在社会整体中是市民等级的代表，而且在行会内部也存在着一种等级结构。"③ 行会中的师傅与帮工、学徒之间的关系实际上近似于奴役与被奴役的关系。正是由于这种封闭性，行会在促进生产力发展的同时也阻碍了生产力的发展。由行会所代表的市民社会是等级条件下的市民社会，代表社会中不同市民的等级序列。这种等级序列延续至今，仍然对生活与工作产生影响，导致差等正义的存在。此背景下，人与人之间事实上的差别是否能成为法律规定的差别待遇的根据就是一个有争议的话题。有更多的人认为这一话题根本不是话题，因为事实上的差别成为法律上的差别就是歧视，就如男女的生理差别变成制度上的差别对待一样。这种差别对待的不合理性在以下情境中会被激发和识别出来，这种情景就是"当一种现存的不平等安排因情势的

---

① ［比］亨利·皮雷纳：《中世纪的城市》，陈国译，商务印书馆1985年版，第63页。

② 张康之、张乾友：《对"市民社会"和"公民国家"的历史考察》，《中国社会科学》2008年第3期。

③ 同上。

变化或科学知识或人类认识的发展而被认为不再必要、不再正当或不再可以接受的时候，正义感通常就会强烈地表现出来"。① 正因为如此，人们可以说，"为正义而斗争"在许多情形下都是为了消除一种法律上的或为习惯所赞同的不平等安排而展开的，因为这种不平等既没有事实上的基础也缺乏理性。既然如此，那么，对于帮助一个处于地位低下的群体的奋斗目标来讲，没有任何东西要比指出这种不平等待遇不具有事实上的基础更为行之有效了。② 即便如此，虽然为消除歧视而进行的群体斗争在历史上一直延绵不断，但从未实现过人与人之间完全的平等，其主要的原因在于"主张社会绝对平等同人与人之间在天赋和能力方面的不平等现象很可能是不相符的"。③ 为此，博登海默自嘲式地指出："绝对平等的状况只有在专制制度中才能实现，因为只有它可以确使统治者阶层以外的所有的人都处于平等的状态。"④ 这一点，恩格斯也有所述及。他说："两个在道德上完全平等的人是根本没有的"⑤，而这两个人应当是这样的："他们摆脱了一切现实，摆脱了地球上发生的一切民族的、经济的、政治的和宗教的关系，摆脱了任何性别的和个人的特性，以致留在这两个人身上的除了人这个光秃秃的概念以外，再没有别的什么了，于是，他们当然是'完全平等'了。"⑥

　　上述思想表明，绝对平等是没有的，只有相对平等，相对平等的意思是指建立在差异基础上的平等。为了支持这一结论，哈耶克指望区分负责的行动者和自发的秩序。前者做出有意识的选择，并对此负责，自发的秩序是许多个人决定的没有计划的产物。为了从自发的秩序中获得特别的结果，人们必须使社会服从一个全权的政府。因此，由于关心结果，社会正义注定是一个虚幻的梦，或用他自己的话说，是一个专制的社会主义。尽

---

① ［美］E. 博登海默：《法律学：法律哲学与法律方法》，邓正来译，中国政法大学出版社1999年版，第291页。

② Brown V, *Board of Education*, 347 U. S. 1954, p.483.

③ Johannes Messner, *Social Ethics: Natural Law in the Western World*, rev. ed. Transl. J. J. Doherty, B. Herder Book Co., 1965, p.330.

④ ［美］E. 博登海默：《法律学：法律哲学与法律方法》，邓正来译，中国政法大学出版社1999年版，第292页。

⑤ ［德］恩格斯：《反杜林论》，人民出版社1972年版，第98页。

⑥ 同上书，第95页。

管哈耶克的观点有一定的可取之处，但是它忽略了一个核心概念——社会体系。社会体系是关系和思想格式化的方式，它特别建立在权力、领土、财富和机会如何分配和体验的基础上。在评价一个社会体系时，它是否来自许多单个个人的决定并不重要，因为如此决定通常是在规则和前提认可的框架中做出的。从思想范式转型的角度看，亨廷顿从单一主体观或抽象统一政治学范式向多元主体之差异政治观范式的转向就表明了差异平等观的正式确立。这与当今社会文化秩序上的多元化有关，这种多元化认为身份等级制在现代社会是不合法的，因为它亵渎了自由平等的原则。不仅如此，身份等级制还违反了市场和民主的合法性的基本规范。可以说，现代社会的人不能被平等对待的主要原因是不公平的制度化的文化价值模式使一些竞争者缺乏平等参与的社会身份和经济基础。

随着社会差异的市场化推进，人们的平等身份受文化机制模式的控制越来越小，因为市场化把断裂引进了文化秩序，打碎了先前存在的规范模式，表现出潜在地向挑战开放的文化价值观。但是，市场并不是促进身份差别融入空气，也不仅仅是消除身份差别，而是将身份差别手段化，使先前存在的文化价值模式屈服于以营利为目的的经济发展。从这个角度来说，市场化的纯粹结果是现代化而不是身份地位的废除。市场化发展的结果是使国家和市场形成两股势均力敌的力量，为了平衡二者之间的关系，公民社会就应运而生。公民社会的兴起意味着社会差异的扩大，首先是它与政府与社会、市场与社会差异的扩大，这种扩大最基本的表现是将社会划分为三元区域，而每个区域的运行规则或运行机制和价值模式都是不同的：就政府而言，它的运行机制是根据行政管理的活动规律确定的，它的价值取向是权力运行、职责承担和公共利益的表达；就市场而言，他的运行机制是市场规律，价值取向是资源配置的合理性和最优化；就公民社会而言，它的运行机制是公民自治、互助理念的兴起，价值取向是公共性和公益性。公民社会带来的另一个差异是文化价值观的多元化。这一点，弗雷泽的描述比较精辟："在公民社会中，相互作用的不同场所受到不同模式的文化价值的控制。而且，公民社会的兴起时常与宽容的到来相连接，允许差异性的亚文化的共存，并进而将价值视野多元化。再加上现在公民社会主张跨文化的接触，这加速了文化的混杂过程。"① 公民社会带来价值视野的多元化和社会差异的多样性，这使承认差异的呼声显得更为清脆、悦耳。但对差等正义而言，这种呼声极具讽刺性。

在当代中国，这种讽刺表现在：政府通过制度的形式将一些非正义行为贴上正义的标签，并使之合法化，即一些制度不仅没有减少社会不平等，反而进一步强化、固化、扩大原有的不平等，甚至制造了新的不平等，由此产生的同工不同酬、同命不同价等差等正义现象层出不穷，由此引发的男女、官民、民族、地域、城乡、阶层不平等也比比皆是。而在众多的差等正义现象中，户籍制度应该是主要的根源之一。

从应然状态来看，户籍本是一种公共信息，是个人社会关系的事实反映，不具有等级色彩。然而，就实际而言，中国社会的户口差别，或者说社会差别在户口这一维度上的表现已经是不争的事实，这种差别比其他差别如民族、性别、种族差别带来的社会负面影响更大，因为这种差别承载了太多不该承载的权利和利益。正如李昌平所指出的，中国的原户籍制度"时时刻刻都昭示着城乡隔离体系下城市居民和农村居民的不同遭遇"。② 其实，个人的身份往往是由一组社会事实或社会事件构成的，比如何时何地出身、父母是谁、婚否、教育背景、职业以及居住何处，等等。在人与人熟悉到不假思索的乡土社会，个人的这些事实和身份是不需要借助文本记载来强化的，因为彼此之间已经把对方的身份常识化了。这时，个人身份的簿籍化是社区公权力的需要。然而，随着社会交往的扩大，人与人的知晓度越来越弱，关系越来越冷漠，身份登记不仅是权力部门的需要，也成为大众的需要。在此背景下，个人身份的意义在于把一个人与另一个人区别开来。但是，在不同的制度和价值观影响下，一部分人为了保护自己的特权和利益，往往将人与人之间的肤色、性别、年龄以及家庭出身等身份要素的区别渲染和夸大，甚至将他们符号化和制度化，这样，人的身份就具有了等级制的色彩，并通过言行、举止、服饰和行为规范将这种身份结构固化，使其成为根植于人们头脑之中的意识形态，并最终演变为社会

---

① 〔美〕南茜·弗雷泽、〔德〕阿克塞尔·霍耐特:《再分配，还是承认?——一个政治哲学对话》，周穗明译，上海人民出版社 2009 年版，第 47 页。

② 李昌平:《中国原户籍制度：城市的耻辱》，《中国经济时报》2005 年 4 月 30 日第 2 版。

的等级结构。而中国的原户籍制度不仅没有减弱这种等级结构，反而将人与人之间自然的身份差别演化为社会地位的差别。例如，在中国，农民、工人和干部，农业户口与非农业户口等就是典型的社会身份。它们的意义不是简单的反映人与人之间的职业差别，而是一种与权利和权力有关的地位差别。在这些差别中，森严的边界和壁垒建立起来。这些界限和壁垒将不同身份的人隔离开来，将一个个具体的人抽象为无差别化的个人，使人与人之间形成一种身份等级结构。在此背景下，社会身份差异的强化导致社会结构的等级化，个人与个人之间的差异演化为群体与群体之间的差别，不同群体的身份、权利和地位之间存在高低之别。① 久而久之，这种高低状态就会演化为社会等级。所以，从这个角度来说，中国原户籍制度是当代中国公共管理领域诸多差等正义的重要体现领域。

有学者认为，之所以以制度的形式将平等的人与事区分为有等级差别的类型，是因为全社会可分配的资源实在有限。的确，政治、经济、文化、自然等资源的有限性是现代国家面临的共同特征，而资源的有限性决定资源分配的非均衡性，资源分配的非均衡性预示着资源向优势阶层集中的合理性。如此看来，资源的有限性与差等正义就有莫大的关系。这种理由是荒谬的，资源这一社会中的具体物质与抽象的平等、正义观是不能这么比较的。资源可以按人的差异有差别地分配，但这种分配不能建立在人的身份和等级基础之上，尤其在民主制度日趋成熟的今天，民主的可能性、可欲性要求制度对社会等级的废除发起冲锋。那么，在资源不平等分配的现实情况下，民主到底是怎么运转的呢？为此，罗伯特·A. 达尔在《谁统治：一个美国城市的民主与权力》中指出："在一个几乎每个成年人都可以参与选举但知识、财富、社会地位、担任政府官职的机会，以及其他资源的分配都不平等的政治系统中，到底是谁在进行统治。"② 政治学家们提供许多相互冲突的解释。比如，有人说政治党派提供公共机构之间的竞争，因而保证了较高程度的多种控制。为了吸引选民，政党组织起那些未被组织的人，授予无权的人以权力，为选民提供可供选择的候选人

---

① 陆益龙：《原户籍制度：控制与社会差别》，商务印书馆 2003 年版，第 434 页。

② ［美］罗伯特·A. 达尔：《谁统治：一个美国城市的民主与权力》，范春辉、张宇译，江苏人民出版社 2011 年版，第 1 页。

和计划。同时保证在选举期间他们有能力了解备选方案的优点。选举后，代表大多数选民偏好的获胜政党，承担起统治的任务。在这一过程中，选民主要是通过投票来表达对政治决策的影响。因此，谁统治这个问题其实挺简单的，就是"竞争性的政党通过竞争获取了选民的牢固支持后进行统治"。① 有些人则认为，是利益集团在统治，因为政府的大部分行为可以简单解释为由诸多具有不同利益和影响力资源的个体组成的利益集团相互斗争的结果。② 但是，这些解释看似有道理，却忽视了一个重要的政治人物——符合大多数人意愿、政党的、利益集团的或精英的代理人。他们本是代理人，代表的是授权者的利益，而正如马基雅维里在《君主论》中所阐释的一样，君主既要像老虎又要像狐狸，凶狠而狡猾，这样才能拥有巨大的政治潜能。从这点来看，"一个深谙资源最大利用方法的领导者不是其他人的代理人，反而是其他人成为他的代理人，尽管不是，每个政治系统中都存在一个才华横溢的政治企业家，但他一旦出现，就会发挥其应有的作用"。③ 其实，在资源有限的情况下，民主的运转靠的是所有团结公民坦诚的心扉、积极地参与和政府对民众的责任。一旦民主运转起来，差等正义就会减少。

差等正义是极不合理的，这是不争的事实，也是政治哲学家上百年来所诟病和批判的。但是，在社会多元化的当下，在人们的出身和禀赋存在事实上不平等的社会，在人们的机会、权力、财富和收入难以按照历代政治哲学家所设想的绝对平等地分配的情境下，需要理性地看待差等正义现象。为此，对于差等正义，至少在以下四个问题上还有较大的研究空间：一是差等正义既然是被贴上正义标签的不正义，那么，差等正义是如何被贴上正义标签的呢？二是差等正义的国别化比较以及国外差等正义研究的深入、系统分析？三是如何运用差别正义理论破除差等正义？四是差等正义与政府责任的关系如何？

当然，关于"正义""平等""公平""自由"等的许多佳作是本书

---

① ［美］罗伯特・A. 达尔：《谁统治：一个美国城市的民主与权力》，范春辉、张宇译，江苏人民出版社 2011 年版，第 8 页。

② 同上书，第 9 页。

③ 同上书，第 10 页。

的基础，这种站在许多世界级大师肩膀上的感觉真是如履薄冰、战战兢兢。虽然这些佳作为我的研究提供了充足的肥料与养分，让我得以在大师们的思想和口诛笔伐中自由地遨游。但是，要在宏大的视野中研究另一个宏大的问题，要在诸多争论的夹缝中寻找生路，要对比较成熟的理论进行批判与辩驳，要在许多人走过的路上留下脚印，要将抽象的政治哲学与具体的公共管理实践结合起来，并不是一件易事，不仅需要研究者有驾驭整体的能力，还需要将总览全局的苍鹰之眼与洞幽入微的青蝇之眼结合起来，在宏大的历史叙事中以探骊得珠之见说服读者的能力。① 诚如布罗代尔所言："让复杂的、不确定的历史反过来解释现实，把历史放在一个很不习惯的位置——用今天的话说'愿望'的位置——上，这无论如何会引起一场艰难的、持久的论战。"② 对具有争议性的差等正义的研究，要做到思路清晰、思维严谨、论证合理、方法得当，作者面临巨大的冲击和挑战，也随时准备应对各方的诘难和批评。以一己之能完成一个宏大的思想建构，以一己之力寻找平等中的不平等、探求正义中的不正义，留存的可能仅仅是作者的些许勇气。

---

① 程倩：《论政府信任关系的历史类型》，光明日报出版社 2009 年版，第 5 页。
② ［法］费尔南·布罗代尔：《资本主义论丛》，中央编译出版社 1997 年版，第 123 页。

参考文献

（一）译著

[1]［古希腊］柏拉图：《理想国》，郭斌和、张竹明译，商务印书馆
1986 年版。

[2]［古希腊］柏拉图：《理想国》，吴献书译，译林出版社 2011 年版。

[3]［古希腊］亚里士多德：《政治学》，吴寿彭译，商务印书馆 1997、
2003、2006、2009 年版。

[4]［美］约翰·罗尔斯：《正义论》，何怀宏、何包钢、廖申白译，中
国社会科学出版社 1988 年版，第 54 页。

[5]［美］约翰·罗尔斯：《正义论》（修订版），何怀宏、何包钢、廖申
白译，中国社会科学出版社 2009 年版。

[6]［美］约翰·罗尔斯：《作为公平的正义》，姚大志译，生活·读
书·新知三联书店 2002 年版。

[7]［美］约翰·罗尔斯：《政治自由主义》，万俊人译，译林出版社
2000 年版。

[8]［美］约翰·罗尔斯：《万民法》，万俊人译，译林出版社 2000 年版。

[9]［美］南茜·弗雷泽、［德］阿克赛尔·霍耐特：《再分配，还是承
认？——一个政治哲学对话》，周穗明译，上海人民出版社 2009 年版。

[10]［美］南茜·弗雷泽：《正义的中断——对〈后社会主义〉状况的
批判性反思》，于海青译，上海人民出版社 2009 年版。

[11]［美］南茜·弗雷泽：《正义的尺度——全球化世界中政治空间的再
认识》，欧阳英译，上海人民出版社 2009 年版。

[12]［美］丹尼尔·贝尔：《社群主义及其批评者》，李琨译，生活·读
书·新知三联书店 2002 年版。

[13] 〔美〕迈克尔·沃尔泽:《正义诸领域:为多元主义与平等一辩》,褚松燕译,译林出版社 2002 年版。

[14] 〔美〕迈克尔·沃尔泽:《阐释和社会批判》,任辉献、段鸣玉译,江苏人民出版社 2010 年版。

[15] 〔美〕阿拉斯戴尔·麦金泰尔:《追寻美德:道德理论研究》(第 2 版),宋继杰译,译林出版社 2011 年版。

[16] 〔美〕阿拉斯戴尔·麦金泰尔:《追寻美德:伦理理论研究》,宋继杰译,译林出版社 2003 年版。

[17] 〔美〕阿拉斯戴尔·麦金泰尔:《谁之正义?何种合理性?》,万俊人、吴海针、王今一译,当代中国出版社 1996 年版。

[18] 〔美〕凯文·奥尔森:《伤害+侮辱——争论中的再分配、承认和代表权》,上海人民出版社 2009 年版。

[19] 〔美〕陈捷:《中国民众政治支持的测量与分析》,安佳译,中山大学出版社 2011 年版。

[20] 〔美〕迈克尔·沃尔泽:《阐释和社会批判》,任辉献、段鸣玉译,江苏人民出版社 2010 年版。

[21] 〔美〕德沃金:《认真对待权利》,信春鹰、吴玉章译,北京大百科全书出版社 2002 年版。

[22] 〔美〕塞缪尔·亨廷顿:《第三波:20 世纪后期民主化浪潮》,生活·读书·新知三联书店 1998 年版。

[23] 〔美〕罗纳德·德沃金:《至上的美德》,冯克利译,江苏人民出版社 2003 年版。

[24] 〔美〕塞缪尔·亨廷顿:《变动社会的政治秩序》,张岱云等译,上海译文出版社 1989 年版。

[25] 〔美〕迈克尔·沃尔泽:《正义诸领域:为多元主义与平等一辩》,褚松燕译,译林出版社 2009 年版。

[26] 〔美〕迈克尔·J. 桑德尔:《自由主义与正义的局限》,万人俊等译,译林出版社 2001 年版。

[27] 汪晖、陈燕谷:《文化与公共性》,生活·读书·新知三联书店 1998 年版。

[28] 〔美〕科斯、〔美〕阿尔钦、〔美〕诺斯:《财产权利与制度变

迁——产权学派与新制度学派译文集》，上海人民出版社 2004 年版。

[29] ［美］保罗·布莱斯特、［美］桑福·列文森、［美］杰克·巴尔金 等：《宪法决策的过程：案例与材料》（第四版·下册），陆符嘉等 译，中国政法大学出版社 2002 年版。

[30] ［美］默里·布克金：《自由生态学：等级制的出现与消解》，郇庆 治译，山东大学出版社 2008 年版。

[31] ［美］汤姆·L. 彼彻姆：《哲学的伦理学：道德哲学引论》，雷克勤 译，中国社会科学出版社 1990 年版。

[32] ［美］菲利普·塞尔兹尼克：《社群主义的说服力》，马洪、李清伟 译，上海人民出版社 2009 年版。

[33] ［美］亚历克斯·卡利尼克斯：《平等》，徐朝友译，江苏人民出版 社 2003 年版。

[34] ［美］彼得·M. 布劳、［美］W. 理查德·斯科特：《正规组织：一 种比较方法》，夏明忠译，东方出版社 2006 年版。

[35] ［美］艾赅博、百里枫：《揭开行政之恶》，白锐译，中央编译出版 社 2009 年版。

[36] ［美］罗伯特·诺奇克：《无政府、国家和乌托邦》，姚大志译，中 国社会科学出版社 2008 年版。

[37] ［英］迈克·希尔、［荷］彼特·休普：《执行公共政策》，黄健荣 等译，商务印书馆 2011 年版。

[38] ［美］罗纳德·德沃金：《至上的美德——平等的理论与实践》，冯 克利译，江苏人民出版社 2008 年版。

[39] ［美］史蒂芬·缪哈尔、［美］亚当·斯威夫特：《自由主义者与社 群主义者》，吉林人民出版社 2007 年版。

[40] ［美］乔万尼·萨托利：《民主新论》，冯克利、阎克文译，上海人 民出版社 2009 年版。

[41] ［美］道格拉斯·C. 诺思：《经济史中的结构和变迁》，上海人民出 版社 1994 年版。

[42] ［美］保罗·A. 萨缪尔森、［美］威廉·D. 诺德豪斯：《经济学》， 中国发展出版社 1992 年版。

［43］［美］戴维·伊斯顿：《政治生活的系统分析》，王浦劬译，华夏出版社 1999 年版。

［44］［美］戴维·奥斯本、［美］彼得·普拉斯特里克：《摒弃官僚制：政府再造的五项战略》，谭功荣、刘霞译，中国人民大学出版社 2002 年版。

［45］［美］安东尼·唐斯：《官僚制内幕》，郭晓聪等译，中国人民大学出版社 2006 年版。

［46］［美］查尔斯·T. 葛德塞尔：《为官僚制正名——一场公共行政的辩论》，张怡译，复旦大学出版社 2007 年版。

［47］［美］彼得·M. 布劳、［美］W. 理查德·斯科特：《正规组织：一种比较方法》，东方出版社 2006 年版。

［48］［美］罗伯特·A. 达尔：《多元主义民主的困境》，尤正明译，求实出版社 1989 年版。

［49］［美］罗伯特·A. 达尔：《谁统治：一个美国城市的民主与权力》，范春辉、张宇译，江苏人民出版社 2011 年版。

［50］［美］罗伯特·A. 达尔：《论政治平等》，谢岳译，上海世纪出版集团 2010 年版。

［51］［美］珍妮特·登哈特等：《新公共服务：服务，而不是掌舵》，中国人民大学出版社 2004 年版。

［52］［美］马国泉：《行政伦理．美国的理论与实践》，复旦大学出版社 2006 年版。

［53］［美］德博拉·斯通：《政策悖论：政治决策中的艺术》（修订版），顾建光译，中国人民大学出版社 2006 年版。

［54］［美］戴维·罗森布鲁姆等：《公共行政学：管理、政治和法律的途径》，中国人民大学出版社 2002 年版。

［55］［美］全钟燮：《公共行政的社会建构：解释与批判》，柏瑛等译，北京大学出版社 2008 年版。

［56］［美］阿尔蒙德：《比较政治学，体系、过程和政策》，上海译文出版社 1987 年版。

［57］［美］特里·L. 库珀：《行政伦理学：实现行政责任的途径》，张秀琴译，中国人民大学出版社 2001 年版。

［58］［美］查尔斯·J. 福克斯、［美］休·T. 米勒：《后现代公共行政——话语指南》，楚艳红等译，中国人民大学出版社 2003 年版。

［59］［英］布莱恩·巴里：《正义诸理论》，孙晓春、曹海军译，吉林出版社 2004 年版。

［60］［英］布莱恩·巴里：《作为公道的正义》，曹海军、允春喜译，江苏人民出版社 2008 年版。

［61］［英］布莱恩·巴利：《社会正义论》，曹海军译，江苏人民出版社 2007 年版。

［62］［英］戴维·米勒：《社会正义原则》，应奇译，江苏人民出版社 2005 年版。

［63］［英］E. 博登海默：《法理学：法律哲学与法律方法》，邓正来译，中国政法大学出版社 1999 年版。

［64］［英］约翰·密尔：《论自由》，商务印书馆 1982 年版。

［65］［英］托马斯·霍布斯：《利维坦》，黎思复、黎廷弼译，商务印书馆 1985 年版。

［66］［英］乔纳森·沃尔夫：《诺奇克》，王天成、张颖译，黑龙江人民出版社 1999 年版。

［67］［英］安东尼·吉登斯：《第三条道路——社会民主主义的复兴》，北京大学出版社 2000 年版。

［68］［英］曼纽尔·卡斯特：《认同的力量》，社会科学文献出版社 2003 年版。

［69］［英］戴维·毕瑟姆：《官僚制》，韩志明、张毅译，吉林人民出版社 2005 年版。

［70］［英］伯特兰·罗素：《权力论——新的社会分析》，靳建国译，东方出版社 1988 年版。

［71］［英］伦纳德·霍布豪斯：《社会正义要素》，孔兆政译，吉林人民出版社 2006 年版。

［72］［德］乌尔里希·贝克：《世界风险社会》，吴英姿、孙淑敏译，南京大学出版社 2004 年版。

［73］［德］尤尔根·哈贝马斯：《合法化危机》，刘北成、曹卫东译，上海人民出版社 2000 年版。

[74]［德］尤尔根·哈贝马斯：《交往与社会进化》，张博树译，重庆出版社 1989 年版。

[75]［德］尤尔根·哈贝马斯：《包容他者》，曹卫东译，上海人民出版社 2002 年版。

[76]［法］查理·路易斯·孟德斯鸠：《论法的精神》（下册），张雁深译，上海商务出版社 1988 年版。

[77]［法］让·雅克·卢梭：《论人类不平等的起源和基础》，李常山译，商务印书馆 1982 年版。

[78]［法］让·雅克·卢梭：《论人类不平等的起源》，高修娟译，生活·读书·新知三联书店 2009 年版。

[79]［法］托克维尔：《论美国的民主》（上卷），董果良译，商务印书馆 2006 年版。

[80]［法］托克维尔：《论美国的民主》（下卷），董果良译，商务印书馆 2006 年版。

[81]［法］查理·路易·孟德斯鸠：《论法的精神》，张雁深译，商务印书馆 2004 年版。

[82]［加］查尔斯·泰勒：《自我的根源：现代认同的形成》，韩振等译，译林出版社 2008 年版。

[83]［加］查尔斯·泰勒：《黑格尔与现代社会》，徐文瑞译，吉林出版集团有限公司 2009 年版。

[84]［加］威尔·金里卡：《当代政治哲学》，生活·读书·新知三联书店 2004 年版。

[85]［加］威尔·金里卡：《自由主义、社群与文化》，应奇、葛水林译，上海译文出版社 2005 年版。

[86]［加］威尔·金里卡：《多元文化公民权：一种有关少数族群权利的自由主义理论》，杨立峰译，上海世纪出版集团 2009 年版。

[87]［印］阿马蒂亚·森：《以自由看待发展》，中国人民大学出版社 2002 年版。

[88]［印］阿马蒂亚·森：《论经济不平等——不平等之再考察》，王利文、王占杰译，社会科学文献出版社 2006 年版。

[89]［印］阿马蒂亚·森：《伦理学与经济学》，王宇等译，商务印书馆

2000 年版。

[90] ［以］S. N. 艾森斯塔特：《反思现代性》，旷新、王爱松译，生活·读书·新知三联书店 2006 年版。

[91] ［希］塔斯基·福托鲍洛斯：《当代多重危机与包容性民主》，李宏译，山东大学出版社 2008 年版。

（二）中文著作

[1] 慈继伟：《正义的两面》，生活·读书·新知三联书店 2001 年版。

[2] 施正锋：《各国语言政策：多元文化与族群平等》，前卫出版社 2002 年版。

[3] 李强：《自由主义》，中国社会科学出版社 1998 年版。

[4] 俞可平：《社群主义》，中国社会科学出版社 1998 年版。

[5] 姚大志：《罗尔斯》，长春出版社 2011 年版。

[6] 石元康：《罗尔斯》，广西师范大学出版社 2004 年版。

[7] 韩水法：《社会正义是如何可能的——政治哲学在中国》，广州出版社 2000 年版。

[8] 何怀宏：《公平的正义——解读罗尔斯正义论》，山东人民出版社 2002 年版。

[9] 龚群：《罗尔斯政治哲学》，商务印书馆 2006 年版。

[10] 顾肃：《罗尔斯正义与自由的求索》，辽海出版社 1999 年版。

[11] 姚大志：《何谓正义：当代西方政治哲学研究》，人民出版社 2007 年版。

[12] 谢世民：《罗尔斯与社会正义的场域》，商务印书馆 2005 年版。

[13] 万俊人：《罗尔斯读本》，中央编译出版局 2006 年版。

[14] 袁久红：《正义与历史实践》，东南大学出版社 2002 年版。

[15] 葛四友：《正义与运气》，中国社会科学出版社 2007 年版。

[16] 褚松燕：《个体与共同体：公民资格的演变及其意义》，中国社会科学出版社 2003 年版。

[17] 葛承雍：《中国古代的等级社会》，陕西人民出版社 1992 年版。

[18] 丁煌：《西方行政学说史》，武汉大学出版社 2004 年版。

[19] 张凤阳：《政治哲学关键词》，江苏人民出版社 2006 年版。

[20] 梁治平：《转型期的社会公正》，生活·读书·新知三联书店 2010

年版。

[21] 钱宁：《社会正义、公民权利和集体主义：论社会福利的政治和道德基础》，社会科学文献出版社 2007 年版。

[22] 褚添有：《嬗变与重构：当代中国公共管理模式转型研究》，广西师范大学出版社 2008 年版。

[23] 费孝通：《乡土中国与生育制度》，北京大学出版社 1998 年版。

[24] 梁漱溟：《中国文化要义》，上海人民出版社 2005 年版。

[25] 俞可平：《社群主义》，中国社会科学出版社 1998 年版。

[26] 何怀宏：《公平的正义——解读罗尔斯〈正义论〉》，山东人民出版社 2002 年版。

[27] 汪晖、陈燕谷：《文化与公共性》，生活·读书·新知三联书店 2005 年版。

[28] 杜凡：《转型期社会公正问题研究》，知识产权出版社 2012 年版。

[29] 徐大同：《西方政治思想史：古希腊、罗马》（第一卷），天津人民出版社 2006 年版。

[30] 徐大同：《西方政治思想史：16—18 世纪》（第三卷），天津人民出版社 2006 年版。

[31] 徐大同：《西方政治思想史：中世纪》（第二卷），天津人民出版社 2006 年版。

[32] 周仲秋：《平等观念的历程》，海南出版社 2002 年版。

[33] 陈振明：《公共管理学——一种不同于传统行政学的研究途径》，中国人民大学出版社 2003 年版。

[34] 张康之、张乾友：《共同体的进化》，中国社会科学出版社 2012 年版。

[35] 张康之：《论伦理精神》，江苏人民出版社 2010 年版。

[36] 张康之：《行政伦理的观念与视野》，中国人民大学出版社 2008 年版。

[37] 张康之：《寻找公共行政的伦理视角》，中国人民大学出版社 2012 年版。

[38] 周向军、傅永军：《正义与逻各斯》，泰山出版社 1998 年版。

[39] 王政、杜芳琴：《社会性别研究选择》，生活·读书·新知三联书店

1998 年版。

[40] 陈桂荣：《和谐社会与女性发展》，社会科学文献出版社 2007 年版。

[41] 沈奕斐：《被建构的女性》，上海人民出版社 2005 年版。

[42] 郑杭生：《当代中国社会结构和社会关系的研究》，首都师范大学出版社 1997 年版。

[43] 乐黛云：《文化传递与文化形象》，北京大学出版社 1999 年版。

[44] 黄健荣：《公共管理新论》，社会科学出版社 2005 年版。

[45] 焦健：《公权力运行误区——权力错位》，天津人民出版社 2001 年版。

[46] 吕增奎：《马克思与诺奇克之间——G. A. 柯亨文选》，江苏人民出版社 2007 年版。

[47] 姚洋：《转轨中国：审视社会公正与平等》，中国人民大学出版社 2004 年版。

[48] 王明高、沈跃强、蒋伟：《巨贪曾锦春》，湖南文艺出版社 2011 年版。

[49] 朱光磊：《中国的贫富差距及政府控制》，生活·读书·新知三联书店 2001 年版。

[50] 孔繁斌：《公共性的再生产——多中心治理的合作机制建构》，江苏人民出版社 2008 年版。

[51] 俞可平：《治理与善治》，社会科学文献出版社 2004 年版。

[52] 于建嵘：《抗争性政治：中国政治社会学基本问题》，人民出版社 2010 年版。

[53] 张抗私：《劳动力市场性别歧视问题研究》，东北财经大学出版社 2005 年版。

[54] 张凤阳：《现代性的谱系》，江苏人民出版社 2012 年版。

[55] 肖唐镖：《维权表达与政府回应》，上海学林出版社 2012 年版。

[56] 童星：《创新社会管理》，中国社会科学出版社 2012 年版。

[57] 严强：《公共政策学》，中国社会科学出版社 2008 年版。

[58] 冯亚东：《平等、自由与中西文明》，法律出版社 2002 年版。

[59] 崔宜明：《道德哲学引论》，上海人民出版社 2006 年版。

[60] 高兆明：《制度伦理研究——一种宪政正义的理解》，商务印书馆

2011 年版。

（三）中文论文

[1] [德] 阿克塞尔·霍耐特：《承认与正义——多元正义理论纲要》，胡大平、陈良斌译，《学海》2009 年第 3 期。

[2] [比] 克里斯蒂安·安斯佩格：《贫困与人权：系统性经济歧视与改革的具体建议》，《国际社会科学杂志》（中文版）2005 年第 2 期。

[3] [法] Claude Didry：《"共和构想"是社会包容性政策的核心思想》，《社会科学》2012 年第 1 期。

[4] [荷] P. 特雷纳：《欧洲新不平等的 9 个特征》，《国外社会科学》2003 年第 6 期。

[5] [美] 塞缪尔·亨廷顿：《文明的冲突》，张铭、谢岳译，《现代外国哲学社会科学文摘》1994 年第 9 期。

[6] [美] 塞缪尔·亨廷顿：《文明的冲突》，张铭、谢岳译，《现代外国哲学社会科学文摘》1994 年第 8 期。

[7] [美] J. S. 朱恩：《行政管理的新视维：解释和批判理论》，《北京行政学院学报》1999 年第 3 期。

[8] 朱新梅：《教育腐败与学术腐败及其治理》，《教育发展研究》2004 年第 10 期。

[9] 张敏杰：《美国的"肯定性行动"及对中国社会政策的启示》，《浙江学刊》2007 年第 5 期。

[10] 李侠：《政策歧视视角下的科学界"走西口"现象》，《中国高等教育》2009 年第 3 期。

[11] 魏姝：《政策类型与政策执行：基于多案例比较的实证研究》，《南京社会科学》2012 年第 5 期。

[12] 周穗明：《N. 弗雷泽和 A. 霍耐特关于承认理论的争论——对近十余年来西方批判理论第三代的一场政治哲学论战的评析》，《世界哲学》2009 年第 2 期。

[13] 姚大志：《何谓正义：罗尔斯与哈贝马斯》，《浙江学刊》2001 年第 4 期。

[14] 姚大志：《罗尔斯正义理论的道德基础》，《江海学刊》2002 年第 1 期。

[15] 姚大志：《社群主义的两副面孔——评沃尔泽的正义理论》，《天津社会科学》2007 年第 1 期。

[16] 姚大志：《何谓正义：自由主义、社群主义和其他》，《吉林大学社会科学学报》2008 年第 1 期。

[17] 姚大志：《罗尔斯正义原则的问题和矛盾》，《社会科学战线》2009 年第 9 期。

[18] 姚大志：《正义与罗尔斯的共同体》，《思想战线》2010 年第 4 期。

[19] 姚大志：《作为道德原则的正义》，《吉林大学社会科学学报》2006 年第 2 期。

[20] 姚大志：《从"正义论"到"政治自由主义"——罗尔斯的后期政治哲学》，《中国人民大学学报》2010 年第 1 期。

[21] 姚大志：《差别原则与民主的平等》，《社会科学辑刊》2010 年第 4 期。

[22] 钱洁：《公共管理模式嬗变的反思——基于公民性的变迁与重塑》，《理论与改革》2010 年第 3 期。

[23] 方劲：《罗尔斯正义原则的论证逻辑及其对社会福利的启示》，《广西大学学报》2011 年第 3 期。

[24] 包利民：《礼仪差等与契约平等》，《社会科学战线》2001 年第 3 期。

[25] 黄健荣：《当下中国公共政策差等正义批判》，《社会科学》2013 年第 1 期。

[26] 黄健荣：《中国若干重要领域政府决策能力论析》，《南京社会科学》2013 年第 1 期。

[27] 黄健荣、胡建刚：《公共危机治理中政府决策能力的反思与前瞻》，《南京社会科学》2012 年第 2 期。

[28] 黄健荣：《论现代政府合法性递减：成因，影响与对策》，《浙江大学学报》2011 年第 1 期。

[29] 黄健荣：《政府决策注意力资源论析》，《江苏行政学院学报》2010 年第 6 期。

[30] 黄健荣：《论现代社会之根本性和谐——基于公共管理的逻辑》，《社会科学》2009 年第 11 期。

[31] 黄健荣：《政府决策注意力资源论析》，《江苏行政学院学报》2010年第 6 期。

[32] 姚大志：《罗尔斯正义原则的问题和矛盾》，《社会科学战线》2009年第 9 期。

[33] 林闽钢、董琳：《欧盟反社会排斥政策探讨》，《公共管理高层论坛》2006 年第 1 期。

[34] 阎云翔：《差序格局与中国文化的等级观》，《社会学研究》1996 年第 4 期。

[35] 卜长莉：《"差序格局"的理论诠释及现代内涵》，《社会学研究》2003 年第 1 期。

[36] 涂骏：《论差序格局》，《广东社会科学》2009 年第 6 期。

[37] 褚添有、潘秀珍：《统治·管理·服务：公共管理范式转换及其意义》，《广西师范大学学报》2008 年第 1 期。

[38] 杨冬艳、贺庆：《柏拉图的正义理论与当代公共行政》，《河南师范大学学报》2006 年第 6 期。

[39] 从日云：《论古典自由主义的个人主义精神》，《文史哲》2006 年第 3 期。

[40] 罗克全：《"古典自由主义"之"古"与"新古典自由主义"之"新"——"消极自由"主义国家观研究》，《南京社会科学》2005年第 4 期。

[41] 高景柱：《自由主义平等观的谱系——对德沃金与罗尔斯、诺奇克平等理论亲疏关系的重新定位》，《学海》2011 年第 3 期。

[42] 高景柱：《资源平等抑或能力平等？——评德沃金与阿玛蒂亚·森的平等之争》，《同济大学学报》2009 年第 2 期。

[43] 卢昌军：《对罗尔斯"差别原则"的解读与评析》，《社会主义研究》2007 年第 3 期。

[44] 陶火生：《多元承认视角中的生态正义》，《东南学术》2012 年第 1 期。

[45] 张慧卿：《金里卡少数族群权利理论及其逻辑困境》，《内蒙古社会科学》2012 年第 1 期。

[46] 唐娅辉：《中国女性参政模式的时代追问》，《妇女研究论丛》2011

年第 9 期。

[47] 孙彩虹：《试论公民参与政府管理是构建和谐社会的基础》，《南京社会科学》2007 年第 3 期。

[48] 吴忠民：《歧视与中国现阶段的歧视》，《江海学刊》2003 年第 1 期。

[49] 李中锋：《论社会排斥、经济排斥与市场排斥》，《重庆大学学报》2009 年第 6 期。

[50] 刘复兴：《教育政策与弱势补偿问题》，《山东教育科研》2002 年第 9 期。

[51] 刘文烈：《所有制歧视亟待消除》，《生产力研究》1997 年第 6 期。

[52] 向静：《民营企业在信贷市场面临的所有制歧视分析》，《理论与改革》2006 年第 2 期。

[53] 富吉祥：《行政垄断造成行业收入差距过大的原因及对策探讨》，《改革与开放》2011 年第 5 期。

[54] 杨立新：《制定侵权责任法应着力解决的五个问题》，《河北学刊》2008 年第 3 期。

[55] 姚辉、邱鹏：《论侵害生命权之损害赔偿》，《中国人民大学学报》2006 年第 4 期。

[56] 任平、王建明、王俊华：《差异政治——后现代政治哲学探析之一》，《天津社会科学》2001 年第 3 期。

[57] 靳海山：《经济平等的内在规定》，《首都师范大学学报》2005 年第 6 期。

[58] 曾群、魏雁滨：《失业与社会排斥：一个分析框架》，《社会学研究》2004 年第 3 期。

[59] 郑若玲：《考试公平与区域公平：高考录取中的两难选择》，《高等教育研究》2001 年第 6 期。

[60] 刘海峰、樊本富：《论西部地区的"高考移民"问题》，《教育研究》2004 年第 10 期。

[61] 李中锋：《论社会排斥、经济排斥与市场排斥》，《重庆大学学报》2009 年第 6 期。

[62] 文振、刘建华、夏怡然：《女大学生的"同工同酬"》，《中国人口科学》2002 年第 6 期。

［63］李春茹、陈苇、高伟：《女大学生就业调查实证研究——某大学法学专业女大学生就业情况调查》，《西南政法大学学报》2007 年第3 期。

［64］谭嗣胜、姚先国：《中国城市就业人员性别工资歧视的估计》，《妇女研究论丛》2005 年第6 期。

［65］刘泽云：《教育收益率的性别差异分析》，《妇女研究论丛》2008 年第2 期。

［66］卿石松：《职位晋升中的性别歧视》，《管理世界》2011 年第11 期。

［67］江立华：《中国原户籍制度的历史考察》，《西北人口》2002 年第1 期。

［68］林光彬：《等级制度、市场经济与城乡收入差距扩大》，《管理世界》2004 年第4 期。

［69］唐钧：《社会政策的基本目标：从克服贫困到消除社会排斥》，《江苏社会科学》2002 年第4 期。

［70］张康之、张乾友：《对"市民社会"和"公民国家"的历史考察》，《中国社会科学》2008 年第3 期。

［71］张康之、张乾友：《政治哲学视野中的正义》，《浙江社会科学》2010 年第12 期。

［72］张康之：《全球化时代的正义诉求》，《浙江社会科学》2012 年第1 期。

［73］张康之：《公共行政视角下的公正》，《天津社会科学》2002 年第1 期。

［74］张康之：《合作社会理论的构想——评罗尔斯的社会合作体系》，《南京社会科学》2008 年第1 期。

［75］张康之、张乾友：《论等级关系以及等级社会中的"官"》，《南京师范大学学报》2011 年第1 期。

［76］张康之：《论官僚制组织的等级控制及其终结》，《四川大学学报》2008 年第3 期。

［77］张康之、张乾友：《变形的镜像：学术界对古希腊城邦生活的误读》，《学术月刊》2009 年第4 期。

［78］孔繁斌：《多中心治理诠释——基于承认政治的视角》，《南京大学

学报》2007 年第 6 期。

[79] 孔繁斌：《公共政策执行的中国经验》，《中国社会科学》2011 年第 1 期。

[80] 王耀东：《中国迈向社会政策时代》，《政治与法律》2011 年第 2 期。

[81] 向玉琼：《社会正义的实现：从"排斥"走向"包容性政策"》，《南京农业大学学报》2012 年第 4 期。

[82] 田毅鹏：《共生思想与包容性社会政策体系的构建》，《社会科学》2012 年第 1 期。

[83] 文军：《个体化社会的来临与包容性社会政策的建构》，《社会科学》2012 年第 1 期。

[84] 张贤明、邵薪运：《改革发展成果共享与政府责任》，《政治学研究》2010 年第 6 期。

[85] 潘玲霞：《"共同富裕"与"成果共享"——中国特色社会主义理论体系中的民生思想》，《社会主义研究》2009 年第 1 期。

[86] 周国文：《"公民社会"概念溯源及研究述评》，《哲学动态》2006 年第 3 期。

[87] 李熠煜：《当代中国公民社会问题研究评述》，《北京行政学院学报》2004 年第 2 期。

[88] 马廷奇：《大学管理的科层化及其实践困境》，《清华大学教育研究》2006 年第 1 期。

[89] 陈国富：《管理制的困境与政治治理模式的创新》，《经济社会体制比较》2007 年第 1 期。

[90] 张维新：《公权力异化及其治理》，《行政论坛》2011 年第 2 期。

[91] 彭现堂：《关于中国高校学术腐败现象复合治理机制的思考》，《学习与实践》2011 年第 6 期。

（四）外文著作及论文

[1] Messner, J., *Social Ethics: Natural Law in the Western World*, Rev. ed., Trans. by J. J. Doherty, B. Herder Book Co, 1965.

[2] Rawls, J. A., *Theory of Justice*, Cambridge, Massachusetts: The Belknap Press of Harvard University Press, 1971.

[3] Becker, H. , H. E. Barnes, *Social Thought from Lore to Science*, Vol. I, New York: Dover Publications, 1961.

[4] Maine, H. , *Ancient Law*, Boston: Beacon Books, 1963.

[5] Engels, F. , *Anti-Duhring*, New York: International Publishers, 1939.

[6] Rawls, J. , *Political Liberalism*, New York: Columbia University Press, 1996.

[7] Habermas, J. , "Law and Morality", In S. M. McMurrin (ed.): *The Tanner Lectures on Human Values*, Vol. 8, Salt Lake City: University of Utah Press, 1988.

[8] Tilly, C. , *The Formation of the National States in Western Europe*, New Jersey: Princeton University Press, 1975.

[9] Sen, A. , Equality of What? In S. Mcmrrin (ed.): *Tanner Lectures on Human Values*, Cambridge University Press, 1980.

[10] Rawls, J. , *A Theory of Justice*, The Belknap Press of Harvard University Press, 1971.

[11] Dworkin, R. , *Sovereign Virtue: The Theory and Practice of Equality*, New York: Harvard University Press, 2000.

[12] Williams, A. , Dworkin on Capability, *Ethics*, Vol. 113, No. 1, 2002.

[13] Walzer, M. , *Thick and Thin*, Notre Dame: University of Notre Dame Press, 1994.

[14] *The Republic*, Trans. by A. D. Lindsay, BK. IV, 1950.

[15] *The Politics*, Trans. by E. Barker Oxford, Bk. I. , 1946.

[16] Verba, S. , K. L. Schlozman, H. Brady, *Voice and Equality: Civic Voluntarism in American Politics*, Cambridge, MA: Harvard University Press, 1995.

[17] Troyler, R. J. , In J. Clark & D. Rojek (eds.): *Social Control in the Republic of China.* New York: Praeger, 1989.

[18] Walker, A. , "The Strategy of Inequality", In A. Walker & C. Walker (eds.): *Britain Divided: the Growth of Social Exclusion in* 1980s *and* 1990s, London: CPAG, 1997.

[19] Room, G. , *Social Quality in Europe: Perspective on Social Exclusion*, In

W. Beck.

[20] Maesen, L. V. D. , A. Walker (eds.) *The Social Quality of Europe*, London: Kluwer Lao International, 1997.

[21] Weber, M. , *Economy and Society*, From Max Weber, (ed.) H. Gerth & C. W. Mills

[22] Cohen, G. A. , *History, Labour and Freedom*, Oxford: Oxford University Press, 1988.

[23] Hirschman, A. O. , *The Passions and the Interests: Political Arguments for Capitalism Before Its Triumph*, Princeton University Press, 1977.

[24] *Domination and the Arts of Resistance*, New Haven: Yale University Press, 1990.

[25] Franklin, J. H. , I. Starr (eds.), *The Negro in 20th Century America*, New York, 1967.

[26] Ward, C. , *The Limits of Liberal Republicanism: Why Group-Based Remedies and Republican Citizenship Don't Mix*, Columbia Law Review 91/3, 1991.

[27] Glazer, N. , *We are all Multiculturalists Now*, Harvard University Press, Cambridge, Mass, 1997.

[28] Horowitz, D. L. , *Ethnic Groups in Conflict*, University of California Press, Berkeley, 1985.

[29] Gurr, T. , *Minorities at Risk: A Global View of Ethnopolitical Conflict*, Washington: Institute of Peace Press, DC, 1993.

[30] Kukathas, C. , "The Idea of a Multicultural Soceity and Multiculturalism and the Idea of an Australian Identity", In C. Kukathas (ed.): *Multicultural Citizens*, 1993.

[31] *Philosophy and Politics of Identity*, Center for Independent Studies, St Leonard's.

[32] Wolfe, A. , *Whose Keeper? Social Science and Moral Obligation*, Berkeley: University of California Press, 1989.

[33] Marx, Engels. *Selected Words*, Moscow, 1951, vol. 2, 1951.

[34] Tandon, A. , J. Zhuang, *Inclusiveness of Economic Growth in the People*

Republic of China: *What do Population Health Outcomes Tell Us?*, ERD Policy Brief, Series No. 47, 2007.

[35] *Economics and Research Department*, Asian Development Bank, Manila, 2007.

[36] Lemann, N. , *Gore Without a Script*, New York, July 31, 2000.

[37] Taylor, C. , *Multiculturalism and The politics of Recognition*, Princeton: Princeton University Press, 1992.

[38] *Constitutional Reform and Canadian Statecraft*, Institute for Research on Public Policy, Montreal.

[39] Falk, R. , "The Rights of Peoples (in Particular Indigenous Peoples)", In James Crawford (ed.): *The Rights of Peoples*, Oxford University Press, Oxford, 1988.

[40] Schwartz, B. , *First Principles, Second Thoughts: Aboriginal Peoples*, 1986.

[41] Brian, W. , *The Civil Tongue Political Consequences of Language Choices*, Longman, New York, 1983.

[42] Horowitz, D. L. , *Ethnic Groups in Conflict* University of California Press, Berkeley, Calif, 1985.

[43] Perelman, C. , *Justice* New York, 1967.

[44] Hobhouse, L. T. , *The Elemntents of Social Justice* New York, 1992.

[45] *The Statesman*, Trans by J. B. Skemp, New York, 1957.

[46] Gustafasson, B. , S. Li, "Economic Transformation and the Gender Earnings Gap in Urban China", *Journal of Population Economics*, 13 (2), 2000.

[47] Black, S. , "Individualism at an Impasse", *Canadian Journal of Philosophy*, 21/3, 1991.

[48] Parekh, B. , "The Rushdie Affair: Research Agenda for Political Philosophy", *Political Studies*, 1990.

[49] Yong, I. M. "Polity and Group Difference: A Critique of the Ideal of Universal Citizenship", *Ethics*, 99/2, 1989.

（五）报刊资料

［1］李昌平：《中国原户籍制度：城市的耻辱》，《中国经济时报》2005年4月30日。

［2］田文生：《女大学生就业难怨谁?》，《中国青年报》2003年5月29日。

［3］姜澎：《性别歧视已非女大学生就业主障碍——校际差异成就业难题》，《文汇报》2004年8月8日。

［4］马怀德：《制约权力的根本在于厉行法治》，《学习时报》2012年11月27日。

［5］邱瑞贤：《广东高考少数民族考生报考最低可降80分》，《广州日报》2004年3月4日。

［6］陈宗胜、武鹏：《影响收入分配的"三大差别"》，《人民日报》2010年11月03日。

（六）网络资料

［1］高晨：《中国家庭基尼系数0.61，贫富悬殊世所少见》，2012年12月10日，腾讯网（http.//news.qq.com/a/20121210/000069.htm.）。

［2］　《同遇车祸赔偿金相差12万［EB/01］》潇湘晨报（http.//xxcb.rednet.cn/show.asp? id = 779088，2006 – 2 – 14.）。

［3］黄良旭：《美国的"肯定性行动"及对中国社会政策产生的影响》（［EB/01］ http.//res.hersp.com/content/487031.aspx.）。

［4］《中国妇女参政》，［EB/01］.中国网，2010年2月24日。

（七）学位论文及其他

［1］申林：《柏拉图正义思想研究》，博士学位论文，中央民族大学，2008年。

［2］周安平：《性别平等的法律建构》，博士学位论文，苏州大学，2004年。

［3］李保平：《中国转型期公共政策的社会排斥研究》，博士学位论文，吉林大学，2006年。

［4］谢嗣胜：《劳动力市场歧视研究：西方理论与中国问题》，博士学位论文，浙江大学，2005年。

［5］王立：《平等的范式》，博士学位论文，吉林大学，2006年。

［6］晋运丰：《当代功利主义正义观研究》，博士学位论文，吉林大学，2011 年。

［7］周敏：《中国参政、就业政策中的性别平等问题研究》，博士学位论文，吉林大学，2011 年。

［8］罗干坤：《追寻自由——论经济伦理自由范畴本义》，博士学位论文，中山大学，2004 年。

［9］周安平：《性别平等的法律建构》，博士学位论文，苏州大学，2004 年。

［10］王厚雄：《中国高考政策的公平性研究》，博士学位论文，华中师范大学，2008 年。

致　谢

　　此书是在我博士论文的基础上修改而成的。博士毕业后，几经润色和锤炼，有了今天的模样。其实，从读博开始，就想着毕业论文完成时如何写一个好的致谢，将三年读博的感慨、感情、感动和感谢一一记录下来。也是从那一刻起，我就盼着写这个致谢，因为这意味着我的毕业论文犹如快出生的婴儿——瓜熟蒂落了。如今，梦想成真了，我却思绪万千、心潮澎湃，不知从何说起。

　　就从选题开始谈吧！当时，恩师黄健荣教授建议我写《公共管理视域中的差等正义研究》这一题目时，我的大脑一片空白，不停地问自己：差等怎么能与正义联系在一块儿呢？差等正义为什么又不正义呢？写差等正义会不会涉及敏感的政治问题而被封杀呢？为了解决这些疑惑，我一方面大量查找资料，一方面偷偷准备其他选题，以期能得到老师的认可。但是，在查找资料的过程中，我却被"差等正义"这个主题深深吸引。因为这是一个内涵丰富、有前瞻性、有深度，理论价值和实践意义均较强的选题。温家宝提出"公平正义比太阳还要光辉"的激情语言，这对蓬勃发展、迅速崛起的中国而言，是重要的警示。因为在经济高速发展的过程中，贫富分化、贪污腐败、分配失衡、司法不公、价值观扭曲等社会问题层出不穷，"被边缘""被剥夺""被锁定""被幸福""被增长"等弱势群体的焦虑心态和怨恨心理也像野草一样疯长，这对社会的和谐稳定构成了巨大的威胁。如果探讨差等正义，就可以为政府解决上述问题、实现社会公平正义添砖加瓦，这于社会、于人于己都百利而无一害。当然，这个选题让长期做实证研究、理论基础薄弱的我面临巨大的挑战。但我相信，只要刻苦钻研，机会总会大于挑战。于是，抱着这种既忐忑又欣慰、既不安又兴奋的矛盾心态，我开始了论文的写作。事实证明，正如我所预料的那样，在写作论文的过程中，我面临着各种困惑，其中最集中的是对差等正义概念的迷茫。凭政治直觉，"差等"更多的是贬义词、负向词，"正义"是褒义词、正向词。差等意味着不平等，不平等意味着不正义，那么，差等怎么能与正义连在一块儿使用呢？这种理解又衍射出另外一个悖论：差等正义既然与"正义"联系在一块儿，怎么又是不正义的呢？为了解决这些困惑，我阅读了大量的书籍，多次向恩师黄健荣教授和其他老师请教，也多次揣摩和论证，最后终于释然。首先，差等正义概念道出了古代统治者甚至当代一些执政者的心声——有"差等的"才是"正义的"。将这两个词放在一块儿，不仅能够对被古代统治者所称颂的"正义"进行形象的描绘，对那些看似正义实质不正义、看似平等实质不平等的现象进行揭露，而且还可以对当代中国社会中的深层次不平等进行理论提升。那么，为什么差等正义又是"不正义"的呢？因为无论在何种环境下，社会差等都是不能彻底根除的。既然社会差等不能彻底根除，那么建立在社会差等基础上的"正义"就似乎有形式上的正当性，这里起作用的是"似乎"一词。事实是，即使建立在社会差等基础上的"正义"有形式上的正当性，但是这种"正义"被制度的安排者以制度的形式固化下来，并让其具有实质上的正当性，差等正义也就不正义了。

现在回想起来，写论文的过程真是痛并快乐着。多少次，半夜睡不着，起床查资料，与室友蒋励佳秉烛夜谈；多少次，在图书馆从早上 8 点坐到晚上 12 点，只为一气呵成将某个问题写完；多少次，翻阅了数十本书籍，只为查找一个生涩的概念；又有多少次，忍住对家人的绵绵思念，只为能在毕业之前交上一份自己满意的答卷。当然，写作过程中的快乐也是不言而喻的，读书时的畅快、写作时的欢畅、推敲时的执着、解惑时的畅快、完成时的释放一并袭来，为写作中的辛苦增添了一抹春色。

当然，在南大读博的日子也为我的人生增添了几抹春色。我出生在重庆一个偏远的小山村，父母都是大字不识的农民，从来没有苛求我要好好读书。因为我出生在"杨公忌日"，在父母眼中这是犯忌的，唯恐养不活，所以父母对我最大的期许就是能好好的，不出意外。后来，请了一个算命先生修改了我的生辰，并直言我只要带了残疾就可以躲过一劫。不知是冥冥中的命运安排还是母亲真的很傻，抑或是应验了算命先生的话，在我很小的时候，为了治疗冻疮，母亲将我稚嫩的右手强行按进了刚烧开的水里，从此，我右手的功能几乎丧失。为此，我曾一度消沉想放弃生命，也曾十分怨恨母亲，但这些都被后来顺利的求学生涯和美满的婚姻生活所消弭。所以，能考上南大的博士，师从名导黄健荣教授，是命运给出的以为我会夭折的母亲和曾经只求好好活着的我的一份巨大的惊喜和意外，这使我倍感珍惜。因此，在南大读书的三年里，我手不释卷地阅读、不厌其烦地请教、孜孜不倦地写作，唯恐辜负了上天给我的这份眷顾。当然，三年里，我也常常与同学一起欣赏江苏的旖旎风光、探讨流行的时政要闻、倾听名家的经典之言、饱食南京的绝佳美食。在回忆这些美好时刻，我的感激之情油然而生。

首先要感谢我的博士生导师黄健荣教授。黄老师是一位治学十分严谨、知识非常渊博、社会责任感相当强烈、学术敏锐性极强、胸怀宽广的好老师。记得刚进黄门，恩师就给我们说"要站着读书，不要跪着读书"，"要做四博（博大、博学、博雅、博爱）之人"，老师是希望我们能在熟读经典的基础上独立思考、虚心求索、理性反思，以强烈的历史使命感推动中国公共管理学科的发展和人类社会的进步。同时，恩师还在学习和生活上处处关心我：引导阅读、修改论文、鼓励写作、把关课题、表扬进步、批评错误、警示浮躁、问暖生活。不仅如此，我的毕业论文选题也是恩师多年积累的学术思想和推动社会发展的历史使命感的结晶，这令我万分感动。更让我感激涕零的是，在论文写作的过程中，恩师从思想升华、逻辑表达、字句推敲到标点符号都不遗余力地指导，这使我常怀感激之心，加倍努力学习，唯恐辜负恩师的信任和期望。给我相同关心的还有师母，一位在背后默默支持老师、爱护学生的伟大女性。对我们，师母姜秀珍女士总是阳光十足的微笑、细依软语的问候、谦和有礼的态度和不失时机的劝说，这使我们在面临重大挫折和遭遇困境时也能保持从容淡定的心态。当然，政府管理学院的张凤阳教授、张康之教授、孔繁斌教授、魏姝教授和社会学院的闵学琴副教授等老师对我的学业成长也给予了极大的帮助，在此表示深深的谢意。时至今日，张凤阳老师深深陶醉在政治哲学意境的授课方式给了我很大的启发，在我犹豫是否要写差等正义的时候，张老师从政治哲学层面的讲解给了我坚定的信心。张康之老师引导、勉励、训诫我的话语还响彻耳旁，为我逐字逐句修改小论文、给我讲解论文写作方法和读书技巧的情形还历历在目。孔繁斌老师乐于帮助学生，每每遇到生涩的专业术语和论文的懵懂之处，时不时向他请教。而每次请教，他都娓娓道来、滔滔不绝，并耐心指出我的不足。魏姝老师的谦虚、亲和给我留下了深刻的印象。每次向魏姝老师请教，她都以商量的口吻指出我观点中的偏颇，提出建设性意见，这令我万分感动。闵学琴老师是我定量分析的入门老师，我是在社会学院的一次旁听课上认识并跟她系统学习SPSS软件的，在后来的论文写作中，我还常常向她请教，而她每次都不厌其烦地给我讲解。还要一并感谢的是政府管理学院的张永桃教授、童星教授、闾晓波教授、严强教授、庞绍堂教授、王明生教授、林闽钢教授、李永刚教授、李里峰教授、张海波副教授，他们博学的知识、儒雅的作风、严谨的学风、敬业的精神给我深深的震撼。也要感谢政府管理学院的赵娟、庄蕾、唐民等老师，他们认真负责的工作态度给我留下了深深的印象。

接下来要感谢的是我的同学和同门。我的室友兼同门蒋励佳，一位谦和、勤奋、踏实、上进、高挑的税务局副局长，她常常与我交流学习和生活中的想法，论及激动之处，两人半夜三更拍案叫绝的情景至今仍记忆犹新；我的同学姚莉，谦和有礼、思路清晰、逻辑严密，常常与我交流论文写作和课题申报心得；我的同学丁学娜，有爱心，温柔，善良，在我回家期间多次帮我收拿信件、打探信息、递交材料；我的同学王伟勤、石晶、刘娟和秦丽，在其他同学都搬到仙林校区而我还留在鼓楼校区倍感孤独之时，天天与我一起上下自习、散步聊天，排解我的心理压力，倾听我的烦恼；我和同学李静、王晓东，博士一年级的时候经常在一起切磋、探讨、游玩，为我的博士生活增添了无穷的乐趣；我的同学徐勇、管向梅、杨钰、徐冰、徐西光、张春娟、张磊、朱鑫灏、袁光锋、戴文亮、杨涛、余长有、周健和蔡宗员（台湾）等，他们在课堂上的精彩发言给我留下了深刻的印象。此外，我还要感谢黄门中的师兄师姐师弟师妹们，他们是师兄褚添有、王绪正、鲍林强、杨占营、宋学文、胡建刚、陈宝胜、钟裕民、谢来位、韦正富、刘超、王子明、徐西光，师姐梁莹、叶芬梅、向玉琼、钱洁，师妹李玲、王君君，师弟廖尹航、姜维等，他们为我在南京的生活、学习提供了许多便利条件。他们也经常受到我的"骚扰"，与我探讨论文、帮我分析问题、代我收发信件或请我饱吃大餐，让我在孤独的异乡感受到了的温暖。

　　还要感谢贵州民族大学的领导和同事们，他们为我的学习提供了一切便利条件。最要感谢的是我的家人，他们是我学习期间最坚强的后盾。父亲身患重病，被肺癌折磨，在我陪伴在他病床前仅有的那几天，他还一个劲地催我回学校学习。至今仍记得毕业论文答辩完的那天晚上，接到父亲去世的噩耗时自己目断魂销、肝肠寸断的情形。曾经以为，小鸟之所以飞不过沧海是因为小鸟没有飞过的勇气，失去至亲的削骨之痛告诉我，不是小鸟飞不过去，而是沧海的那一头，早已没有了等待。"树欲静而风不止，子欲养而亲不待"，父亲去世的这几年，每每想起他这辈子的苦难，就心如刀绞、泪流满面；母亲身体也不好，曾将女儿从八个月带至三岁，读博期间一直在老家照顾病弱的父亲，从来没有向我抱怨过一句；任劳任怨的婆婆从我读博起就到家里帮忙，洗衣打扫、接送孩子、买菜做饭；老公本来较忙，以前从不管家务，但因为我不在身边，他既当爹又当妈，教育孩子、操持家务，把家里照顾得井井有条。老公还时不时帮我提交科研材料，处理单位的琐碎事务，全力支持我的学习；女儿漂亮、聪明、活泼、可爱，她的两句口头禅"不影响妈妈学习"和"妈妈什么时候回来"成了我读博期间努力学习的最大动力。当然，对常常写论文的我来说，欣赏思想与理论的动人美景实在是一件幸福快乐的事情，因此，我必须感谢那些为我的论文写作提供风景、让我引用其观点、给我启发、引导我思考的学界前辈们。最后要感谢中国社会科学出版社的赵丽老师。正是她认真、严谨的编审态度，这本书才能以更好的模样呈现在各位读者面前。

　　实现社会公平正义是当代中国政府努力的方向，也是当代公共管理学者们的主要社会责任。带着这样的心态，我写了这本书，以期能为促进社会公平正义做出些许贡献。

谢治菊

2017 年 7 月 28 日修改

于贵州民族大学老图书馆 217 室